EDITION MARITIM

BIBLIOTHEK DER MEERE

# *Joseph Conrad*

# ERZÄHLUNGEN

*Taifun*

*Almayers Wahn*

EDITION MARITIM

Bibliografische Information Der Deutschen Nationalbibliothek
Die Deutsche Nationalbibliothek verzeichnet diese Publikation in der Deutschen Nationalbibliografie; detaillierte bibliografische Daten sind im Internet über http://dnb.d-nb.de abrufbar.

1. Auflage
ISBN 978-3-89225-581-9
Die Rechte für diese Ausgabe liegen bei
Edition Maritim GmbH
Raboisen 8, 20095 Hamburg



Umschlag: Buchholz/Hinsch/Hensinger, Hamburg
Übersetzungen aus dem Englischen:
Taifun: Barbara Cramer-Nauhaus
Almayers Wahn: Heide Steiner
Satz: Hans Kock Buch- und Offsetdruck GmbH, Bielefeld
Druck: GGP Media GmbH, Pößneck

Printed in Germany 2007



Vertrieb: Delius Klasing Verlag, Siekerwall 21, 33602 Bielefeld
Tel.: 0521/55 90, Fax: 0521/55 91 15
E-Mail: info@delius-klasing.de · www.delius-klasing.de

# Inhalt

# Taifun

## 1

Das Gesicht des Kapitäns MacWhirr vom Dampfer *Nan-Shan* war - im Bereich des sinnlich Wahrnehmbaren - das genaue Abbild seines Wesens: Weder Festigkeit noch Beschränktheit prägten sich darin aus, ja überhaupt keinerlei deutlich erkennbare Eigenschaften; es war schlechthin ein Allerweltsgesicht, teilnahmslos und unbewegt.
Das Einzige, worauf sein Gesichtsausdruck mitunter allenfalls hindeuten mochte, war Schüchternheit; denn in den Handelskontoren an Land pflegte er mit niedergeschlagenen Augen dazusitzen, sonnverbrannt und matt lächelnd. Blickte er auf, so bemerkte man, dass seine Augen klar und blau waren. Sein Haar, blond und außerordentlich dünn, umspannte die kahle Wölbung seines Schädels von Schläfe zu Schläfe wie eine Klammer aus flaumiger Seide. Sein Barthaar dagegen war von flammendem Rot; der gestutzte Schnurrbart über der Lippe mutete wie eine Bürste aus Kupferdraht an, während über seine Wangen, so glatt er sie auch rasieren mochte, bei jeder Kopfbewegung ein feuriger metallischer Schimmer flog. Er war kaum mittelgroß, etwas rundschultrig und hatte so kräftige Gliedmaßen, dass seine Kleidung immer eine Spur zu eng für seine Arme und Beine anmutete. Als wäre er außerstande zu begreifen, was den unterschiedlichen Breiten angemessen ist, trug er eine braune Melone, einen korrekten bräunlichen Anzug und unförmige schwarze Stiefel. Diese Hafenkleidung gab seiner massigen Gestalt eine gewisse steife und ungeschlachte Weltläufigkeit. Eine dünne silberne Uhrkette beschrieb eine Parabel auf seiner Weste,

und niemals ging er an Land ohne einen eleganten, doch meist nicht aufgerollten Regenschirm von allerbester Qualität in der mächtigen behaarten Faust. Der junge Jukes, der Erste Steuermann, erlaubte sich, wenn er seinen Gebieter zur Gangway begleitete, manchmal mit der größten Liebenswürdigkeit ein »Sie gestatten, Sir …«, und nachdem er sich ehrerbietig des Schirmes bemächtigt, richtete er die Stockzwinge nach oben, schüttelte die Falten zurecht, zwirbelte im Nu eine gefällige Rolle und gab ihn zurück: dies alles mit so außerordentlich ernster Miene, dass Mr. Salomon Rout, der Leitende Ingenieur, der überm Deckslicht seine Morgenzigarre rauchte, den Kopf abzuwenden pflegte, um ein Lächeln zu verbergen. »Ah, ja, der verwünschte Schirm … Danke, Jukes, danke Ihnen«, murmelte Kapitän MacWhirr dann wohl freundlich, ohne dabei aufzublicken.
Mit geradeso viel und nicht mehr Vorstellungskraft ausgestattet, als es brauchte, ihn durch den jeweiligen Tag zu bringen, war er seiner selbst unbeirrbar sicher, und aus eben dem Grunde war er nicht im Mindesten eingebildet. Nur ein fantasiereicher Vorgesetzter ist empfindlich, anmaßend und schwer zufriedenzustellen; jedes Schiff aber, das Kapitän MacWhirr befehligte, war die schwimmende Heimstatt von Harmonie und Frieden. In der Tat war es ihm ebenso unmöglich, sich einer plötzlichen Eingebung zu überlassen, wie es einem Uhrmacher unmöglich wäre, ein Chronometer mit einem Zweipfundhammer und einem Fuchsschwanz als einzigen Werkzeugen zusammenzusetzen. Doch hat das uninteressante Leben von Menschen, die sich so gänzlich den Gegebenheiten der puren Existenz anpassen, auch seine geheimnisvolle Seite. In Kapitän MacWhirrs Fall zum Beispiel war es einfach nicht zu begreifen, was in aller Welt den völlig untadeligen Sohn eines kleinen Krämers in Belfast bewogen haben mochte, auf und davon und

zur See zu gehen. Und doch hatte er ebendies im Alter von fünfzehn Jahren getan. Das reichte hin, um einem, wenn man darüber nachdachte, die Vorstellung von einer ungeheuren, mächtigen und unsichtbaren Hand aufzudrängen, die in den Ameisenhaufen Erde hineingreift, Schultern packt, Köpfe zusammenstößt und die Gesichter der Menge unversehens auf unbegreifliche Ziele und in ungeahnte Richtungen lenkt.

Der Vater konnte dem Sohn diese unbotmäßige Torheit nie ganz verzeihen. »Freilich ging's auch ohne ihn«, pflegte er später zu sagen, »aber da ist das Geschäft. Und er schließlich der Einzige!« Seine Mutter weinte viel nach seinem Verschwinden. Da es ihm nicht eingefallen war, eine Nachricht zu hinterlassen, wurde er für tot betrauert, bis nach acht Monaten sein erster Brief aus Talcahuano ankam. Er war kurz und enthielt die Feststellung: »Wir hatten sehr schönes Wetter unterwegs.« Doch allein von Wichtigkeit nach Ansicht des Schreibers war offenbar die Kunde, dass sein Kapitän ihn an ebendiesem Tag ordnungsgemäß als Leichtmatrosen in die Musterrolle eingetragen hatte. »Weil ich die Arbeit leisten kann«, erklärte er. Die Mutter vergoss wieder viele Tränen, während die Bemerkung »Tom ist ein Esel!« die Gefühle des Vaters ausdrückte. Dieser war ein beleibter Mann mit einer Neigung zu scharfem Spott, den er bis zu seinem Lebensende gegen den Sohn zu kehren pflegte, ein wenig mitleidig, als handelte es sich um einen Schwachsinnigen.

MacWhirrs Besuche zu Haus waren freilich selten, doch trafen im Lauf der Jahre bei den Eltern immer wieder Briefe ein, die von weiteren Beförderungen und von seinen Reisen auf dem großen Erdball berichteten. In diesen Sendschreiben konnte man zum Beispiel lesen: »Die Hitze hier ist sehr groß.« Oder: »Am Weihnachtstag um vier Uhr nachmittags begegneten wir einigen Eisbergen.« Die alten Leute lernten allmählich eine ganze Menge Schiffsnamen kennen und die Namen der Kapitäne, die sie befehligten; Namen schottischer und englischer Schiffseigner; Namen von Meeren, Ozeanen, Meerengen, Vorgebirgen; fremdartige Namen von Holzhäfen, Reishäfen, Baumwollhäfen; Namen von Inseln; den Namen der Braut des Sohnes. Sie hieß Lucy. Er ließ es sich nicht einfallen zu erwähnen, ob ihm der Name gefiel. Und dann starben sie.

Der große Tag von MacWhirrs Hochzeit kam zu gehöriger Zeit und folgte bald auf den großen Tag, an dem er sein erstes Kommando erhielt.

All diese Ereignisse hatten sich viele Jahre vor jenem Morgen zugetragen, da er sich im Kartenraum des Dampfers *Nan-Shan* mit einem Barometertiefstand konfrontiert sah, dem zu misstrauen er keinen Grund hatte. Der Tiefstand war – wenn man die Vortrefflichkeit des Instruments, die Jahreszeit und die Position des Schiffes auf dem Erdball bedachte – schlechthin Unheil verkündend; aber das rote Gesicht des Mannes verriet keinerlei innere Beunruhigung. Vorzeichen galten ihm rein gar nichts, und er war außerstande, den Inhalt einer Prophezeiung zu ermessen, solange die nackten Tatsachen ihm nicht unmittelbar auf den Leib rückten. »Gefallen ist es, ganz ohne Zweifel«, dachte er. »Da muss ein außergewöhnliches Unwetter im Anzug sein.«

Von Süden kommend, befand sich die *Nan-Shan* auf dem Wege zum Vertragshafen Futschou, irgendeine Ladung in den Unterräumen und zweihundert chinesische Kulis an Bord, die nach einigen Arbeitsjahren in verschiedenen tropischen Kolonien in ihre heimatlichen Dörfer in der Provinz Fukien zurückkehrten. Der Morgen war schön, die glatte See hob und senkte sich ohne eine Schaumkrone, und am Himmel stand ein seltsamer weißer Dunstfleck, ähnlich einem Sonnenhof. Das Vorderdeck, vollgestopft mit Chinesen, wimmelte von dunkler Kleidung, gelben Gesichtern, schwarzen Zöpfen und nackten Schultern; denn die Hitze war drückend, und es ging kein Wind. Die Kulis lungerten umher, schwatzten, rauchten oder starrten über die Reling; einige holten Meerwasser herauf und übergossen sich gegenseitig; andere schliefen auf den Lukendeckeln; wieder andere, verschiedene Gruppen von jeweils sechs, saßen auf den Fersen um eiserne Teebretter mit Tellern voll Reis und winzigen Teetassen; und jeder Chinese führte alles, was er auf der Welt besaß, mit sich - eine Holzkiste mit klirrendem Schloss und Messingbeschlägen an den Ecken, darin die Früchte seiner Arbeit: ein paar Festgewänder, Räucherwerk, etwas Opium vielleicht, allerlei nichtigen Krimskrams von herkömmlichem Wert und einen schmächtigen Vorrat an Silberdollars, mühsam erarbeitet auf Kohlenprahmen, gewonnen in Spielhäusern und bei kleinen Handelsgeschäften, aus der Erde gegraben, ausgeschwitzt in Bergwerken, auf Eisenbahnstrecken, im mörderischen Dschungel, unter schweren Lasten - geduldig zusammengetragen, sorgsam bewacht und eifersüchtig gehütet.

Etwa um zehn Uhr hatte aus der Richtung des Formosakanals eine Kreuzdünung eingesetzt, die indes die Passagiere wenig störte, weil die *Nan-Shan* mit ihrem flachen Boden, ihren Schlingerkielen und ihrer großen Breite als außerordentlich steifes Schiff galt. Mr. Jukes pflegte an Land in Augenblicken des Überschwangs laut zu verkünden, das alte Mädchen sei ebenso gut wie schön. Niemals wäre Kapitän MacWhirr auf den Gedanken gekommen, seiner günstigen Meinung so laut oder in so fantasiereichen Worten Ausdruck zu geben.

Die *Nan-Shan* war zweifellos ein gutes Schiff und noch keineswegs alt. Vor weniger als drei Jahren war sie in Dumbarton gebaut worden, im Auftrag einer Handelsfirma in Siam, Sigg und Sohn. Als sie vom Stapel gelassen war, bis ins Kleinste vollendet, bereit, ihre Lebensarbeit aufzunehmen, betrachteten die Erbauer sie mit Stolz.

»Sigg hat angefragt, ob wir einen zuverlässigen Kapitän wissen, der sie hinbringen könnte, bemerkte der eine der beiden Teilhaber; und der andere erwiderte nach einigem Überlegen; »Ich glaube, MacWhirr ist gerade an Land.« – »So? Dann telegrafier ihm sofort! Das ist genau der Richtige«, erklärte der Ältere, ohne sich auch nur einen Augenblick zu besinnen.

Am nächsten Morgen stand MacWhirr gelassen vor ihnen; er war mit dem Mitternachtsexpress von London gekommen, nach einem plötzlichen, aber keineswegs überschwänglichen Abschied von seiner Frau. Sie war die Tochter eines gutbürgerlichen Ehepaars, das einmal bessere Tage gesehen hatte.

»Wir besichtigen wohl erst einmal miteinander das Schiff, Kapitän«, sagte der ältere Teilhaber, und die drei Männer schickten sich an, die Vorzüge der *Nan-Shan* vom Bug bis zum Heck und vom Kielschwein bis zu den Flaggenknöpfen der beiden gedrungenen Pfahlmasten in Augenschein zu nehmen.

Kapitän MacWhirr hatte zunächst seinen Rock abgelegt und über ein Dampfspill gehängt, das den Inbegriff aller neuesten Errungenschaften vorstellte.

»Mein Onkel hat gestern an unsere Geschäftsfreunde, die Herren Sigg, geschrieben und Sie empfohlen; zweifellos wird man Ihnen dort weiterhin das Kommando überlassen«, sagte der jüngere Teilhaber, »Sie werden sich rühmen können, Kapitän, das wendigste Schiff dieser Größe an der Küste von China zu befehligen«, setzte er hinzu.

»So? Danke«, murmelte MacWhirr, bei dem die Aussicht auf eine ferne Möglichkeit nicht mehr Anklang fand als die Schönheit einer weiten Landschaft bei einem kurzsichtigen Touristen. Indessen ruhte sein Blick von ungefähr auf dem Schloss der Kajütentür; zielbewusst ging er darauf zu und begann energisch an der Klinke zu rütteln, während er mit seiner leisen, ernsten Stimme bemerkte: »Heutzutage ist kein Verlass auf die Handwerker. Ein nagelneues Schloss, und es funktioniert überhaupt nicht, bleibt einfach stecken. Sehn Sie? Sehn Sie?«

Sobald sich die beiden allein in ihrem Büro auf der anderen Seite des Werftgeländes befanden, fragte der Neffe mit leiser Geringschätzung: »Du hast Sigg diesen Mann so angepriesen. Was kannst du eigentlich an ihm finden?«

»Ich gebe zu, er hat nichts von deinen Modekapitänen an sich – wenn du etwa das meinst«, sagte der Ältere kurz angebunden. »Ist der Vormann der Zimmerleute von der *Nan-Shan* draußen? … Herein, Bates. Wie konnten Sie uns von Taits Leuten ein defektes Schloss für die Kajütentür andrehen lassen? Der Kapitän hat es auf den ersten Blick gemerkt. Lassen Sie's sofort auswechseln. Die Kleinigkeiten, Bates … die Kleinigkeiten …«

Das Schloss wurde also ausgewechselt, und einige Tage später dampfte die *Nan-Shan* ostwärts, ohne dass MacWhirr noch irgendetwas zu ihrer Ausrüstung bemerkt oder auch nur ein einziges Wort geäußert hätte, das Stolz auf sein Schiff, Dankbarkeit für seinen Auftrag oder Zufriedenheit mit seinen Zukunftsaussichten hätte erkennen lassen.

Weder geschwätzig noch schweigsam von Natur, fand er nur selten Veranlassung zum Reden. Freilich gab es dienstliche Angelegenheiten – Anweisungen, Befehle und dergleichen; doch war die Vergangenheit seiner Meinung nach abgetan, die Zukunft noch nicht spruchreif, und die üblichen Gegebenheiten des Tages bedurften keines Kommentars – weil Tatsachen mit überwältigender Deutlichkeit für sich selbst sprechen.

Der alte Mr. Sigg wusste einen Mann, der wenig Worte macht, zu schätzen, einen, bei dem man »sicher sein kann, dass er über seine Instruktionen nicht hinauszugehen sucht«. Da MacWhirr diesen Forderungen entsprach, wurde er auf seinem Kapitänsposten belassen und widmete sich nunmehr der Aufgabe, sein Schiff sorgsam durch die Chinesischen Meere zu führen. Die *Nan-Shan* war zunächst als britisches Schiff registriert worden, doch nach einiger Zeit schien es den Herren Sigg angebracht, sie unter siamesischer Flagge fahren zu lassen.

Als Jukes von der beabsichtigten Veränderung hörte, wurde er unruhig und schien sich geradezu persönlich beleidigt zu fühlen. Verstört ging er umher, murrte vor sich hin und brach ab und zu in ein jähes verächtliches Lachen aus. »Man stelle sich vor; einen lächerlichen Arche-Noah-Elefanten auf der Flagge!«, sagte er einmal an der Tür zum Maschinenraum. »Zum Henker, das ertrag' ich nicht! Ich mustere ab. Platzt Ihnen nicht auch der Kragen, Mr. Rout?« Der Leitende Ingenieur räusperte sich nur mit der Miene eines Mannes, der einen guten Posten zu schätzen weiß.

Als die neue Flagge zum ersten Mal überm Heck der *Nan-Shan* wehte, stand Jukes am Morgen auf der Brücke und betrachtete sie erbittert. Er kämpfte eine Weile mit seinen Gefühlen, dann bemerkte er: »Eine Zumutung, unter so einer Flagge zu segeln, Sir!«

»Was ist mit der Flagge?«, fragte Kapitän MacWhirr. »Scheint mir ganz in Ordnung.« Und er ging bis ans Ende der Brücke, um besser sehen zu können.

»Na, ich finde sie sonderbar«, platzte Jukes höchlich gereizt heraus und verließ eilends die Brücke.

Kapitän MacWhirr war erstaunt über dieses Benehmen. Nach einer Weile schritt er gemessen in den Kartenraum und schlug in seinem Internationalen Signalbuch die Tafel auf, wo in farbenfrohen Reihen die Flaggen aller

Nationen korrekt abgebildet waren. Er ging mit dem Finger die Reihen durch, und als er bei Siam anlangte, betrachtete er mit großer Aufmerksamkeit das rote Feld mit dem weißen Elefanten darin. Nichts konnte eindeutiger sein; aber um sich zu vergewissern, nahm er das Buch mit auf die Brücke, die farbige Wiedergabe mit dem realen Gegenstand am Flaggstock achtern zu vergleichen. Als Jukes, der an diesem Tag mit mühsam verhaltenem Grimm seinen Dienst versah, wieder auf der Brücke erschien, bemerkte sein Gebieter: »Es ist nichts verkehrt an der Flagge.«

»So?«, murmelte Jukes, indem er sich vor einen Deckskasten kniete und wütend eine Reservelotleine herausriss.

»Nein. Ich habe im Buch nachgeschlagen. Zweimal so lang wie breit und der Elefant genau in der Mitte. Ich dächte auch, die Leute an Land sollten wissen, wie die Nationalflagge auszusehen hat. Das ist doch wohl einleuchtend. Sie hatten sich geirrt, Jukes ...«

»Aber hören Sie«, begann Jukes und richtete sich auf, »ich kann nur sagen ...« Er tastete mit zitternden Händen nach dem Ende der aufgerollten Leine.

»Das ist also in Ordnung«, beruhigte ihn MacWhirr, indem er sich schwer auf einen kleinen Segeltuchklappstuhl niederließ, auf dem er mit Vorliebe saß. »Bis die Leute sich dran gewöhnt haben, müssen Sie nur aufpassen, dass sie den Elefanten nicht verkehrt herum setzen.«

Jukes warf die neue Lotleine hinüber aufs Vorderdeck mit einem lauten »Hier, Bootsmann – vergessen Sie nicht, sie gründlich anzufeuchten!« und wandte sich mit größter Entschiedenheit seinem Kommandanten zu; Kapitän MacWhirr indessen breitete behaglich die Ellbogen aufs Brückengeländer.

»Man könnte es sonst womöglich als Notflagge auffassen«, fuhr er fort. »Was meinen Sie? Der Elefant da ist meiner Ansicht nach so etwas wie der Union Jack in der Flagge ...«

»Meinen Sie?«, brüllte Jukes so laut, dass alle Köpfe auf den Decks der *Nan-Shan* sich der Brücke zuwandten. Dann seufzte er auf, und mit plötzlicher Ergebung sagte er duldsam: »Das wäre allerdings ein verdammt jämmerlicher Anblick.«

Später am Tage zog er den Leitenden Ingenieur ins Vertrauen: »Nun hören Sie bloß, was der Alte sich mal wieder geleistet hat.«

Mr. Salomon Rout – auch der Lange Sal, der Alte Sal oder Vater Rout genannt – war fast immer und überall der größte, auf welchem Schiff er auch anmusterte, und hatte deshalb die leicht geneigte Haltung gemächlicher Herablassung angenommen. Er hatte spärliches rotblondes Haar, hagere bleiche Wangen, und auch die schmalen Gelehrtenhände waren bleich, als hätte er sein ganzes Leben im Schatten zugebracht...

Während er seelenruhig weiterrauchte und umherschaute, lächelte er aus seiner Höhe auf Jukes hinab, in der Art eines freundlichen Onkels, der sich die Erlebnisse eines aufgeregten Schuljungen anhört. Höchlich belustigt, doch ungerührt fragte er schließlich: »Und haben Sie abgemustert?«

»Nein«, schrie Jukes, mit müder, entmutigter Stimme das harte Rattern der Ladewinden übertönend. Alle waren in Aktion, hievten angehängte Lasten am Ende langer Ladebäume in die Höhe, anscheinend nur, um sie mit einem Mal unbekümmert wieder fallen zu lassen. Die Ladeketten ächzten in den Gienen, klirrten auf Süllen, rasselten über die Bordwand, und das ganze Schiff bebte, die langen grauen Flanken von Dampfschwaden umwölkt. »Nein«, schrie Jukes. »Das habe ich nicht getan. Was soll's auch? Ebenso gut könnte ich meine Kündigung diesem Schott entgegenschleudern. Ich glaube, man kann

einem Mann wie dem rein gar nichts begreiflich machen. Es ist zum Verzweifeln.«
Von seinem Aufenthalt an Land zurückgekehrt, überquerte in diesem Augenblick Kapitän MacWhirr das Deck, in der Hand den Regenschirm und begleitet von einem Chinesen, der in pappbesohlten Seidenschuhen bekümmert und gefasst hinter ihm dreinschritt und ebenfalls einen Regenschirm trug.
Mit leiser, gerade noch vernehmbarer Stimme, den Blick auf die Stiefel gesenkt, wie es seine Art war, bemerkte der Kapitän der *Nan-Shan*, es sei notwendig, auf dieser Fahrt Futschou anzulaufen, und ersuchte Mr. Rout, morgen Nachmittag Punkt ein Uhr Dampf aufzuhaben. Er schob seinen Hut zurück, um sich die Stirn zu wischen, indem er verlauten ließ, er jedenfalls gehe höchst ungern an Land. Mr. Rout indessen, ihn hoch überragend, ließ sich zu keinem Wort herab, sondern rauchte stumm seine Pfeife, wobei er den rechten Ellbogen in die linke Hand stützte. Dann wurde Jukes im gleichen gedämpften Ton angewiesen, das vordere Zwischendeck von Ladung frei zu halten. Zweihundert Kulis sollten dort untergebracht werden. Die Bun Hin Company schicke die Leute nach Hause. Fünfundzwanzig Sack Reis als Reisevorrat würden sogleich von einem Sampan gebracht werden. Alle seien seit sieben Jahren von zu Hause fort, sagte Kapitän MacWhirr, und jeder führe eine Kampferholzkiste mit sich. Der Zimmermann solle längs des Zwischendecks, vorn und achtern, am Boden dreizöllige Leisten anbringen, damit sich die Kisten bei Seegang nicht verschieben könnten. Jukes solle sich am besten gleich darum kümmern. »Hören Sie, Jukes?« Der Chinese hier werde sie bis Futschou begleiten – als Dolmetscher sozusagen. Er sei Bun Hins Sekretär und wolle sich den Raum gern einmal ansehen. Jukes möge ihn ins Vorschiff führen. »Hören Sie, Jukes?«

Jukes bemühte sich, die Anweisungen an den passenden Stellen mit dem obligatorischen, doch keineswegs begeistert vorgebrachten »Jawohl, Sir« zu quittieren. Sein schroffes »Na los, John, sieh dir's an!« setzte den Chinesen sogleich in Bewegung.

»Bitte sehr – wird nicht besser vom Ansehn«, sagte Jukes, der für Fremdsprachen völlig unbegabt war und sogar noch das Pidgin-Englisch grausam verstümmelte. Er wies auf die offene Luke. »Erstklassiger Schlafraum, was?«

Er war barsch, wie es der Überlegenheit seiner Rasse anstand, aber nicht eigentlich unfreundlich. Der Chinese, der betrübt und sprachlos in die Finsternis des Lukenschachtes starrte, meinte vor einem offenen Grabe zu stehen.

»Da unten sind sie bestimmt vor Regen sicher«, erklärte Jukes. »Und wenn wir immer dasselbe schöne Wetter haben, kommt ein Kalimann nach dem andern an Deck«, fuhr er fort und erwärmte sich geradezu bei dieser Vorstellung. »Macht so – puh!« Er holte tief Luft und blies die Backen auf. »Verstehst du, John? Atmen – frische Luft. Gut, was? Jeder kann hier oben seine Hosen waschen, seinen Reis essen – nicht wahr, John?«

Mit übertriebenen Mund- und Handbewegungen ahmte er Reisessen und Wäschewaschen nach, und der Chinese, der sein Misstrauen gegen diese Pantomime unter gesammeltem Anstand verbarg, dem eine sanfte und vornehme Melancholie beigemischt war, blickte aus seinen Mandelaugen von Jukes zur Luke und wieder zu Jukes. »Sell gut«, murmelte er mit tieftrauriger gedämpfter Stimme – und eilte wendig über Deck, allen Hindernissen geschickt ausweichend. Er entschwand, indem er tief geduckt unter einer Ladeschlinge mit zehn schmutzigen Jutesäcken durchschlüpfte, die mit irgendwelchen kostbaren Handelsgütern gefüllt waren und einen widerwärtigen Geruch ausströmten.

Kapitän MacWhirr hatte sich unterdessen auf die Brücke und in den Kartenraum begeben, wo ein Brief, vor zwei Tagen begonnen, der Vollendung harrte. Alle seine langen Briefe begannen mit den Worten »Meine teuerste Frau!«, und der Steward nahm zwischen Fußbodenschrubber und Abstauben der Chronometerkästen jede Gelegenheit wahr, sie zu lesen. Möglicherweise interessierten sie ihn viel mehr als die Frau, für deren Auge sie bestimmt waren; berichteten sie doch mit größter Ausführlichkeit von jeder Fahrt der *Nan-Shan*.

Getreu den Tatsachen – und nur diese spiegelten sich in seinem Bewusstsein wider – pflegte der Kapitän mit gewissenhaftem Fleiß viele Seiten zu füllen. Das Vorstadthaus im Norden von London, wohin diese Seiten gerichtet waren, hatte ein Stückchen Garten vor den Erkerfenstern, eine geräumige, einladende Vorhalle, farbiges Glas mit imitierter Bleieinfassung in der Haustür. Er zahlte fünfundvierzig Pfund im Jahr für das Haus und fand die Miete nicht zu hoch; denn Mrs. MacWhirr, eine anspruchsvolle Person mit magerem Hals und hochmütigem Gehabe, war anerkanntermaßen »ladylike« und galt in der Nachbarschaft als »etwas Besseres«. Das einzige Geheimnis ihres Lebens war ihre panische Angst vor der Zeit, da ihr Mann für immer heimkehren würde. Unter demselben Dach lebten außerdem eine Tochter namens Lydia und ein Sohn, Tom. Die beiden kannten ihren Vater nur flüchtig. Für sie war er nicht mehr als ein seltener, aber privilegierter Besuch, der abends im Esszimmer seine Pfeife rauchte und im Hause schlief. Das schlanke Mädchen schämte sich ihres Vaters im Grunde ein bisschen; der Junge war ausgesprochen gleichgültig gegen ihn, auf eine freimütige, erquickend unbefangene Art, wie sie echten Jungen eigen ist.

Und Kapitän MacWhirr schrieb von der Küste Chinas zwölfmal im Jahr nach Haus, schloss mit der wunderlichen Bitte, ihn »den Kindern zu empfehlen«, und unterschrieb »Dein Dich liebender Gatte«, seelenruhig, als wären, vom Schriftbild abgesehen, die seit eh und je von unzähligen Männern gebrauchten Worte abgenutzte Dinge, deren Sinn längst verblasst ist.

Die Chinesischen Meere, im Norden wie im Süden, sind eng. Es sind Gewässer voll von alltäglichen, beredten Tatsachen wie Inseln, Sandbänken, Riffen, schnellen und veränderlichen Strömungen – verzwickten Tatsachen, die für den Seemann gleichwohl eine klare und bestimmte Sprache reden. Ja, ihre Sprache besaß für Kapitän MacWhirrs Wirklichkeitssinn etwas so Zwingendes, dass er seine Kabine unten aufgegeben hatte und seine Tage fast ausschließlich auf der Kommandobrücke zubrachte, sich oft die Mahlzeiten heraufbringen ließ und nachts im Kartenraum schlief. Dort verfasste er denn auch seine Briefe nach Haus. Ausnahmslos jeder enthielt den Satz: »Das Wetter auf dieser Fahrt war bisher sehr schön«, oder eine ähnliche Bemerkung gleichen Inhalts. Und wie alle anderen Briefstellen trug auch diese mit erstaunlicher Beharrlichkeit immer wiederkehrende Aussage den Stempel vollkommener Zuverlässigkeit.

Mr. Rout schrieb ebenfalls Briefe, doch wusste niemand an Bord, wie geschwätzig er mit der Feder in der Hand sein konnte; denn der Leitende Ingenieur besaß Fantasie genug, um sein Schreibpult verschlossen zu halten. Seine Frau hatte größtes Vergnügen an seiner Ausdrucksweise. Die Ehe war kinderlos, und Mrs. Rout, eine stattliche, hochbusige Vierzigerin, bewohnte mit Mr. Routs zahnloser und ehrwürdiger Mutter ein kleines Landhaus bei Teddington. Sie pflegte ihre Briefe beim Frühstück mit munteren Augen zu überfliegen und besonders interessante Stellen mit fröhlicher Stimme der schwerhörigen alten Dame zuzuschreien, jedem Ausschnitt den Signalruf »Salomon sagt!« vorausschickend. Sie hatte die

Gewohnheit, Salomons Äußerungen auch Fremden entgegenzuschleudern, und verblüffte sie zweifellos mit solch unbekannten Schriftstellen und dem unerwartet heiteren Zug in diesen Zitaten. Als der neue Hilfspfarrer zum ersten Mal in ihrem Hause vorsprach, sah sie sich zu der Bemerkung veranlasst: »Salomon sagt: Die Ingenieure, die zur See gehen, gewahren auf Schiffen die Wunder der Seemannsnatur…«; doch ließ die verwirrte Miene ihres Besuchers sie erstaunt innehalten.
»Salomon … Oh! … Mrs. Rout«, stotterte der junge Mann mit hochrotem Kopf, »ich muss gestehen … ich weiß nicht…«
»Es ist mein Mann«, verkündete sie lauthals und warf sich in den Stuhl zurück. Den Spaß begreifend, lachte sie unmäßig, das Taschentuch vor den Augen, während er mit gezwungenem Lächeln dasaß und, bar jeder Erfahrung mit fidelen Frauen, fest davon überzeugt war, dass die Ärmste den Verstand verloren habe. Sie wurden später die besten Freunde; denn nachdem er sie von jeder respektlosen Absicht freigesprochen hatte, ging ihm auf, dass sie doch eine recht achtbare Persönlichkeit war; ja, mit der Zeit lernte er sogar, ohne mit der Wimper zu zucken, weitere Brocken salomonischer Weisheit entgegenzunehmen.
»Ich für mein Teil«, zitierte Mrs. Rout ein andermal ihren Salomon, »ziehe den beschränktesten Esel von Kapitän einem Gauner vor. Mit einem Narren kommt man schon zurecht; ein Gauner aber ist gerissen und nicht zu fassen.« Dies war eine leichtfertige Verallgemeinerung seiner speziellen Erfahrung mit Kapitän MacWhirrs Redlichkeit, die allerdings die plumpe Sinnfälligkeit eines Lehmklumpens hatte. Mr. Jukes dagegen, unfähig zu verallgemeinern, weder verheiratet noch verlobt, pflegte sein Herz auf andere Weise einem alten Gefährten und früheren Schiffskameraden auszuschütten, der jetzt als Zweiter Offizier im Liniendienst den Atlantik befuhr.

Vor allem betonte er immer die Vorzüge der Handelsschifffahrt im Osten gegenüber dem westlichen Ozeandienst. Er pries den Himmel, die Meere, die Schiffe und das unbeschwerte Leben im Fernen Osten. Die *Nan-Shan*, so versicherte er, sei als Seeschiff unübertrefflich.

»Freilich haben wir keine messingbeschlagenen Uniformen, aber andererseits geht es recht brüderlich bei uns zu«, schrieb er. »Wir essen alle zusammen und leben wie die Kampfhähne ... Die Leute vom Maschinenraum sind allesamt so anständig wie ihr Ruf, und der alte Sal, der Chief, ist ein Kauz. Wir sind gute Freunde. Und was unsern Alten angeht, einen friedlicheren Kapitän findest Du nicht. Mitunter denkt man, er sei zu beschränkt, um zu merken, wenn etwas verkehrt ist. Und doch ist es nicht so. Kann nicht so sein. Er führt nun schon eine gute Reihe von Jahren das Kommando. Nie macht er etwas wirklich Unüberlegtes, und er kommt mit seinem Schiff tadellos zurecht, ohne einen groß zu plagen. Ich glaube, er hat nicht Grips genug, um mal so richtig Krach zu schlagen. Ich nutze das nicht aus. Das wäre unter meiner Würde. Außerhalb des gewohnten dienstlichen Geleises versteht er offenbar kaum die Hälfte von dem, was man ihm sagt. Manchmal haben wir unsern Spaß daran; aber es ist doch auch langweilig, mit so einem Mann zusammengespannt zu sein – wenigstens auf die Dauer. Der alte Sal sagt, er sei nicht sehr gesprächig. Gesprächig! Du lieber Himmel! Er unterhält sich überhaupt nie. Neulich spann ich unter der Brücke mit einem unserer Ingenieure ein Garn, und er muss uns gehört haben. Wie ich heraufkomme, um meine Wache zu übernehmen, tritt er aus dem Kartenraum, sieht sich rings um, späht nach den Seitenlichtern, wirft einen Blick auf den Kompass, schaut hinauf zu den Sternen. Es ist immer derselbe Ablauf. Schließlich sagt er: ›Waren Sie das, der sich eben im Backbordgang unterhalten hat?‹ – ›Ja, Sir.‹

Er begibt sich nach Steuerbord, setzt sich unterm Sonnenschutzsegel auf seinen kleinen Klappstuhl, und die nächste halbe Stunde etwa gibt er keinen Laut von sich, außer dass er einmal niesen muss. Nach einer Meile höre ich, wie er dort drüben aufsteht und herüberschlendert nach Backbord, wo ich mich befand. ›Ich begreife nicht, worüber Sie so lange reden können‹, sagt er. ›Zwei volle Stunden. Ich mache Ihnen keinen Vorwurf. Ich sehe die Leute an Land den ganzen Tag lang reden, und am Abend setzen sie sich hin, und beim Trinken geht's weiter. Müssen doch immer wieder dasselbe sagen. Unbegreiflich!‹

Hast Du jemals dergleichen gehört? Und er war dabei so nachsichtig. Er tat mir richtig leid. Aber manchmal kann er einen auch zur Verzweiflung bringen. Freilich würde man nichts tun, um ihn zu ärgern, selbst wenn es sich lohnte. Aber es lohnt sich überhaupt nicht. Er ist so völlig arglos, dass er, wenn Du ihm eine Nase drehtest, sich nur besorgt fragen würde, was in Dich gefahren sei. Einmal erklärte er mir ganz naiv, es falle ihm schwer zu verstehen, weshalb die Menschen sich immer so seltsam aufführten. Er ist einfach zu begriffsstutzig, um sich aufzuregen; das ist es.«

So schrieb Mr. Jukes aus der Fülle seines Herzens und der Lebhaftigkeit seiner Fantasie an seinen Kameraden bei der westlichen Handelsschifffahrt.

Er hatte seine ehrliche Meinung geäußert. Es lohnte sich nicht, einen Mann dieser Art irgendwie beeindrucken zu wollen. Wäre die Welt voll solcher Männer gewesen, so hätte Jukes das Leben vermutlich recht eintönig und unergiebig gefunden. Er stand mit seiner Meinung nicht allein da. Selbst die See, als teilte sie Mr. Jukes' gutmütige Nachsicht, hatte niemals Anstrengungen gemacht, den schweigsamen Mann aufzuschrecken, der selten aufblickte und arglos über die Meere fuhr, offenbar einzig und allein zu dem Zweck, drei Menschen an Land mit Nahrung, Kleidung und Unterkunft zu versorgen. Schlechtwetter hatte er freilich kennengelernt. Er war durchnässt worden, hatte das übliche Maß von Unbehagen und Müdigkeit erlebt und alsbald wieder vergessen, sodass er, im Ganzen genommen, mit gutem Recht immer nur von Schönwetter nach Hause berichtet hatte. Nicht im Entferntesten war ihm je unbegrenzte Stärke und maßloser Zorn begegnet, Zorn, der sich wohl erschöpft, aber niemals beschwichtigen lässt – das rasende Wüten der entfesselten See. Er wusste, dass es das gab, so wie wir wissen, dass es Verbrechen und Gräuel gibt; er hatte davon gehört, so wie der friedliche Bürger einer Stadt von Schlachten, Hungersnöten, Überschwemmungen hört und doch nicht ahnt, was es mit diesen Dingen auf sich hat – mag er auch schon einmal in eine Schlägerei verwickelt gewesen sein oder kein Mittag bekommen haben oder bei einem Regenguss bis auf die Haut durchnässt worden sein. Kapitän MacWhirr war über die Meere gefahren, wie manche Menschen über die Jahre ihres Erdenlebens dahingleiten, um schließlich sanft in ein friedliches Grab zu sinken, ahnungslos bis zur letzten Stunde und ohne je erfahren zu haben, was alles an Falschheit, Gewalt und Grauen das Leben in sich schließen kann. Zu Wasser und zu Lande gibt es solche Menschen, vom Glück Begünstigte – vielleicht aber auch vom Schicksal oder von der See Verschmähte.

## 2

Angesichts des ständig fallenden Barometers dachte Kapitän MacWhirr: »Ein Unwetter ist im Anzug.« Genau das dachte er. Er hatte seine Erfahrungen mit mäßig schlechtem Wetter gemacht – wobei »schlecht« jedes Wetter bezeichnet, das auch nur mäßiges Unbehagen für den Seemann mit sich bringt. Wäre ihm von einer unbestreitbaren Instanz mitgeteilt worden, eine katastrophale atmosphärische Störung werde nun endgültig den Weltuntergang herbeiführen, er hätte die Mitteilung mit seiner schlichten Vorstellung von Schlechtwetter verbunden und mit keiner anderen, weil er verheerende Umwälzungen nicht kannte und Glaube nicht unbedingt Verständnis in sich schließen muss. Die Weisheit seines Landes hatte durch Parlamentsbeschluss verfügt, dass jeder, ehe man ihn für würdig hielt, ein Schiff zu führen, in der Lage sein müsse, bestimmte einfache Fragen über Wirbelstürme wie Hurrikane, Zyklone, Taifune zu beantworten; und anscheinend hatte er das gekonnt, da er nun in den Chinesischen Meeren um die Jahreszeit der Taifune die *Nan-Shan* befehligte. Aber wenn er sie wirklich beantwortet hatte, so bewahrte er doch nichts mehr davon im Gedächtnis. Jedoch war ihm bewusst, dass die drückende Schwüle ihm Unbehagen bereitete. Er trat hinaus auf die Brücke und fand dort keine Erleichterung. Die Luft schien dick. Er jappte wie ein Fisch und begann sich außerordentlich unwohl zu fühlen.

Die *Nan-Shan* pflügte eine schnell vergehende Furche durch das Meer, dessen schimmernde Oberfläche einem gewellten Stück grauer Seide glich. Die Sonne, bleich und strahlenlos, goss mit einem seltsam ungewissen Licht bleierne Hitze herab, und die Chinesen lagen ermattet auf den Decks umher. Ihre blutlosen, ausgemergelten gelben Gesichter ließen an Gallenkranke denken. Dem Kapitän fielen zwei von ihnen besonders auf, die unterhalb der Brücke ausgestreckt auf dem Rücken lagen. Sobald sie die Augen schlossen, sahen sie wie Tote aus. Weiter vorn waren indes drei andere in einen mörderischen Streit geraten; ein starker Kerl, halb nackt, mit

Herkulesschultern, hing kraftlos über einer Winde; ein anderer saß auf dem Deck, die Knie angezogen, und flocht, den Kopf dabei nach Mädchenart zur Seite geneigt, seinen Zopf, der ganze Mann bis in die Bewegungen der Finger ein Bild grenzenloser Schwäche. Der Rauch wälzte sich mühsam aus dem Schornstein, und anstatt fortzuwehen, legte er sich als höllische Wolke über das Schiff, verbreitete Schwefelgeruch und ließ Ruß auf die Decks herniederregnen.

»Was zum Teufel machen Sie da, Mr. Jukes?«, fragte Kapitän MacWhirr.

Obwohl die Worte eher gemurmelt als gesprochen waren, ließ die ungewohnte Ausdrucksweise Mr. Jukes hochschrecken, als hätte man ihm einen Stich zwischen die Rippen versetzt. Er hatte sich eine niedrige Bank auf die Brücke bringen lassen und saß da, ein aufgeschossenes Tau zu seinen Füßen und über den Knien ein Stück Segeltuch, das er energisch mit einer Segelnadel bearbeitete. Er blickte auf, und das Erstaunen gab seinen Augen einen Ausdruck von Unschuld und Offenheit.

»Ich bestroppe bloß ein paar von den neuen Säcken, die wir auf der letzten Fahrt zum Hochwinden der Kohle genäht haben«, rechtfertigte er sich sanft. »Wir werden sie beim nächsten Kohleneinnehmen brauchen können, Sir.«

»Wo sind denn die andern geblieben?«

»Natürlich verschlissen, Sir.«

Kapitän MacWhirr starrte eine Weile unentschlossen auf seinen Ersten Steuermann hinab, ehe er ihm seine düstere und bittere Überzeugung offenbarte, dass mehr als die Hälfte über Bord gegangen sein müsse – »wenn man nur die Wahrheit erführe!« –, und zog sich dann ans andere Ende der Brücke zurück. Jukes, durch die unverdiente Kritik verärgert, zerbrach beim zweiten Stich die Nadel, ließ die Arbeit fallen, stand auf und verwünschte mit leiser, erregter Stimme die Hitze.

Die Schiffsschraube polterte, die drei Chinesen vorn hatten ganz plötzlich ihren Streit aufgegeben, und der andere, der sich den Zopf geflochten hatte, umklammerte seine Beine und starrte mutlos über seine Knie hinweg. Das bleiche Sonnenlicht warf schwache, blasse Schatten. Die Dünung ging mit jedem Augenblick höher und rascher, und das Schiff schlingerte heftig in den tiefen, glatten Senken des Meeres.
»Wo nur diese verfluchte Dünung herkommt, möcht' ich wissen«, sagte Jukes laut, indem er nach einem Taumeln wieder festen Stand zu gewinnen suchte.
»Nordost«, brummte der alles wörtlich nehmende MacWhirr von der anderen Seite der Brücke. »Ein Unwetter ist im Anzug. Sehen Sie sich das Barometer an!«
Als Jukes aus dem Kartenraum zurückkam, standen Nachdenklichkeit und Besorgnis auf seinem Gesicht. Er stützte sich auf das Brückengeländer und starrte nach vorn.
Die Temperatur im Maschinenraum war auf 117 Grad Fahrenheit angestiegen. Gereizte Stimmen drangen durch das Deckslicht und die Luke des Heizraums herauf, ein harter, nachhallender Tumult, dazwischen zorniges metallisches Klirren und Kratzen, als wären Männer mit Gliedmaßen aus Eisen und Kehlen aus Bronze dort unten in Streit geraten. Der Zweite Ingenieur kanzelte die Heizer ab, weil sie den Dampfdruck nicht gehalten hatten. Er war ein Kerl mit Armen wie ein Grobschmied und allgemein gefürchtet; doch an diesem Nachmittag ließen sich die Heizer zu erboster Widerrede hinreißen und schmetterten mit der Wut der Verzweiflung die Kesseltüren zu. Dann verstummte plötzlich der Lärm, und der Zweite Ingenieur erschien, trat rußgestreift und klatschnass aus dem Heizraum zutage, wie ein Schornsteinfeger, der aus einem Brunnen steigt. Sobald sein Kopf aus der Luke schaute, begann er gegen Jukes zu wettern; der habe die Heizraumventilatoren nicht richtig nach dem

Wind gedreht, worauf Jukes ihm mit bedauernden, beschwichtigenden Gesten zu verstehen gab:
»Kein Wind – nichts zu machen – sehen Sie doch selbst!«
Aber der andere wollte keine Vernunft annehmen. Zornig blitzten seine Zähne im rußverschmierten Gesicht. Es mache ihm gar nichts aus, sagte er, die da unten auf die verfluchten Köpfe zu hauen, beileibe nicht, aber dächten denn die verdammten Matrosen, man könne in den elenden Kesseln Dampf aufbehalten, einfach indem man die verwünschten Heizer umherscheuche? Nein, zum Donnerwetter! Man brauche immerhin auch ein bisschen Zug – er wolle für alle Ewigkeit als schwabberköpfiger Decksmann verflucht sein, wenn das nicht die pure Wahrheit sei! Und der Chief erst, seit Mittag tobe der unentwegt vor dem Manometer herum und führe sich im Maschinenraum wie ein Irrer auf. Was glaube denn Jukes, wozu man ihn da oben hingestellt habe, wenn er nicht mal einen seiner elenden, nichtsnutzigen Deckskrüppel bewegen könne, die Ventilatoren gegen den Wind zu drehen?
Die Beziehungen zwischen Maschinenraum und Deck der *Nan-Shan* waren, wie wir wissen, durchaus brüderlicher Natur; deshalb beugte sich Jukes übers Brückengeländer und bat den anderen in beherrschtem Ton, er solle sich doch nicht lächerlich machen; der Kapitän sei auf der andern Seite der Brücke. Aber der Zweite Ingenieur erklärte rebellisch, es sei ihm ganz egal, wer auf der andern Seite der Brücke stehe, worauf Jukes' überlegene Missbilligung blitzartig in leidenschaftliche Erregung umschlug, und mit wenig schmeichelhaften Worten forderte er den anderen auf, er möge doch heraufkommen, um die verdammten Dinger selber zu drehen, so viel er Lust habe, und einen Wind zu fangen, wie ihn ein Esel seines Schlages finden könne. Der Zweite Ingenieur stürmte tatendurstig hinauf. Er fiel über den Backbord-

ventilator her, als wollte er ihn ganz und gar herausreißen und über Bord werfen. Aber es gelang ihm nur mit größter Kraftanstrengung, die Lüfterhaube um ein paar Zoll zu drehen; dann schien er am Ende seiner Kräfte. Er lehnte sich gegen die Rückseite des Steuerhauses, und Jukes ging zu ihm.

»Meine Güte!«, stieß der Ingenieur mit schwacher Stimme aus. Er hob seine Augen zum Himmel und ließ dann den starren Blick zum Horizont hinabgleiten, der sich mit einem Mal schräg stellte, bis zu einem Winkel von vierzig Grad, eine Weile in der Schräge zu schweben schien und sich langsam wieder herabsenkte. »Himmel! Puh! Was ist denn bloß?«

Jukes, die langen Beine wie einen Zirkel gespreizt, setzte eine überlegene Miene auf. »Diesmal erwischt es uns«, sagte er. »Das Barometer fällt wie sonst was, Harry. Und Sie brechen hier solch dummen Streit vom Zaun ...«

Das Wort »Barometer« schien die rasende Erbitterung des Zweiten Ingenieurs aufs Neue zu entfachen. Alle Energien noch einmal zusammenraffend, riet er Jukes in grobem Ton, sich das verdammte Gerät gefälligst an den Hut zu stecken. Wer kümmere sich denn schon um sein rotes Barometer? Aber der Dampf – der Dampf – der sinke; und er da unten zwischen den ausgepumpten Heizern und dem übergeschnappten Chief: Das sei schlimmer als ein Hundeleben; er schere sich keinen Pfifferling darum, wie bald der ganze Laden in die Binsen gehe. Er schien drauf und dran, in Tränen auszubrechen; doch als er wieder zu Atem gekommen war, murmelte er finster: »Ich werd's ihnen zeigen!«, und stürmte davon. An der Luke hielt er gerade lange genug inne, um die Faust gegen das unnatürliche Tageslicht zu schütteln, dann tauchte er mit einem Schrei in den dunklen Schacht hinab.

Als Jukes sich umwandte, fiel sein Blick auf den runden Rücken und die großen roten Ohren von Kapitän Mac-

Whirr, der inzwischen auf diese Seite der Brücke herübergekommen war. Er sah seinen Ersten Steuermann nicht an, doch sagte er unvermittelt: »Ein rechter Hitzkopf, der Zweite Ingenieur.«

»Immerhin mordstüchtig«, brummte Jukes. »Sie können keinen Dampf halten«, setzte er rasch hinzu und griff hastig nach der Reling, um sich gegen das nächste Überholen zu wappnen.

Kapitän MacWhirr war unvorbereitet und geriet ins Stolpern, kam aber an einer Sonnensegelstütze mit einem Ruck wieder zum Stehen.

»Ein lästerlicher Mensch«, sagte er beharrlich. »Wenn das so weitergeht, werde ich mich bei nächster Gelegenheit von ihm trennen.«

»Es ist die Hitze«, erwiderte Jukes. »Das Wetter ist mörderisch. Es würde einen Heiligen zum Fluchen bringen. Selbst hier oben ist mir, als ob mein Kopf in eine Wolldecke eingeschnürt wäre.«

Kapitän MacWhirr blickte auf. »Wollen Sie damit sagen, Mr. Jukes, Ihr Kopf sei jemals in eine Decke eingeschnürt gewesen? Aber weshalb denn?«

»Es ist nur so eine Ausdrucksweise, Sir«, sagte Jukes gleichgültig.

»Einige von euch haben ein sonderbares Benehmen! Was soll das heißen: Heilige und fluchen? Sie dürften nicht so unbesonnen daherreden. Was für eine Art Heiliger wäre das, der sich zum Fluchen hinreißen ließe? Nicht heiliger als Sie selbst vermutlich. Und was hat eine Decke damit zu tun – oder das Wetter? … Die Hitze bringt mich doch auch nicht zum Fluchen, oder? Ungehörige schlechte Laune ist das, nichts weiter. Und was nützt es, wenn Sie so reden?«

Auf diese Weise protestierte Kapitän MacWhirr gegen den Gebrauch von Metaphern in der Sprache, und am Ende elektrisierte er Jukes durch ein verächtliches Schnauben, dem Worte des Zorns und Unmuts folgten:

»Verdammt! Ich werd' ihn hinausfeuern, wenn er sich nicht zusammenreißt!«

Und Jukes, der Unverbesserliche, dachte: »Du lieber Gott! Jemand hat meinem Alten ein neues Innenleben verpasst. Das ist doch mal ein Temperamentsausbruch, wenn man so will. Natürlich ist es das Wetter; was denn sonst? Es würde selbst einen Engel aus der Haut fahren lassen – von einem Heiligen ganz zu schweigen.«

Alle Chinesen auf Deck schienen in den letzten Zügen zu liegen.

Bei ihrem Untergang sah die Sonnenscheibe unnatürlich klein aus und leuchtete mit einer ersterbenden bräunlichen, strahlenlosen Glut, als wären seit dem Morgen Millionen von Jahrhunderten vergangen und hätten ihr Ende heraufgeführt. Eine dichte Wolkenbank wurde im Norden sichtbar; von drohendem, dunklem Olivgrau, lag sie tief und reglos über der See, einem massiven Hindernis gleich, das dem Schiff den Weg versperrte. Die *Nan-Shan* quälte sich ihm mühsam entgegen, wie eine erschöpfte Kreatur, die in den Tod getrieben wird. Das kupferige Zwielicht nahm langsam ab, und die Dunkelheit brachte droben einen Schwarm unsteter großer Sterne hervor, die dicht über der Erde zu schweben schienen und unaufhörlich flackerten, als suchte jemand sie auszublasen. Um acht Uhr ging Jukes in den Kartenraum, um die Eintragungen im Logbuch vorzunehmen.

Säuberlich übertrug er aus der Tagebuchkladde die Zahl der Seemeilen, den Kurs des Schiffes, und in die Rubrik für »Wind« schrieb er von oben bis unten über alle acht Stunden seit Mittag das Wort »Windstille«. Er war gereizt durch das unaufhörliche, gleichbleibende Rollen des Schiffes. Das schwere Tintenfass rutschte immer wieder auf eine Weise davon, als wollte es in verstocktem Eigensinn der Feder ein Schnippchen schlagen. Nachdem er in das große Feld mit der Überschrift »Bemerkungen«

eingetragen hatte »Hitze sehr drückend«, steckte er sich das Ende des Federhalters wie eine Pfeife zwischen die Zähne und wischte sich umständlich das Gesicht.
»Schiff rollt stark in hoher Kreuzdünung«, begann er von Neuem und kommentierte für sich: »Stark ist gar kein Ausdruck dafür.« Dann schrieb er: »Sonnenuntergang bedrohlich, mit tiefer Wolkenbank in Nord und Ost. Himmel oben klar.«
Über den Tisch gelümmelt, hielt er im Schreiben inne, blickte durch die Tür nach draußen und sah, wie in diesem Ausschnitt zwischen den Teakholzpfosten alle Sterne am schwarzen Himmel aufwärtsflogen. Das ganze Heer ergriff auf einmal die Flucht und verschwand, ließ nur eine weiß gefleckte Finsternis zurück, denn die See war so schwarz wie der Himmel und weithin getüpfelt mit Schaum. Die Sterne, die eben beim Rollen des Schiffes entflohen waren, kamen beim Gegenschwung wieder, stürzten herab in funkelnder Menge, nicht feurige Punkte, sondern zu winzigen Scheiben, vergrößert, leuchtend mit einem klaren feuchten Glanz.
Jukes beobachtete die fliegenden großen Sterne einen Augenblick; dann schrieb er: »Acht Uhr abends. Zunehmende Dünung. Schiff stampft und übernimmt Sturzseen. Kulis für die Nacht verschalkt. Barometer fällt noch immer.« Er stockte und dachte bei sich: »Vielleicht ereignet sich überhaupt nichts weiter.« Und dann beendete er kurzentschlossen seine Eintragungen: »Allem Anschein nach ein Taifun im Anzug.«
Beim Verlassen des Kartenraums trat er zur Seite, und Kapitän MacWhirr überschritt die Schwelle, ohne ein Wort zu sagen oder ein Zeichen zu geben.
»Schließen Sie die Tür, Mr. Jukes!«, rief er von innen.
Jukes machte kehrt, um der Aufforderung nachzukommen, und murmelte spöttisch: »Hat wohl Angst, sich zu erkälten.« Es war seine Freiwache, aber er lechzte nach

Gemeinschaft mit seinesgleichen, und leichthin bemerkte er zum Zweiten Steuermann: »Sieht am Ende gar nicht so schlimm aus, oder?«

Der Zweite Steuermann ging auf der Brücke hin und her, trippelte einmal mit kleinen Schritten abwärts, um im nächsten Augenblick mühsam die sich ständig verändernde Deckschräge hinaufzuklimmen. Als er Jukes' Stimme hörte, blieb er stehn und blickte nach vorn, gab aber keine Antwort.

»Hallo! Die hat es in sich!«, sagte Jukes, indem er sich vorneigte, um dem langen Rollen zu begegnen, bis seine ausgestreckte Hand die Planken berührte. Diesmal gab der Zweite Steuermann einen unfreundlichen kehligen Laut von sich.

Es war ein ältlicher, schäbiger kleiner Wicht mit schlechten Zähnen und keinerlei Anflug von Bart. Man hatte ihn in Shanghai in aller Eile angeheuert, als damals der Zweite Steuermann, den man von daheim mitgebracht, das Schiff drei Stunden im Hafen aufgehalten hatte, weil er – auf eine Art und Weise, die Kapitän MacWhirr immer unbegreiflich blieb – es fertiggebracht hatte, über Bord zu fallen in einen längsseits liegenden leeren Kohlenprahm, worauf er mit Gehirnerschütterung und ein paar Knochenbrüchen an Land ins Krankenhaus gebracht werden musste.

Jukes ließ sich durch den abweisenden Laut nicht entmutigen. »Die Chinesen müssen sich köstlich amüsieren da unten«, sagte er. »Zum Glück hat das alte Mädchen das leichteste Schlingern von allen Schiffen, auf denen ich je gefahren bin. Da! Die war gar nicht so schlimm.«

»Warten Sie's ab!«, knurrte der Zweite Steuermann.

Mit seiner dünnen, an der Spitze geröteten Nase und seinen schmalen, zusammengekniffenen Lippen sah er immer aus, als ob er inwendig vor Wut kochte, und seine Rede war knapp bis zur Grobheit. Alle dienstfreie Zeit verbrachte er hinter geschlossener Tür in seiner Kabine und verhielt sich so ruhig da drinnen, dass man stets dachte, er schlafe, sobald er sich zurückgezogen habe. Aber der Mann, der hineinging, um ihn zur Deckswache zu wecken, fand ihn jedes Mal mit weit offenen Augen flach auf dem Rücken in seiner Koje liegen und aus schmuddeligem Kissen reizbar ins Leere starren. Nie schrieb er einen Brief, schien auch nicht auf Nachricht von irgendwoher zu warten; zwar hatte man ihn einmal West Hartlepool erwähnen hören, doch war das mit größter Erbitterung geschehen und nur im Zusammenhang mit den übermäßigen Preisen eines Logierhauses. Er war einer von der Sorte, wie man sie, wenn Not am Mann ist, in allen Häfen der Welt auflieset. Es sind durchaus brauchbare Leute, sie scheinen hoffnungslos abgebrannt, dabei frei von jedem Laster und tragen doch alle Zeichen offenkundigen Misserfolgs an sich. Sie kommen als Lückenbüßer an Bord, bleiben gleichgültig gegen jedes Schiff, leben in ihrer eigenen Sphäre als Zufallsgäste unter ihren Schiffskameraden, die nichts von ihnen wissen, und sind entschlossen, sich zu ungelegener Zeit wieder zu empfehlen. Ohne ein Wort des Abschieds machen sie sich in irgendeinem gottverlassenen Hafen davon, wohin andere nicht einmal als Schiffbrüchige verschlagen werden möchten, und gehen an Land, nur in Gesellschaft einer schäbigen Seekiste, die sie wie einen Schatzkasten verschnürt haben, und mit einer Miene, als schüttelten sie sich den Schiffsstaub von den Füßen.

»Warten Sie's ab«, wiederholte er, indem er sich, den Rücken zu Jukes, schwankend im Gleichgewicht hielt, regungslos und unversöhnlich.

»Wollen Sie damit sagen, dass uns noch was bevorsteht?«, fragte Jukes mit knabenhaftem Interesse.

»Sagen? ... Ich sage überhaupt nichts. Mich legen Sie nicht 'rein!«, fauchte der kleine Zweite Steuermann, eine

Mischung aus Stolz, Verachtung und Schläue in der Stimme, als wäre Jukes' Frage eine Falle gewesen, die er klug entdeckt hatte. »O nein! Ich lass' mich doch von euch nicht zum Narren halten, ich denke nicht daran«, murmelte er vor sich hin.

Jukes musste einsehen, dass dieser Zweite Steuermann ein erbärmlicher Wicht war, und aus Herzensgrund wünschte er, der arme Jack Allen hätte sich nicht im Kohlenprahm zuschanden gestürzt. Die ferne Schwärze vor dem Schiff war wie eine zweite Nacht, die sich hinter der gestirnten Erdennacht auftat – die sternlose Nacht der Unendlichkeiten jenseits des erschaffenen Weltalls, erahnbar in ihrer schrecklichen Stille durch einen fernen Spalt in der glitzernden Himmelskugel, deren Kern die Erde ist.

»Was immer sich da zusammenbrauen mag«, sagte Jukes, »wir dampfen geradewegs hinein.«

»Das haben *Sie* gesagt«, warf der Zweite Steuermann ein, noch immer mit dem Rücken zu Jukes. »Sie haben's gesagt, hören Sie – nicht ich.«

»Ach, gehn Sie zum Henker!«, sagte Jukes unverblümt; und der andere gab ein triumphierendes kleines Kichern von sich.

»Sie haben's gesagt«, wiederholte er.

»Na und?«

»Ich kenn' ein paar sehr tüchtige Leute, die zehnmal weniger gesagt und sich trotzdem bei ihrem Kapitän in die Nesseln gesetzt haben«, erwiderte der Zweite Steuermann hitzig. »O nein! Mich legen Sie nicht 'rein.«

»Sie scheinen ja eine Heidenangst zu haben, sich lächerlich zu machen«, sagte Jukes, aufs Höchste erbittert über solche Albernheit. »Ich würde mich nicht scheuen zu sagen, was ich denke.«

»Ja, zu mir! Das ist keine Kunst. Ich bin ein Nichts und weiß es wohl.«

Nach einer gewissen Ruhepause begann das Schiff von Neuem zu schlingern, stärker von Mal zu Mal, und eine Zeit lang war Jukes viel zu sehr um sein Gleichgewicht bemüht, um den Mund aufzutun. Sobald das heftige Rollen etwas nachgelassen hatte, sagte er: »Das ist denn doch ein bisschen zu viel des Guten. Ob etwas kommt oder nicht, ich meine, man sollte das Schiff gegen die Dünung legen. Der Alte ist gerade hineingegangen, um sich auszuruhen. Hol' mich der Henker, wenn ich nicht mit ihm rede!«

Doch als er die Tür zum Kartenraum öffnete, sah er seinen Kapitän in einem Buche lesen. Kapitän MacWhirr hatte sich nicht hingelegt: Er stand da, die eine Hand an die Kante des Bücherbords geklammert, während er sich mit der anderen ein aufgeschlagenes dickes Buch vors Gesicht hielt. Die Lampe schwang unruhig in den Kardanringen, die lose stehenden Bücher auf dem Bord kippten von einer Seite auf die andere, das lange Barometer pendelte ruckartig hin und her, die Tischplatte änderte jeden Augenblick ihren Neigungswinkel. Inmitten all dieser Unruhe und Bewegung hob Kapitän MacWhirr, die eine Hand noch immer fest am Bord, die Augen über den oberen Rand des Buches und fragte: »Was gibt's?«

»Die Dünung nimmt zu, Sir.«

»Habe das auch hier drinnen bemerkt«, murmelte Kapitän MacWhirr. »Etwas nicht in Ordnung?«

Verwirrt durch den Ernst in den Augen, die ihn da über den Rand des Buches hinweg anblickten, brachte Jukes ein verlegenes Grinsen zustande.

»Rollt wie so'n alter Stiefel«, sagte er hilflos.

»Gewiss! Starke Dünung – sehr starke Dünung. Aber was wünschen Sie?«

Hierauf verlor Jukes die Balance und begann zu taumeln.

»Ich dachte an unsere Passagiere«, sagte er, wie einer, der nach einem Strohhalm greift.

»Passagiere?«, fragte der Kapitän befremdet. »Was für Passagiere?«
»Na, die Chinesen, Sir«, erklärte Jukes, der diese Unterhaltung längst verwünschte.
»Die Chinesen! Warum drücken Sie sich nicht deutlich aus? Wusste nicht, was Sie meinen. Noch nie gehört, dass man einen Haufen Kulis Passagiere nennt. Passagiere! Was ist denn in Sie gefahren?«
Kapitän MacWhirr schloss das Buch um seinen Zeigefinger, senkte den Arm und sah aus, als stünde er vor einem Rätsel. »Warum denken Sie an die Chinesen, Mr. Jukes?«, forschte er.
Jukes fühlte sich in die Enge getrieben und fasste sich ein Herz. »Das Schiff bekommt die Decks voll Wasser, Sir. Ich dachte, Sie könnten es vielleicht gegen die Dünung legen – eine Zeit lang. Bis das etwas nachgelassen hat – sehr bald sicherlich. Kurs nach Osten. Ich hab' noch nie solches Schlingern erlebt.«
Er verharrte in der Türöffnung, und Kapitän MacWhirr, der den Halt am Bücherbord als unzulänglich empfand, ließ ihn kurz entschlossen fahren und fiel schwer aufs Sofa.
»Kurs nach Osten?«, wiederholte er, indem er sich bemühte, aufrecht zu sitzen. »Das sind mehr als vier Strich ab vom Kurs.«
»Ja, Sir. Fünfzig Grad ... Würde das Schiff gerade weit genug herumbringen, um dieser ...«
Kapitän MacWhirr saß jetzt kerzengerade. Er hatte das Buch nicht weggelegt und den Finger noch immer zwischen den Seiten.
»Nach Osten?«, wiederholte er mit aufdämmerndem Erstaunen. »Nach ... Ja was meinen Sie denn, wohin wir bestimmt sind? Ich soll ein mit voller Kraft fahrendes Dampfschiff vier Strich vom Kurs abdrehen, damit es die Chinesen gemütlich haben! Nun, ich habe schon mehr

als genug Unsinn gehört, der in der Welt angestellt wird – aber so was ... Wenn ich Sie nicht kennte, Jukes, ich würde glauben, Sie seien betrunken. Vier Strich abdrehen ... Und was dann? Noch vier Strich mehr in der anderen Richtung vermutlich, um die Sache wettzumachen. Wie kommen Sie bloß auf die Idee, ich würde mit einem Dampfer kreuzen, als wäre er ein Segelschiff?«

»Bloß gut, dass er keins ist«, warf Jukes mit bitterer Beflissenheit ein. »Sonst wäre heut Nachmittag auch die letzte verdammte Spiere zum Teufel gegangen.«

»Ja! Und Sie hätten nur dabeistehen und zusehen können«, sagte Kapitän MacWhirr, eine gewisse Lebhaftigkeit an den Tag legend. »Völlige Windstille, nicht wahr?«

»Ja, Sir. Aber bestimmt ist etwas Außergewöhnliches im Anzug.«

»Vielleicht. Und vermutlich sind Sie der Meinung, ich sollte dem Unwetter lieber aus dem Wege gehn«, sagte Kapitän MacWhirr mit der größten Einfachheit in Stimme und Gebaren und starrte dabei ernst auf das Ölzeug am Boden. So bemerkte er weder Jukes' Verwirrung noch die Mischung von Ärger und erstauntem Respekt auf seinem Gesicht.

»Nun ist hier dieses Buch«, fuhr er bedächtig fort und klopfte sich mit dem geschlossenen Band auf den Schenkel. »Ich habe da das Kapitel über die Stürme gelesen.«

So war es. Er hatte das Kapitel über die Stürme gelesen. Als er den Kartenraum betrat, hatte er keineswegs die Absicht gehabt, sich das Buch vorzunehmen. Etwas, das in der Luft lag – das gleiche Etwas vermutlich, das den Steward bewogen hatte, ohne Befehl Seestiefel und Öljacke des Kapitäns hinauf in den Kartenraum zu bringen –, hatte seine Hand gewissermaßen zum Bord geführt; und ohne sich die Zeit zum Hinsetzen zu nehmen, war er mit ernstem Bemühen in die Fachsprache des Stoffes eingedrungen. Er verlor sich im Gestrüpp von vordringenden

Halbkreisen, linksläufigen und rechtsläufigen Quadranten, von Fahrwasserkurven, Peilungen des mutmaßlichen Zentrums, Richtungswechseln des Windes und Barometerablesungen. Er versuchte, all diese Dinge in eine bestimmte Beziehung zu sich selbst zu bringen, und hatte am Ende doch nur zornige Verachtung für solch einen Wust von Worten und Ratschlägen: alles nur Kopfarbeit und Hypothese ohne einen Funken von Gewissheit.
»Es ist das vertrackteste Zeug, Jukes«, sagte er. »Wenn einer alles glauben wollte, was da drin steht, so hätte er auf See vollauf mit Ausreißen zu tun, um Stürme zu umgehen.« Wieder klopfte er sich mit dem Buch aufs Bein, und Jukes öffnete den Mund, sagte aber nichts.
»Ausreißen, um Stürmen auszuweichen! Verstehen Sie das, Mr. Jukes? Es ist der reinste Unsinn!«, stieß Kapitän MacWhirr in abgerissenen Sätzen hervor, indem er tiefsinnig auf den Fußboden starrte. »Man könnte meinen, ein altes Weib habe das geschrieben. Es geht über meinen Verstand. Wenn das Zeug überhaupt irgendeinen Sinn hat, dann hieße das in meinem Fall, dass ich sofort den Kurs ändern müsste, nach weiß der Teufel wohin, um dann von Norden nach Futschou hinunterzudampfen, im Rücken dieses Unwetters, das sich vermutlich auf unserem Weg herumtreibt. Von Norden! Verstehen Sie, Mr. Jukes? Dreihundert Seemeilen extra für die Strecke, und eine schöne Kohlenrechnung obendrein. Ich könnte mich niemals dazu entschließen, und wenn jedes Wort in dem Buch die absolute Wahrheit wäre, Mr. Jukes. Erwarten Sie ja nicht von mir ...«
Jukes indessen schwieg und staunte über diese Entfaltung von Gefühl und Beredsamkeit.
»Aber in Wahrheit weiß man ja gar nicht, ob der Bursche überhaupt Recht hat. Wie kann man feststellen, was es mit einem Sturm auf sich hat, ehe man drinsteckt? Er ist nicht hier an Bord, nicht wahr? Gut. Der hier sagt, das

Zentrum solcher Stürme liegt acht Strich ab vom Winde; aber wir haben ja gar keinen Wind, sosehr das Barometer auch fällt. Wo ist denn nun sein Zentrum?«

»Den Wind werden wir gleich haben«, murmelte Jukes.

»Soll er doch kommen«, sagte Kapitän MacWhirr mit strenger Würde. »Ich wollte Ihnen nur zeigen, Mr. Jukes, dass man nicht alles in Büchern findet. All diese Regeln, wie man Stürmen ausweicht und die Winde des Himmels hintergeht, scheinen mir der größte Unsinn, sobald man vernünftig darüber nachdenkt.«

Er sah auf, begegnete Jukes' zweifelndem Blick und versuchte, seine Meinung zu erläutern.

»Fast genauso unsinnig wie Ihre sonderbare Idee, das Schiff für ich weiß nicht wie lange gegen die See zu legen, um es den Chinesen bequem zu machen, während wir nichts weiter zu tun haben, als sie nach Futschou zu bringen, wo wir Freitagvormittag erwartet werden. Wenn das Wetter mich aufhält – gut. Ihr Logbuch wird klipp und klar darüber Auskunft geben. Aber gesetzt den Fall, ich drehte vom Kurs ab und liefe zwei Tage später ein und sie fragten mich: ›Wo sind Sie die ganze Zeit gewesen, Kapitän?‹ – was sollte ich darauf erwidern? ›Bin dem schlechten Wetter ausgewichen‹, würde ich sagen. ›Das muss aber verdammt schlecht gewesen sein‹, würde es heißen. ›Weiß ich nicht‹, würde ich sagen müssen, ›bin ihm ganz und gar aus dem Wege gegangen.‹ Verstehen Sie, Jukes? Ich habe das heut Nachmittag alles gründlich durchdacht.«

Wieder blickte er auf, ausdruckslos und unbeteiligt, wie es seine Art war. Noch nie hatte ihn jemand so viel auf einmal reden hören. Jukes, der mit ausgebreiteten Armen im Türrahmen stand, kam sich vor wie einer, dem es vergönnt ist, ein Wunder zu schauen. Grenzenloses Staunen war in seinen Augen zu lesen, und seine Miene verriet Ungläubigkeit.

»Ein Sturm ist ein Sturm, Mr. Jukes«, fuhr der Kapitän fort, »und ein Dampfschiff mit voller Leistungsfähigkeit muss sich ihm entgegenstellen. Es gibt nun einmal viel Schlechtwetter auf der Welt, und es gehört sich, es durchzustehn ohne den ganzen Firlefanz von ›Sturmstrategie‹, wie der alte Kapitän Wilson von der *Melita* das nennt. Neulich an Land hörte ich, wie er sich am Nebentisch vor einigen Schiffsführern, die gerade angekommen waren, darüber ausließ. Mir schien es der größte Unsinn. Er erzählte ihnen, wie er einen furchtbaren Sturm durch Manövrieren überlistet habe – so sagte er wohl –, sodass der immer mindestens fünfzig Seemeilen von ihm entfernt blieb. Ein sauberes Stück Kopfarbeit nannte er es. Woher er wissen wollte, dass fünfzig Seemeilen entfernt ein furchtbarer Sturm tobte, ist mir ein Rätsel. Ich glaubte einem Verrückten zuzuhören. Dabei hätte ich Kapitän Wilson für alt genug gehalten, es besser zu wissen.«
Kapitän MacWhirr hielt einen Augenblick inne, dann sagte er: »Es ist Ihre Freiwache, Mr. Jukes?«
Jukes kam mit einem Ruck zu sich. »Jawohl, Sir.«
»Geben Sie Anweisung, mich bei der geringsten Veränderung zu rufen«, sagte der Kapitän. Er langte hinauf zum Bord, um das Buch wegzustellen, und zog die Beine aufs Sofa. »Schließen Sie die Tür bitte so, dass sie nicht auffliegt! Türenknallen ist mir verhasst. Die Schlösser auf diesem Schiff taugen fast alle nichts, muss ich sagen.«
Kapitän MacWhirr schloss die Augen.
Er schloss sie, um sich auszuruhen. Er war müde und empfand jenen Zustand geistiger Leere, wie er sich am Ende eines erschöpfenden Meinungsaustauschs einstellt, der plötzlich eine in jahrelangem Nachdenken herangereifte Überzeugung zutage gefördert hat. Er hatte in der Tat sein Glaubensbekenntnis abgelegt, freilich ohne es zu wissen; und die Folge war, dass Jukes noch eine

gute Weile an der anderen Seite der Tür stehen blieb und sich den Kopf kratzte.

Kapitän MacWhirr schlug die Augen auf.

Er glaubte geschlafen zu haben. Was war das für ein lautes Geräusch? Wind? Warum hatte man ihn nicht gerufen? Die Lampe schwang unruhig in ihren Kardanringen, das Barometer pendelte hin und her, der Tisch änderte jeden Augenblick seinen Neigungswinkel; ein Paar schlaffe Seestiefel mit umgeschlagenen Schäften glitt am Sofa vorüber. Sogleich streckte er die Hand aus und bekam den einen zu fassen.

Jukes' Gesicht erschien im Türspalt: nur sein Gesicht, hochrot, mit weit aufgerissenen Augen. Die Flamme der Lampe flackerte, ein Stück Papier flog auf, ein Luftstoß umbrauste Kapitän MacWhirr. Während er sich bereits den Stiefel anzog, richtete er einen fragenden Blick auf Jukes' geschwollenes, erregtes Gesicht.

»So ging das los«, brüllte Jukes, »vor fünf Minuten … ganz plötzlich.«

Der Kopf verschwand mit einem Krachen, und ein heftiges Pladdern und Prasseln von Tropfen fuhr über die geschlossene Tür hinweg, als hätte man einen Eimer geschmolzenes Blei gegen das Haus gekippt. Über dem tiefen vibrierenden Lärm draußen war jetzt ein Pfeifen zu hören. Der stickige Kartenraum war mit einem Mal zugig wie ein Schuppen. Kapitän MacWhirr erwischte den anderen Seestiefel bei dessen ungestümer Rutschpartie über den Fußboden. Er war nicht aufgeregt, aber er konnte nicht sogleich den Einstieg für seinen Fuß finden. Die Schuhe, die er abgeworfen hatte, fegten von einem Ende des Raumes zum andern, spielerisch übereinanderpurzelnd wie junge Hunde. Sobald er aufrecht stand, stieß er grimmig mit dem Fuß nach ihnen, freilich ohne Erfolg. Er warf sich in die Positur eines ausfallenden Fechters, um nach seiner Öljacke zu langen, und taumelte dann im ganzen Raum umher, während er sich ruckweise hineinmühte. Sehr ernst, die Beine weit gespreizt und den Hals gereckt, begann er die Bänder seines Südwesters bedachtsam unterm Kinn zu knoten, mit dicken Fingern, die ein wenig zitterten. All die Bewegungen einer Frau, die sich vor dem Spiegel ihren Hut aufsetzt, vollführte er mit gespannter, lauschender Aufmerksamkeit, als erwartete er jeden Augenblick, in dem wirren Tumult, der plötzlich auf sein Schiff eindrang, seinen Namen zu hören. Immer stärker dröhnte es ihm in die Ohren, während er sich anschickte, hinauszugehen und allem, was da kommen mochte, entgegenzutreten. Der Lärm war chaotisch und sehr laut - zusammengesetzt aus dem Brausen des Windes, dem Tosen der See und jenem anhaltenden tiefen Schwingen der Luft, gleich dem Rollen einer ungeheuren fernen Trommel, die zum Sturmangriff schlägt.

Einen Augenblick stand er im Schein der Lampe, massig, plump, unförmig in seiner Kampfrüstung, wachsam und mit gerötetem Gesicht.

»Da steckt eine Menge Kraft drin«, murmelte er.

Sobald er den Versuch machte, die Tür zu öffnen, packte sie der Wind. An die Klinke geklammert, wurde er hinausgerissen über die Schwelle und sah sich plötzlich in eine Art Zweikampf mit dem Winde verstrickt, in dem es um das Schließen der Tür ging. Im letzten Augenblick fuhr ein Windstoß hinein und löschte das Licht.

Vor dem Schiff breitete sich tiefes Dunkel über einem Heer von weißen Schaumblitzen; auf der Steuerbordseite hingen über einer ungeheuren zerklüfteten Wasserwüste ein paar verlorene Sterne, verschwommen und unstet, als schauten sie durch jagende Rauchschwaden.

Auf der Brücke mühten sich ein paar schemenhafte Gestalten ab, arbeiteten angestrengt im Licht der Steuerhausfenster, das trübe auf ihre Köpfe und Rücken fiel.

Plötzlich legte sich Finsternis über die eine Scheibe, dann über die andere. Die Stimmen der vom Dunkel verschluckten Gruppe erreichten den Kapitän nach der Laune des Sturmes: Fetzen und Bruchstücke machtlosen Rufens, fortgerissen vom Wind. Plötzlich erschien Jukes an seiner Seite, den Kopf tief nach unten gebeugt.

»Wache …, Steuerhausläden … hatten Sorge … Glas zertrümmern.«

Jukes hörte aus den Worten seines Kapitäns den Vorwurf heraus. »Dies … sehr plötzlich … gab Anweisung … rufen.«

Er versuchte sich zu rechtfertigen, während der Sturm ihm fast den Atem verschlug.

»Leiser Zug … blieb … Brücke … plötzlich … Nordost … könnte drehen … dachte … bestimmt hören.«

Sie hatten jetzt den Schutz des Schauerkleides gewonnen und konnten mit erhobener Stimme, wie im Streit, miteinander reden.

»Ich habe die Leute alle Ventilatoren abdecken lassen. Gut, dass ich auf Deck geblieben bin. Ich dachte, Sie schlafen doch nicht, und deshalb … Was haben Sie gesagt, Sir? Was?«

»Nichts«, rief Kapitän MacWhirr. »Ich sagte – schon gut.«

»Allmächtiger Himmel! Diesmal kriegen wir's!«, brüllte Jukes.

»Sie haben den Kurs nicht geändert?«, fragte Kapitän MacWhirr, so laut er konnte.

»Nein, Sir. Natürlich nicht. Der Wind kam genau von vorn. Und hier kommt die See von vorn.«

Das Schiff tauchte tief ein und wurde plötzlich von einem Stoß erschüttert, als wäre es mit dem Bug auf etwas Festes geraten. Nach einem Augenblick der Ruhe schlugen ihnen, vom Wind gepeitscht, Güsse von Spritzwasser ins Gesicht.

»Halten Sie den Kurs, so lange es geht!«, schrie Kapitän MacWhirr.

Noch ehe sich Jukes das Salzwasser aus den Augen gewischt hatte, waren alle Sterne verschwunden.

## 3

Jukes war nicht weniger beherzt als jedes beliebige halbe Dutzend junger Schiffsoffiziere, das man etwa mit einem Netz aus den Meeren fischte; und wenn er auch etwas verblüfft war über die erschreckende Tücke der ersten Bö, so hatte er sich doch sogleich zusammengerissen, die Matrosen herausgerufen, sie umhergejagt und alle Öffnungen auf Deck sichern lassen, soweit sie nicht schon früher am Abend verschalkt worden waren. Mit seiner anfeuernden Stentorstimme brüllte er: »Springt, Jungens, fasst zu!«, und überwachte die Arbeit, während er sich immer wieder sagte, dass er »eben das erwartet habe«.

Doch wurde er zur gleichen Zeit gewahr, dass dies denn doch etwas über das Erwartete hinausging. Seit der erste Windhauch seine Wange streifte, schien der Sturm die gesammelte Stoßkraft einer Lawine in sich aufgenommen zu haben. Gischtwolken umhüllten jetzt die *Nan-Shan* von vorn bis achtern, und mitten aus gleichmäßigem Rollen begann sie plötzlich zu stoßen und zu stampfen, als wäre sie vor Schrecken toll geworden.

Jukes dachte: »Das ist keine Kleinigkeit.« Während er sich mit seinem Kapitän durch laute Zurufe verständigte, senkte sich plötzlich eine noch tiefere Finsternis über die Nacht, fiel vor ihrem Gesicht hernieder wie etwas mit Händen zu Greifendes. Es war, als hätte man die vermummten Lichter der Welt nun vollends gelöscht. Jukes war aufrichtig froh, seinen Kapitän zur Seite zu haben. Es erleichterte ihn, als hätte dieser Mann, einfach indem er auf Deck erschien, auch schon ein gut Teil von der Wucht des Sturmes auf seine Schultern genommen. Nimbus, Vorrecht und Bürde der Verantwortung!

Von niemand auf der Welt konnte Kapitän MacWhirr eine solche Erleichterung erwarten. Einsamkeit der Verantwortung! Mit der angespannten Wachsamkeit des Seemanns, der dem Sturm wie einem Gegner ins Auge sieht, versuchte er dessen verborgene Absicht zu durchschauen und Ziel und Stärke des Angriffs zu erraten. Der starke Wind schlug ihm aus unermesslicher Finsternis entgegen; unter seinen Füßen fühlte er die Unruhe des Schiffes und konnte nicht einmal dessen schattenhaften Umriss erkennen. Er wünschte, es wäre anders; und regungslos wartete er, überkommen von der Hilflosigkeit eines Blinden.

Schweigen war ihm natürlich, bei Dunkel oder Sonnenschein. Neben ihm ließ sich Jukes vernehmen, brüllte munter gegen den Sturm an: »Wir müssen das Ärgste gleich auf einmal verpasst bekommen haben, Sir.« Ein schwacher Blitz fuhr zuckend umher, als leuchtete er in eine Höhle – in eine schwarze, geheime Kammer der See mit einem Fußboden aus schäumenden Wogenkämmen.

Für einen unheimlichen, flackernden Augenblick enthüllte er eine tief hängende, zerfetzte Wolkenmasse, die lang gestreckten Konturen des rollenden Schiffes, auf der Brücke die schwarzen Gestalten der Männer, die, den Kopf vorgeschoben wie zum Stoß, mitten in der Bewegung versteinert schienen. Im nächsten Augenblick war dies alles wieder vom Dunkel verschluckt, und dann, zum Schluss, kam das Eigentliche.

Es war etwas Ungeheuerliches und Jähes, wie das plötzliche Zerbrechen, Sichergießen einer Schale des Zorns. Rings um das Schiff schienen sich Urgewalten zu entladen, und Wasserstürze brachen herein, als wäre ein riesiger Staudamm in die Luft geflogen. Augenblicks verloren die Männer die Fühlung miteinander. Das ist die auflösende Kraft eines mächtigen Sturmes: Er isoliert einen von seinesgleichen. Ein Erdbeben, ein Erdrutsch, eine Lawine überfallen den Menschen gewissermaßen blindlings - ohne Leidenschaft. Ein wütender Sturm greift ihn an wie einen persönlichen Feind, sucht seine Glieder zu packen, bemächtigt sich seiner Sinne, trachtet danach, ihm die innerste Lebenskraft zu entreißen.

Jukes wurde von der Seite seines Kapitäns fortgeschleudert. Es war ihm, als würde er weit durch die Luft gewirbelt. Alles verschwand für einen Augenblick, sogar sein Denkvermögen; doch war seine Hand auf eine der Relingstützen gestoßen. Eine Neigung, der Wirklichkeit des Erlebten zu misstrauen, linderte keineswegs seine bedrängte Lage. Obwohl jung, hatte er manches Unwetter erfahren und nie an seiner Fähigkeit gezweifelt, sich das Allerärgste vorzustellen; dies aber ging so weit über sein Vorstellungsvermögen hinaus, dass es ihm schlechthin unvereinbar schien mit der realen Existenz irgendeines Schiffes. Vielleicht hätte er gleichermaßen an seinem eigenen Dasein gezweifelt, wäre nicht die aufreibende Notwendigkeit gewesen, sich mit angespannter Kraft gegen eine Gewalt zu wehren, die ihm seinen Halt zu entreißen suchte. Überdies trug ihm die Empfindung, durch und durch geschüttelt, vom Ertrinken, vom Ersticken bedroht zu sein, immerhin die Gewissheit zu, dass er noch nicht völlig ausgelöscht war.

Lange, lange Zeit, so schien es ihm, hing er da bedroht und allein an der Stütze. Der Regen rann auf ihn herab, schüttete, ergoss sich in Strömen. Er rang nach Atem, und das Wasser, das er schluckte, war einmal süß, einmal salzig. Meist hielt er die Lider fest geschlossen, als fürchtete er, der ungeheure Aufruhr der Elemente könnte ihn des Augenlichts berauben. Wagte er ein hastiges Blinzeln, so gewährte ihm das grüne Schimmern des Steuerbordlichts, das matt durch Regen und Gischt glomm, einen gewissen Trost. Er blickte gerade wieder zu ihm hin, als sein Schein auf eine sich türmende See fiel, die es gleich darauf zum Verlöschen brachte. Er sah, wie der Wogenkamm sich brach, mit seinem Krachen das wütende Tosen ringsumher doch nur um eine Winzigkeit vermehrend, und fast im selben Augenblick wurde seinen umklammernden Armen die Stütze entrissen. Ein heftiger Schlag traf ihn im Rücken, und plötzlich fühlte er sich vom Wasser erfasst und aufwärts getragen. Zuerst drängte sich ihm die absurde Vorstellung auf, das ganze Chinesische Meer habe die Brücke erstürmt. Dann zog er den vernünftigeren Schluss, er müsse über Bord gegangen sein. Die ganze Zeit, da er, ein Spielball mächtiger Wassermassen, umhergeworfen, -geschleudert, -gewirbelt wurde, formte er im Geist immer wieder in rasender Eile die Worte: »Mein Gott! Mein Gott! Mein Gott! Mein Gott!«

Mit einem Mal fasste er in einer Aufwallung von Elend und Verzweiflung den irren Entschluss, dem allen zu entrinnen. Und er begann mit Armen und Beinen um sich zu schlagen. Doch kaum hatten seine kläglichen Bemühungen eingesetzt, da entdeckte er, dass ihm auf irgendeine Weise ein Gesicht, eine Öljacke, jemandes Wasserstiefel ins Gehege kamen. Gierig griff er danach, verlor sie, fand sie wieder, verlor sie aufs Neue, und schließlich wurde er selbst von einem Paar starker Arme fest umschlungen. Jetzt schlossen sich auch seine Arme um einen massigen, kräftigen Leib. Er hatte seinen Kapitän gefunden.

Sie wurden um und um gewälzt und verstärkten ihre Umklammerung. Plötzlich setzte das Wasser sie mit heftigem Aufprall nieder; gegen die Seitenwand des Steuerhauses geworfen, atemlos und zerschlagen, versuchten

sie taumelnd gegen den Sturm aufzukommen und sich festzuhalten, wo immer sie konnten.
Jukes ging ziemlich verstört aus alledem hervor, als wäre er einem beispiellosen Anschlag auf seine Gefühle entronnen. Sein Selbstvertrauen war erschüttert. Ohne Sinn und Verstand schrie er dem Mann, den er in der höllischen Schwärze neben sich fühlen konnte, immer wieder zu: »Sind Sie es, Sir? Sind Sie es, Sir?«, bis ihm die Schläfen zu zerspringen drohten. Und als riefe es von weither, als schrie es ärgerlich aus großer Entfernung, hörte er eine Stimme das eine Wort »Ja!« erwidern. Neue Seen überfluteten die Brücke. Er empfing sie wehrlos, mit bloßem Kopf, beide Hände fest um die Reling geklammert.
Die Bewegung des Schiffes war ohne Maß und Ziel. Sein Überholen mutete erschreckend hilflos an; es stampfte, als machte es Kopfsprünge ins Leere und stieße dabei jedes Mal auf einen festen Wall. Wenn es rollte, fiel es jäh auf die Seite und richtete sich mit solch vernichtendem Stoß wieder auf, dass sein Taumeln Jukes vorkam wie das Taumeln eines schwer Getroffenen vorm Zusammenbrechen. Der Sturm heulte und tobte mit Riesenstärke durch die Nacht, und die ganze Welt schien ein einziger schwarzer Schlund. In manchen Augenblicken blies der Wind gegen das Schiff an, als würde er mit konzentrierter Stoßkraft durch einen Trichter getrieben; dann schien es sich ganz und gar aus dem Wasser zu heben und einen Augenblick aufrecht zu verharren, und nur ein Beben durchlief es von einem Ende zum andern. Gleich darauf begann es von Neuem hin und her zu rollen, als hätte man es in einen brodelnden Kessel zurückgeworfen. Jukes bemühte sich, sein inneres Gleichgewicht wiederzugewinnen und den Dingen kaltblütig ins Auge zu sehen.
Die See, von den heftigeren Böen heruntergedrückt, erhob sich immer wieder aufs Neue und begrub die Enden

der *Nan-Shan* in schneeigem, strudelndem Gischt, der sich über beide Relinge hinaus weit in die Nacht erstreckte. Und auf dieser blendenden, bläulich schimmernden Fläche, die da ausgebreitet unter der Schwärze der Wolken lag, konnte Kapitän MacWhirr flüchtig ein paar kleine verlorene Flecke ausmachen, schwarz wie Ebenholz: die Lukendeckel, die verschalkten Niedergänge, die Köpfe der abgedeckten Winden, den Fuß eines Mastes. Das war alles, was er von seinem Schiff sehen konnte. Der Mittelteil mit der Brücke, auf der er stand, neben ihm sein Erster Steuermann und das geschlossene Steuerhaus, wo der Rädergänger allein war mit sich und der Angst, in einem gewaltigen Ansturm mitsamt dem ganzen Ding über Bord gefegt zu werden – der Mittelteil glich einer Klippe an der Küste, die die Flut überspült, die Ebbe freigibt. Er war wie ein einsamer Fels, vom Wasser umbrodelt, überströmt, verlassen, umtost – wie ein Fels in der Brandung, an den Schiffbrüchige sich klammern, ehe sie aufgeben; nur dass er sich hob, senkte, unaufhörlich rollte ohne Rast und Ruh, als hätte er sich auf wunderbare Weise vom Grunde gerissen und schlingernd auf Fahrt begeben.

Mit sinnloser Zerstörungswut wurde die *Nan-Shan* vom Sturm geplündert: Gaffelsegel wurden aus den Zeisingen gerissen, doppelt gezurrte Sonnensegel fortgeblasen, die Brücke leer gefegt, Persennings zerschlissen und in Fetzen um die Reling gewunden, Fensterblenden zertrümmert, und zwei von den Booten waren bereits dahin. Ungehört und ungesehen waren sie verschwunden, gleichsam aufgeschluckt von einer anbrandenden, strudelnden See. Erst später, als eine neue hohe Woge das Mittelschiff überrollte, gewahrte Jukes plötzlich auf dem schäumenden Weiß zwei Paar Davits, die schwarz und leer aus der undurchdringlichen Finsternis sprangen, die eine lose Bootstalje flatternd im Sturm, ein eisenbeschlagener Block in der Luft umhertanzend; da erst wurde ihm bewusst, was keine drei Yard hinter seinem Rücken geschehen war. Er streckte den Kopf vor, suchte nach dem Ohr seines Kapitäns. Er fühlte es an den Lippen – groß, fleischig, tropfnass. Aufgeregt schrie er: »Unsere Boote sind fort, Sir!«

Und wieder erreichte ihn eine Stimme, angestrengt und verhalten und doch inmitten des lärmenden Durcheinanders eine unendliche Ruhe ausströmend, als käme sie von einem fernen Ort des Friedens jenseits der sturmdurchtobten Finsternis; wieder hörte er eine menschliche Stimme, vergänglich und unbezwingbar, die eine Welt von Überlegung, Willenskraft und Entschlossenheit in sich bergen kann, die noch am Jüngsten Tage, wenn Himmel einstürzen und Gericht gehalten wird, Worte der Zuversicht formen wird – er hörte sie, und wie aus weiter, weiter Ferne rief sie ihm zu: »Schon gut.«

Er glaubte, er habe sich nicht verständlich machen können. »Unsere Boote – ich sage Boote – die Boote, Sir! Zwei sind fort!«

Die gleiche Stimme, dicht neben seinem Ohr und doch so fern, schrie vernehmlich: »Nicht zu ändern!«

Kapitän MacWhirr hatte den Kopf nicht zur Seite gedreht, doch fing Jukes im Wind noch einige Worte auf. »Was …, bei solchem … andres zu erwarten … Müssen schon … drangeben … wohl klar.«

Jukes horchte angespannt auf Weiteres. Es kam nichts mehr. Das war alles, was Kapitän MacWhirr zu sagen hatte; und Jukes konnte den breiten, gedrungenen Rücken vor sich eher im Geiste als mit seinen Augen sehen. Undurchdringliche Finsternis lastete über der gespenstisch flimmernden See. Ihn überkam die dumpfe Gewissheit, dass nichts zu machen sei.

Wenn die Steuerung nicht versagte, wenn die ungeheuren Wassermassen das Deck nicht eindrückten oder eine der Luken zertrümmerten, wenn die Maschinen nicht aussetzten, wenn sich das Schiff gegen den furchtbaren Wind in Fahrt halten ließ und nicht von einer der schrecklichen Seen begraben wurde, von denen er nur die weißen Kämme mit Bangen zuweilen hoch über dem Bug aufragen sah – ja, dann bestand die Möglichkeit, dass es durchkam. Etwas in seinem Innern schien umzuschlagen, und vorherrschend blieb das Gefühl, dass die *Nan-Shan* verloren sei.

»Es ist aus mit ihr«, sagte er sich mit merkwürdiger innerer Erregung, als gewänne der Gedanke plötzlich eine unerwartete Bedeutung für ihn. Irgend so etwas musste ja eintreten. Nichts konnte mehr verhütet, nichts behoben werden. Die Männer an Bord zählten nicht, und das Schiff konnte nicht überdauern. Gegen dieses Wetter war nicht anzukommen.

Jukes fühlte, wie sich ein Arm schwer über seine Schultern legte; dankbar ging er auf das Angebot ein und umfasste den Leib seines Kapitäns.

So standen sie fest umschlungen in der undurchdringlichen Nacht, einer des anderen Halt gegen den Sturm, Wange an Wange und Lippe an Ohr, zwei Bug an Heck vertäuten Hulken gleich.

Und wieder hörte Jukes die Stimme seines Kapitäns, kaum lauter als zuvor, aber näher, als würde sie, angehend gegen die Gewalt des Sturmes, ihm zugetragen, und wieder strahlte sie jene eigentümliche Ruhe aus, gleich dem stillen Leuchten eines Heiligenscheins.

»Wissen Sie, wo die Matrosen sind?«, fragte sie, kräftig und ersterbend zugleich, die Macht des Sturmes überwindend und doch im Augenblick dem Horchenden entrissen.

Jukes wusste es nicht. Sie waren alle auf der Brücke gewesen, als der Orkan mit voller Stärke auf das Schiff eindrang. Er hatte keine Ahnung, wo sie sich verkrochen hatten. Unter den gegenwärtigen Umständen waren sie nirgendwo, und ausrichten konnten sie ohnehin nichts.

Aus irgendeinem Grunde beunruhigte Jukes die Frage des Kapitäns.
»Brauchen Sie die Matrosen, Sir?«, rief er besorgt.
»Müsste es wissen«, beharrte Kapitän MacWhirr. »Halten Sie sich fest!«
Sie hielten sich fest. Ein Ausbruch entfesselter Wut, ein gewaltiger Windstoß ließ das Schiff mit einem Mal völlig zur Ruhe kommen; und für einen furchtbaren Augenblick des Aufschubs schwankte es nur rasch und leicht hin und her wie eine Kinderwiege, während die ganze Atmosphäre wütend darüber hinzujagen schien, fortbrausend von der finsteren Erde.
Es benahm ihnen den Atem, und mit geschlossenen Augen hielten sie sich fester umklammert. Nach der Schwere des Stoßes zu urteilen, mochte es eine Wassersäule gewesen sein, die im Dunkel hochaufgerichtet daherkam, gegen das Schiff rannte, kurz abbrach und sich mit vernichtender Wut krachend von oben auf die Brücke ergoss.
Ein fliegender Bruchteil dieses Wassersturzes, ein bloßer Spritzer vom Ganzen hüllte die beiden von den Füßen bis über die Köpfe in einen einzigen Strudel und presste ihnen gewaltsam Ohren, Mund und Nase voll Salzwasser. Es riss ihnen die Beine zur Seite, zerrte wütend an ihren Armen, schloss sich brodelnd um ihren Hals; und als sie die Augen öffneten, glaubten sie zwischen den aufgetürmten, hin und her schlagenden Schaummassen die Überreste ihres Schiffes zu sehen. Es hatte aufgegeben; sein Untergang schien besiegelt. Auch die hämmernden Herzen der Männer gaben sich bei diesem ungeheuren Stoß geschlagen; doch mit einem Mal begann das Fahrzeug von Neuem mit seinem verzweifelten Stampfen, als wenn es sich unter den Trümmern hervorzuarbeiten suchte.
Von allen Seiten schienen die Seen in der Finsternis heranzurollen, um das Schiff festzuhalten, wo Verderben

ihm drohte. Hass sprach aus der Art, wie ihm mitgespielt wurde, Grausamkeit aus den Schlägen, die fielen. Es erging ihm wie einem lebenden Wesen, das der Wut eines Pöbelhaufens ausgeliefert ist: Erbarmungslos wurde es gestoßen, geschlagen, hochgehoben, niedergeworfen, überrannt. Kapitän MacWhirr und Jukes hielten einander fest, betäubt von dem Getöse, vom Winde geknebelt; und der Aufruhr um sie her, der ihre Körper durchschüttelte, verstörte sie im Innersten wie eine Schaustellung zügelloser Leidenschaft. Ein wildes, erschreckendes Pfeifen, wie es mitunter geheimnisvoll durch das gleichbleibende Brüllen eines Orkans gellt, schoss wie im Fluge über das Schiff hin, und Jukes versuchte es zu überschreien.

»Wird sie's durchstehen?«

Die Frage hatte sich von allein seiner Brust entrungen, unwillkürlich, wie im Kopf ein Gedanke entsteht, und er selber hörte nichts davon. Alles wurde im Augenblick ausgelöscht – Gedanke, Absicht, Worte –, und zu den Sturmwellen der Luft gesellten sich die unhörbaren Schwingungen seines Schreis.

Er erwartete keine Antwort. Gar nichts. Denn welche Antwort hätte es geben können? Nach einer Weile aber hörte er mit Staunen die schwache, unbeirrbare Stimme an seinem Ohr, den Zwergenlaut, nicht bezwungen von dem Riesenaufruhr.

»Mag sein!«

Es war ein dumpfes Rufen, schwerer zu erfassen als ein Flüstern, und bald darauf kam die Stimme wieder, fast übertönt von dem ungeheuren Krachen, einem Fahrzeug gleich, das gegen die Wellen eines Ozeans ankämpft.

»Hoffen wir's!«, rief sie – leise, einsam und unbewegt, nicht vertraut mit den Visionen von Hoffnung oder Furcht; dann versickerte sie in zusammenhanglosen Worten: »Schiff ... das ... nie ... jedenfalls ... das Beste.« Jukes gab es auf.

Doch als wäre sie plötzlich auf das Einzige gekommen, was der Macht eines Sturmes widerstehen konnte, schien sie für die letzten abgerissenen Rufe Kraft und Festigkeit zu gewinnen: »Machen weiter … Erbauer … tüchtige Leute … möglich … Maschinen … Rout … tüchtiger Mann.«

Kapitän MacWhirr nahm seinen Arm von Jukes' Schulter und hörte damit auf, für seinen Steuermann zu existieren; so dunkel war es. Jukes, der bisher jeden Muskel bis aufs Äußerste angespannt hatte, fühlte plötzlich eine große Erschlaffung. Neben tiefem, bohrendem Unbehagen überkam ihn eine grenzenlose Müdigkeit, eine tödliche Erschöpfung nach all den Strapazen und Ängsten. Immer wieder packte ihn der Sturm, als wollte er ihm den Kopf von den Schultern reißen; seine durchnässte Kleidung, bleischwer und kalt, tropfte wie eine Rüstung aus schmelzendem Eis; ein Zittern befiel ihn und wollte ihn lange Zeit nicht freigeben; und während seine Hände noch immer ihren Halt umklammerten, ließ er sich allmählich in einen Abgrund körperlichen Elends gleiten. Seine Gedanken kreisten nur noch zweck- und ziellos um seine Person, und als plötzlich etwas leicht gegen seine Kniekehlen schlug, fuhr er zusammen wie vom Donner gerührt.

Dabei stieß er gegen den Rücken von Kapitän MacWhirr, der sich nicht regte; und dann griff eine Hand nach seinem Schenkel. Eine Ruhepause war eingetreten, eine kurze bedrohliche Windstille, Atemanhalten des Sturmes. Er fühlte sich am ganzen Leibe betastet. Es war der Bootsmann. Jukes erkannte die Hände: so dick und riesenhaft, dass sie einer neuen Art Mensch anzugehören schienen.

Der Bootsmann hatte, auf allen vieren gegen den Wind kriechend, die Brücke erreicht und war mit dem Kopf gegen die Beine des Ersten Steuermanns gestoßen. Zu-

sammengekauert begann er sogleich Jukes' ganze Person von den Beinen aufwärts abzutasten, mit behutsamen, gleichsam Verzeihung heischenden Handgriffen, wie es einem Untergebenen anstand.
Er war ein ungestalter, grobschlächtiger Gnom von fünfzig Jahren, struppig, kurzbeinig, langarmig, einem ältlichen Affen ähnlich. Er hatte ungeheure Körperkräfte, und mit seinen großen klobigen Pranken, die wie braune Boxhandschuhe an den dicht behaarten Unterarmen staken, handhabte er die schwersten Gegenstände wie Spielzeug. Abgesehen von dem grauen Haarpelz auf seiner Brust, der drohenden Haltung und der rauen Stimme, verfügte er über keines der klassischen Merkmale seines Standes. Seine Gutmütigkeit grenzte schon an Schwachsinn: Die Leute tanzten ihm auf der Nase herum, und in seiner unbekümmerten und redseligen Natur war nicht ein Funken von Entschiedenheit. Aus diesen Gründen konnte Jukes ihn nicht leiden; doch Kapitän MacWhirr schien ihn zu Jukes' verächtlichem Missfallen für einen ausgezeichneten Unteroffizier zu halten.
Jetzt zog er sich an Jukes' Rock in die Höhe, nahm sich diese Freiheit mit der größten Bescheidenheit und nur, soweit der Orkan sie ihm aufzwang.
»Was ist los, Bootsmann, was ist denn los?«, schrie Jukes ungeduldig. Was konnte dieser Esel von Bootsmann auf der Brücke wollen? Der Taifun hatte Jukes' Nerven zugesetzt. Das heisere Gebrüll des anderen schien, obwohl unverständlich, lebhafte Befriedigung zu verraten. Kein Zweifel: Der alte Narr freute sich über irgendetwas.
Mit der anderen Hand war der Bootsmann auf einen zweiten Körper gestoßen; denn in verändertem Ton begann er zu fragen: »Sind Sie's, Sir? Sind Sie's, Sir?« Der Wind erstickte sein Geschrei.
»Ja!«, rief Kapitän MacWhirr.

# 4

Alles, was der Bootsmann mit lautem Redeschwall seinem Kapitän verständlich machen konnte, war die seltsame Kunde: »Sämtliche Chinesen im vorderen Zwischendeck sind ins Rutschen geraten, Sir.«

Jukes stand leewärts, und was sich die beiden, keine sechs Zoll von seinem Gesicht, zuriefen, vernahm er, wie man etwa an einem stillen Abend aus einer halben Meile Entfernung zwei Männer über ein Feld hinweg reden hört. Er fing Kapitän MacWhirrs erregtes »Was? Was?« auf und das angestrengte heisere Gekreisch des anderen: »Auf einem Haufen … selbst gesehen … schrecklicher Anblick, Sir… dachte … Ihnen berichten.«

Jukes blieb gleichgültig, jeder Verantwortung gewissermaßen enthoben durch die Macht des Orkans, der allein schon den Gedanken an tätiges Eingreifen völlig müßig erscheinen ließ.

Überdies fühlte er, da er ja noch sehr jung war, sich so von dem Bemühen in Anspruch genommen, sein Herz gegen das Schlimmste zu wappnen, dass ihm jede andere Form von Aktivität aufs Höchste zuwider war. Er empfand keine Furcht, dessen war er sicher; denn wiewohl überzeugt, dass er nie wieder die Sonne würde aufgehen sehen, blieb er doch ruhig angesichts dieser Gewissheit.

Das sind die Augenblicke tatenlosen Ausharrens, denen auch bewährte Männer mitunter erliegen. Viele Seeoffiziere kennen zweifellos aus eigener Erfahrung Fälle, wo eine solche Starre totaler Gleichgültigkeit plötzlich eine ganze Schiffsbesatzung befiel. Jukes indessen hatte noch nicht viel Erfahrung mit Menschen oder Stürmen. Er glaubte, ruhig zu sein – unerschütterlich ruhig; aber in Wirklichkeit war er entmutigt; nicht völlig verzagt, aber

doch so mutlos, wie ein anständiger Mann es sein kann, ohne sich vor sich selbst schämen zu müssen.
Es war wie eine ihm aufgezwungene geistige Lähmung. Das lang anhaltende Wüten eines Sturmes kann sich so auswirken, das bange Warten auf das unaufhörlich drohende Verhängnis; schon das pure Festhalten am Dasein inmitten des tobenden Aufruhrs führt zu physischer Erschöpfung, einer grenzenlosen, verzehrenden, durch nichts zu besiegenden Ermattung, die den ganzen Menschen bis ins Innerste durchdringt, ihn niederdrückt und entmutigt, bis er, gleichgültig gegen alle Gaben der Welt – ja gegen das Leben selbst –, nur noch nach Ruhe verlangt.
Jukes war stärker benommen, als er wusste. Er hielt sich fest, durchnässt, durchkältet, mit starren Gliedern; und in einer raschen Folge wechselnder Bilder – man sagt, ein Ertrinkender überschaue auf diese Weise noch einmal sein ganzes Leben – zogen alle möglichen Erinnerungen an ihm vorüber, ohne jeden Zusammenhang mit seiner gegenwärtigen Lage. Er sah zum Beispiel seinen Vater vor sich: einen achtbaren Geschäftsmann, der eines Tages, als seine Angelegenheiten eine unglückliche Wendung nahmen, still und ergeben zu Bett ging und sich unversehens aus der Welt stahl. Jukes erinnerte sich freilich nicht der begleitenden Umstände, doch glaubte er, im Übrigen unbeteiligt, deutlich das Gesicht des armen Mannes zu erblicken; dann ein Kartenspiel, er noch ein halbes Kind, in der Tafelbai an Bord eines Schiffes, das später mit Mann und Maus gesunken war; die buschigen Augenbrauen seines ersten Kapitäns; und ohne jede Gemütsbewegung, so wie er wohl vor Jahren unbekümmert in ihre Stube getreten war und sie da mit einem Buche hatte sitzen sehen, erinnerte er sich seiner Mutter – auch sie nun tot –, der resoluten Frau, in kümmerlichen Verhältnissen zurückgelassen, die ihn mit fester Hand aufgezogen hatte.

Nicht mehr als eine Sekunde mochte verstrichen sein, vielleicht weniger. Ein schwerer Arm hatte sich auf seine Schulter gelegt; Kapitän MacWhirrs Stimme rief ihm seinen Namen ins Ohr: »Jukes! Jukes!«
Er hörte tiefe Besorgnis heraus. Der Wind hatte sich mit aller Gewalt auf das Schiff geworfen und versuchte es niederzuhalten unter den Seen. Die Brecher gingen ungehindert darüber hinweg wie über einen tief liegenden Holzklotz, und von fern brauste drohend die gesammelte Wucht neuer Sturzseen heran. Sie brachen aus der Nacht hervor, ein gespenstisches Licht auf ihren Kämmen – das Leuchten des Meeresschaums; und in dem wild brodelnden, bleichen Glanz sah man auf dem schmächtigen Schiffsrumpf das Überkippen, Niederstürzen und schäumende Zerstieben einer jeden Welle. Nicht für einen Augenblick konnte die *Nan-Shan* sich von den Wassermassen befreien; Jukes in seiner Erstarrung erkannte in ihren Bewegungen die bedenklichen Anzeichen völliger Hilflosigkeit. Sie hatte es aufgegeben, sich besonnen zur Wehr zu setzen. Es war der Anfang vom Ende; und der Unterton geschäftiger Sorge in Kapitän MacWhirrs Stimme verdross ihn wie ein Ausbruch blinder und gefährlicher Tollheit.
Der Sturm hatte Jukes in Bann geschlagen. Er war von ihm durchdrungen, gefesselt, ihm hörig in starrer, stummer Ergebenheit. Kapitän MacWhirr fuhr fort zu rufen, aber der Wind drängte sich zwischen sie wie ein fester Keil. Der Arm des Kapitäns lag schwer wie ein Mühlstein um Jukes' Nacken, und plötzlich stießen ihre Schädel aneinander.
»Jukes! Mr. Jukes! So hören Sie doch!«
Er musste dieser Stimme, die nicht verstummen wollte, Antwort geben. Auf gewohnte Weise erwiderte er: »Ja, Sir.« Und zugleich rebellierte sein Inneres; verführt vom Sturm, der nur den einen Wunsch nach Ruhe weckt, lehnte er sich auf gegen die Tyrannei von Drill und Befehl.

Kapitän MacWhirr hielt den Kopf seines Steuermanns mit der Elfenbeuge fest in der Klemme und presste ihn aus unerfindlichen Gründen an seinen schreienden Mund. Zuweilen unterbrach ihn Jukes mit einer hastigen Warnung: »Geben Sie Acht, Sir!«, oder Kapitän MacWhirr mahnte brüllend: »Festhalten!«, worauf das ganze schwarze Universum mitsamt dem Schiff zu taumeln schien. Sie warteten. Noch war es flott. Und Kapitän MacWhirr fuhr fort, in Jukes' Ohr zu schreien: »... sagt ... allesamt ... ins Rutschen geraten ... sollten nachsehen ... was los ist.«

Unmittelbar nachdem der Orkan mit voller Wucht über das Schiff hereingebrochen war, wurde der Aufenthalt auf Deck überall unmöglich, und die Matrosen suchten verstört und erschrocken im Backbordlaufgang unter der Brücke Zuflucht. Er hatte achtern eine Tür, die sie schlossen. Stockfinster war es hier, kalt und beklemmend. Bei jedem heftigen Schlingern des Schiffes ächzten und stöhnten sie alle miteinander in der Dunkelheit, und über ihnen schwappten polternd die Wassermassen, als suchten sie sich von oben auf sie zu ergießen. Der Bootsmann hatte ihnen immer wieder gut zugeredet, aber eine unvernünftigere Gesellschaft, sagte er später, sei ihm noch nicht vorgekommen. Sie hatten es dort durchaus behaglich, waren in Sicherheit und brauchten nichts zu tun; und trotzdem klagten sie nur und nörgelten misslaunig wie kranke Kinder. Schließlich sagte einer, die Sache wäre ja nicht ganz so schlimm, wenn sie wenigstens etwas Licht hätten, sodass man die Nasen der anderen sehen könnte. Es sei zum Verrücktwerden, erklärte er, da im Dunkeln zu liegen und bloß zu warten, bis der verdammte alte Kahn absacke.

»Warum gehst du dann nicht 'raus und bringst es gleich hinter dich?«, fuhr der Bootsmann ihn an.

Darauf erhob sich lärmende Entrüstung. Der Bootsmann wurde mit Vorwürfen aller Art überschüttet. Die Matrosen schienen es übelzunehmen, dass nicht augenblicklich eine Lampe für sie aus dem Boden gestampft wurde. Unablässig winselten sie nach Licht – wenn auch nur, um dabei zu ertrinken! Und obwohl das Unsinnige ihrer Schmähungen auf der Hand lag – war doch gar nicht daran zu denken, den Lampenraum im Vorschiff zu erreichen –, nahm sie sich der Bootsmann doch sehr zu Herzen. Er fand es ungehörig von ihnen, derart auf ihm herumzuhacken. Doch als er es ihnen vorhielt, schlug ihm nur allgemeine Verachtung entgegen. Deshalb nahm er seine Zuflucht zu erbittertem Schweigen. Trotzdem ließ ihm ihr Nörgeln und Seufzen und Murren keine Ruhe, und schließlich kam ihm der Gedanke, dass ja im Zwischendeck sechs Kugellampen hingen und dass es den Kulis bestimmt nicht schaden könnte, wenn man ihnen eine davon wegnähme.

Die *Nan-Shan* hatte querschiffs einen Kohlenbunker, der gelegentlich als Laderaum benutzt wurde und den eine Eisentür mit dem vorderen Zwischendeck verband. Er war zurzeit leer, und sein Mannloch war das vorderste im Laufgang. Der Bootsmann konnte also hinuntergelangen, ohne das Deck betreten zu müssen; aber zu seiner großen Überraschung ließ sich keiner bewegen, ihm beim Abnehmen des Mannlochdeckels zu helfen. Tastend suchte er danach, doch lag ihm einer von der Mannschaft im Weg und wollte sich nicht von der Stelle rühren,

»Aber ich will euch doch bloß das verdammte Licht herbeischaffen, nach dem ihr so jammert«, protestierte er, geradezu mitleiderregend.

Jemand sagte, er solle sich zum Teufel scheren. Schade nur, dass er die Stimme nicht erkennen konnte und dass es zu dunkel war, um den Sprecher zu sehen; dem Lumpen hätte er's sonst heimgezahlt, sagte er, um jeden Preis. Nichtsdestoweniger hatte er sich fest vorgenommen, ihnen zu beweisen, dass er Licht beschaffen könnte, und wenn er's mit dem Leben bezahlen müsste.

Bei dem heftigen Rollen des Schiffes war jede Bewegung gefährlich. Schon sich hinzulegen schien mühsam genug. Fast brach er sich das Genick, als er sich in den Bunker hinabließ. Er fiel auf den Rücken und wurde hilflos von einer Seite auf die andere geschleudert, in der bedrohlichen Gesellschaft eines schweren eisernen Gegenstands, der Schaufel eines Kohlentrimmers vermutlich, die dort unten liegen geblieben war. Das Ding beunruhigte ihn, als wäre es ein wildes Tier. Er konnte es nicht sehen, denn in dem Bunker, dessen Boden und Wände von Kohlenstaub überzogen waren, herrschte völlige, undurchdringliche Schwärze; aber er hörte, wie es polternd im Raum umherfuhr und hier und da aufschlug, immer in der Nähe seines Kopfes. Überdies schien es einen ganz außerordentlichen Radau zu machen, und sein schweres, dumpfes Aufschlagen weckte die Vorstellung von einem großen Brückenträger. Mit Verwunderung bemerkte er dies, während er zwischen Backbord und Steuerbord hin und her geworfen wurde und verzweifelt an den glatten Seitenwänden des Bunkers einen Halt zu finden suchte. Die Tür zum Zwischendeck schloss nicht ganz dicht, er gewahrte an ihrem unteren Rand einen Faden trüben Lichts.

Als alter Seemann noch immer behände, schaffte er es am Ende doch, wieder auf die Füße zu kommen, und indem er sich mühsam aufrichtete, bekam er glücklicherweise die Eisenschaufel zu fassen und konnte sie festhalten. Sonst hätte er fürchten müssen, dass das Ding ihm die Beine brach oder ihn zumindest wieder zu Boden schlug. Zunächst stand er ganz still. Er fühlte sich unsicher in dieser Finsternis, die Bewegungen des Schiffes erschienen ihm hier ganz ungewohnt, unberechenbar und schwer auszugleichen. Einen Augenblick lang

fühlte er sich so zerschlagen, dass er sich nicht zu rühren wagte, weil er fürchtete, wieder »auszurauschen«. Er hatte keine Lust, sich in diesem Bunker alle Knochen zu brechen.
Zweimal war er mit dem Kopf aufgeschlagen und daher etwas benommen. Noch immer glaubte er, ganz deutlich das Poltern und Krachen der um seine Ohren fliegenden Eisenschaufel zu vernehmen, sodass er sie fester packte, um sich zu bestätigen, dass er sie sicher in der Hand hielt. Auch nahm es ihn wunder, wie laut man hier unten den Sturm wüten hörte. Sein Heulen und Brüllen schien in der Leere des Bunkers geradezu etwas Menschliches anzunehmen, etwas wie menschlichen Zorn oder Schmerz – nicht gewaltig, aber ans Herz greifend. Und dann gab es da bei jedem Rollen ein dumpfes Aufschlagen – schwere, gewichtige Schläge, als wäre im Schiffsraum irgendein riesiger Gegenstand, an die fünf Tonnen schwer, in Bewegung geraten. Doch in der Ladung befand sich nichts Derartiges. Etwas an Deck? Unmöglich. Oder längsseits? Das konnte nicht sein.
Alles dies bedachte er rasch, klar, sachkundig, wie ein rechter Seemann, und stand doch am Ende vor einem Rätsel. Allerdings kam der Lärm gedämpft von draußen, zugleich mit dem Schwappen und Gurgeln des Wassers über ihm auf Deck. War es der Wind? Vermutlich. Hier unten klang es wie das Geschrei einer in Raserei geratenen Menschenmenge. Er sehnte sich nun selber nach Licht – wenn auch nur, um dabei zu ertrinken – und war ängstlich darauf bedacht, so schnell wie möglich aus diesem Bunker herauszukommen.
Er zog den Riegel zurück; die schwere Eisentür drehte sich in den Angeln; und zunächst schien es, als hätte er dem Tosen des Sturms die Tür geöffnet. Ein Schwall heiseren Gebrülls schlug ihm entgegen; der Wind schwieg, und das Rauschen des Wassers auf Deck wurde übertönt

von einem Aufruhr erstickter kehliger Schreie, die auf ein heilloses Chaos deuteten. Er spreizte die Beine über die ganze Breite der Türöffnung und reckte den Hals. Zuerst entdeckte er nur, was er eigentlich hier unten gesucht hatte: sechs schwache gelbe Flammen, die in einem großen dämmerigen Raum heftig hin und her schwangen.

Wie der Stollen eines Bergwerks war er in der Mitte durch eine Reihe von Stützen abgesteift und oben durch Querbalken, die sich in undurchdringlichem Dunkel verloren. Nach Backbord zeichnete sich schattenhaft, gleich einer Einbuchtung der Seitenwand, eine unförmige Masse mit schräg abfallendem Umriss ab. Der ganze Raum mitsamt allen Schatten und Formen war in ständiger Bewegung. Der Bootsmann starrte ins Dunkel: Das Schiff rollte nach Steuerbord, und lautes Geheul entrang sich jener Masse, die sich ausnahm wie rutschendes Erdreich.

Holzstücke sausten vorüber. »Ganze Planken«, dachte er, zu Tode erschrocken, und warf den Kopf zurück. Zu seinen Füßen glitt ein Mann vorbei, die Augen aufgerissen, auf dem Rücken liegend, mit den erhobenen Armen vergeblich im Leeren fuchtelnd; ein andrer schnellte in Sprüngen daher wie ein losgelöster Stein, den Kopf zwischen den Beinen und die Hände ineinandergekrampft. Sein Zopf fegte durch die Luft; er grapste nach den Beinen des Bootsmanns, und aus seiner geöffneten Hand rollte diesem eine glänzende weiße Scheibe gegen den Fuß. Der Bootsmann erkannte einen Silberdollar und stieß einen Schrei der Verwunderung aus. Begleitet von hastigem Tappen und Schlurren nackter Füße und heiserem Wehklagen, löste sich der Hügel verkrampfter Leiber auf der Backbordseite von der Schiffswand und rutschte schwerfällig und in sich wild bewegt nach Steuerbord, wo er mit dumpfem, heftigem Aufprall stockte. Die Schreie verstummten. Der Bootsmann hörte mitten durch das Heulen und Pfeifen des Windes ein lang anhaltendes Stöhnen; er sah ein unentwirrbares Gemenge von Köpfen und Schultern, aufragenden nackten Sohlen, erhobenen Fäusten, taumelnden Rücken, Beinen, Zöpfen, Gesichtern.

»Großer Gott!«, schrie er entsetzt und schlug krachend die Eisentür zu vor diesem Schreckensbild.

Um davon zu berichten, war er auf der Brücke erschienen. Er konnte es nicht für sich behalten; und an Bord eines Schiffes gibt es nur einen einzigen Menschen, bei dem es der Mühe wert ist, sein Herz auszuschütten. Als er zurückkam, verwünschten ihn die Matrosen im Laufgang und schalten ihn einen Narren. Warum brachte er nicht die Lampe mit? Was zum Teufel gingen sie denn die Kulis an? Und als er nach draußen gelangte, schienen ihm angesichts der verzweifelten Lage des Schiffes die Vorgänge im Innern ziemlich belanglos.

Zuerst glaubte er den Laufgang in ebendem Augenblick verlassen zu haben, da das Schiff sinken wollte. Die Brückentreppen waren weggerissen, aber eine ungeheure See, die gerade das Achterdeck überflutete, schwemmte ihn hinauf. Danach musste er erst eine Weile auf dem Bauch liegen bleiben; an einen Ringbolzen geklammert, holte er ab und zu Atem und schluckte Salzwasser. Auf Händen und Knien mühte er sich weiter, viel zu verstört und aufgeregt, um wieder umzukehren. So erreichte er die Hinterseite des Steuerhauses. An dieser verhältnismäßig geschützten Stelle fand er den Zweiten Steuermann. Der Bootsmann war angenehm überrascht – hatte er doch geglaubt, jeder auf Deck müsse längst über Bord gegangen sein. Ungeduldig fragte er nach dem Kapitän.

Der Zweite Steuermann lag geduckt am Boden wie ein bösartiges kleines Tier unter einer Hecke.

»Der Kapitän? Über Bord gegangen, nachdem er uns das alles eingebrockt hat.« Der Erste Steuermann ebenfalls,

soviel er wisse. Auch so ein Narr. Na, egal! Nach und nach komme jeder dran.
Der Bootsmann kroch weiter und gab sich wieder der Gewalt des Sturmes preis; nicht weil er noch damit rechnete, jemand zu finden, sagte er, sondern nur, um von »diesem Kerl« fortzukommen. Er kroch weiter, wie wohl ein Ausgestoßener einer unbarmherzigen Welt entgegentritt. Daher seine große Freude, als er Jukes und den Kapitän fand. Die Vorgänge im Zwischendeck waren ihm unterdessen nebensächlich geworden. Außerdem war es schwer, sich Gehör zu verschaffen. Aber es gelang ihm doch, dem Kapitän verständlich zu machen, dass die Chinesen mitsamt ihren Kisten heillos durcheinandergeraten seien, und um das zu berichten, habe er sich bis auf die Brücke durchgeschlagen. Die Matrosen dagegen seien gut aufgehoben. Beruhigt ließ er sich darauf zum Sitzen nieder und umklammerte mit Armen und Beinen den Ständer des Maschinentelegrafen – ein Eisengussstück, dick wie ein Pfahl. Wenn das über Bord ging, nun, dann würde er selbst ja wohl auch dran glauben müssen. An die Kulis wendete er keinen Gedanken mehr.

Kapitän MacWhirr hatte Jukes begreiflich gemacht, was er von ihm erwartete: Er sollte hinuntergehen – um nach dem Rechten zu sehn.
»Aber was soll ich denn tun, Sir?« Der durchnässte Jukes schlotterte am ganzen Leibe, sodass seine Worte wie ein Blöken klangen.
»Nachsehn … Bootsmann sagt … durcheinander …«
»Ein verdammter Narr, dieser Bootsmann«, heulte Jukes mit zitternder Stimme.
Die Unsinnigkeit der Forderung erbitterte ihn. Er sperrte sich dagegen, als wenn in dem Augenblick, wo er das Deck verließe, das Schiff unweigerlich sinken müsste.
»… Bescheid wissen … kann nicht … überlassen …«

»Sie werden sich beruhigen, Sir.«
»Schlägerei ... Bootsmann sagt ... schlagen sich ... Warum? ... nicht dulden ... an Bord ... viel lieber ... Sie hier ... falls ich selbst ... über Bord ... sorgen Sie ... Ordnung ... irgendwie. Berichten Sie ... Maschinenraumsprachrohr. Möchte nicht ... zu oft hier herauf ... gefährlich ... übers Deck ...«
Jukes, dessen Kopf der Kapitän noch immer fest in der Klemme hielt, konnte nicht umhin, sich diese fürchterlichen Zumutungen anzuhören.
»Möchte Sie ... nicht verlieren ... solange das Schiff ... Rout ... tüchtiger Mann ... Schiff kann ... überstehen.«
Plötzlich begriff Jukes, dass er gehen musste.
»Glauben Sie wirklich?«, schrie er.
Aber der Wind verschlang die Antwort, von der Jukes nur ein einziges, mit großer Entschiedenheit gesprochenes Wort verstand: »... immer ...«
Kapitän MacWhirr gab Jukes Kopf frei, und indem er sich über den Bootsmann beugte, rief er: »Begleiten Sie den Steuermann!« Jukes wusste nur, dass der Arm nicht mehr auf seinen Schultern lag. Er war entlassen mit seiner Order – aber was konnte er tun? Vor lauter Erbitterung ließ er seinen Halt unbedacht fahren und wurde im Augenblick vom Sturm gepackt. Schon sah er sich unrettbar geradewegs über das Heck geschleudert. Hastig warf er sich nieder, und der Bootsmann, der ihm folgte, fiel über ihn.
»Stehen Sie ja nicht auf, Sir«, schrie er. »Keine Eile!«
Eine See überrollte sie. Jukes erriet aus den abgerissenen Worten des Bootsmanns, dass die Brückentreppen fort waren. »Ich lasse Sie an den Händen hinunter, Sir«, schrie er. Und vom Schornstein meinte er, der würde wahrscheinlich auch bald über Bord gehen. Jukes hielt das durchaus für möglich und stellte sich die erloschenen Feuer vor, das hilflose Schiff ... Der Bootsmann neben ihm fuhr fort zu brüllen. »Was denn? Was ist denn?«,

rief Jukes gequält, und der andere wiederholte: »Was würde meine Alte sagen, wenn sie mich jetzt hier sähe?«
Im Laufgang, wo eine Menge Wasser eingedrungen war und im Dunkel umherschwappte, verhielten die Matrosen sich totenstill, bis Jukes über einen stolperte und ihn wütend verwünschte, weil er ihm im Wege lag. Zwei oder drei Stimmen fragten, begierig und kraftlos: »Haben wir noch eine Chance, Sir?«
»Was ist denn in euch gefahren, ihr Narren?«, sagte er grob. Dabei hätte er sich am liebsten zwischen sie auf die Planken geworfen und sich nicht mehr gerührt. Aber sie schienen ermutigt, und unter fürsorglichen Warnungen – »Vorsicht! Geben Sie Acht auf den Mannlochdeckel, Sir!« – halfen sie ihm hinab in den Bunker. Der Bootsmann stolperte hinterdrein, und sobald er sich wieder aufgerappelt hatte, bemerkte er: »Sie würde sagen: Geschieht dir ganz recht, du alter Esel. Warum musstest du auch zur See gehen?«
Der Bootsmann war nicht unbemittelt und spielte gern und oft darauf an. Seine Ehehälfte – eine wohlbeleibte Person – und zwei erwachsene Töchter betrieben im East End von London einen Obst- und Gemüseladen.
Auf unsicheren Beinen stehend, hörte Jukes in der Dunkelheit ein Getrappel wie fernes Donnern. Aus nächster Nähe, so schien es, tönte ununterbrochen gedämpftes Geschrei; und zu den beiden Geräuschen gesellte sich von oben das lautere Tosen des Sturmes. Ihm schwindelte. Auch ihn dünkten in diesem Bunker die Bewegungen des Schiffes ungewohnt und bedrohlich, sie untergruben seine Tatkraft, als wäre er noch nie auf See gewesen.
Am liebsten hätte er gleich wieder kehrtgemacht, aber die Erinnerung an Kapitän MacWhirrs Stimme hinderte ihn daran. Er hatte den Auftrag, nach dem Rechten zu sehen. Wozu nur? fragte er sich erbittert. Gut, er würde nachsehen, selbstverständlich! Der Bootsmann, der schwerfäl-

lig hin und her taumelte, mahnte ihn zur Vorsicht beim Öffnen der Tür; drinnen sei eine wüste Schlägerei im Gange. Und Jukes erkundigte sich gereizt, als hätte er große Schmerzen auszustehen, um was zum Teufel sie sich denn stritten.

»Um Dollars! Um Dollars, Sir! Alle ihre klapprigen Kisten sind aufgesprungen. Das verdammte Geld rollt in der Gegend 'rum, und sie Hals über Kopf hinterher, tobend und beißend wie sonst was. Die reinste Hölle da drinnen!«

Wie im Krampf öffnete Jukes die Tür. Der gedrungene Bootsmann spähte unter seinem Arm hindurch.

Eine der Lampen war ausgegangen, vielleicht zerbrochen. Hasserfüllte kehlige Schreie brandeten ihnen entgegen und ein seltsames Schnaufen, das mühsame Atmen all dieser ausgepumpten Lungen. Ein schwerer Stoß traf die Seite des Schiffes, sie hörten über sich den gewaltigen Anprall der Wassermassen, und vor sich im Halbdunkel, wo die Luft rötlich und zum Schneiden dick war, sah Jukes, wie ein Kopf heftig aufs Deck schlug, zwei dicke Waden hoch im Leeren strampelten, muskulöse Arme einen nackten Körper umklammerten, ein gelbes Gesicht mit offenem Mund und stierem, verstörtem Blick zu ihm aufstarrte und vorüberglitt. Eine leere Kiste schlug polternd um; ein Mann schnellte im Kopfsprung vorbei wie von einem Fußtritt befördert; und weiter entfernt, verschwommen im Dunkel, wälzten sich andere wie ein Haufen rollender Steine einen Steilhang hinab, hämmerten mit den Füßen aufs Deck und schwenkten wild die Arme. Die Lukenleiter war überladen mit Kulis, umschwärmt wie ein Zweig von Bienen. In wimmelnden, unruhigen Trauben hingen sie an den Sprossen, schlugen mit den Fäusten wie rasend an die Unterseite der verschalkten Luke, und wenn ihr Geschrei einen Augenblick verstummte, hörte man von oben den wütenden Ansturm des Wassers. Das Schiff krängte stärker,

und sie mussten loslassen: erst einer, dann zwei, dann mit einem gellenden Aufschrei alle Übrigen.
Jukes stand wie vom Donner gerührt. Heiser und beklommen beschwor ihn der Bootsmann: »Gehen Sie ja nicht 'rein, Sir!«
Der ganze Raum schien sich unter ständigem Stoßen und Schütteln um sich selbst zu drehen; und als das Schiff sich bei der nächsten See aufbäumte, sah Jukes im Geiste schon den ganzen Menschenklumpen auf sich zugeschossen kommen. Er fuhr zurück, warf die Tür zu und schob mit zitternden Händen den Riegel vor...
Sobald sein Steuermann gegangen und er auf der Brücke allein geblieben war, schlug Kapitän MacWhirr sich taumelnd bis zum Ruderhaus durch. Die Tür ging nach außen auf, so musste er mit dem Sturm um den Zutritt kämpfen, und als es ihm schließlich gelang einzutreten, schlug die Tür im selben Augenblick so dröhnend hinter ihm zu, als wäre er durch das Holz gefeuert worden. Er stand drinnen und hielt sich an der Klinke fest.
Der Steuerapparat ließ Dampf austreten, und in dem eng umgrenzten Raum stand das Glas des Kompassgehäuses als schimmerndes Lichtoval in einem dünnen weißen Nebel. Der Wind heulte, brauste, pfiff, rüttelte mit jäh anschwellender Gewalt an Türen und Blenden, begleitet vom platschenden Anprall des Spritzwassers. Zwei Rollen Lotleine und ein kleiner Segeltuchsack, die an einem langen Taljereep hingen, schwangen weit in den Raum hinein und schlugen zurückkehrend gegen das Schott. Die Grätings am Boden schwammen fast im Wasser, mit jeder anbrandenden See schoss es durch die Ritzen rings um die Tür, und der Rudergänger hatte Mütze und Jacke abgeworfen und stand gegen den Getriebekasten gestemmt, nur mit einem gestreiften, bis unter die Brust geöffneten Baumwollhemd bekleidet. Das kleine Messingrad in seinen Händen war wie ein glänzendes, zer-

brechliches Spielzeug anzusehen. Straff und hart sprangen die Sehnenstränge an seinem Halse hervor, die Halsgrube mutete wie eine dunkle Höhle an, und sein Gesicht war unbewegt und eingefallen wie das eines Toten.
Kapitän MacWhirr wischte sich die Augen. Die See, von der er beinahe über Bord gespült worden wäre, hatte ihm zu seinem großen Ärger den Südwester vom kahlen Kopf gerissen. Das flaumige blonde Haar, dunkel von Nässe, wand sich wie strähnige Baumwolle um seinen bloßen Schädel. Sein Gesicht schimmerte feucht vom Meerwasser und war tief gerötet von Sturm und spritzendem Gischt. Er sah aus, als käme er schweißtriefend geradewegs vom Bedienen eines Hochofens.
»Sie hier?«, murmelte er befremdet.
Der Zweite Steuermann hatte einige Zeit zuvor den Weg ins Ruderhaus gefunden. Er hatte sich in eine Ecke gedrückt, mit hochgezogenen Knien, die Fäuste gegen die Schläfen gepresst, und seine Haltung verriet Zorn, Jammer, Resignation, Unterwerfung und eine Art verbissener Unversöhnlichkeit. Düster und verstockt sagte er: »Es ist schließlich meine Freiwache, oder etwa nicht?«
Das Dampfgetriebe rasselte, stockte, rasselte wieder; und die Augäpfel des Rudergängers schienen aus einem hungrigen Gesicht förmlich herauszuspringen, als wäre die Kompassrose in ihrem Gehäuse eine verlockende Mahlzeit. Gott weiß, wie lange man ihn da schon steuern ließ, vergessen von allen Bordkameraden. Die Schiffsglocke hatte nicht geschlagen, die Wache war nicht abgelöst worden, die Bordroutine war zum Teufel; er aber versuchte, das Schiff auf Nord-Nordost zu halten – gleichviel, ob das Ruder vielleicht schon dahin war, die Feuer erloschen, ob die Maschinen versagten, das Schiff alsbald wie ein Leichnam dahintreiben würde. Angestrengt war er bemüht, sich nicht verwirren zu lassen, nicht die Kontrolle über den Kurs zu verlieren, denn die Kompassnadel schlug

weit aus nach beiden Seiten, tanzte unruhig um die Pinne und schien mitunter förmlich im Kreis herumzuwirbeln. Seine Nerven waren aufs Äußerste angespannt. Auch hatte er eine lähmende Angst, das Steuerhaus könnte weggerissen werden. Berge von Wasser brandeten unaufhörlich dagegen an. Und bei jedem verzweifelten Eintauchen des Schiffes zuckte es um seine Mundwinkel.
Kapitän MacWhirr blickte zur Steuerhausuhr hinauf, die am Schott festgeschraubt war; auf dem weißen Zifferblatt schienen die schwarzen Zeiger ganz stillzustehen. Es war halb zwei Uhr morgens.
»Ein neuer Tag«, murmelte er vor sich hin.
Der Zweite Steuermann hörte ihn und hob den Kopf wie einer, der sich mitten unter Trümmern in Gram verzehrt. »Sie werden ihn nicht anbrechen sehn«, rief er. Seine Handgelenke und Knie zitterten heftig. »Nein, bei Gott! Sie werden ...«
Er presste das Gesicht wieder zwischen die Fäuste.
Der Körper des Rudergängers hatte sich kaum merklich bewegt, doch der Kopf auf dem Hals rührte sich nicht – einem Steinkopf auf einer Säule gleich, der unverrückbar in eine einzige Richtung schaut. Ein heftiges Schlingern riss dem Kapitän fast die gestiefelten Beine unterm Leibe weg, und während er noch taumelnd um sein Gleichgewicht rang, sagte er mit Nachdruck: »Kümmern Sie sich nicht im Geringsten um die Äußerungen dieses Mannes!« Und mit einer schwer bestimmbaren Veränderung in der Stimme setzte er sehr ernst hinzu: »Er ist nicht im Dienst.«
Der Matrose sagte nichts.
Der Orkan dröhnte; er schüttelte den kleinen Raum, der luftdicht abgeschlossen schien, und das Licht im Kompassgehäuse flackerte ohne Unterlass.
»Sie sind nicht abgelöst worden«, fuhr Kapitän MacWhirr fort, ohne aufzublicken. »Trotzdem möchte ich, dass Sie

am Steuer bleiben, so lange Sie können. Sie haben die Sache im Griff. Eine Ablösung würde womöglich alles verpfuschen. Das geht nicht. Kein Kinderspiel! Und die andern Matrosen haben vermutlich unten zu tun ... Trauen Sie sich's zu?«
Der Steuerapparat stockte plötzlich nach jähem, kurzem Gerassel und qualmte wie verglühende Asche. Und aus dem stillen Mann, der unverwandt geradeaus starrte, brach es hervor, als drängte sich alle im Innern angestaute Erregung auf seine Lippen: »Beim Himmel, Sir! Ich kann in alle Ewigkeit steuern, wenn keiner mich stört.«
»Oh! Ja, freilich! Ganz recht ...« Der Kapitän richtete zum ersten Mal den Blick auf ihn. » ... Hackett.«
Und damit schien er diesen Punkt aus seinen Gedanken zu streichen. Er beugte sich über das Maschinenraumsprachrohr, rief hinein und neigte horchend den Kopf. Mr. Rout unten gab Antwort, und sogleich brachte Kapitän MacWhirr die Lippen an das Mundstück. Mitten im Aufruhr des Sturmes um ihn her legte er abwechselnd Mund und Ohr an den Schalltrichter, und die Stimme des Leitenden Ingenieurs drang zu ihm hinauf, rau und hart, als käme sie aus der Hitze eines Gefechts. Einer der Heizer sei dienstuntauglich, die anderen hätten aufgegeben; der Zweite Ingenieur und der Donkeymann, der Maschinist für die Hilfsmaschinen, heizten. Der Dritte Ingenieur stehe am Dampfventil. Die Maschinen würden sorgsam mit der Hand gesteuert. Wie es oben stehe?
»Schlecht genug. Das meiste liegt bei Ihnen«, sagte Kapitän MacWhirr. Ob der Steuermann schon bei ihnen sei? Nein? Nun, er werde gleich kommen. Mr. Rout solle ihn durchs Sprachrohr reden lassen - durch das Decksprachrohr, weil er - der Kapitän - gleich wieder hinaus auf die Brücke gehe. Bei den Chinesen gebe es Scherereien. Sie seien offenbar in Streit geraten. Das könne er keinesfalls dulden ...

Mr. Rout hatte sich entfernt, und wie den Herzschlag des Schiffes spürte Kapitän MacWhirr an seinem Ohr das rhythmische Klopfen der Maschinen. Er hörte Mr. Routs ferne Stimme etwas rufen. Das Schiff stampfte schwer; ruckweises Stoßen und lärmendes Zischen drangen herauf und verstummten. Kapitän MacWhirrs Gesicht war unbewegt, und sein Blick ruhte wie von ungefähr auf der zusammengekauerten Gestalt des Zweiten Steuermanns. Wieder hörte er Mr. Routs fernes Rufen; dann begann das rhythmische Klopfen von Neuem, zögernd zuerst, doch allmählich schneller.

Mr. Rout war zum Sprachrohr zurückgekehrt. »Macht nicht viel aus, was sie treiben«, sagte er eilig, und überreizt setzte er hinzu: »Dieses Eintauchen – als ob es nie wieder hochkommen wollte!«

»Mörderische Seen!«, kam die Stimme des Kapitäns von oben.

»Lassen Sie's mich nur nicht auf den Grund treiben!«, bellte Salomon Rout durchs Sprachrohr.

»Finsternis und Regen. Kann nicht sehen, was kommt«, bemerkte die Stimme. »Müssen – genug – Fahrt – zum Steuern – behalten – und es drauf ankommen lassen«, fuhr sie mit Bestimmtheit fort.

»Ich tue, was ich irgend riskieren kann.«

»Wir werden – hier oben – tüchtig zusammengeschlagen«, fuhr die Stimme ruhig fort. »Kommen trotzdem – noch leidlich zurecht. Wenn allerdings das Steuerhaus nicht standhalten sollte ...«

Mr. Rout, ganz Ohr, knurrte verbissen etwas in sich hinein. Die bedächtige Stimme oben aber fragte mit leiser Ungeduld: »Jukes schon da?« Dann, nach kurzem Zögern: »Ich könnte seine Hilfe brauchen. Sobald er fertig ist, soll er für alle Fälle heraufkommen. Um sich um das Schiff zu kümmern. Ich bin ganz allein. Der Zweite Steuermann ist hin ...«

»Was?«, schrie Mr. Rout in den Maschinenraum hinein, indem er den Kopf abwandte. Dann rief er ins Sprachrohr: »Über Bord gegegangen?«, und presste das Ohr an den Trichter.
»Die Nerven verloren«, fuhr die Stimme oben in sachlichem Tone fort. »Verdammt unangenehme Geschichte!«
Den Kopf horchend geneigt, riss Mr. Rout die Augen auf. Indessen schlugen merkwürdige Geräusche wie von einem Handgemenge und Bruchstücke eines heftigen Wortwechsels von oben an sein Ohr. Er lauschte mit gespannter Aufmerksamkeit; und die ganze Zeit über stand Beale, der Dritte Ingenieur, mit erhobenen Armen da und hielt zwischen den Handflächen den Rand eines kleinen schwarzen Rades, das sich an der Seite eines starken Kupferrohres befand. Er schien es über seinem Kopf zu balancieren, als wäre das die vorgeschriebene Haltung in irgendeinem Spiel.
Um fester zu stehen, presste er die Schulter gegen das weiße Schott; ein Knie hatte er leicht angewinkelt, und in seinem Gürtel über der Hüfte steckte ein Lappen. Seine glatten Wangen waren verschmutzt und gerötet, und der Kohlenstaub auf den Lidern, wie schwarze Schminke anzusehen, ließ das feucht schimmernde Weiß seiner Augen noch deutlicher hervortreten und gab seinem jugendlichen Gesicht eine reizvoll exotische, weibliche Note. Immer wenn das Schiff stampfte, drehte er mit raschen Handbewegungen energisch an dem kleinen Rad.
»Toll geworden«, kam die Stimme des Kapitäns plötzlich durchs Sprachrohr. »Wollte über mich herfallen ... soeben. Musste ihn niederschlagen ... diese Minute. Haben Sie's gehört, Mr. Rout?«
»Zum Teufel!«, murmelte der. »Achtung, Beale!«
Sein Ruf hallte wie ein warnender Trompetenstoß zwischen den Eisenwänden des Maschinenraums. Weiß ge-

strichen, ragten sie hinauf in die tiefe Dämmerung des Oberlichts, abgeschrägt wie ein Dach, und der ganze hohe Raum mutete wie das innere einer Gruft an. Eiserne Grätings unterteilten ihn in mehrere Geschosse, Lichter flackerten in verschiedenen Höhen, und in der Mitte erhob sich, vom Dunkel umlagert, der geschäftige Maschinenkoloss mit den regungslosen Wölbungen der Zylinder. Ein lautes, wildes Dröhnen, in das alle Geräusche des Orkans eingegangen waren, schwang in der unbewegten, warmen Luft. Es roch nach heißem Metall, nach Öl, und leichter Dampfnebel hing im Raum, den mit jeder anprallenden See ein lautloser, betäubender Stoß zu durchlaufen schien.

Glanzlichter zitterten wie bleiche lange Flammen auf blankem Metall; aus dem Boden stiegen wechselweise, funkelnd von Messing und Stahl, die riesigen Kurbelwangen – und verschwanden, während die Pleuelstangen, starkgelenkig wie die Gliedmaßen eines Skeletts, sie mit unfehlbarer Präzision hinabzustoßen und wieder heraufzuziehen schienen. Und tief im Halbdunkel bewegten sich andere Pleuel bedächtig hin und her, wippten Kreuzköpfe, drehten sich Metallscheiben geschmeidig gegeneinander, langsam und leicht, ein Kommen und Gehen von Schatten und Lichtreflexen.

Mitunter wurden all diese mächtigen und unbeirrbaren Bewegungen gleichzeitig langsamer, als wären es Funktionen eines lebendigen Organismus, der plötzlich von Mattigkeit übermannt wird; dann glühten Mr. Routs Augen dunkler in seinem schmalen, bleichen Gesicht. Er kämpfte diesen Kampf in einem Paar Filzpantoffeln. Seine kurze, abgetragene Jacke reichte ihm kaum bis zur Hüfte, und die weißen Handgelenke ragten weit aus den engen Ärmeln; es schien, als wäre in dieser Bedrängnis seine Gestalt größer geworden, die Glieder länger, seine Farben blasser, die Höhlen um die Augen tiefer.

Mit rastlosem, entschlossenem Eifer war er in Bewegung, kletterte in die Höhe, verschwand in der Tiefe, und wenn er einmal stillstand, die Hände am Schutzgeländer vor dem Anlassschieber, so flog sein Blick nach rechts zum Manometer, zum Wasserstandsanzeiger, die im Licht einer schwingenden Lampe an der weißen Wand befestigt waren. Neben ihm gähnten stumpfsinnig die Öffnungen der beiden Sprachrohre, und die Skalenscheibe des Maschinentelegrafen glich dem großen Rund einer Uhr; nur trug das Zifferblatt knappe Worte statt Ziffern. Die Buchstabengruppen standen tiefschwarz rings um den Zapfen des Indikators, eindringliche Stellvertreter lauter Kommandos: HALT, VORAUS, ZURÜCK, LANGSAM, HALB, ACHTUNG; und der dicke schwarze Zeiger wies nach unten auf das Wort VOLL, sodass es, auf diese Weise hervorgehoben, den Blick bannte, wie ein durchdringender Schrei sich Gehör verschafft.

Der mit Holz umkleidete mächtige Niederdruckzylinder, der würdevoll aus seiner Höhe herunterblickte, gab bei jedem Stoß ein schwaches Keuchen von sich; doch von diesem leisen Zischen abgesehen, arbeiteten die Stahlglieder der Maschinen, ob eilig oder langsam, mit lautloser, planvoller Leichtigkeit. Und alles dies, die weißen Wände, der sich bewegende Stahl, die Flurplatten unter Salomon Routs Füßen, die den Raum unterteilenden Grätings über ihm, das Spiel der Schatten und Lichter - alles dies hob und senkte sich einmütig, ohne Unterlass, mit dem harten Anprall der Wogen gegen die Bordwand. Der ganze hohe Raum, dumpf durchdröhnt von der machtvollen Stimme des Sturmes, schwankte wie ein Baum, neigte sich auf die Seite, hierher, dorthin, wie von den ungeheuren Windstößen niedergedrückt.

»Sie sollen sich beeilen«, rief Mr. Rout, sobald er Jukes in der Tür zum Heizraum auftauchen sah.

Jukes' Blick war unstet und flüchtig, sein gerötetes Gesicht verquollen, als hätte er zu lange geschlafen. Ein mühsamer Weg lag hinter ihm, und er hatte ihn mit ungeheurer Energie bewältigt, wobei die innere Erregung der körperlichen Anstrengung kaum nachstand. Eilig war er aus dem Kohlenbunker geflohen, im dunklen Laufgang zwischen den verstörten Matrosen umhergestolpert, fehltretend, banges, scheues Fragen ringsum: »Was ist los, Sir?«; dann die Leiter zum Heizraum hinunter, viele der eisernen Sprossen in der Hast verfehlend, hinab in einen Raum, tief wie ein Brunnen, schwarz wie die Hölle, der auf und ab schwankte wie eine Wippe. Das Wasser in den Bilgen donnerte bei jedem Rollen, und die Kohlenstücke sprangen hin und her, von einem Ende zum andern, rasselnd wie eine Lawine von Kieselsteinen auf einer Eisenschräge. Irgendjemand hier unten stöhnte vor Schmerz, ein anderer beugte sich über einen anscheinend Toten, der ausgestreckt am Boden lag, das Gesicht nach unten; eine kräftige Stimme fluchte; und die Glut hinter den Feuertüren leuchtete wie tiefrote Blutlachen inmitten samtiger Schwärze.
Ein Windstoß traf Jukes im Nacken, und im nächsten Augenblick fühlte er ihn um seine nassen Knöchel. Die Heizraumventilatoren summten; zwei wilde Gestalten mit nacktem Oberkörper rackerten sich taumelnd, gebückt mit ihren Schaufeln vor den sechs Feuertüren ab.
»Hallo! Zug in Hülle und Fülle!«, brüllte der Zweite Ingenieur Jukes sogleich zu, als hätte er schon die ganze Zeit nach ihm Ausschau gehalten. Der Donkeymann, ein schmucker kleiner Kerl mit blendend weißer Haut und einem dünnen ingwerfarbenen Schnurrbart, schuftete mit einer Art stummer Hingabe. Sie hielten Volldampf, und ein dumpfes Gedröhn, als rumpelte ein leerer Möbelwagen über eine Brücke, gab die anhaltende Bassstimme zu allen anderen Lauten ab.

»Ständig Hochdruck«, fuhr der Zweite Ingenieur brüllend fort. Mit einem Geräusch, als würden gleichzeitig hundert Schmortiegel gescheuert, spie ihm einer der Ventilatoren plötzlich einen Schwall Salzwasser auf die Schulter, und er antwortete mit einem Hagel von Flüchen, verwünschte alles und jedes auf Erden, die eigene Seele eingeschlossen, und setzte dabei, tobend und rasend, unbeirrbar seine Arbeit fort. Mit hartem, metallischem Anschlagen der Kesseltür tat sich die heiße, bleiche Grelle des Feuers auf, beleuchtete seinen Rundkopf, die geifernden Lippen, das aufsässige Gesicht, dann schloss sich das weißglühende Eisenauge mit erneutem Krachen.

»Wo ist das verdammte Schiff bloß hingeraten? Wissen Sie's vielleicht? Der Teufel soll mich holen! Unter Wasser, oder? Tonnenweise kommt's hier herunter. Sind die verfluchten Lüfterhauben denn zur Hölle gefahren? He? Wissen Sie denn rein gar nichts, Sie drolliger Seefahrer Sie ...?«

Nach einem Augenblick der Verblüffung war Jukes von einem Schlingern durch den ganzen Heizraum befördert worden, und sobald er die verhältnismäßige Größe, Ruhe und Helligkeit des Maschinenraums wahrgenommen hatte, tauchte das Schiff mit dem Heck tief ins Wasser und ließ ihn geradewegs auf Mr. Rout zuschießen.

Der Arm des Chiefs, lang wie ein Fangarm, streckte sich, wie von einer Feder bewegt, Jukes entgegen, fing den Anstürmenden auf und verhalf ihm zu einer raschen Drehung nach den Sprachrohren hin. Gleichzeitig wiederholte Mr. Rout dringlich: »Auf alle Fälle sollen Sie sich beeilen!«

Jukes rief: »Sind Sie da, Sir?«, und horchte. Nichts. Plötzlich schlug das Heulen des Sturmes geradewegs an sein Ohr, doch gleich darauf drängte eine leise Stimme den brüllenden Orkan ruhig beiseite.

»Sie, Jukes? – Nun?«

Jukes war bereit zu berichten; nur die Zeit dazu schien zu fehlen. Leicht genug ließ sich die ganze Sache erklären. Er konnte sich genau vorstellen, wie die Kulis zunächst alle erschöpft und furchtsam im verschalkten, stickigen Zwischendeck neben den Kistenreihen gelegen hatten. Dann musste eine dieser Kisten – vielleicht auch mehrere zu gleicher Zeit – bei einem Schlingern des Schiffes freigekommen sein, andere wurden mit fortgerissen, Seitenwände splitterten, Deckel sprangen auf, und all diese schwerfälligen Chinesen fuhren wie auf Kommando in die Höhe, um ihr Eigentum zu retten. Später schleuderte dann jedes Rollen des Schiffes den trampelnden, schreienden Menschenhaufen hin und her, von einer Seite auf die andere: ein einziger Wirbel zerborstenen Holzes, zerfetzter Kleidung, rollender Dollars. Nachdem der Streit einmal im Gange war, gab es für sie kein Halten mehr. Nur mit Gewalt könnte man jetzt noch etwas ausrichten. Es war ein Trauerspiel. Er hatte es mit angesehen, und mehr konnte er dazu nicht sagen. Einige Chinesen, so glaubte er, müssten wohl schon tot sein. Die Übrigen würden weiterkämpfen …

Er schickte seine Worte hinauf, sie überstürzten sich, überfüllten das enge Rohr. Sie drängten aufwärts, als wollten sie einmünden in das Schweigen einer höheren Einsicht, die dort oben ganz allein mit einem Sturme wohnte. Und Jukes wünschte sehnlich, nun aus dem Bannkreis des abscheulichen Wirrwarrs entlassen zu werden, der die Bedrängnis des ohnehin schwerbedrohten Schiffes vermehrte.

# 5

Er wartete. Vor seinen Augen arbeiteten bedächtig die Maschinen; doch im Augenblick, wo sie in wilde Hast verfallen wollten, ertönte Mr. Routs Ruf: »Achtung, Beale!«, und sie stockten jäh. Sie verharrten in verständnisvoller Reglosigkeit, mitten in der Bewegung erstarrt, schwere Kurbeln in der Schräge festgebannt, als wüssten sie um die Gefahr und das Verstreichen der Zeit. Dann setzten sie auf ein »Gut, jetzt!« des Chiefs - mit einem Geräusch wie ein Atemstoß durch zusammengebissene Zähne - die unterbrochene Umdrehung fort und begannen eine neue.
Besonnene Klugheit und die Behutsamkeit gewaltiger Stärke war in ihren Bewegungen. Dies war ihre Aufgabe: das geduldige Vorwärtsschmeicheln eines gepeinigten Schiffes mitten durch die wütenden Wogen, geradewegs durch den Sturm. Zuweilen ließ Mr. Rout das Kinn auf die Brust sinken und beobachtete sie mit gerunzelter Stirn, wie in Gedanken verloren.
Die Stimme, die den Orkan aus Jukes' Ohr verbannte, begann von Neuem: »Nehmen Sie die Matrosen mit ...«, und brach jäh ab.
»Was könnte ich mit denen denn ausrichten, Sir?«
Ein harter, gebieterischer Gongschlag ertönte plötzlich. Die drei Augenpaare flogen hinauf zur Skalenscheibe des, Maschinentelegrafen und sahen gerade noch, dass der Zeiger, wie von einem bösen Geist herumgerissen, von VOLL auf HALT schnellte. Und dann hatten die Männer im Maschinenraum alle drei die deutliche Empfindung, als scheute das Schiff vor einem Hindernis, schreckte vor irgendetwas zurück, als hätte es sich zu einem verzweifelten Sprung ins Ungewisse gesammelt.
»Halt!«, brüllte Mr. Rout.

Niemand – nicht einmal Kapitän MacWhirr, der als Einziger an Deck die weiße Schaumlinie gesichtet hatte, die in so gewaltiger Höhe herankam, dass er seinen Augen nicht traute – niemand konnte die Steilheit jener See und die furchtbare Tiefe ahnen, die der Orkan hinter der heraneilenden Wasserwand ausgehöhlt hatte.

Sie schoss auf das Schiff zu, und die *Nan-Shan* – nach kurzem Stocken, als rüstete sie sich zum Streit – hob den Bug und sprang. Die Flammen in allen Lampen wurden schwächer, der Maschinenraum dunkler. Eine erlosch. Mit schmetterndem Krachen, wirbelnd, tosend ergossen sich unendliche Wassermassen auf das Deck, als wäre das Schiff unter einen Katarakt geraten.

Die Männer unten starrten einander an wie gelähmt.

»Mein Gott, die hatte es in sich!«, brüllte Jukes.

Die *Nan-Shan* tauchte geradewegs hinunter in den Abgrund, als ließe sie das Ende der Welt hinter sich. Der Maschinenraum kippte bedrohlich vornüber, dem Inneren eines Turmes gleich, den ein Erdbeben schüttelt. Furchtbares Krachen von aufschlagendem Eisen drang aus dem Heizraum. Das Schiff hing so lange in dieser beängstigenden Schräge, dass Beale auf Hände und Knie sank und zu kriechen begann, als wollte er auf allen vieren aus dem Maschinenraum fliehen; Mr. Rout indessen drehte langsam den Kopf, starr eingefallen das Gesicht, mit hängendem Unterkiefer. Jukes hatte die Lider geschlossen, und seine Züge wurden im Augenblick hoffnungslos leer und sanft wie die eines Blinden.

Endlich richtete das Schiff sich auf, langsam, taumelnd, als müsste es mit dem Bug einen Berg anheben.

Mr. Rout schloss den Mund, Jukes blinzelte, und der kleine Beale stand hastig auf.

»Noch eine solche See, und das Schiff ist hin«, rief der Chief.

Er und Jukes blickten einander an, und der gleiche Gedanke durchfuhr sie. Der Kapitän! Alles musste über Bord

gefegt worden sein. Die Steuerung fort – das Schiff ein hilfloser Holzklotz. Alles vorbei und zu Ende.
»Rasch!«, stieß Mr. Rout heiser hervor und starrte mit aufgerissenen, fragenden Augen auf Jukes, der ihm mit einem unschlüssigen, flüchtigen Blick antwortete.
Gleich darauf beruhigte sie das Anschlagen des Telegrafengongs. Der schwarze Zeiger schnellte von HALT auf VOLL.
»Gut, jetzt, Beale!«, rief Mr. Rout.
Der Dampf zischte leise. Die Kolbenstangen glitten ein und aus. Jukes legte das Ohr an den Schalltrichter. Schon war die Stimme für ihn bereit. Sie sagte: »Sammeln Sie alles Geld auf. Und beeilen Sie sich. Ich werde Sie hier oben brauchen.« Das war alles.
»Sir?«, rief Jukes hinauf. Doch es kam keine Antwort.
Er taumelte fort wie ein Geschlagener vom Schlachtfeld. Auf irgendeine Weise hatte er sich eine Schnittwunde über der linken Braue zugezogen – einen Schnitt bis auf den Knochen. Er war sich dessen keineswegs bewusst. Die Wogen des Chinesischen Meeres, groß genug, um ihm das Genick zu brechen, waren über seinen Kopf hinweggegangen und hatten seine Wunde gereinigt, ausgewaschen, gesalzen. Sie blutete nicht, stand nur als klaffender roter Spalt über seinem Auge, und mit dem wirren Haar, der in Unordnung geratenen Kleidung gab sie ihm das Aussehen eines Mannes, der in einem Faustkampf überwältigt worden ist.
»Soll die Dollars aufsammeln.« Mit einem mitleiderregenden, hilflosen Lächeln wandte er sich an Mr. Rout.
»Was?«, rief der Chief erregt. »Aufsammeln ...? Mir völlig egal ...« Am ganzen Leibe bebend, doch in übertrieben väterlichem Tone fuhr er fort: »Jetzt gehen Sie um Gottes willen! Ihr Deckleute könnt einen noch verrückt machen. Da ist doch dieser Zweite Steuermann auf den Alten losgegangen. Wissen Sie das? Ihr da oben schnappt über, bloß weil ihr nichts zu tun habt ...«

Bei diesen Worten merkte Jukes, wie Zorn in ihm aufstieg. Nichts zu tun - unglaublich! Voll heißer Verachtung gegen den Chief wandte er sich ab und ging den Weg zurück, den er gekommen war. Im Heizraum rackerte sich der Donkeymann mit seiner Schaufel ab, stumm, als wäre ihm die Zunge herausgeschnitten worden; der Zweite Ingenieur dagegen gebärdete sich wie ein tobender, vor nichts zurückschreckender Irrer, der sich immerhin die Fähigkeit erhalten hat, einen Schiffskessel zu bedienen.

»Hallo, Sie Wanderoffizier! He! Können Sie nicht mal ein paar von Ihren Tranlampen bewegen, ein bisschen Asche hochzuwinden? Ich ersticke noch darin. Verflucht noch mal! Hallo! He! Denken Sie an die Bordvorschriften: Matrosen und Heizer sollen einander beistehen. He! Hören Sie?«

Jukes kletterte hastig hinaus; der andere blickte ihm nach und schrie: »Können Sie nicht sprechen? Möcht' wissen, was Sie hier überhaupt herumzuschnüffeln haben. Was wollen Sie eigentlich?«

Jukes kochte vor Wut. Als er wieder bei den Matrosen in der Finsternis des Laufgangs anlangte, da wäre er wohl bei dem geringsten Anzeichen von Drückebergerei imstande gewesen, ihnen allen den Hals umzudrehen. Schon der Gedanke erbitterte ihn. Er konnte sich ja auch nicht gehen lassen. Sie sollten sich unterstehen!

Das Ungestüm, mit dem er bei ihnen auftauchte, alarmierte sie. Sein häufiges Kommen und Gehen, die Heftigkeit und Eile seiner Bewegungen hatten sie schon zur Genüge beunruhigt und aufgescheucht; und mehr erspürt als gesehen bei seinem eiligen Hin und Her, erschien er ihnen fürchterlich - unterwegs in einer Mission, bei der es um Leben und Tod ging und die keinen Aufschub duldete. Auf sein erstes Wort hin hörte er sie, einen nach dem andern, mit schwerem Aufschlagen gehorsam in den Bunker hinunterspringen.

Sie waren sich keineswegs darüber im Klaren, was man von ihnen wollte. »Was ist denn? Was ist denn?«, fragten sie einander. Der Bootsmann versuchte zu erklären; die Geräusche einer großen Rauferei erstaunten sie, und die mächtigen Stöße, die unheimlich in dem schwarzen Bunker widerhallten, erinnerten sie zugleich an ihre bedrohliche Lage. Als der Bootsmann die Tür aufriss, war es, als hätte sich der Orkan durch die eisernen Seitenwände des Schiffes gestohlen und wirbelte nun all diese Leiber wie Staub umher; verworrener Lärm schlug ihnen entgegen, heftiger Tumult, wütendes Murren, anschwellende und wieder ersterbende Schreie und Fußgetrappel – alles verschmolzen mit dem tosenden Anprall der Wogen.
Einen Augenblick starrten alle wie gebannt und versperrten den Eingang. Jukes bahnte sich grob einen Weg durch ihre Mitte. Ohne ein Wort zu sagen, stürmte er hinein. Ein Schwarm von Kulis auf der Leiter suchte wiederum selbstzerstörerisch die verschalkte Luke zu durchbrechen, die sie von dem überfluteten Deck trennte; wieder fielen sie herunter, und Jukes verschwand unter ihnen, wie von einem Erdrutsch begraben.
Der Bootsmann schrie aufgeregt: »Schnell! Holt den Steuermann 'raus! Sie trampeln ihn zu Tode! Beeilt euch!«
Sie stürzten hinein, traten auf Brüste, Hände, Gesichter, verfingen sich mit den Füßen in Kleiderbündeln, stießen an zerborstenes Holz; doch noch ehe sie des Steuermanns habhaft werden konnten, tauchte der bis zur Hüfte aus einem Gewimmel nach ihm greifender Hände auf. In dem kurzen Augenblick, da er den Blicken der anderen entzogen war, hatte er sämtliche Knöpfe seiner Jacke eingebüßt, ihr Rücken war der Länge nach aufgeschlitzt bis zum Kragen, die Weste aufgerissen. Der große ringende Menschenklumpen in der Mitte des Raumes verlagerte sich mit dem Rollen des Schiffes auf die

andere Seite, dunkel, schemenhaft, hilflos; und im trüben Schein der Lampen glomm es grimmig aus vielen Augen.
»Lasst mich in Ruhe – zum Kuckuck! Ich komme schon zurecht«, brüllte Jukes. »Treibt sie nach vorn! Passt die Gelegenheit ab, wenn das Schiff stampft! Nach vorn mit ihnen! Drängt sie gegen das Schott! Pfercht sie ein!«
Der Einbruch der Matrosen in das brodelnde Zwischendeck wirkte wie ein Schuss kalten Wassers in einem kochenden Kessel. Die heftige Bewegung legte sich für einen Augenblick.
Die Mehrzahl der Chinesen war zu einem festen Riesenknäuel ineinander verschlungen, sodass die Matrosen, eine Kette bildend und von einem erschreckenden Stampfen des Schiffes unterstützt, sie mit einem einzigen kräftigen Stoß wie einen massiven Motz gegen das Schott schieben konnten. Hinter ihrem Rücken taumelten kleinere Menschentrauben und einzelne Leiber von einer Seite auf die andere.
Der Bootsmann vollbrachte die erstaunlichsten Kraftleistungen. Die langen Arme ausgebreitet und mit jeder seiner großen Pranken eine Deckstütze umklammernd, stellte er sich sieben ineinander verknäulten Chinesen in den Weg, die wie ein großer runder Stein dahergekollert kamen. Seine Gelenke knackten, sein Atem entlud sich, und sie flogen auseinander. Der Zimmermann aber kam auf einen besonders klugen Einfall. Ohne jemandem ein Wort zu sagen, ging er zurück in den Laufgang, um ein paar Rollen vom Tauwerk des Ladegeschirrs zu holen, die er dort gesehen hatte – Ketten und Tampen. Diese wurden nun als Strecktaue ausgespannt.
Keiner leistete ernstlichen Widerstand. Der Streit, wie immer er auch begonnen hatte, war in ein Getümmel blinder Panik umgeschlagen. Und die Kulis, die wohl anfangs ihren fortrollenden Dollars nachgejagt waren, kämpften jetzt nur noch darum, irgendwie Fuß zu fas-

sen. Sie packten einander an der Gurgel, nur um nicht länger umhergewirbelt zu werden. Wer irgendwo einen Halt fand, stieß mit den Füßen nach den anderen, die nach seinen Beinen griffen und sich anklammerten, bis ein Rollen des Schiffes alle miteinander über das Deck fegte.

Die Ankunft der weißen Teufel erschreckte sie. Kamen sie, um zu töten? Die Einzelnen, die die Matrosen aus dem großen Menschenhaufen herauszogen, wurden mit einem Mal schlaff und kraftlos unter den Händen der Eindringlinge; manche, an den Fersen beiseite gezerrt, rührten sich nicht und lagen da wie tot, mit offenen, starren Augen. Hier und da sank ein Kuli in die Knie, als wollte er um Gnade flehen; andere, von maßloser Angst widerspenstig gemacht, erhielten harte Faustschläge zwischen die Augen und kuschten, während viele Verletzte sich ohne Klage, nur unruhig blinzelnd, in die rohe Behandlung schickten. Manche Gesichter waren von Blut überströmt; auf den kahl geschorenen Köpfen zeigten sich Abschürfungen, Schrammen, Beulen, tiefe Risse, klaffende Wunden, die vor allem von dem in Scherben gegangenen Porzellan aus den Kisten herrührten. Hier und dort hockte mit wildem Blick und aufgelöstem Zopf ein Chinese und umklammerte seine blutende Sohle.

Nachdem man sie gewaltsam gefügig gemacht, mit Knüffen beschwichtigt und mit barschen Worten ermutigt hatte, die freilich wie Verheißungen neuen Unheils klangen, war nun eine gewisse Ordnung eingekehrt. In dichten Reihen saßen sie totenbleich und ermattet auf dem Boden, während der Zimmermann emsig hierhin und dorthin eilte und mithilfe von zwei Matrosen die Strecktaue steifholte und mit Knoten befestigte. Der Bootsmann indessen, ein Bein und einen Arm um eine Stütze geschlungen, mühte sich mit einer Lampe ab, die er gegen die Brust presste, versuchte sie anzuzünden und knurrte dabei wie ein geschäftiger Gorilla. Die anderen Seeleute bückten sich immer wieder, Ährenlesern gleich, und alles flog in den Bunker: Kleidung, zersplittertes Holz, zerbrochenes Porzellan und auch die Dollars, eingesackt in Seemannsjacken. Ab und zu wankte ein Matrose zur Tür, die Arme voll Gerümpel, und gramvolle schräge Augen verfolgten seine Bewegungen.

Mit jedem Rollen des Schiffes neigten sich die langen Reihen der sitzenden Himmelssöhne vornüber, und jedes Stampfen ließ all die geschorenen Schädel von einem Ende zum andern zusammenstoßen. Wenn das Brausen der Wogen, die das Deck überspülten, einen Augenblick nachließ, wollte es Jukes, der nach allen Anstrengungen noch immer am ganzen Leibe bebte, fast so scheinen, als hätte er in seinem wütenden Kampf hier unten auf irgendeine Weise den Sturm überwunden: als wäre plötzlich Stille eingekehrt, eine Stille, in der nur die See donnernd gegen die Bordwand schlug.

Alles war nun aus dem Zwischendeck hinausbefördert worden – alles Strandgut, wie die Matrosen sagten. Schwankend standen sie da, überragten die Reihen der Köpfe und hängenden Schultern. Hier und da rang ein Kuli nach Atem. Wo der Lichtschein der Lampen hinfiel, konnte Jukes die hervortretenden Rippen des einen sehen, das wehmütige gelbe Gesicht eines anderen, gebeugte Nacken; oder er begegnete einem glanzlosen Blick, der starr auf ihn selbst gerichtet war. Es erstaunte ihn, dass alle noch lebten; doch schienen die meisten in den letzten Zügen zu liegen und kamen ihm fast bejammernswerter vor, als wenn sie alle tot gewesen wären.

Plötzlich begann ein Kuli zu reden. Der Lichtschein auf seinem hageren, angespannten Gesicht kam und ging, er warf den Kopf zurück wie ein bellender Hund. Aus dem Bunker hörte man Klopfgeräusche und das Klingen rollender Dollars; er streckte den Arm aus, schwarz gähnte

sein Mund, und die unverständlichen kehligen Schreie, die keiner menschlichen Sprache anzugehören schienen, durchschauerten Jukes, als hätte ein Tier zu reden versucht.
Ein Zweiter und Dritter erhob seine Stimme, und Jukes glaubte grimmige Anklagen herauszuhören; die anderen gerieten in Unruhe; Murren und Knurren durchlief die Reihen. Jukes befahl den Matrosen, schleunigst das Zwischendeck zu verlassen. Er selbst folgte als Letzter, den Rücken zum Ausgang, während das Murren zu lautem Grollen anschwoll und Hände sich nach ihm ausstreckten wie nach einem Missetäter. Der Bootsmann schob den Riegel vor und bemerkte beklommen: »Scheint, als ob der Wind sich gelegt hätte, Sir.«
Die Seeleute waren froh, in den Laufgang zurückzukehren. Insgeheim dachte jeder, dass er von hier aus noch im letzten Augenblick aufs Deck hinausstürzen könnte – und das war ein Trost. Denn es ist eine unerträgliche, furchtbare Vorstellung, unter Deck ertrinken zu müssen. Nun, da sie mit den Chinesen fertig waren, wurden sie sich aufs Neue der bedenklichen Lage des Schiffes bewusst.
Sobald Jukes den Laufgang hinter sich gelassen hatte, befand er sich bis zum Hals im tosenden Wasser. Er erreichte die Brücke und stellte plötzlich fest, dass er blasse Formen erkennen konnte, als wäre sein Auge mit einem Mal außergewöhnlich scharf geworden. Er sah schwache Umrisslinien. Doch erinnerten sie keineswegs an die vertraute Gestalt der *Nan-Shan* – eher an einen abgetakelten, verrottenden alten Dampfer, den er vor Jahren auf einer Schlickbank gesehen hatte. An dieses Wrack erinnerte die *Nan-Shan*.
Es wehte kein Wind, nicht ein Hauch, abgesehen von dem leisen Luftzug, den das Rollen des Schiffes mit sich brachte. Der Rauch, der aus dem Schornstein quoll, brei-

tete sich über das Deck. Jukes atmete ihn ein, als er vorüberging. Er spürte den ruhigen Pulsschlag der Maschinen und hörte schwache Geräusche, die den großen Aufruhr überlebt zu haben schienen: das Klappern zerbrochener Zubehörteile, das rasche Hin- und Herrollen irgendwelcher Trümmer auf der Brücke. Schemenhaft tauchte die gedrungene Gestalt seines Kapitäns vor ihm auf, der sich an der von Fetzen umwundenen Reling festhielt; regungslos und leise schwankend stand er da, wie auf den Planken angewurzelt. Die unerwartete Windstille machte Jukes beklommen.

»Alles erledigt, Sir«, keuchte er.

»Dachte ich mir«, sagte Kapitän MacWhirr.

»Wirklich?«, murmelte Jukes in sich hinein.

»Der Wind hat sich ganz plötzlich gelegt«, fuhr der Kapitän fort.

Jukes konnte nicht länger an sich halten: »Wenn Sie denken, es war eine Kleinigkeit ...«

Aber der Kapitän, die Hände an der Reling, beachtete seine Worte gar nicht. »Nach den Büchern ist das Schlimmste noch nicht vorbei.«

»Wenn die meisten nicht seekrank und halb tot vor Schrecken gewesen wären, hätte wohl keiner von uns lebendig das Zwischendeck verlassen«, sagte Jukes.

»Musste tun, was recht ist«, murmelte Kapitän MacWhirr teilnahmslos. »Man findet nicht alles in Büchern.«

»Nun, ich glaube, sie wären auf uns losgegangen, wenn ich die Leute nicht schleunigst hinausgeschickt hätte«, fuhr Jukes hitzig fort.

Noch vor kurzer Zeit hatte ihr lautes Schreien den anderen nur als Flüstern erreicht, jetzt aber schlugen ihre gewöhnlichen Stimmen in der erstaunlichen Stille der Luft ganz klar und vernehmlich an ihr Ohr. Es kam ihnen vor, als sprächen sie in einem dunklen, widerhallenden Gewölbe.

Durch einen schartigen Riss in der Wolkenkuppel blinkten ein paar Sterne auf die schwarze, unruhig steigende und fallende See. Mitunter brach die Spitze eines Wasserkegels über das Schiff herein und mischte sich mit dem umherschwappenden Schaumgebrodel auf dem überfluteten Deck; und die *Nan-Shan* wälzte sich träge über den Grund einer kreisrunden Zisterne aus Wolken. Dieser Ring aus dichten Dunstschwaden, die wild um die völlig windstille Mitte wirbelten, umschloss das Schiff wie eine starre, lückenlose, unheimlich düstere Wand. Innerhalb dieses Runds erhob sich die See, wie von innerer Erregung aufgepeitscht, zu spitzen Wellenbergen, die gegeneinander stießen und schwer an die Schiffswände schlugen; und ein leises Ächzen und Stöhnen, die endlose Klage des wütenden Sturmes, kam von jenseits der Grenzen dieser bedrohlichen Stille. Kapitän MacWhirr schwieg, und Jukes' geschärftes Ohr vernahm plötzlich das schwache, lang gezogene Tosen einer ungeheuren Woge, die unsichtbar in jener dichten, seinen Gesichtskreis so erschreckend begrenzenden Schwärze dahinbrauste.

»Freilich dachten sie«, begann er gereizt, »wir nutzten die Gelegenheit, sie auszuplündern. Natürlich! Sie hatten gesagt: Sammeln Sie das Geld auf! Leichter gesagt, als getan. Die Kulis wussten ja nicht, was wir vorhatten. Wir traten ein, krach – stürzten uns geradewegs in den Menschenhaufen. Alles musste ganz schnell gehen.«

»Da die Sache soweit erledigt ist …«, murmelte Kapitän MacWhirr, ohne Jukes auch nur anzusehen. »Musste tun, was recht ist.«

»Der Teufel wird los sein, wenn wir dies erst hinter uns haben«, sagte Jukes und fühlte sich schwer gekränkt. »Lassen Sie sie nur erst wieder zu sich kommen, und Sie können was erleben. Sie werden uns an die Gurgel springen, Sir. Vergessen Sie nicht, dass die *Nan-Shan* kein britisches Schiff mehr ist. Auch diese Kerle wissen das sehr wohl. Die verdammte siamesische Flagge!«

»Immerhin sind *wir* an Bord«, bemerkte Kapitän MacWhirr.

»Das Unheil ist noch nicht vorbei«, beharrte Jukes prophetisch, indem er taumelte und die Reling fester umklammerte. »Sie ist ein Wrack«, setzte er verzagt hinzu.

»Das Unheil ist noch nicht vorüber«, pflichtete der Kapitän mit halber Stimme bei ... »Passen Sie einen Augenblick auf das Schiff auf!«

»Verlassen Sie das Deck, Sir?«, fragte Jukes hastig, als müsste der Sturm sich unweigerlich auf ihn stürzen, sobald man ihn mit dem Schiff allein ließ.

Er beobachtete die *Nan-Shan*, wie sie sich, zerschlagen und einsam, schwerfällig durch eine Wildnis schwarzer Wasserberge mühte, auf denen der Abglanz ferner Welten schimmerte. Sie bewegte sich langsam, verströmte in die reglose Mitte des Orkans ihre überschüssige Kraft in Gestalt einer weißen Dampfwolke, und das tiefe Pulsieren des entweichenden Dampfes glich dem herausfordernden Schnauben eines lebendigen Seegeschöpfes, das aufs Neue den Kampf aufnehmen möchte. Der Laut verstummte plötzlich. Die unbewegte Luft stöhnte. Über Jukes' Kopf blinkten ein paar Sterne in einen Schacht finsterer Dunstschwaden. Der pechschwarze Wolkenrand, der den Streifen glitzernden Himmels begrenzte, blickte drohend auf das Schiff hernieder. Und auch die Sterne schienen es unverwandt anzuschauen, wie zum letzten Male, und ihr funkelndes Gewimmel prangte wie ein Diadem über einer finster gerunzelten Stirn.

Kapitän MacWhirr war in den Kartenraum gegangen. Kein Licht brannte hier, doch konnte er fühlen, welches Durcheinander in seiner Umgebung herrschte, wo er sonst in peinlicher Ordnung zu leben pflegte. Sein Armstuhl war umgestürzt; Bücher lagen verstreut am Boden;

ein Stück Glas knirschte unter seinem Stiefel. Tastend suchte er nach den Streichhölzern und fand eine Schachtel hinter der hohen Querleiste eines Bordes. Er zündete eins an, und indem er die Augen zusammenkniff, hielt er die kleine Flamme vor das Barometer, dessen glitzernde Hülle aus Glas und Metall ihm fortwährend zunickte.

Es stand sehr tief – unglaublich tief; so tief, dass Kapitän MacWhirr aufseufzte. Das Zündholz erlosch, und eilig zog er mit dicken, steifen Fingern ein Zweites heraus.

Wieder flackerte vor dem schwankenden Glas und Metall des Gehäuses eine kleine Flamme auf. Konzentriert, aus schmalen Augen, starrte er auf das Instrument, als wartete er auf ein kaum wahrnehmbares Zeichen. Mit seinem ernsten Gesicht glich er einem gestiefelten, ungestalten Heiden, der vor einem Götzenbild Weihrauch opfert. Er irrte sich nicht: Es war der tiefste Barometerstand, den er je erlebt hatte.

Kapitän MacWhirr stieß einen leisen Pfeifton aus. Er stand in Gedanken verloren, bis die Flamme zu einem blauen Funken verglomm, ihm die Finger verbrannte und erlosch. Vielleicht war an dem Ding etwas kaputt.

Über dem Sofa war ein Aneroidbarometer festgeschraubt. Er wandte sich dorthin, zündete ein neues Streichholz an und betrachtete die weiße Frontfläche des anderen Instruments, das ihm vom Schott entgegenblickte, bedeutungsvoll, jeden Widerspruch abschneidend, als verhülfe erst die Unparteilichkeit der Materie dem Menschen zur unfehlbaren Einsicht. Ein Zweifel war nicht mehr möglich. Kapitän MacWhirr wandte sich brüsk ab und warf das Zündholz auf den Boden.

Das Ärgste stand also noch bevor – und wenn die Bücher recht hatten, würde dieses Ärgste sehr schlimm sein. Die Erfahrungen der letzten sechs Stunden hatten seine Vorstellung von schwerem Wetter erweitert. »Es wird fürchterlich werden«, prophezeite er sich. Beim Licht der Streichhölzer hatte er nichts außer dem Barometer bewusst ins Auge gefasst; und doch war er auf irgendeine Weise inne geworden, dass seine Wasserflasche und die beiden Trinkgläser aus dem Ständer geschleudert worden waren. Dieser Umstand schien ihm eine gründlichere Kenntnis davon zu geben, wie heftig der Sturm dem Schiff mitgespielt hatte. »Ich hätte es nicht für möglich gehalten«, dachte er. Auch sein Tisch war abgeräumt worden; seine Lineale, die Bleistifte, das Tintenfass – all die Dinge, die ihren sicheren, festen Standort hatten: sie waren fort, als hätte eine boshafte Hand eins nach dem andern ergriffen und auf den nassen Fußboden geworfen. Der Orkan war in die planvolle Ordnung seiner Privatsphäre eingebrochen. Das war noch nie geschehen, und die Bestürzung darüber rührte an das Zentrum seines inneren Gleichgewichts. Und das Schlimmste sollte noch kommen! Er war froh, dass man den Aufruhr im Zwischendeck rechtzeitig bemerkt hatte. Sollte das Schiff am Ende doch untergehen müssen, dann würde es wenigstens nicht mit einer Rotte von Leuten auf den Grund fahren, die mit Klauen und Zähnen aufeinander losgingen. Das wäre abgeschmackt. Aus solchem Gedanken sprach Menschlichkeit und ein unbestimmtes Gefühl für das Schickliche.

Kapitän MacWhirrs Überlegungen, in wenige Augenblicke zusammengedrängt, waren dennoch ihrem Wesen nach schwerfällig und langsam, wie es in seiner Natur lag. Er streckte die Hand aus, um die Streichholzschachtel in ihren Winkel auf dem Bord zurückzulegen. Hier waren immer Zündhölzer zur Hand – gemäß seiner Weisung. Vor langer Zeit schon hatte er dem Steward seine Wünsche eingeschärft: »Eine Schachtel ... genau hier, verstanden? Nicht so sehr voll ... hier, wo ich sie leicht greifen kann, Steward. Könnte mal eilig Licht brauchen.

Auf einem Schiff weiß man nie, *was* man vielleicht plötzlich braucht. Sorgen Sie also dafür!«
Und natürlich legte er seinerseits sie jedes Mal gewissenhaft wieder an ihren Ort. Auch jetzt tat er das, doch ehe er seine Hand zurückzog, fiel ihm ein, dass er vielleicht nie wieder Gelegenheit haben würde, die Schachtel zu benutzen. Die Eindringlichkeit dieses Gedankens ließ ihn innehalten, und für den winzigen Bruchteil einer Sekunde schlossen sich seine Finger noch einmal um das kleine Ding, als wäre es ihm Sinnbild für all die nichtigen Gewohnheiten, die uns an das beschwerliche Einerlei des Lebens ketten. Schließlich gab er es frei, und indem er sich auf das Sofa fallen ließ, wartete er auf die ersten Laute des wiederkehrenden Sturmes.
Noch war es nicht soweit. Er hörte nur das Branden der Wellen, das schwere Anschlagen, die dumpfen Stöße der durcheinander rollenden Seen, die von allen Seiten auf sein Schiff eindrangen. Nie mehr würde es Gelegenheit haben, seine Decks vom Wasser zu befreien.
Doch war die Luft in ihrer Unbewegtheit beklemmend, spannungsgeladen, gefahrdrohend, als hinge an einem dünnen Haar ein Schwert über seinem Kopf. Gerade durch dieses furchtbare Zögern vermochte der Sturm den Panzer des Mannes zu durchdringen und seine Lippen zu entsiegeln. In der Abgeschiedenheit und Stockfinsternis der Kajüte formte er Worte, als spräche er zu einem zweiten Ich, das in seiner Brust erwacht war.
»Ich würde sie ungern verlieren«, sagte er halblaut.
Ungesehen saß er da, abgesondert von der See, von seinem Schiff, in völliger Einsamkeit, abgeschnitten selbst vom Gang seines eigenen Lebens, in dem solche Anwandlungen wie Selbstgespräche gewiss keinen Raum hatten. Seine Handflächen ruhten auf den Knien, er beugte den kurzen Hals, atmete schwer und überließ sich einem seltsamen Schwächegefühl, von dem er nicht

ahnte, dass es der übergroßen inneren Anspannung zuzuschreiben war.
Von seinem Platz aus konnte er die Tür seines Waschtisches erreichen. Dort sollte ein Handtuch liegen. Und dort lag auch eins. Gut ... Er nahm es heraus, rieb sich das Gesicht ab und anschließend den nassen Schädel. Energisch trocknete er sich im Dunkeln ab und verharrte dann regungslos, das Handtuch auf den Knien. Ein Augenblick verstrich, so totenstill, dass niemand einen Menschen in diesem Raum vermutet hätte. Dann erhob sich ein Murmeln.
»Vielleicht übersteht sie es doch.«
Als Kapitän MacWhirr aufs Deck hinaustrat, eilig, als wäre er plötzlich inne geworden, dass er zu lange geblieben war, da hatte die Windstille bereits über fünfzehn Minuten gedauert – lange genug, um selbst seiner Vorstellungskraft zu viel zuzumuten. Jukes stand reglos auf dem vorderen Teil der Brücke und begann sogleich zu reden. Seine Stimme klang leer und gezwungen, als spräche er mit zusammengebissenen Zähnen, und sie schien auf allen Seiten vom Dunkel verschluckt zu werden, das sich wieder dichter und schwärzer über das Meer legte.
»Ich habe den Rudergänger ablösen lassen. Hackett begann laut zu schreien, er sei am Ende. Er liegt drinnen neben dem Steuerapparat mit einem Gesicht wie der Tod. Zuerst wollte sich kein Einziger bewegen lassen, herauszukriechen und den armen Teufel abzulösen. Der Bootsmann taugt rein gar nichts; das hab' ich schon immer gesagt. Ich dachte, ich würde selbst hingehen und einen am Kragen herauszerren müssen.«
»Schon gut«, murmelte der Kapitän. Wachsam stand er an Jukes' Seite.
»Auch der zweite Steuermann ist drinnen und hält sich den Kopf. Ist er verletzt, Sir?«
»Nein – verrückt«, sagte Kapitän MacWhirr kurz.

»Sieht aber aus, als sei er gestürzt.«
»Ich musste ihn niederschlagen«, erklärte der Kapitän.
Jukes seufzte nervös.
»Es wird ganz plötzlich kommen«, sagte Kapitän MacWhirr, »und von dort drüben, glaube ich. Aber das weiß Gott allein. Diese Bücher können einen bloß konfus machen. Schlimm wird es, das steht fest. Wenn wir sie nur rechtzeitig gegen den Wind legen können ...«
Eine Minute verstrich. Ein paar Sterne flimmerten unruhig und verschwanden.
»Und sie sind jetzt leidlich sicher aufgehoben?«, begann der Kapitän plötzlich, als könnte er das Schweigen nicht ertragen.
»Meinen Sie die Kulis, Sir? Wir haben quer durchs Zwischendeck Strecktaue gezogen.«
»So? Eine gute Idee, Mr. Jukes.«
»Ich dachte ... es interessiert ... Sie gar nicht« – das Rollen des Schiffes zerhackte Jukes' Rede, als wirbelte ihn jemand während des Sprechens herum –, »wie ich mit diesem ... höllischen Stück Arbeit ... zurechtgekommen bin. Wir haben es geschafft. Und am Ende macht es ja wohl doch nicht viel aus.«
»Musste tun, was recht ist, wenn es auch – nur Chinesen sind. Man musste ihnen die gleichen Chancen geben – zum Henker! Noch ist das Schiff nicht verloren. Schlimm genug, bei einem Sturm da unten eingeschlossen zu sein ...«
»Eben das habe ich auch gedacht, als Sie mir den Auftrag gaben, Sir«, warf Jukes verdrossen ein.
» ... schlimm genug – auch ohne dass man sich gegenseitig die Schädel einschlägt«, fuhr Kapitän MacWhirr mit steigender Erregung fort. »Ich konnte das auf meinem Schiff nicht hingehen lassen, selbst wenn ich gewusst hätte, dass es keine fünf Minuten mehr vor sich hat. Ich konnte es nicht dulden, Mr. Jukes.«

Ein dumpfer widerhallender Laut, als schmetterte ein Schrei durch eine felsige Schlucht, näherte sich dem Schiff und entfernte sich wieder. Verschwommen, vergrößert, als wollte er sich zurückverwandeln in den feurigen Nebel, aus dem er hervorgegangen, kämpfte der letzte Stern mit der ungeheuren tiefen Schwärze, die über dem Schiff hing, – und erlosch.

»Jetzt geht es los!«, murmelte Kapitän MacWhirr. »Mr. Jukes!«

»Hier, Sir.«

Die beiden Männer verloren sich allmählich im Dunkel.

»Wir müssen hoffen, dass sie durchkommt und die andere Seite gewinnt. Das ist klar und folgerichtig. Kapitän Wilsons Sturmstrategie ist hier fehl am Platze.«

»Gewiss, Sir.«

»Für Stunden wird es wieder schlimm über sie hergehen«, murmelte der Kapitän. »Viel ist nicht mehr übrig auf Deck, was die See sich holen könnte – außer Ihnen und mir.«

»Beide, Sir«, flüsterte Jukes tonlos.

»Sie kommen dem Unheil immer auf halbem Wege entgegen, Jukes«, wandte Kapitän MacWhirr bedeutungsvoll ein. »Doch ist es eine Tatsache, dass der Zweite Steuermann nichts taugt. Hören Sie, Mr. Jukes? Sie wären ganz allein, wenn ...«

Kapitän MacWhirr unterbrach sich, und Jukes ließ seine Blicke flüchtig umherschweifen und schwieg.

»Lassen Sie sich durch nichts aus der Fassung bringen«, fuhr der Kapitän eilig, mit halber Stimme fort. »Halten Sie gegen den Sturm! Man mag sagen, was man will, aber die schwersten Seen laufen mit dem Wind. Geradewegs darauf zuhalten – immer darauf zu – das ist die einzige Möglichkeit durchzukommen. Sie sind jung. Stellen Sie sich dem Sturm entgegen. Das ist alles, was man tun kann. Behalten Sie einen kühlen Kopf!«

»Jawohl, Sir«, sagte Jukes, und das Herz klopfte ihm.
In den nächsten Sekunden sprach der Kapitän in den Maschinenraum und erhielt Antwort.
Aus irgendeinem Grunde fühlte sich Jukes plötzlich von Zuversicht getragen; die Empfindung kam wie ein warmer Hauch von außen, und er glaubte, jeder Anforderung gewachsen zu sein. Das ferne Grollen der Finsternis stahl sich in sein Ohr. Er vernahm es unbewegt, mit neuem Selbstvertrauen, wie ein Gewappneter einen Schwertstoß erwarten mag.
Das Schiff stampfte ohne Unterlass inmitten der schwarzen Wasserberge und zahlte mit dieser harten Mühe den Preis für sein Leben. Stoßweise rumpelte es in seinen Tiefen, weißer Dampf quoll in die Nacht, und Jukes' Gedanken glitten wie auf Vogelschwingen durch den Maschinenraum, wo Mr. Rout - der tüchtige Mann - auf seinem Posten stand. Als die Stöße im Innern plötzlich aussetzten, schien es Jukes, als wäre schlechthin jedes Geräusch verstummt, als herrschte Totenstille, die jäh von Kapitän MacWhirrs Stimme zerrissen wurde.
»Was ist das? Ein Windstoß?« - Sie klang viel lauter als Jukes sie je zuvor gehört hatte. - »Am Bug. Recht so. Sie kann es noch schaffen.«
Die Stimmen des Sturmes kamen eilig näher. Zuerst ließ sich ein schläfrig erwachendes Wehklagen vernehmen, das wieder erstarb, dann in der Ferne anschwellendes, vielfältiges Tosen, heranstürmend, um sich greifend. Ein Hämmern war darin wie von zahllosen Trommeln, ein grimmiges Brausen, ein dröhnender Singsang wie von einer Marschkolonne.
Jukes konnte kaum noch die Umrisse seines Kapitäns erkennen. Finsternis wälzte sich vollends über das Schiff. Allenfalls ließen sich noch Bewegungen ausmachen, etwas wie sich spreizende Ellbogen, ein Zurückwerfen des Kopfes.

Kapitän MacWhirr versuchte mit ungewohnter Eile, den obersten Knopf seiner Öljacke zu schließen. Der Orkan, in dessen Macht es stand, Meere in Aufruhr zu versetzen, Schiffe zu versenken, Bäume zu entwurzeln, starke Mauern über den Haufen zu werfen und selbst die Vögel in der Luft zu Boden zu schmettern, er war auf seinem Weg diesem schweigsamen Manne begegnet, und mit äußerster Kraft hatte er es vermocht, ihm ein paar Worte abzuringen. Ehe die Wut der Winde von Neuem über sein Schiff hereinbrach, ließ sich Kapitän MacWhirr, gleichsam widerwillig, zu den Worten hinreißen: »Ich würde sie ungern verlieren.«

Dieser Verdruss blieb ihm erspart.

## 6

An einem strahlenden, sonnigen Tag, vor einer Brise, die den Rauch weit vorauswehte, lief die *Nan-Shan* in Futschou ein. Ihre Ankunft wurde an Land sogleich bemerkt, und die Seeleute im Hafen sagten: »Seht mal dort! Den Dampfer! Was ist denn das für einer? Siamesisch, oder? Seht euch den bloß an!«

Tatsächlich schien die *Nan-Shan* den Geschützen eines Kreuzers als bewegliche Zielscheibe gedient zu haben. Ein Hagel leichter Granaten hätte ihre Aufbauten nicht schlimmer zersplittern, zerfetzen, verwüsten können, und sie mutete so ermattet, so zu Tode erschöpft an, als käme sie vom äußersten Ende der Welt – kein Wunder, denn auf ihrer kurzen Fahrt war sie weit, weit fort gewesen und hatte wahrhaftig schon die Küste des großen Jenseits gesichtet, von wo kein Schiff je zurückkehrt, um seine Mannschaft dem Staub der Erde zu überlassen. Bis hinauf zu den Flaggenknöpfen ihrer Masten, bis an den

Rand des Schornsteins war sie grau verkrustet von Salz, als hätte die Mannschaft – wie ein Spaßvogel im Hafen meinte – »sie irgendwo vom Meeresgrunde aufgefischt und wegen des Bergelohns hierher gebracht«. Und entzückt von seinem treffenden Witz, erbot er sich, fünf Pfund für das Schiff zu geben – »mit allem Drum und Dran«.

Die *Nan-Shan* lag noch keine Stunde vor Anker, als ein magerer kleiner Mann mit roter Nasenspitze und zorniger Miene am Ausländerkai aus einem Sampan stieg und sich unaufhörlich umdrehte, um ihr mit der Faust zu drohen.

Ein langer Mensch mit viel zu dünnen Beinen für seinen rundlichen Leib und wässerigen Augen schlenderte herzu und bemerkte: »Gerade von Bord – wie? Das ging ja schnell.«

Er trug einen fleckigen Anzug aus blauem Flanell und ein Paar schmutzige Turnschuhe; ein schmuddeliger grauer Schnurrbart hing über seine Lippen, und zwischen Rand und Kopf seines Hutes schimmerte an zwei Stellen das Tageslicht durch.

»Hallo! Was machst du denn hier?«, fragte der ehemalige Zweite Steuermann der *Nan-Shan* unter eiligem Händeschütteln.

»Bin auf einen Job aus – günstige Gelegenheit – hab' unter der Hand einen Wink bekommen«, stieß der Mann mit dem schäbigen Hut lustlos und keuchend hervor.

Der Zweite streckte wiederum drohend die Faust nach der *Nan-Shan* aus. »Da ist ein Kerl drauf, der nicht mal dazu taugt, das Kommando über ein Fährboot zu führen«, erklärte er zornbebend, während der andere teilnahmslos umherschaute.

»So?«

Da erblickte er auf dem Kai eine schwere braune Seemannskiste unter einer fadenscheinigen Segeltuchhülle,

festgezurrt mit neuer Manilaleine. Er beäugte sie mit erwachendem Interesse.
»Ich würde ja den Mund auftun und Krach schlagen, wenn diese verdammte siamesische Flagge nicht wäre. Keiner da, an den man sich wenden könnte – sonst würde ich ihm die Hölle heiß machen. So ein Schwindler! Erzählt seinem Chief – das ist auch so ein Gauner –, ich hätte die Nerven verloren. Das übelste Narrenpack, das je die Meere befahren hat. Nein! Du kannst dir nicht vorstellen …«
»Hast dein Geld bekommen?« fragte sein schäbiger Bekannter plötzlich.
»Ja. Hat mich gleich an Bord entlohnt«, tobte der Zweite Steuermann. »›Frühstücken können Sie an Land‹, hat er gesagt.«
»Gemeiner Hund!«, bemerkte der Lange zerstreut und fuhr sich mit der Zunge über die Lippen. »Wie wär's mit einem Schluck zu trinken?«
»Geschlagen hat er mich«, zischte der Zweite Steuermann.
»Nein! Geschlagen! Was du nicht sagst!« Der Mann im blauen Anzug begann teilnehmend herumzuscharwenzeln. »Hier können wir unmöglich miteinander reden. Erzähl mir alles haarklein! Geschlagen – wie? Lass einen von den Burschen da deine Kiste tragen. Ich weiß einen ruhigen Winkel, wo es Flaschenbier gibt …«
Mr. Jukes, der die Küste mit dem Fernglas abgesucht hatte, unterrichtete später den Leitenden Ingenieur: »Unser ehemaliger Zweiter Steuermann hat gar nicht lange gebraucht, um einen Freund zu finden. Ein Kerl, der sich ganz wie ein Tagedieb ausnahm. Ich hab' gesehen, wie sie zusammen den Kai verließen.«
Das Hämmern und Dröhnen während der notwendigen Reparaturen konnte Kapitän MacWhirr nicht stören. In dem Brief, den er in seinem nun wieder makellos ordentlichen Kartenraum nach Hause schrieb, fand der Steward

so ungemein fesselnde Stellen, dass er zweimal beinahe auf frischer Tat ertappt worden wäre. Mrs. MacWhirr dagegen, im Salon ihres Fünfundvierzig-Pfund-Hauses, unterdrückte ein Gähnen - vielleicht aus Selbstachtung, denn sie war allein.

Sie saß zurückgelehnt in einem plüschbezogenen goldschimmernden Liegestuhl an einem mit Fliesen verkleideten Kamin; japanische Fächer schmückten den Sims, und auf dem Rost glühten Kohlen. Den Brief in den erhabenen Händen, überflog sie gelangweilt die vielen Seiten. Es war nicht ihre Schuld, dass sie so prosaisch, so ganz und gar uninteressant waren - von »Meine teuerste Frau« am Anfang bis zu »Dein Dich liebender Gatte« am Schluss. Man konnte von ihr wirklich nicht verlangen, dass sie all diese Schiffsgeschichten begriff. Natürlich freute sie sich, von ihm zu hören; aber sie hatte sich nie gefragt, weshalb eigentlich.

» ... sie heißen Taifune ... dem Steuermann schien es nicht zu gefallen ... nicht in Büchern ... konnte es keinesfalls hingehen lassen ...«

Das Papier raschelte vernehmlich. »... Eine Windstille, die über zwanzig Minuten dauerte«, las sie mechanisch, und die nächsten Worte, die ihr Blick am Kopf einer neuen Seite gedankenlos aufnahm, hießen »Dich und die Kinder wiederzusehen ...« Sie machte eine ungeduldige Bewegung. Immer dachte er an Heimkehr. Dabei war er nie zuvor so hoch bezahlt worden. Was sollte das nun wieder heißen?

Sie kam gar nicht auf den Gedanken, noch einmal zurückzublättern, um nachzulesen. Da hätte sie es denn schwarz auf weiß aufgezeichnet gefunden, dass Kapitän MacWhirr am 25. Dezember zwischen vier und sechs Uhr morgens allen Ernstes geglaubt hatte, sein Schiff könne bei solcher See unmöglich auch nur die nächste Stunde überstehen und er werde Frau und Kinder niemals wiedersehen. Keiner sollte dies je erfahren – seine Briefe wurden ja so rasch verkramt –, niemand weit und breit außer dem Steward, den diese Enthüllung tief beeindruckte. So sehr, dass er dem Koch wenigstens eine Ahnung davon zu vermitteln suchte, »mit welch knapper Not« sie alle davongekommen seien, indem er ihm feierlich erklärte: »Der Alte selbst hat uns nur noch eine verdammt geringe Chance gegeben.«

»Woher willst du das wissen?«, fragte verächtlich der Koch, ein alter Soldat. »Hat er's dir vielleicht erzählt?«

»Nun, er hat es jedenfalls durchblicken lassen«, behauptete der Steward unverfroren.

»So siehst du aus! Nächstens wird er's auch noch mir erzählen«, spottete der alte Koch geringschätzig.

Misstrauisch überflog Mrs. MacWhirr weitere Seiten. »... tun, was recht ist ... bedauernswerte Geschöpfe ... nur drei mit Beinbrüchen und einer ... hielt es für besser, kein Aufhebens von der Sache zu machen ... hoffe, das Rechte getan zu haben ...«

Sie ließ die Hände sinken. Nein: da stand nichts weiter von Heimkehr. Es konnte sich nur um einen frommen Wunsch gehandelt haben. Mrs. MacWhirr war beruhigt, und eine schwarze Marmoruhr, vom ortsansässigen Juwelier mit 3 Pfund 18 Shilling 6 Pence ausgezeichnet, tickte diskret und unaufdringlich.

Die Tür flog auf, und ein Mädchen im Stadium der langen Beine und kurzen Röcke stürmte ins Zimmer. Aufgelöst und wirr fiel ihr das farblose, ziemlich dünne Haar über die Schultern. Als sie die Mutter erblickte, blieb sie stehen, die hellen Augen neugierig auf den Brief gerichtet.

»Vom Vater«, murmelte Mrs. MacWhirr. »Was hast du denn mit deinem Band gemacht?«

Das Mädchen griff sich mit den Händen an den Kopf und zog einen Flunsch.

»Es geht ihm gut«, fuhr Mrs. MacWhirr gleichmütig fort. »Wenigstens nehme ich es an. Er sagt es ja nie.« Sie lachte kurz auf. Das Gesicht des Mädchens verriet fahrige Gleichgültigkeit, und Mrs. MacWhirr betrachtete sie mit zärtlichem Stolz.

»Geh und hol deinen Hut«, sagte sie nach einer Weile. »Ich will noch ein paar Einkäufe machen. Bei Linom ist heute Auktion.«

»Oh, wie lustig!«, rief das Kind begeistert, mit unerwartet tiefer, volltönender Stimme, und sprang aus dem Zimmer.

Es war ein schöner Nachmittag, der Himmel grau, die Gehwege trocken. Vor dem Tuchladen lächelte Mrs. MacWhirr einer üppigen Frau in einem jettbesetzten schwarzen Mantel zu, über deren galligem Matronengesicht eine Fülle künstlicher Blumen prangte. Die beiden ließen gleichzeitig ein flinkes Geschnatter von Begrüßungen und Beteuerungen vom Stapel, so eilig, als könnte die Straße sich jeden Augenblick auftun und das ganze Vergnügen verschlucken, ehe es sich in Worten Luft gemacht hätte.

Die hohen Glastüren hinter ihnen blieben offen stehen. Die Leute konnten nicht vorbei, einige Herren traten beiseite und warteten geduldig, während Lydia ganz davon in Anspruch genommen war, mit der Spitze ihres Sonnenschirms zwischen den Steinplatten herumzustochern. Mrs. MacWhirr redete rastlos.

»Vielen Dank. Er kommt noch nicht nach Haus. Freilich ist es sehr bedauerlich, dass er so weit weg ist; aber welch ein Trost zu wissen, dass es ihm so gut geht.« Mrs. MacWhirr holte Atem. »Das Klima dort bekommt ihm gut«, fügte sie strahlend hinzu, als reiste der arme MacWhirr eigens um seiner Gesundheit willen im Chinesischen Meer umher.

Auch der Leitende Ingenieur kam noch nicht nach Hause. Mr. Rout wusste den Wert eines guten Postens sehr wohl zu schätzen.

»Salomon sagt, es gibt immer noch Wunder«, rief Mrs. Rout freudig erregt der alten Dame zu, die in ihrem Lehnstuhl am Feuer saß. Mr. Routs Mutter bewegte sich kaum merklich, die welken Hände in schwarzen Halbhandschuhen auf dem Schoß.

Die Augen der Ingenieursfrau tanzten förmlich über das Papier. »Der Kapitän von dem Schiff, auf dem er fährt – ein ziemlich durchschnittlicher Mensch, du erinnerst dich, Mutter? –, hat irgendetwas recht Kluges getan, sagt Salomon.«

»Ja, meine Liebe«, sagte die alte Frau milde, den silbrigen Kopf geneigt und still in sich selbst gekehrt, wie es für sehr alte Leute bezeichnend ist, die ganz in die Betrachtung der letzten flackernden Lebensflämmchen verloren scheinen. »Ich glaube, ich erinnere mich.«

Salomon Rout, der Alte Sal, Vater Sal, der Chief, »Rout, der tüchtige Mann«, Mr. Rout, der leutselige und väterliche Freund der Jugend, war das jüngste ihrer vielen Kinder, die inzwischen alle gestorben waren. Und am lebhaftesten hatte sie ihn als Zehnjährigen in Erinnerung – lange ehe er fortzog, um in einer großen Maschinenfabrik im Norden seine Lehrzeit anzutreten. Sie hatte ihn seither so wenig gesehen, hatte selbst so viele Jahre durchlebt, dass sie nun weit zurückgehen musste, um ihn im Nebel der Zeit deutlich zu erkennen. Manchmal schien es ihr, als sprach ihre Schwiegertochter von einem Fremden.

Mrs. Rout junior war enttäuscht. »Hm, hm!« Sie drehte das Blatt um. »Wie ärgerlich! Er sagt nicht, was es ist. Meint, ich könnte doch nicht verstehen, wie viel an der Sache dran war. Denk nur! Was mag es bloß so sehr Gescheites gewesen sein? Wie abscheulich von ihm, uns nichts zu verraten!«

Ohne noch etwas dazu zu bemerken, las sie bedachtsam weiter, und am Ende saß sie da und schaute ins Feuer.

Der Chief schrieb nur ein paar Worte von dem Taifun; aber irgendetwas hatte ihm das Geständnis entlockt, wie sehr er sich nach der Gesellschaft seiner lustigen Frau sehne. »Wenn die Mutter nicht Deinen Beistand brauchte, so würde ich Dir noch heute das Reisegeld schicken. Dann könntest Du hier ein kleines Haus beziehen, und ich hätte die Möglichkeit, Dich manchmal zu sehen. Wir werden nicht jünger ...«

»Es geht ihm gut, Mutter«, seufzte Mrs. Rout, indem sie sich aufraffte.

»Ja, er war immer ein kräftiger, gesunder Junge«, sagte die alte Frau versonnen.

Mr. Jukes' Darstellung schließlich war überaus lebendig und sehr ausführlich. Sein Freund im atlantischen Liniendienst ließ freigebig die anderen Offiziere seines Schiffes daran teilnehmen. »Ein Bekannter von mir schreibt da von einer ganz außerordentlichen Geschichte, die sich an Bord seines Dampfers zugetragen hat, bei dem Taifun – besinnt ihr euch? –, von dem wir vor zwei Monaten in den Zeitungen lasen. Es ist eine ganz sonderbare Sache. Hört selbst, was er schreibt. Ich zeig' euch seinen Brief.«

Es kamen Wendungen darin vor, die darauf berechnet schienen, den Eindruck gelassener, unbezwingbarer Entschlossenheit zu erwecken. Jukes hatte sie in gutem Glauben zu Papier gebracht, denn der empfand so, als er schrieb. Er schilderte die Szenen im Zwischendeck in den düstersten Farben. »... Wie der Blitz durchfuhr es mich, dass diese verdammten Chinesen natürlich denken mussten, wir seien die schlimmsten Räuber. Es empfiehlt sich nicht, Chinesen von ihrem Geld zu trennen, wenn sie in der Übermacht sind. Dabei hätten wir ja wahnsinnig sein müssen, um bei solchem Wetter auf Raub auszugehen; aber was konnten die armen Schlucker schon von uns wissen? So schickte ich unsere Leute, ohne lange zu überlegen, im Handumdrehen hinaus. Unsere Arbeit war getan – wie es sich der Alte in den Kopf gesetzt hatte. Wir machten, dass wir 'rauskamen, ohne uns erst groß zu erkundigen, wie sie sich fühlten. Wären sie nicht so erbärmlich zerschlagen gewesen und hätte nicht jeder im Grunde doch Angst gehabt, sich gegen uns zu erheben, ich bin überzeugt, sie hätten uns alle in Stücke gerissen. Oh, es hat uns gereicht, das kann ich Dir sagen! Lieber bis in alle Ewigkeit kreuz und quer über den Großen Teich jagen, als so einen Job verpasst bekommen!«

Danach ging er sachkundig auf den Schaden ein, den das Schiff erlitten hatte, und fuhr folgendermaßen fort:

»Als das Wetter sich beruhigte, wurde die Lage verdammt kitzlig. Und dass wir neuerdings unter siamesischer Flagge fuhren, machte die Sache keineswegs besser, wenn auch der Kapitän nicht einsehen kann, dass dies überhaupt etwas ausmacht – ›solange *wir* an Bord sind‹, sagt er. Es gibt Gefühle, die für diesen Mann einfach nicht existieren – Punktum! Du könntest genauso gut versuchen, einem Bettpfosten etwas begreiflich zu machen. Doch auch abgesehen davon ist es ein höllischer Zustand für ein Schiff, da so gottverlassen im Chinesischen Meer umherzufahren, und kein zuständiger Konsul weit und breit, nicht einmal ein eigenes Kanonenboot irgendwo, keine Menschenseele, an die man sich bei irgendwelchen Schwierigkeiten wenden könnte.

Meine Meinung war, diese Burschen noch etwa fünfzehn Stunden unter Deck zu halten; denn viel weiter war es nicht mehr bis Futschou. Dort würden wir höchstwahrscheinlich irgendein Kriegsschiff finden, und einmal im Schutze seiner Kanonen, wären wir leidlich sicher; denn gewiss würde jeder Kapitän eines Kriegsschiffs – ob englisch, französisch oder niederländisch – bei einem Krawall an Bord den Weißen beistehen. Später hätten wir sie dann samt ihrem Geld an ihren Mandarin oder Taotai

loswerden können, oder wie die schieläugigen Kerle nun heißen, die sich immer in Sänften durch ihre stinkenden Straßen tragen lassen.
Der Alte wollte es aus irgendeinem Grund nicht einsehen. Ihm lag daran, die ganze Sache totzuschweigen. Das hatte er sich in den Kopf gesetzt, und selbst ein Dampfspill hätte es da nicht wieder herausgewunden. Er wollte möglichst wenig Aufhebens machen, dem guten Ruf des Schiffes und den Schiffseignern zuliebe – ›um aller Beteiligten willen‹, sagt er und sieht mich dabei durchbohrend an. Ich kochte vor Zorn. Eine Sache wie diese würde sich unmöglich vertuschen lassen; doch waren die Kisten schließlich auf die übliche Weise befestigt gewesen, sicher genug für jeden erdenklichen Sturm; nur dass über uns dann eben der reinste Hexensabbat hereingebrochen ist, von dem Du Dir einfach keine Vorstellung machen kannst.
Mittlerweile konnte ich mich kaum noch auf den Füßen halten. Wir alle waren seit fast dreißig Stunden nicht zur Ruhe gekommen, und der Alte saß da, rieb sich das Kinn, rieb sich den Schädel und war so verbiestert, dass er nicht einmal daran dachte, sich die langen Seestiefel auszuziehen.
›Ich hoffe, Sir‹, sag' ich, ›Sie lassen sie nicht eher an Deck, als bis wir uns auf irgendeine Weise darauf vorbereitet haben.‹ Doch denk nur nicht, dass mir sehr wohl war bei dem Gedanken, diese Kerle im Zaum zu halten, falls sie die Absicht hatten, auf uns loszugehen. Ein Krawall mit einer Ladung Chinesen an Bord ist kein Kinderspiel. Außerdem war ich schrecklich müde. ›Das Beste wäre‹ sagte ich, ›wir könnten den ganzen Haufen Dollars zu ihnen hinunterwerfen und sie's unter sich ausfechten lassen, während wir uns etwas Ruhe gönnen.‹
›Jetzt reden Sie Unsinn, Jukes‹, sagt er und sieht mich auf seine bedächtige Art an, die einem irgendwie durch

und durch geht. ›Wir müssen eine Möglichkeit finden, allen Beteiligten gerecht zu werden!‹
Es gab natürlich eine Menge Arbeit an Deck, wie Du Dir vorstellen kannst. So brachte ich die Matrosen auf Trab, und dann wollte ich mich ein bisschen in meine Koje zurückziehen. Ich hatte noch keine zehn Minuten geschlafen, als der Steward hereinstürzt und mich am Bein zerrt.
›Um Gottes willen, Mr. Jukes, kommen Sie bloß! Kommen Sie schnell auf Deck, Sir! Oh, kommen Sie doch!‹
Der Bursche jagte mir einen Riesenschreck ein. Ich wusste nicht, was geschehen war: wieder ein Orkan – oder was? Ich konnte keinen Wind hören.
›Der Kapitän lässt sie heraus. Oh, er lässt sie 'raus! Kommen Sie schnell auf Deck und retten Sie uns! Der Chief ist eben nach unten gelaufen und holt seinen Revolver.‹
So glaubte ich den Narren zu verstehen. Vater Rout indessen beteuert, er habe sich nur ein sauberes Taschentuch geholt. Ich jedenfalls war mit einem Satz in meinen Hosen und stürzte aufs Achterdeck. Vor der Brücke herrschte allerdings ein Mordspektakel. Vier Matrosen waren mit dem Bootsmann achtern an der Arbeit. Ich gab ihnen ein paar von den Gewehren, die alle Schiffe an der chinesischen Küste in der Kajüte mitführen, und ging ihnen voran auf die Brücke. Auf dem Wege rannte ich gegen den Alten Sal, der mich verdutzt ansah und an einer unangezündeten Zigarre sog.
›Kommen Sie!‹, brüllte ich ihm zu.
Unser sieben stürmten wir hinauf zum Kartenraum. Alles war vorbei. Noch immer bis an die Hüften in seinen Seestiefeln, stand da der Alte, in Hemdsärmeln – vermutlich war ihm beim Nachdenken zu warm geworden. Bun Hins trefflicher Sekretär neben ihm, verdreckt wie ein Schornsteinfeger, war noch ganz grün im Gesicht. Ich konnte sogleich sehen, dass ich etwas zu gewärtigen hatte.

›Was zum Teufel soll das Affentheater, Mr. Jukes?‹, fragt der Alte so zornig, wie er überhaupt nur sein konnte. Ich muss gestehen, mir verschlug's die Sprache. ›Um Gottes willen, Mr. Jukes‹, sagt er, ›nehmen Sie den Leuten die Gewehre weg. Sonst wird bestimmt noch jemand verletzt, eh' wir's uns versehen. Verflucht, dies Schiff ist ja schlimmer als ein Tollhaus! Jetzt aufgepasst! Ich möchte, dass Sie mir und Bun Hirns Chinesen helfen, das Geld zu zählen. Und da Sie einmal hier sind, Mr. Rout, haben wohl auch Sie nichts dagegen, uns zur Hand zu gehen. Je mehr wir sind, desto besser.‹

Er hatte seine Entschlüsse gefasst, während ich ein Nickerchen gemacht hatte. Wäre die *Nan-Shan* ein englisches Schiff gewesen oder auch nur im Begriff, ihre Ladung Kulis in einem englischen Hafen, beispielsweise Hongkong, auszuschiffen, so hätte es endlose Untersuchungen und Scherereien gegeben, Schadenersatzansprüche und so weiter. Aber diese Chinesen kennen ihre Beamten besser als wir.

Die Lukendeckel waren bereits abgenommen worden, und nach einer Nacht und einem Tag im Schiffsinneren befanden sich nun alle auf Deck. Es war ein eigenartiges Gefühl, die vielen hageren, verstörten Gesichter da beieinander zu sehen. Die Ärmsten blickten staunend umher, auf den Himmel, das Meer, auf das Schiff, als hätten sie erwartet, dass das ganze Ding in alle Winde zerstoben sei. Kein Wunder! Was sich im Zwischendeck abgespielt hatte, das hätte wohl jedem Weißen die Seele aus dem Leib geschüttelt. Doch heißt es ja, ein Chinese habe keine Seele. Allerdings hat er etwas verteufelt Zähes an sich. Einer war dabei – er gehörte zu den Schwerverletzten –, dem hatte man fast ein Auge ausgeschlagen. Halb so groß wie ein Hühnerei, quoll es ihm aus dem Kopf. Das hätte einen Weißen bestimmt einen Monat lang aufs Kreuz gelegt; dieser Bursche aber drängte sich mit den Ellbogen hier und da durch die Menge und redete mit den andern, als wäre nichts geschehen. Sie machten einen Höllenlärm; doch immer, wenn der kahle Schädel des Alten sich auf der Vorderseite der Brücke zeigte, verstummten sie alle und schauten zu ihm hinauf.

Offenbar hatte er, nachdem er mit sich selbst ins Reine gekommen war, diesen Burschen von Bun Hin hinuntergeschickt und ihnen auseinandersetzen lassen, auf welche Weise allein sie wieder zu ihrem Gelde kommen könnten. Später erklärte er mir, da ja alle Kulis am gleichen Ort und gleich lange gearbeitet hätten, werde er ihnen wohl am ehesten gerecht, wenn er alles Geld, das wir aufgesammelt hatten, gleichmäßig unter die Menge verteilte. Man konnte die Dollars des einen ja von denen des andern nicht unterscheiden, sagte er, und wenn man jeden fragte, wie viel Geld er mit an Bord gebracht habe, so sei zu befürchten, dass sie logen, und er wäre ärger dran als vorher. Ich glaube, damit hatte er recht. Bliebe noch die Möglichkeit, in Futschou irgendeinen chinesischen Beamten aufzutreiben und dem das Geld zu übergeben; doch meinte er, da könnte er's ebenso gut gleich in seine eigne Tasche stecken; für die Kulis liefe das auf dasselbe hinaus. Ich glaube, sie dachten ebenso. Vor Dunkelheit waren wir mit der Verteilung fertig. Was für ein Anblick: die hochgehende See, das Schiff wie ein Wrack anzusehn, die Chinesen, wie sie einer nach dem andern auf die Brücke wanken, sich ihren Anteil zu holen, und der Alte, noch immer in seinen Stiefeln, hemdsärmelig, steht in der Tür vom Kartenraum und zahlt eifrig aus, schwitzt wie sonst was und putzt dann und wann mich oder Vater Rout gehörig herunter, wenn ihm etwas gegen den Strich geht. Den Schwerverletzten brachte er ihren Anteil eigenhändig an die zweite Luke. Drei Dollars blieben übrig; die bekamen die drei am schlimmsten zugerichteten Kulis, jeder einen. Danach machten wir uns an die Arbeit und schaufelten Haufen nasser Lumpen aufs Deck, unkenntliche Trümmer aller Art, lauter Zeug, das man nicht einmal benennen konnte, und überließen es ihnen selbst, das Eigentumsrecht zu klären.

Dies kommt nun zweifellos der Vorstellung, die Sache zum Wohle aller Beteiligten geheim zu halten, so nah wie nur irgend möglich. Wie denkst Du darüber, Du verwöhnter Salonseemann? Der alte Chief meint, das sei unbestreitbar das einzig Wahre gewesen. Der Kapitän sagte neulich zu mir: ›Es gibt Dinge, über die man nichts in Büchern findet.‹ Ich glaube, für einen so einfältigen Menschen hat er sich sehr gut aus der Affäre gezogen.«

# Nachwort

Mit Kapitän MacWhirr stellt Conrad seinem Leser einen ganz unheroischen Helden vor. Dennoch entdeckt er bald, dass es auch im »uninteressanten Lebens« dieses Mannes ein Paradox gibt: »In Kapitän MacWhirrs Fall zum Beispiel war es einfach nicht zu begreifen, was in aller Welt den völlig untadeligen Sohn eines kleinen Krämers in Belfast bewogen haben mochte, auf und davon und zur See zu gehen. Und doch hatte er eben dies im Alter von fünfzehn Jahren getan.«
Conrads zumindest ähnlicher Entschluss, im Alter von sechzehn Jahren verwirklicht, ist eher noch erstaunlicher. Zwar musste er nicht wie der biedere Kapitän von zu Hause fortlaufen, bevor er in Marseille seine ersten maritimen und sonstigen Abenteuer bestehen konnte: bei ihm ging es darum, eine weit verzweigte Familie alteingesessener adliger Gutsbesitzer von der Unabweisbarkeit seines Wunsches zu überzeugen. »Mindestens die entfernten Bekannten«, schreibt Conrad in seinen »Lebenserinnerungen« *(A Personal Record;* zuerst als *Some Reminiscences,* 1912) »sahen in mir ohnedies einen Halbirren.«
Was aber trieb diesen 1857 im ukrainischen Berditschew als Polen geborenen Teodor Josef Konrad Korzeniowski, der später als Joseph Conrad weltberühmt werden sollte, in solches begreiflicherweise abwegig scheinendes Fahrwasser? Was hieß ihn, den angestammten Raum seiner Erfahrungen gegen einen so völlig anderen zu vertauschen, der für sein Leben und folglich für das diesem Lebenslauf entspringende Werk prägend wurde?
Was von »seiner kleinen Welt« als »stupide Verranntheit oder als fantastische Laune verschrien« wurde, schreibt

Conrad in den »Lebenserinnerungen«, war dem empfindsamen Jungen selbst rätselhaft. Allerdings hatte er seit seinem sechsten Lebensjahr viel und mit großer Intensität gelesen, Reiseliteratur unter anderem, und hier auch die berühmten Seeromane des Captain Frederick Marryat (1792–1848). Mit ungefähr neun Jahren habe er den Finger auf den weißen Fleck einer zeitgenössischen Karte Afrikas gelegt, »der damals das ungelöste Rätsel dieses Kontinents darstellte«, und sich versprochen: *»Dort* will ich hin, wenn ich mal groß bin.« Und er kam dorthin.

Nicht eine Marinelaufbahn war es nach eigener Angabe, auf die Conrad aus war, sondern die Seefahrt, als Möglichkeit, so müssen wir annehmen, die Welt kennenzulernen. Außerdem habe er den Entschluss, »wenn Seemann, dann nur englischer Seemann«, in seinem Inneren ausgesprochen, »wenn auch selbstverständlich in polnischer Sprache«, denn vorerst sprach er »keine sechs Worte Englisch«. Und er wurde »englischer Seemann«.

Ist der Lebensweg dieses jungen Menschen zum Erzähler von Weltgeltung ausgerechnet in einer Sprache, die er erst als Zwanzigjähriger zu erlernen begann, ungewöhnlich genug, so überraschen nicht weniger die genauen Vorstellungen, die Conrad mit seiner »rätselhaften Berufsneigung« verbunden haben will. Zu berücksichtigen bleibt, dass Conrad, mit persönlichen Mitteilungen zeitlebens äußerst zurückhaltend, in seinen »Lebenserinnerungen« auf überaus kunstvolle Weise sein Spiel zwischen Wahrheit und Dichtung mit dem Leser treibt.

Was sich dem jungen Seeaspiranten als bloßer Neigung entspringend darstellen mochte, hatte nämlich auch triftige Gründe. Die väterliche Familie war im zerspaltenen Polen des 19. Jahrhunderts eng der national-revolutionären Tätigkeit verbunden. Der Vater, Literat aus Passion, der Shakespeare und Victor Hugo übersetzt hatte, war

ein führender Kopf der Bewegung, vor allem während des Aufstandes von 1863, und wurde in die zaristische Verbannung geschickt, wohin ihm die Familie folgte.
Conrad war beim Tode der Mutter sechs Jahre alt, bei dem des Vaters elf, und er wurde Zeuge, wie Tausende von Polen ihrem Landsmann schweigend die letzte Ehre erwiesen. Das alles musste sein Denken über das Weltverhältnis des Individuums, auch über die – ihm zweifelhaft scheinende – Möglichkeit revolutionären Wandels entscheidend formen.
Praktisch bedeutete es zunächst, dass Conrads Aussichten in Polen alles andere als freundlich waren. Nur in dem von Österreich beherrschten Teil Polens hätte er in einiger Sicherheit leben können. Tadeuz Bobrowski, ein Onkel mütterlicherseits, besorgter, gelegentlich gestrenger und häufig moralisierender, aber nichtsdestoweniger stets hilfsbereiter Vormund, hatte 1872 versucht, seinem Mündel die österreichische Staatsbürgerschaft zu verschaffen. Das Vorhaben misslang, und so sah sich Conrad der Gefahr ausgesetzt, als Sohn eines Verurteilten fünfundzwanzig Jahre als Soldat in der zaristischen Armee dienen zu müssen. Als noch die ärztliche Empfehlung konstitutionsstärkenden Seeklimas hinzukam, wurde der anfängliche Widerstand der Familie und besonders des Onkels Tadeuz überwunden.
Und so setzte sich das Abenteuer dieses Lebens, das die tiefen Spuren seiner heimatlichen Jugenderfahrungen nie leugnen konnte oder wollte, unter völlig neuen Umständen fort. Frankreich schien sich als Reiseziel anzubieten. Beziehungen des Onkels führten Conrad 1874 als eine Art Lehrling in das Haus eines wohlangesehenen Schiffseigners in Marseille. Hier erwarb er die Grundkenntnisse seines Seemannsberufs.
Zwei Monate nach seiner Ankunft unternahm er seine erste Seereise auf einem Schiff der Firma, zunächst noch

als Passagier. Vom Juli 1876 an war er auf einer Reihe von Schiffen angeheuert. Was er während der knapp vier Jahre zwischen Oktober 1874 und April 1878 sonst noch trieb, ist nicht mit Gewissheit überliefert und hat seine Biografen seither nicht ruhen lassen. Wir wissen, dass sich Conrad, mit dem Französischen von Kindesbeinen an vertraut, schnell in den Boheme-Cafés von Marseille heimisch fühlte. Sicher empfing der junge Mann hier geistige Impulse, wie sie während seiner langen Jahre auf See selten werden sollten. Aber wie sie beschaffen waren und was sie bewirkten, dafür fehlen verlässliche Anhaltspunkte. Ganz genau ist uns aus des Onkels vergrämten Briefen an den Neffen bekannt, dass dieser mit seinem Wechsel, der so knapp nicht bemessen war, selten auskam.

In den stark autobiografischen Werken »Der Spiegel der See« *(The Mirror of the Sea,* 1906), und »Der Goldene Pfeil« *(The Arrow of Gold,* 1919) hat Conrad die Erlebnisse jener Zeit viele Jahre später verarbeitet. Was wir da lesen, ist wahrlich abenteuerlich genug. Freilich, es handelt sich um in Fiktion aufgegangenes Erleben; der »Goldne Pfeil« wird von vielen Kritikern noch dazu als Conrads schwächster Roman angesehen. Immerhin, es scheint, dass der junge Conrad zusammen mit einem amerikanischen Abenteurer namens Blunt – seine Existenz ist belegt – und zwei anderen die *Tremolino* kaufte, um mit diesem Schiff Botschaften und Waffen für die Karlisten zu schmuggeln, jene Anhänger des Thronprätendenten Don Carlos, die den Absolutismus in Spanien wiederherzustellen suchten, schon früher (1833–40) blutige Bürgerkriegsunruhen ausgelöst hatten und jetzt zum Zusammenbruch der ersten Republik beitrugen (1874). Ein Gerücht will wissen, Conrad habe auch nach Venezuela Waffen geschmuggelt. Offenbar brachten diese dunklen Geschäfte mehr Verlust als Gewinn ein; hier bietet sich eine Erklärung für Conrads Geldverlegenheiten an.

Außerdem wird eine romantische Affäre zwischen M. George, dem Helden des »Spiegels der See«, und einer gewissen Rita de Lastaola beschrieben, die für Don Carlos in Marseille arbeitete und ehedem dessen Geliebte war. Ihre mögliche historische Identität hat sich nie feststellen lassen. Ihretwegen aber habe der schon genannte Blunt Conrad beleidigt, so ist dem »Spiegel der See« folgend weiterspekuliert worden, und es sei zu einem Duell gekommen, in dem Conrad durch einen Schuss in die Herzgegend verwundet wurde. Es ist gesichert, dass der Onkel Tadeuz Bobrawski im Februar 1878 durch ein Telegramm zu seinem Neffen gerufen wurde und ihn, wie er in einem Briefbericht nach Hause auf Deutsch formulierte, »durch und durch« die Brust geschossen, jedoch außer jeder Gefahr vorfand. Der Onkel indessen schreibt in jenem Brief, sein Neffe habe einen Selbstmordversuch unternommen. Auch hier wieder Vermutungen. Hat Conrad sein Geld in Monte Carlo verspielt und versucht, Hand an sich zu legen? Wollte er dem Onkel mit der Geschichte einer Verzweiflungstat seine Notlage dramatisch verdeutlichen? Oder hat den Katholiken Conrad sein versuchter Selbstmord so belastet, dass er später im »Spiegel der See« und in »Der Goldene Pfeil« systematisch die Spuren zu verwischen suchte und mit beträchtlichem Aufwand die Duellgeschichte entwickelte? Die Biografen, die der letzten Hypothese zuneigen, können auf Conrads tatsächliche Faszination von Schuld und Sühne verweisen. Was immer sich tatsächlich zugetragen haben mag, der Mann, der einmal ein Schriftsteller sein würde, hatte mit wachen Sinnen begonnen, Erfahrungen zu sammeln.

Nun aber trat ein folgenreicher Umstand ein, der Conrads Leben auf dem gewählten Weg noch einmal in eine neue Richtung lenken sollte. Er musste entdecken, dass er als in einem anderen Land Militärdienstpflichtiger nach geltendem Gesetz nicht in die französische Handelsmarine aufgenommen werden konnte. Es war also doch eher dieser Zufall als jene behauptete frühe Affinität, die ihn zur britischen Marine gelangen ließ; denn hier stellten sich ihm solche Hindernisse nicht in den Weg. Am 28. April 1878 heuerte er auf der *Mavis* an, einem englischen Kohlendampfer. So begann seine bemerkenswerte Karriere nicht nur als britischer Seemann, die ihn durch die Klippen der verschiedenen Prüfungen hindurch schließlich zum Kapitän aufsteigen ließ, sondern zugleich die demselben Zufall geschuldete und weit erstaunlichere: als weltberühmter Schriftsteller englischer Zunge. Dass er sich dieses Medium mit solch schöpferischer Überlegenheit aneignete, gehört zu den staunenswerten Umständen der Literaturgeschichte. Die ganz seltenen Irrtümer, die ihm in seinen Texten unterlaufen sind, enthüllen merkwürdigerweise nicht sprachliche Strukturvorbilder seiner polnischen Muttersprache als Quelle, sondern solche des Französischen. Seine Aussprache indessen behielt zeitlebens einen ausgeprägten Akzent, wie unter vielen anderen der mit ihm befreundete Bertrand Russell bezeugt, der ihn im Übrigen von seiner äußeren Erscheinung her als polnischen Aristokraten »bis in die Fingerspitzen« beschreibt, der in nichts an den Seemann erinnert habe. Bis zu seinem Tode im Jahr 1924 lebte Conrad in England. Er erwarb die britische Staatsbürgerschaft und erkämpfte sich in langen Jahren künstlerischen Ringens schriftstellerischen Ruhm.

In den bereits erwähnten »Lebenserinnerungen« waltet Conrad frei mit den Geschehnissen seines Lebens, um eine wesentlichere Wahrheitsschicht freizulegen. Gegenstand seiner Schilderung ist der Beginn der beiden großen Abenteuer seines Lebens, auf See und als Schriftsteller. Aber Conrad beginnt damit, von der Abfassung des zehnten Kapitels von »Almayers Wahn« *(Almayer's Folly,* 1895), seinem ersten Roman, im Winter von 1893 auf 1894 an Bord der *Adowa*, seines letzten Schiffes, am Kai von Rouen zu berichten. Und das Buch endet mit seiner ersten flüchtigen Begegnung mit einem britischen Schiff im Jahre 1874 oder 1875. Zwischen jenem Anfang, der eigentlich ein Ende ist, und dem Ende, das in Wirklichkeit einen Anfang bedeutet, lässt Conrad dem Strom seiner Erinnerungen räumlich und zeitlich scheinbar freien Lauf. In Wirklichkeit ist der Erinnerungsstrom sehr genau reguliert. Das Buch ist ein literarisches Kunstwerk von beträchtlichem Rang: durch die Verschränkung der beiden Erzählstränge, durch überraschende Übergänge und Assoziationen erreicht Conrad wohlbedachte Wirkungen. Nicht zuletzt aber veranschaulicht er auf diese Weise, wie sein gesamtes vielfältiges Erleben, die gespeicherten Erfahrungen dieses Lebens zum Stoff seines schriftstellerischen Gestaltens werden. Jahrelang hatte es Conrad umhergetrieben auf den Weltmeeren, immer wieder hatte er aus eigenem Entschluss die Schiffe gewechselt, sodass der Eindruck entsteht, zumindest unbewusst habe er sich auf das Kommende vorbereitet, habe er an Eindrücken so viel wie nur möglich zusammenraffen wollen. Eines Morgens dann beginnt er zu schreiben, selbst überrascht, einem ihm unverständlichen Impuls folgend.

Von nun an befindet sich Conrad auf der Suche nach künstlerischen Antworten auf Fragen, mit denen die Wirklichkeit seiner Zeit in ihn dringt. Auf seinen Fahrten nach Asien und Afrika hatte er durch eigene Anschauung die kolanialistischen Praktiken der europäischen Mächte kennengelernt. Er war also mit einer charakteristischen Erscheinungsform der neuen gesellschaftlichen Entwicklung des Imperialismus in Berührung gekommen, deren Gesamtwirkung auf die Menschen der Zeit nur allzu deutlich spürbar wurde. Dem durch den Zusammenbruch der Orientierung und Halt gebenden Wertordnung des 19. Jahrhunderts zusätzlich geschärften künstlerischen Bewusstsein bot sich das Bild einer Welt, in der der Einzelne immer mehr der Willkür undurchsichtig und grausam waltender Kräfte ausgeliefert schien, in der sich sein Handlungsspielraum zunehmend verengte und in der zugleich die Beziehung zum anderen so deutlich und schmerzlich gestört war.

»Taifun« *(Typhoon)*, erschienen 1903, wurde von Conrad im Januar 1901 vollendet. Das Werk entstand damit auf dem ersten Gipfelpunkt seiner schriftstellerischen Laufbahn. Offensichtlich auch hier auf eigenes Erleben zurückgreifend, erzählt Conrad souverän die Geschichte einer Sturmfahrt hart am Rande der Katastrophe. Er erweist sich hier als meisterlicher Beschreiber des Meeres und seiner Bezwinger, dessen Prosa den Rhythmus der See und ihrer Wellenbewegung einfängt. Aber ist er vielleicht ein bloßer Verfasser von Seegeschichten, als der er aufgefasst worden ist, oder gar ein »Kipling der Meere«, auf welchen Vergleich Conrad – zu Recht – allergisch reagierte?

Man tut gut daran, sich einiger Arbeiten zu erinnern, die unmittelbar vor »Taifun« entstanden, um sich die Reichweite und durchdringende Tiefe seines künstlerischen Denkens und Handelns bewusst zu machen. 1900 veröffentlicht er »Lord Jim«, jenen über weite Strecken ebenfalls auf See handelnden Roman. Der eigentliche Gegenstand jedoch ist das momentane Versagen Lord Jims, des jungen Marineoffiziers voller berufsethischer Ideale, in einer Bewährungssituation auf hoher See, ein Versagen, das dem Helden selbst unfassbar erscheint und das er, von seinem Schuldgefühl umhergetrieben, zu sühnen sucht, sich dabei in neue und größere Schuld verstrickend.

Während sich dieses Geschehen in dem großen Rahmen zunehmenden Einflusses der europäischen Mächte im Fernen Osten abspielt, lotet Conrad im »Herz der Finsternis« *(Heart of Darkness,* 1902), erschienen ein Jahr vor »Taifun«, aber schon im Februar 1899 vollendet, die neue dramatische Bewegung der kapitalistischen Gesellschaft in ihr imperialistisches Stadium noch tiefer aus. Conrads Tagebücher offenbaren seine Erschütterung durch die im Kongo erlebte kolonialistische Wirklichkeit. Den menschlichen Wirkungen des Geschehens nachspürend, lässt Conrad seinen sensiblen fiktiven Erzähler allmählich mit Grauen erkennen, wie das Geschäft brutaler Ausbeutung die Zentralgestalt, um die und auf die zu sich diese Erzählung aus dem Inferno bewegt, auf barbarische Weise entmenschlicht hat. Sicher, in »Taifun« geht es nicht um die innere Zerrissenheit der Gestalten wie in »Lord Jim« oder um den schaudernden Blick des explorierenden Humanisten in den Abgrund spätkapitalistischer Realität, der sich immer weiter öffnete. Überhaupt wird man sich davor zu hüten haben, nach der Manier symbolistischer Conrad-Interpretation – um das andere Extrem zu benennen – Dinge in »Taifun« und das Gesamtwerk hineinzugeheimnissen.

Aber andererseits stellt der Kampf der »Kulis« unter Deck – auch sie sind aus wirklichen Vorkommnissen bezogen – um ihr schwer verdientes Geld, während gleichzeitig oben der Kampf mit den Gewalten des Meeres tobt, Assoziationen her, die weit über den Anlass hinausweisen. Und dann ist da vor allem die zentrale Figur des Kapitäns MacWhirr, die übrigens ebenfalls auf ein wirkliches Vorbild zurückgeht. Natürlich ist er das genaue Gegenteil der mit höchster Subtilität empfindender Helden etwa von »Lord Jim« oder »Herz der Finsternis«. Er ruht ja gerade durch den Mangel an Sensibilität so völlig in sich selbst. Dem »alles wörtlich nehmenden MacWhirr«

gebricht es an Einfühlungsvermögen, ja an Intelligenz, wie der Zwischenfall mit der siamesischen Flagge zeigt. Er nimmt sogar metaphorische Redewendungen in aller Biederkeit wörtlich. Vor allem aber geht ihm jegliche Fantasie ab: Was ihm seine maritimen Fachbücher nüchtern und sachlich über Taifune mitzuteilen haben, dringt nicht in sein Bewusstsein. Er vermag darüber nur schwerfällige Witze zu reißen. Er kann es sich einfach nicht vorstellen. Er ist einer jener Leute, von denen es im »Herz der Finsternis« heißt, man könne »zu sehr Narr sein, um Fehler zu machen - sogar zu schwer von Begriff, um zu bemerken, dass man von den Gewalten der Dunkelheit angegriffen wird«.

MacWhirr allerdings begeht den großen Fehler seines Lebens, als er starrsinnig Kurs halten und mitten ins Zentrum des Sturms steuern lässt, anstatt es zu umfahren, wie ihm empfohlen wird. Während aber die Menschen auf dem Schiff wie so oft von Conrad als dem Wüten unbeeinflussbarer Gewalten ausgeliefert dargestellt werden, zeigt er zugleich ihren Kampf ums Überleben, in dem derselbe MacWhirr durch sein Stehvermögen eine entscheidende Rolle spielt. Blickt Conrad nicht *auch* mit einiger Bewunderung, die von Neid nicht ganz frei ist, auf diesen unkomplizierten Mann, der handeln kann, eben weil er die »Gewalten der Dunkelheit« nicht erkennen kann? Es stellt sich heraus, dass die Vorgänge so einschichtig nicht sind. Der Sturm nämlich bewirkt in MacWhirr etwas Gravierendes. Indem er die Ordnung seines Lebens zerstört, lässt er in ihm Einbildungskraft aufkeimen: Vielleicht wird er die Streichhölzer, die er gewohnheitsmäßig an ihren festen Platz zurücklegt, nie mehr brauchen! Der Gedanke, in seiner Art überraschend neu für ihn, überwältigt ihn zunächst. Dann ringt er sich zu dem Stoßseufzer durch: »Ich würde sie ungern verlieren.«

Hier spricht sich – trotz alledem – menschlicher Wille aus, durch ordnendes, planendes Denken und Handeln die Gewalten der Natur zu besiegen und seine Menschlichkeit zu bestätigen. Und dann erlebt MacWhirr, dass das gesuchte Handtuch tatsächlich am gewohnten Ort ist. Er findet die Kraft, den Kampf weiterzuführen und – schließlich trotz und wegen seiner Schlichtheit – Schiff und Besatzung durch den Taifun zu führen. Es vermittelt einen Begriff von der Größe Conrads, dass er scheinbar Eindimensionales in seinem Kontext untersucht und die ihm innewohnenden Widersprüche sichtbar zu machen versteht. Das aber vervollständigt nicht zuletzt die Bedeutung von »Taifun«, der als erregende Erzählung von menschlicher Not und Bewährung auf See einen Platz in der Weltliteratur hat.

*Günter Walch*

# Almayers Wahn

## Vorbemerkung des Autors

—

Wie ich höre, hat eine in der literarischen Welt berühmte Dame bei der kritischen Betrachtung jener Literatur, die sich auf Streifzüge zu fremden Völkern und durch ferne Länder begibt, im Schatten von Palmen, in der schutzlosen Grelle sonnenüberfluteter Strände, unter wahrhaften Kannibalen und den weltklügeren Bahnbrechern unserer glorreichen Tugenden spielt, ihr Missfallen in den Worten zusammengefasst, Erzählungen dieses Genres seien ›unzivilisiert‹. Und mit diesem Richterspruch wird, wie ich fürchte, nicht nur über die Erzählungen, sondern auch über die fremden Völker und fernen Länder ein endgültiges, in seiner Verachtung und Abneigung vernichtendes Urteil gefällt.

Das Urteil einer Frau: intuitiv, gescheit, trefflich charmant formuliert - unfehlbar. Ein Urteil, das nichts mit Gerechtigkeit zu tun hat. Die Kritikerin und Richterin scheint zu glauben, dass in jenen fernen Ländern Freude lediglich Gebrüll und Kriegstanz ist, Pathos lediglich Geheul und fürchterliches Zähnefletschen, und dass alle Probleme im Lauf eines Revolvers oder durch die Spitze eines Assagais gelöst werden. Dem ist aber nicht so. Indessen mag die im Irrtum befindliche richterliche Instanz zu ihrer Verteidigung anführen, dass die Natur des Beweises täuscht.

Dort wie hier ist das Gemälde des Lebens mit der gleichen Treue des Details gezeichnet, in den gleichen Farbtönen gemalt. Nur entgehen dem geblendeten Auge in der unbarmherzigen Klarheit des Himmels und dem gnadenlosen Glanz der Sonne die Feinheiten, es sieht nur die harten Konturen, während die Farben in dem steten Licht grell und ohne Abstufung erscheinen. Trotzdem ist es dasselbe Bild.

Und zwischen uns und den Menschen in jenen Fernen gibt es ein Band. Ich spreche hier von Männern und Frauen – nicht von den bezaubernden, anmutigen Schemen, die in unserem Schmutz und Rauch umhergehen und im Glanz all unserer Tugenden schwach schimmern; die über jede erdenkliche Vollendung, Empfindsamkeit, Weisheit verfügen – aber, da sie nur Schemen sind, kein Herz besitzen. Das Mitgefühl jener gehört (vermutlich) den Unsterblichen: den Engeln oben oder den Teufeln unten. Ich bin es zufrieden, mit den gewöhnlichen Sterblichen zu fühlen, ganz gleich, wo sie leben, ob in Häusern oder Zelten, auf nebelverhangenen Straßen oder in den Wäldern hinter dem dunklen Streifen düsterer Mangroven, der die unendliche Einsamkeit des Meeres säumt. Denn ihr Land liegt – ebenso wie das unsere – unter dem unergründlichen Blick des Allerhöchsten. Ihre Herzen – wie unsere – müssen die Last der Gaben des Himmels tragen: den Fluch der Wirklichkeit und die Segnung der Illusion, die Bitterkeit unserer Klugheit und den trügerischen Trost unseres Wahns.

1895 *J.C.*

# 1

»Kaspar! Makan!«
Die wohlbekannte, schrille Stimme schreckte Almayer aus seinem Traum von einer glänzenden Zukunft und versetzte ihn wieder in die unangenehme Wirklichkeit der gegenwärtigen Stunde. Auch die Stimme war unangenehm. Er hörte sie nun schon viele Jahre, und von Jahr zu Jahr wuchs seine Abneigung. Wenn schon! Bald wäre es mit alldem ja vorbei.
Verdrossen trat er von einem Fuß auf den andern, kümmerte sich aber nicht weiter um den Ruf. Beide Ellbogen auf das Geländer der Veranda gestützt, starrte er weiter unverwandt auf den mächtigen Strom, der eilig und unbekümmert vor seinen Augen dahinfloss. Um die Stunde des Sonnenuntergangs schaute er gern auf den Fluss hinaus; vielleicht, weil dann die sinkende Sonne die Wasser des Pantai in einen goldenen Schimmer tauchte und Almayers Gedanken oft um Gold kreisten; um Gold, das zu besitzen ihm nie vergönnt gewesen war; um Gold, das andere - selbstverständlich auf unredliche Weise - in ihren Besitz gebracht hatten; oder um Gold, in dessen Besitz er noch für sich und Nina durch eigene rechtschaffene Mühe zu gelangen hoffte. Er überließ sich ganz seinen Träumen von Reichtum und Macht, weit weg von diesem Ufer; an dem er so lange Jahre gelebt hatte, und er vergaß all die bitteren Mühen und Plagen vor dem Traumbild einer großartigen, glänzenden Belohnung. Sie würden in Europa leben, er und seine Tochter. Sie wären reich und geachtet. Ihre große Schönheit und sein ungeheurer Reichtum ließen jedermann vergessen, dass sie ein Halbblut war. Ihre Triumphe mitzuerleben würde ihn selbst wieder jung werden lassen. Vergessen wären die fünfundzwanzig Jahre trostlosen Ringens an dieser

Küste, als deren Gefangener er sich vorkam. Das alles war zum Greifen nahe. Wenn nur Dain erst wieder da wäre! Und bald musste er wiederkommen - in seinem eigenen Interesse, seines eigenen Anteils wegen. Er hätte schon vor über einer Woche zurück sein müssen. Vielleicht würde er heute Abend kommen.

Solchen Gedanken hing Almayer nach, als er auf der Veranda seines neuen, aber bereits verfallenden Hauses stand - dieses letzten Fehlschlags seines Lebens - und auf den breiten Fluss schaute. An diesem Abend überzog ihn kein Hauch von Gold, denn er war von den Regenfällen angeschwollen und wälzte zornige und schlammige Fluten unter Almayers abwesendem Blick dahin, kleinere Stücke Treibholz und große tote Stämme ebenso wie ganze entwurzelte Bäume mit Zweigen und Blättern mit sich führend, zwischen denen das Wasser wütend brodelte und toste.

Einer dieser dahintreibenden Bäume stieß nahe beim Haus gegen die vorspringende Uferböschung; Almayer ließ von seinem Traum ab und sah ihm müde zu. Langsam drehte sich der Baum in dem brodelnden, schäumenden Wasser um seine eigene Achse, alsbald versperrte ihm nichts mehr den Weg und er schwamm wieder weiter stromabwärts, wobei er sich schwerfällig herumwälzte und einen langen, kahlen Ast emporstreckte, wie eine Hand, die sich ob der brutalen, sinnlosen Gewalt des Stromes in stummem Flehen gen Himmel reckte, Almayers Interesse am Schicksal dieses Baumes wuchs zusehends. Er beugte sich vor, um zu sehen, ob er weiter unten an der flachen Landzunge vorbeikäme. Er schaffte es. Dann trat Almayer wieder zurück; bei dem Gedanken, dass der Baum nun freie Fahrt hinunter ins Meer hätte, beneidete er dieses leblose Ding, das jetzt in der wachsenden Dunkelheit immer kleiner und undeutlicher wurde, um sein Los. Als er den Baum ganz und gar aus den Augen verloren hatte, begann er darüber zu sinnieren, wie weit ins Meer hinaus er wohl treiben werde. Würde die Strömung ihn nach Norden oder nach Süden tragen? Vermutlich trieb er nach Süden, bis an Celebes heran, vielleicht gar bis nach Makassar!

Makassar! Almayers beflügelte Fantasie eilte dem Baum auf seiner gedachten Reise weit voraus; da seine Erinnerungen aber zwanzig Jahre oder noch länger zurücklagen, sah er einen jungen, schlanken Almayer, bescheiden und ganz in Weiß gekleidet, von dem holländischen Postschiff auf der staubigen Mole von Makassar an Land gehen, denn er war gekommen, um in den Warenspeichern des alten Hudig sein Glück zu machen. Es war ein wichtiger Abschnitt in seinem Leben gewesen, der Beginn einer neuen Existenz. Sein Vater, ein kleiner Beamter im Dienste der Botanischen Gärten von Buitenzorg, war ganz zweifellos hoch erfreut darüber, den Sohn in einer solchen Firma unterbringen zu können. Auch der junge Mann selbst war keineswegs abgeneigt, die giftigen Küsten Javas und die armselige Behaglichkeit des elterlichen Bungalows zu verlassen, wo der Vater den lieben langen Tag über die Dummheit der eingeborenen Gärtner räsonierte und die Mutter aus der Tiefe ihres Lehnstuhls heraus den verlorenen Herrlichkeiten Amsterdams nachtrauerte, wo sie als Tochter eines dortigen Zigarrenhändlers aufgewachsen war.

Mit leichtem Herzen und noch leichteren Taschen war Almayer von zu Hause fortgegangen. Er sprach gut Englisch und verstand sich aufs Rechnen. Bereit, die Welt zu erobern, zweifelte er nicht im Geringsten daran, dass ihm das gelingen würde.

Wie er nun zwanzig Jahre später in der schwülen, drückenden Hitze eines Borneoer Abends stand, erinnerte er sich mit wohligem Bedauern an Hudigs hohe, kühle Speicher mit den langen, schnurgeraden Reihen der Ginkisten und Ballen von Baumwollstoffen; an die geräuschlos auf- und zuschwingende große Tür; an das dämmrige Licht, das nach der gleißenden Helligkeit der Straßen so wohltat; an die kleinen abgeteilten Räume zwischen den Warenstapeln, wo chinesische Schreiber, sauber, kühl und mit traurigen Augen flink und lautlos bei der Arbeit waren, während ringsherum die Arbeiter lärmend Fässer rollten oder Kisten verluden und dabei eine in einem verzweifelten Aufschrei endende Melodie summten. Am oberen Ende, gegenüber der großen Tür, war ein größerer, gut beleuchteter Raum abgeteilt; dort war der Lärm durch die Entfernung schon gedämpfter, und man vernahm das leise, unablässige Klirren von Silbergulden; die wiederum andere verschwiegene Chinesen abzählten und aufhäuften, unter der Aufsicht von Mr. Vinck, dem Kassierer und guten Geist des Geschäfts – der rechten Hand des Prinzipals.

In diesem wohlgeordneten Raum arbeitete Almayer an seinem Tisch nicht weit von einer kleinen grün gestrichenen Tür, neben der stets ein Malaie mit roter Schärpe und Turban stand, in der Hand eine dünne, von der Decke herabhängende Schnur, an der er mit der Regelmäßigkeit einer Maschine zog. Diese Schnur betätigte auf der andern Seite der grünen Tür einen Pankha. Dort befand sich das sogenannte Privatkontor, und dort thronte der alte Hudig, der Prinzipal, und hielt lärmende Empfänge ab. Zuweilen flog die kleine Tür auf und gab der Außenwelt durch bläuliche Schwaden von Tabaksqualm den Blick auf einen langen Tisch frei, der mit Flaschen aller Art und Größe und hohen Wasserkaraffen beladen war, auf Rohrsessel, in denen sich lärmende Männer rekelten, während der Prinzipal den Kopf durch die Tür steckte und, die Hand auf der Klinke, Vinck vertraulich etwas zuflüsterte; vielleicht auch mit Donnerstimme einen Befehl durch das Lagerhaus brüllte oder einen un-

schlüssigen Fremden erspähte und ihn mit wohlwollendem Gepolter begrüßte: »Seien Sie willgommen, Gapidän! Woher des Wegs? Von Bali, wie? Haben Sie Bonys? Ich brauche Bonys. So viel Sie haben! Ha! Ha! Ha! Hereinspaziert!« Dann wurde der Fremde unter donnerndem Gejohle hineingezerrt, die Tür geschlossen, und die gewohnten Geräusche erfüllten wieder den Speicher: der Gesang der Arbeiter, das Gepolter der Fässer, das Kratzen flinker Federn und über allem das melodische Klirren der Silbermünzen, die unablässig durch die gelben Finger achtsamer Chinesen glitten.
Zu jener Zeit pulsierten in Makassar Leben und Handel. Dahin zog es all die kühnen Geister, die an der australischen Küste Schoner ausrüsteten und auf der Suche nach Geld und Abenteuern den Malaiischen Archipel überschwemmten. Sie kamen schnell zu Geld, diese kühnen Draufgänger und gerissenen Geschäftsleute, welche sich auch vor einem Scharmützel mit den Piraten nicht scheuten, die noch so manche Küste unsicher machten. Und alle gaben sich gewöhnlich in der Bucht von Makassar ein Stelldichein, um Geschäfte zu machen und sich zu amüsieren. Die holländischen Kaufleute nannten diese Männer ›englische Hausierer‹; einige davon waren zweifellos ehrenwerte Herren, für die ein derartiges Leben einen eigenen Reiz hatte; die meisten aber waren Seeleute; als ihrer aller König galt Tom Lingard, der Mann, den die Malaien, Rechtschaffene wie Betrüger, friedliche Fischer wie Desperados, als den ›Raja-Laut‹, den König der See, anerkannten.
Noch ehe Almayer drei Tage in Makassar war, hatte er bereits von Lingard gehört, kannte er die Geschichten von seinen raffinierten Geschäftspraktiken, von seinen Liebesaffären ebenso wie von seinen verwegenen Kämpfen mit den Sulupiraten samt der romantischen Geschichte von dem Kind – einem Mädchen –, das der sieg-

reiche Lingard in einer Piratenprau gefunden hatte, als er nach lange währendem Kampf das Boot geentert und die Besatzung über Bord gejagt hatte. Dieses Mädchen hatte Lingard, wie jedermann wusste, adoptiert; er ließ sie in einem Kloster auf Java erziehen und sprach von ihr als ›meiner Tochter‹. Er hatte sich hoch und heilig geschworen, sie noch vor seiner Rückkehr in die Heimat mit einem Weißen zu verheiraten und ihr all sein Geld zu hinterlassen. »Und Kapitän Lingard hat viel Geld«, pflegte Mr. Vinck eindringlich zu versichern, den Kopf auf eine Seite geneigt, »sehr viel Geld, mehr als Hudig!« Und nach einer Pause, nur damit sich seine Zuhörer von ihrem Erstaunen über eine so unglaubliche Behauptung erholen konnten, fügte er dann gewöhnlich flüsternd zur Erklärung hinzu: »Er hat nämlich einen Fluss entdeckt.«

Das war's! Er hatte einen Fluss entdeckt! Und dieser Umstand stellte den alten Lingard so hoch über die gewöhnliche Menge seefahrender Abenteurer, die tagsüber mit Hudig Geschäfte abwickelten und nachts auf der breiten Veranda des Sunda-Hotels Sekt tranken, spielten, grölten und sich mit Halbblutmädchen vergnügten. An diesen Fluss, dessen Einfahrt nur Lingard selbst kannte, brachte er seine Fracht von Baumwollwaren, Messinggongs, Gewehren und Schießpulver. Dann verschwand für gewöhnlich seine Brigg *Flash*, die er selbst führte, in aller Stille nachts von der Reede, während seine Kumpane noch die Folgen des mitternächtlichen Zechgelages ausschliefen. Ehe Lingard an Bord ging, hatte er sie alle uner den Tisch getrunken, ihm selbst konnte Alkohol nichts anhaben, so viel er auch trinken mochte. Viele versuchten, ihm in das Land zu folgen, das so unermesslich reich an Guttapercha und Rotang, Perlmuscheln und Vogelnestern, Wachs und Dammarharz war, aber mit der kleinen *Flash* konnte es kein anderes Schiff in jenen

Meeren aufnehmen. Einigen von denen, die es versuchten, wurden verborgene Sandbänke und Korallenriffe zum Verhängnis, sie verloren all ihr Hab und Gut und konnten aus den grausamen Fängen dieser sonnigen und lächelnden See nur das nackte Leben retten. Andere verloren den Mut. Und viele Jahre lang wahrten die grünen, friedlich aussehenden Inseln, die die Eingänge zum gelobten Land bewachten, ihr Geheimnis mit der ganzen unbarmherzigen Gelassenheit der tropischen Natur. So kam und ging Lingard auf seinen geheimen und offenkundigen Fahrten, und die Kühnheit ebenso wie die gewaltigen Profite seiner waghalsigen Unternehmungen machten ihn in Almayers Augen zu einem Helden; ja, Almayer hielt ihn wahrhaftig für einen sehr großen Mann, wenn er ihn durch das Lagerhaus herankommen sah, hörte, wie er Vinck ein »Wie geht's?« zubrummte oder den Prinzipal Hudig mit einem ungestümen »Hallo, alte Piratenseele! Das Leben noch frisch?« begrüßte, gleichsam als Vorspiel zu den Geschäften, die dann hinter der kleinen grünen Tür abgewickelt wurden. So manchen Abend wenn Almayer in der Stille des nun verlassen daliegenden Speichers seine Papiere wegräumte, ehe er mit Mr. Vinck, bei dem er wohnte, nach Hause fuhr, hielt er inne, um einer erregten Auseinandersetzung im Privatkontor zu lauschen: dem tiefen, monotonen Knurren des Prinzipals und Lingards wütendem Gebelfer dazwischen – zwei Bullenbeißer, die um einen Markknochen rauften. Almayers Ohren klang es aber wie ein Streit von Titanen – ein Kampf der Götter.

Nach einem Jahr etwa fasste Lingard, der im Verlauf der Geschäfte oft mit Almayer zu tun gehabt hatte, eine überraschende, für Außenstehende recht unverständliche Neigung zu dem jungen Mann. Spätabends, wenn er mit seinen Kumpanen im Sunda-Hotel zechte, sang er wahre Loblieder auf Almayer, und eines schönen Morgens versetzte er Vinck förmlich einen Schock, als er ihm erklärte, dass er diesen jungen Burschen als Frachtaufseher, als eine Art Schreiber für den Kapitän brauche, »er soll den ganzen Schreibkram für mich erledigen«. Hudig willigte ein. Mit der natürlichen Sehnsucht der Jugend nach Abwechslung war auch Almayer nur allzu bereit. Er packte seine wenigen Habseligkeiten zusammen, um mit der *Flash* auf eine jener langen Fahrten zu gehen, in deren Verlauf der alte Seemann nahezu jede Insel im Archipel anzulaufen pflegte. Es vergingen Monate, und Lingards Freundschaft schien noch zu wachsen. So manches Mal, wenn der alte Seebär mit Almayer auf dem Deck auf und ab spazierte, während eine leichte, mit den aromatischen Düften der Inseln geschwängerte nächtliche Brise die Brigg sanft unter dem friedlichen, sternenglitzernden Himmel dahintrieb, öffnete er dem wie gebannt lauschenden Zuhörer sein Herz. Er sprach von der Vergangenheit, von überstandenen Gefahren, einträglichen Geschäften, von neuen Vorhaben, die für die Zukunft noch größere Profite verhießen. Oft erwähnte er auch seine Tochter, das Mädchen, das er in der Piratenprau gefunden hatte, und er sprach von ihr mit merkwürdig väterlicher Zärtlichkeit. »Sie muss nun schon ein großes Mädchen sein«, pflegte er dann wohl zu sagen. »Es sind beinahe an die vier Jahre, dass ich sie zuletzt gesehen habe! Ich will verdammt sein, Almayer, wenn wir auf dieser Tour nicht in Surabaja anlegen.« Und nach einer solchen Offenbarung stürzte er dann stets, »es muss etwas geschehen – ja, es muss etwas geschehen!« vor sich hin murmelnd, in seine Kajüte. Mehr als einmal setzte er Almayer dadurch in Erstaunen, dass er rasch auf ihn zutrat, sich mit einem gewaltigen »Hm!« räusperte, als ob er etwas sagen wolle, sich dann aber jählings umwandte, um sich schweigend über die Reling zu lehnen und stundenlang regungslos in das Geglitzer und

Gefunkel der phosphoreszierenden See längsseits des Schiffes zu blicken. Es war am Abend vor ihrer Ankunft in Surabaja, als ein solcher Anlauf zu vertraulicher Mitteilung von Erfolg gekrönt war. Nachdem sich Lingard geräuspert hatte, sprach er. Und zwar ging es ihm um Folgendes: Er wollte, dass Almayer seine Adoptivtochter heiratete. »Und sträub dich ja nicht, bloß weil du weiß bist!«, schrie er unvermittelt, ohne dass er dem überraschten jungen Mann Zeit gelassen hätte, auch nur ein Wort zu sagen. »Nichts dergleichen zu mir! Kein Mensch wird die Hautfarbe deiner Frau zur Kenntnis nehmen. Dazu ist nämlich viel zu viel Geld da, sag ich dir! Und dass du's weißt, bis ich sterbe, sind's noch mehr. Millionen werden davon da sein, Kaspar! Millionen, hörst du! Und alle für sie – und für dich, wenn du tust, was man dir sagt.«

Von dem unerwarteten Ansinnen überrumpelt, zögerte Almayer und sagte eine Minute lang gar nichts. Er verfügte über eine starke, lebhafte Fantasie, und so kurz die Zeitspanne auch war, sah er doch, als wäre ein greller Blitz aufgeflammt, Berge glänzender Gulden vor sich und stellte sich all die Möglichkeiten vor, die ein Leben in Reichtum bietet. Das Ansehen, das müßige, sorgenfreie Leben – zu dem er, so dünkte ihm, wie geschaffen war –, seine Schiffe, seine Lagerhäuser, seine Warenbestände (der alte Lingard würde ja nicht ewig leben) und die Krönung des Ganzen: Fern in der Zukunft schimmerte wie ein Märchenschloss die große herrschaftliche Villa in Amsterdam, dieses irdische Paradies seiner Träume, wo er, durch das Geld des alten Lingard zum Herrscher über die anderen erhoben, seinen Lebensabend in unbeschreiblicher Pracht zubringen würde. Was nun die Kehrseite der Medaille betraf, den Bund fürs Leben mit einem malaiischen Mädchen, diesem Erbe der Besatzung eines Seeräuberschiffes, war er sich nur undeutlich eines Schamgefühls bewusst, weil er, ein Weißer … Immerhin, vier Jahre Erziehung in einem Kloster, und dann – vielleicht wäre sie barmherzig genug, zu sterben. Er hatte eigentlich immer Glück, und Geld ist mächtig! Wohlan! Warum nicht? Undeutlich schwebte ihm vor, dass er sie irgendwie, egal wie, aus seiner großartigen Zukunft würde aussperren können. Schließlich dürfte es ein Leichtes sein, sich einer Malaiin zu entledigen, die nach seinem östlichen Verständnis ja nur eine Sklavin war, sei sie nun im Konvent erzogen oder nicht, sei sie ihm nun angetraut oder nicht.

Er hob den Kopf, und er stellte sich dem ängstlich bangenden, jedoch wütenden Seemann.

»Ich – selbstverständlich – ganz, wie Sie wünschen, Kapitän Lingard.«

»Nenn mich Vater, mein Junge. Sie nennt mich auch so«, erwiderte der besänftigte alte Glücksritter. »Verdammt noch mal wenn ich nicht gedacht hab, du würdest ablehnen. Dass du's weißt, Kaspar, ich setze immer meinen Willen durch, es hätte dir also sowieso nichts genützt. Aber du bist ja schließlich kein Narr.«

Er konnte sich noch gut daran erinnern – an den Blick, den Ton, die Worte und den Eindruck, den sie auf ihn machten, ja selbst an das ganze Drumherum. Er erinnerte sich an das schmale abschüssige Deck der Brigg, die ruhig schlafende Küste, den glatten schwarzen Spiegel der See, auf den der aufgehende Mond einen mächtigen Goldbarren zeichnete. Er erinnerte sich an das alles, dazu an den Taumel der Gefühle, der ihn beim Gedanken an das Vermögen, das ihm da in die Hände fallen sollte, erfasst hatte. Er war damals kein Narr gewesen, und er war auch jetzt keiner. Es hatte nicht sein sollen; das Vermögen war verloren, aber die Hoffnung geblieben.

Ihn schauderte in der Nachtluft, und mit einem Mal wurde er gewahr, dass sich nun, da die Sonne verschwun-

den war, tiefe Dunkelheit über den Fluss gesenkt hatte und die Umrisse des gegenüberliegenden Ufers verwischte. Nur ein brennendes Reisigfeuer vor dem mit einem Palisadenzaun umgebenen Anwesen des Raja ließ hier und da die struppigen Stämme der Bäume ringsum auftauchen und warf einen glutroten Schein halb über den Fluss, wo dahintreibende Stämme in undurchdringlicher Finsternis dem Meer zueilten. Er erinnerte sich dunkel, dass ihn irgendwann im Laufe des Abends seine Frau gerufen hatte. Sicher zum Essen. Doch ein Mann, der damit beschäftigt ist, im erwachenden Schimmer neuer Hoffnung die Trümmer der Vergangenheit zu betrachten, kann nicht immer gerade dann Hunger haben, wenn sein Reis gar ist. Dennoch war es an der Zeit heimzugehen, es wurde langsam spät.
Vorsichtig trat er auf die losen Planken zur Leiter hin. Eine Eidechse, durch dieses Geräusch aufgescheucht, stieß einen klagenden Schrei aus und huschte durch das hohe Gras davon, das am Ufer wuchs. Behutsam stieg Almayer die Leiter hinab. Die Aufmerksamkeit, die er aufwenden musste, wollte er einen Sturz auf dem unebenen Boden vermeiden, wo in einem unentwirrbaren Durcheinander Steine, verrottende Bretter und halbzersägte Balken umherlagen, zwang ihn jetzt wieder völlig in die Wirklichkeit zurück. Als er sich dem Haus zuwandte, in dem er wohnte – ›mein altes Haus‹ nannte er es –, vernahm er aus der Finsternis über dem Fluss das Geräusch eintauchender Paddel. Angestrengt lauschend, blieb er auf dem Pfad stehen, überrascht, dass zu so später Stunde jemand auf dem Fluss war, noch dazu bei dem starken Hochwasser. Jetzt konnte er die Paddel ganz deutlich hören, sogar ein hastiges Geflüster und das schwere Atmen von Männern, die gegen die Strömung ankämpften, wobei sie sich nahe zum Ufer hielten, auf dem er stand. Und dazu ganz in der Nähe, aber es war

nicht hell genug, um unter dem überhängenden Buschwerk irgendetwas erkennen zu können.
»Sicher Araber«, murmelte Almayer vor sich hin und spähte in die dichte Dunkelheit. »Was sie jetzt wohl vorhaben mögen? Da steckt doch sicher Abdulla dahinter, zum Teufel mit ihm!« Das Boot war nun ganz nahe.
»O, ya! Heda!«, rief Almayer.
Die Stimmen verstummten, aber die Paddelschläge waren noch ebenso ungestüm wie zuvor. Dann schwankte das Gebüsch vor Almayer, und weithin hallte es durch die Stille der Nacht, als die Paddel ins Kanu polterten. Man schien sich jetzt am Gebüsch festzuhalten. Doch Almayer konnte über dem Ufer kaum die undeutlichen, dunklen Umrisse von Kopf und Schultern eines Mannes erkennen.
»Abdulla?«, fragte Almayer zweifelnd.
Eine ernste Stimme antwortete: »Tuan Almayer spricht mit einem Freund. Hier ist kein Araber.«
Almayers Herz tat einen mächtigen Satz.
»Dain!«, rief er. »Endlich! Endlich! Ich habe Tag und Nacht auf dich gewartet. Ich hatte dich schon beinahe aufgegeben.«
»Nichts hätte mich davon abhalten können, hierher zurückzukommen«, stieß der andere nahezu heftig hervor. »Nicht einmal der Tod«, flüsterte er vor sich hin.
»Das sind gute Worte, und sie stehen einem Freund wohl an«, sagte Almayer herzlich. »Fahr zur Anlegestelle hin und lass deine Leute in meinem Kampong ihren Reis kochen, derweil wir im Haus miteinander reden.«
Auf diese Einladung erfolgte keine Antwort.
»Was ist denn«, fragte Almayer beunruhigt. »Der Brigg ist doch hoffentlich nichts passiert?«
»Die Brigg ist dort, wo kein Orang Blanda Hand an sie legen kann«, erwiderte Dain, ein düsterer Ton schwang in seiner Stimme, was Almayer aber in seiner Freude überhörte.

»Gut«, sagte er. »Aber wo sind denn all deine Männer? Du hast ja nur zwei bei dir.«
»Höre, Tuan Almayer«, entgegnete Dain. »Morgen wird mich die Sonne in deinem Haus sehen, und dann wollen wir miteinander reden. Jetzt muss ich zum Raja.«
»Zum Raja? Warum? Was willst du denn bei Lakamba?«
»Tuan, morgen lass uns wie Freunde zusammen sprechen. Heute Abend muss ich zu Lakamba.«
»Dain, du lässt mich doch jetzt nicht im Stich, wo alles bereit ist?«, fragte Almayer mit flehender Stimme.
»Bin ich nicht zurückgekommen? Aber um deinet- und meinetwillen muss ich zuerst zu Lakamba.«
Plötzlich war der schemenhafte Kopf wieder verschwunden. Der Strauch, den der Mann im Bug des Kanus losgelassen hatte, schnellte schwirrend zurück, ein Schauer schlammigen Wassers überschüttete Almayer, als er sich vorbeugte, um etwas zu sehen.
Bald darauf schoss das Kanu in den Lichtstreifen hinaus, den das mächtige Feuer auf dem anderen Ufer über den Fluss warf, und die Umrisse zweier Männer waren zu erkennen, tief über die Paddel geneigt, dazu eine dritte Gestalt im Heck, die steuerte, den Kopf unter einem riesigen runden Hut verborgen, wie ein Pilz von fantastischen Ausmaßen.
Almayer sah dem Kanu hinterher, bis es wieder aus dem Lichtstreifen verschwunden war. Kurz darauf klang ein vielstimmiges Gemurmel über das Wasser zu ihm herüber. Er konnte sehen, wie Fackeln aus dem brennenden Holzstoß gerissen wurden und für einen Augenblick trat in der Umzäunung das Tor deutlich hervor, an dem man sich drängte. Dann gingen sie hinein, die Fackeln verschwanden, und das restliche Feuer flackerte nur noch ab und zu matt auf.
Mit weit ausholenden Schritten ging Almayer nach Hause. Ihm war beklommen zumute. Ganz bestimmt hatte Dain

nicht im Sinn, ihn zu hintergehen. Ausgeschlossen. Dazu waren Dain und Lakamba beide viel zu sehr am Erfolg seines Planes interessiert. Malaien zu vertrauen war an sich ein Unding; doch sogar Malaien haben Verstand genug, ihren eigenen Vorteil wahrzunehmen. Alles würde gut werden – musste einfach gut werden. Als seine Überlegungen so weit gediehen waren, hatte er den Fuß der Treppe erreicht, die zur Veranda seines Hauses führte. Von der flachen Landspitze aus, auf der er stand, konnte er beide Arme des Flusses sehen. Der Hauptstrom des Pantai verlor sich in völliger Dunkelheit, denn das Feuer beim Raja war nun gänzlich erloschen; doch stromaufwärts, entlang des geraden Flusslaufs nach Sambir zu, konnte sein Blick über die lange Reihe malaiischer Häuser streifen, die sich am Ufer drängten. Hier und da schimmerte ein trübes Licht durch die Bambuswände, oder eine qualmende Fackel brannte auf den Vorbauten, die über den Fluss hinausragten. Weiter weg, da, wo die Insel in einer niedrigen Klippe auslief, erhob sich eine dunkle Masse von Gebäuden, welche die malaiischen Häuser hoch überragte. Massiv auf festem Grund errichtet, weiträumig, strahlend im Glanz vieler heller, weißer Lichter, die Paraffin und Glasglocken ahnen ließen, erhoben sich dort das Haus und die Speicher von Abdulla ibn Selim, dem großen Handelsmann von Sambir. Almayer war der Anblick äußerst widerwärtig, und er drohte mit der Faust zu den Gebäuden hinüber, die ihm in ihrer zur Schau gestellten Wohlhabenheit kalt und anmaßend vorkamen, als sähen sie verächtlich auf sein eigenes Missgeschick herab.

Langsam stieg er die Stufen zum Haus hinauf.

In der Mitte der Veranda stand ein runder Tisch, darauf ohne Glasglocke eine Paraffinlampe, die ein hartes Licht auf die drei Innenwände warf. Die vierte Seite war offen und ging zum Fluss hinaus. Zwischen den rohen Pfosten, auf denen das steile Dach ruhte, hingen zerrissene Rohrblenden. Eine Decke gab es nicht, und das harte Lampenlicht schwächte sich weiter oben zu einem weichen Halbdunkel ab, das sich wiederum in der Finsternis zwischen den Sparren verlor. Die Längswand wurde durch eine Türöffnung geteilt, die, mit einem roten Vorhang verschlossen, auf den zentralen Korridor führte. Das Zimmer der Frauen lag an diesem Gang, durch den man in den hinteren Hof und zur Kochhütte kam. In einer der Seitenwände der Veranda befand sich eine Tür. Auf dieser staubigen Tür, die aussah, als wäre sie sehr lange nicht mehr geöffnet worden, ließ sich noch die nun schon verblasste Aufschrift ›Kontor Lingard & Co.‹ entziffern. An der anderen Seitenwand stand ein geschweifter Schaukelstuhl und, als hätten sie sich auf die Veranda verirrt und schämten sich ihrer schäbigen Umgebung, standen einsam und verlassen vier hölzerne Lehnstühle um den Tisch herum. In einer Ecke lag ein Stapel gewöhnlicher Matten, darüber hing eine alte Hängematte. Ganz in sich zusammengekauert, den Kopf mit rotem Kattun umwickelt, schlief in einer andern Ecke ein Malaie, einer von Almayers Haussklaven, von ›meinen Leuten‹, wie er sie gewöhnlich nannte. Eine recht stattliche Abordnung von Nachtfaltern tummelte sich ausgelassen um die Lampe, begleitet vom lebhaften Surren schwärmender Moskitos. Unter dem Dach aus Palmblättern huschten Eidechsen mit leisen Rufen die Balken entlang. Ein Affe, der an einen der Verandapfosten angekettet war und sich bereits zur Nacht unter die Dachschräge zurückgezogen hatte, äugte grinsend nach Almayer und schwang sich auf eine Bambusdachstrebe, woraufhin Staub und welke Blattfetzen auf den schäbigen Tisch herabrieselten. Der unebene Fußboden war übersät mit dürren Pflanzen und getrockneter Erde. Alles machte einen schmutzigen und verwahrlosten Ein-

druck. Das leichte Lüftchen, das vom Fluss heraufwehte, rüttelte sacht an den brüchigen Jalousien, aus den Wäldern vom anderen Ufer trug es einen schwachen, widerlichen Duft wie von verwesenden Blumen herbei.
Laut knarrten die Verandadielen unter Almayers schweren Tritten. Der Schläfer in der Ecke regte sich unruhig und murmelte unverständliche Worte. Hinter dem Vorhang raschelte es leise, und eine sanfte Stimme fragte auf Malaiisch: »Bist du's, Vater?«
»Ja, Nina. Ich habe Hunger. Hier schläft wohl alles?«
Almayer schlug einen heiteren Ton an und ließ sich mit einem wohligen Seufzer in den Sessel fallen, der dem Tisch am nächsten stand. Durch die Tür mit dem Vorhang trat Nina Almayer, gefolgt von einer alten Malaiin, die sich daran machte, auf den Tisch einen Teller mit Reis und Fisch zu stellen, dazu einen Wasserkrug und eine halb volle Flasche Genever. Nachdem sie gewissenhaft ein gesprungenes Wasserglas und einen Blechlöffel vor ihrem Herrn aufgebaut hatte, verschwand sie wieder lautlos. Nina stand neben dem Tisch, eine Hand ruhte leicht auf der Kante, die andere hing schlaff herunter. Auf ihrem Gesicht, das der Dunkelheit draußen zugewandt war, in der ihre träumerischen Augen ein bezauberndes Bild wahrzunehmen schienen, lag ein Ausdruck ungeduldiger Erwartung. Für ein Halbblut war sie hochgewachsen, sie hatte genau das Profil ihres Vaters, nur dass es durch die breite untere Gesichtspartie, die sie von ihren Vorfahren mütterlicherseits, den Sulupiraten, geerbt hatte, anders wirkte, kräftiger. Ihr fester Mund mit den leicht geöffneten Lippen, hinter denen weiße Zähne hervorschimmerten, verlieh dem ungeduldigen Ausdruck ihrer Züge eine Spur von Wildheit. Und doch besaßen ihre dunklen, wunderschönen Augen den ganzen zärtlichen Schmelz der malaiischen Frauen, allerdings mit einem Schimmer überlegener Intelligenz; sie

schauten ernst drein, weit geöffnet und unverwandt, als sähen sie etwas, das allen anderen Blicken verborgen war.
Ganz in Weiß stand sie da, hoch aufgerichtet, biegsam, anmutig, sich ihrer selbst nicht bewusst; die niedrige, aber breite Stirn war gekrönt von einer schimmernden Fülle langen schwarzen Haares, das ihr in schweren Flechten über die Schultern fiel und dessen tiefe Schwärze ihren ohnehin blassen olivfarbenen Teint noch blasser erscheinen ließ.
Gierig machte sich Almayer über seinen Reis her, nach ein paar Bissen hielt er jedoch inne, den Löffel in der Hand und sah neugierig seine Tochter an.
»Hast du vor etwa einer halben Stunde ein Boot vorbeikommen hören, Nina?«, fragte er.
Das Mädchen warf ihm einen raschen Blick zu, tat dann ein paar Schritte von der Lampe weg ins Dunkel und kehrte dem Tisch den Rücken zu.
»Ich habe nichts gehört«, erwiderte sie langsam.
»Es war aber ein Boot da. Endlich! Dain selbst; und dann ist er weiter zu Lakamba gefahren. Ich weiß es, er hat's mir selber gesagt. Ich hab mit ihm gesprochen, aber er wollte heute Abend nicht herkommen. Hat versprochen, morgen zu kommen.«
Er schlang noch einen Löffel voll Reis hinunter, dann sagte er: »Heute Abend bin ich beinahe glücklich, Nina. Ich kann das Ende eines langen Weges sehen, und der führt uns hinaus aus diesem elenden Sumpf. Bald werden wir von hier fortgehen, du und ich, mein liebes kleines Mädchen, und dann ...«
Er erhob sich vom Tisch und stand da, den Blick starr geradeaus gerichtet, als fesselte ihn eine bezaubernde Vision.
»Und dann«, fuhr er fort, »werden wir glücklich sein, du und ich. Weit weg von hier werden wir reich und angese-

hen leben und das Leben hier und den ganzen Kampf und das ganze Elend vergessen.«

Er trat zu seiner Tochter und strich ihr liebkosend übers Haar.

»Es ist schlimm, wenn man einem Malaien vertrauen muss«, sagte er, »aber ich muss schon zugeben, dieser Dain ist ein vollendeter Gentleman – ein vollendeter Gentleman«, wiederholte er.

»Hast du ihn gebeten, hierherzukommen, Vater?«, fragte Nina, ohne ihn anzusehen.

»Ja, natürlich. Übermorgen werden wir aufbrechen«, sagte Almayer fröhlich. »Wir dürfen keine Zeit verlieren. Freust du dich, meine Kleine?«

Sie war genauso groß wie er, aber er gedachte gern der Zeit, da sie noch klein war und sie ein Herz und eine Seele gewesen waren.

»Ich freue mich«, erwiderte sie sehr leise .

»Natürlich kannst du dir gar nicht vorstellen, was dich erwartet«, sagte Almayer munter. »Ich bin selber auch noch nicht in Europa gewesen, aber ich habe so viel von meiner Mutter darüber gehört, dass mir scheint, ich kenne es ganz genau. Wir werden ein … ein herrliches Leben führen. Du wirst schon sehen.«

Und wieder stand er schweigend neben seiner Tochter, in den Anblick dieser bezaubernden Vision versunken. Nach einer Weile hob er drohend die Faust gegen die schlafende Siedlung.

»Ah! Mein Freund Abdulla«, rief er, »wir werden noch sehen, wer nach all diesen Jahren den Sieg davonträgt!«

Er blickte stromaufwärts und bemerkte: »Wieder ein Gewitter. Na schön! Heute Nacht wird mich bestimmt kein Donner um den Schlaf bringen. Gute Nacht, meine Kleine«, flüsterte er zärtlich und gab ihr einen Kuss. »Heute Abend kommst du mir nicht gerade glücklich vor, aber morgen wirst du eine freundlichere Miene zeigen, ja?«

Regungslos hatte Nina ihrem Vater zugehört, mit halb geschlossenen Augen starrte sie noch immer in die Nacht hinaus, die nun durch schwere Gewitterwolken, welche von den Bergen herabzogen und die Sterne auslöschten, noch dunkler geworden war. Himmel, Wald und Fluss waren zu einer einzigen Masse von nahezu fühlbarer Schwärze verschmolzen. Die leise Brise hatte sich gelegt, aber fernes Donnergrollen und Wetterleuchten kündigten das herannahende Gewitter an. Mit einem Seufzer wandte sich das Mädchen zum Tisch um.

Almayer lag jetzt in seiner Hängematte, schon halb im Schlaf. »Nimm die Lampe, Nina«, murmelte er schläfrig. »Hier wimmelt es nur so von Moskitos. Geh schlafen, meine Tochter.«

Aber Nina löschte die Lampe und trat wieder an das Geländer der Veranda. Sie stand da, den Arm um den Holzpfosten geschlungen, und blickte angespannt auf den Pantai hinaus. Und wie sie so regungslos in der tropischen Nacht stand, konnte sie jedes Mal, wenn ein Blitz aufzuckte, den Wald sehen, der beide Ufer den Fluss hinauf säumte, wie er sich vor den wütenden Windstößen duckte, den Oberlauf des Flusses, der zu weißem Schaum aufgepeitscht wurde, und die schwarzen Wolken, die in fantastischen Fetzen tief über die schwankenden Bäume dahintrieben. Rings um sie her lag alles noch in Ruhe und Frieden, doch in der Ferne konnte sie den Donner krachen, Regen heftig niederprasseln und das Tosen der Wellen in dem aufgewühlten Fluss hören. Mit lauten Donnerschlägen und lang aufflammenden grellen Blitzen, gefolgt von Augenblicken erschreckender Schwärze, kam das Gewitter immer näher. Als es die flache Landzunge erreichte, die den Fluss teilte, bebte das ganze Haus, während laut der Regen auf das Dach aus Palmblättern prasselte. Der Donner sprach in einem einzigen anhaltenden Grollen, und die unaufhörlichen

Blitze enthüllten wild aufgepeitschte Fluten, dahintreibende Äste und Stämme und die mächtigen Bäume, die sich vor der brutalen, unbarmherzigen Gewalt beugten. Der Vater schlief ruhig, ungestört durch den nächtlichen Sommermonsun; vergessen waren auch Hoffnungen, Misserfolge, Freunde wie Feinde. Und die Tochter stand reglos da, jedes Mal, wenn ein Blitz aufflammte, spähte sie forschend über den breiten Fluss.

## 2

Als Almayer Lingards urplötzlichem Verlangen willfahrte und sich einverstanden erklärte, das malaiische Mädchen zu heiraten, wusste niemand, dass die reizende junge Konvertitin an dem Tag, da sie alle ihre leiblichen Verwandten verloren und einen weißen Vater gefunden hatte, ebenso verzweifelt wie die Übrigen an Bord der Prau gekämpft hatte und nur eine schlimme Wunde am Bein sie daran gehindert hatte, wie die wenigen anderen Überlebenden über Bord zu springen. Dort auf dem Vorderdeck der Prau hatte der alte Lingard sie unter vielen toten und sterbenden Piraten gefunden und sie aufs Achterdeck der Brigg *Flash* bringen lassen, ehe das malaiische Boot in Brand gesteckt und den Wellen überlassen wurde. Sie war bei Bewusstsein, und in dem tiefen Frieden und der Stille des tropischen Abends, die auf den Tumult des Kampfes folgten, sah sie zu, wie alles, was ihr auf ihre eigene wilde Art auf Erden lieb und teuer gewesen war, im gewaltigen Tosen von Rauch und Flammen in die Dunkelheit davontrieb. Sie lag da, ohne der behutsamen Hände zu achten, die ihre Wunde verbanden, still, versunken in den Anblick des Scheiterhaufens, auf dem jene kühnen Männer verbrannten, die sie so sehr bewundert und denen sie so eifrig im Kampf gegen den schrecklichen ›Raja-Laut‹ beigestanden hatte.

Vor der leichten nächtlichen Brise trieb die Brigg langsam nach Süden, und die hellauf lodernden Flammen wurden immer kleiner, bis sie nur noch wie ein versinkender Stern am Horizont blinkten. Und er versank: für kurze Zeit spiegelte sich der helle Feuerschein der verborgenen Flammen in der dichten Rauchwolke, dann verschwand auch sie.

Ihr wurde bewusst, dass mit diesem entschwindenden Feuerschein auch ihr altes Leben dahinging. Von nun an stünde ihr nur noch ein Sklavendasein in fernen Ländern, unter Fremden, in unbekannten und vielleicht schrecklichen Gegenden bevor. Sie fürchtete das Unbekannte; im Übrigen aber nahm sie ihre Lage nach Art der Ihren gelassen hin und hielt sie sogar für ganz natürlich; denn war sie nicht eine Tochter von Kriegern, im Kampf bezwungen, und gehörte sie nicht zu Recht dem siegreichen Raja? Selbst die offenkundige Freundlichkeit des schrecklichen alten Mannes musste, so glaubte sie, der Bewunderung für seine Gefangene entspringen, und die geschmeichelte Eitelkeit linderte ihr Leid und Schmerz nach einer so schrecklichen Katastrophe. Hätte sie etwas von den hohen Mauern, den stillen Gärten und den schweigenden Nonnen des Samaranger Konvents geahnt, wohin das Schicksal sie zu lenken im Begriff stand, so hätte sie vielleicht aus Angst und Abscheu vor solchem Eingesperrtsein den Tod gesucht. Im Geiste jedoch sah sie das gewöhnliche Leben eines malaiischen Mädchens vor sich – die übliche Abfolge von schwerer Arbeit und leidenschaftlicher Liebe, von Intrigen, Goldschmuck, von häuslicher Plackerei, dazu den großen, aber unergründlichen Einfluss, der zu den wenigen Vorrechten gehört, derer sich die Frauen halbwilder Völker erfreuen. Aber in den rauen Händen des alten Seebären, dessen

Tun nicht der Vernunft, sondern einer Eingebung seines Herzens folgte, gestaltete sich ihr Schicksal auf eine ungewöhnliche und für sie schreckliche Art. In schweigendem Gehorsam ertrug sie alles – den Zwang, den Unterricht und den neuen Glauben; den Hass und die Verachtung, die ihr dieses ganze neue Leben einflößten, verbarg sie. Mühelos lernte sie die Sprache, begriff jedoch nur wenig von dem neuen Glauben, den die guten Schwestern sie lehrten; einzig die abergläubischen Elemente der Religion eignete sie sich rasch an. Zärtlich und liebevoll nannte sie Lingard bei jedem seiner kurzen, lärmenden Besuche ›Vater‹, stand sie doch unter dem untrüglichen Eindruck, dass er eine große, gefährliche Macht darstelle, die es günstig zu stimmen galt. War er nicht jetzt ihr Herr? Und in diesen vier langen Jahren nährte sie die Hoffnung, vor seinem Auge Gnade zu finden und schließlich seine Frau, seine Ratgeberin, seine Führerin zu werden.
Diese Zukunftsträume zerstoben vor dem Machtwort des Raja-Laut, das Almayers Glück begründete, wie dieser junge Mann zuversichtlich hoffte. Und im verhassten europäischen Feststaat stand die nunmehrige junge Christin mit einem unbekannten, verdrossen dreinschauenden Weißen vor dem Altar. Denn Almayer fühlte sich alles andere als wohl; leicht angewidert, verspürte er große Lust davonzulaufen. Die einsichtige Furcht vor seinem Adoptivschwiegervater und eine gebührende Rücksicht auf sein eigenes materielles Wohlergehen hielten ihn davon ab, einen Skandal auszulösen. Doch während er ›Treue‹ gelobte, sann er bereits darüber nach, wie er sich in nicht allzu ferner Zukunft dieses hübschen Malaienmädchens entledigen könnte. Sie hatte jedoch genug im Kloster gelernt, um sehr wohl zu begreifen, dass sie nach Recht und Gesetz der Weißen nun Almayers Gefährtin und nicht seine Sklavin sein sollte, und sie gelobte sich, ganz danach zu handeln.

So kam es, dass die Brigg *Flash*, als sie mit Baumaterial für ein neues Haus beladen, aus dem Hafen von Batavia auslief, um das junge Paar nach dem unbekannten Borneo zu bringen, nicht so viel Liebe und Glück an Deck trug, wie sich der alte Lingard gegenüber seinen gelegentlichen Bekannten auf den verschiedensten Hotelveranden immer brüstete. Der alte Seemann selbst war vollkommen glücklich. Nun hatte er dem Mädchen gegenüber seine Pflicht getan. »Schließlich hab ich sie ja zur Waise gemacht«, schloss er oft mit großem Nachdruck, wenn er vor einem bunt zusammengewürfelten Publikum von Herumtreibern seine eigenen Angelegenheiten ausbreitete – was er nicht lassen konnte. Und das beifällige Geschrei seiner angetrunkenen Zuhörer erfüllte sein einfaches Gemüt mit Stolz und Freude. »Ich mache nichts halb«, war eine andere Redensart von ihm, »was ich angefangen habe, führe ich auch zu Ende.« Und getreu diesem Grundsatz trieb er den Bau des Hauses und der Speicher am Pantai mit fieberhaftem Eifer voran. Das Haus für das junge Paar; die Speicher für die umfangreichen Handelsgeschäfte, die Almayer tätigen würde, während er (Lingard) in der Lage wäre, sich ganz einem geheimnisvollen Vorhaben zu widmen, von dem nur andeutungsweise die Rede war, das aber, soviel galt als sicher, mit Gold und Diamanten im Landesinnern zu tun hatte. Auch Almayer war von Unrast erfüllt. Hätte er gewusst, was ihn erwartete, hätte er vielleicht nicht so eifrig und nicht so hoffnungsvoll zugesehen, wie das letzte Boot von Lingards Expedition in der Biegung flussaufwärts verschwand. Als er sich umdrehte und sein Blick auf das schmucke kleine Haus fiel, die Speicher, die fein ordentlich von einem Heer chinesischer Zimmerleute errichtet waren, die neue Anlegestelle, an der sich die Handelskanus drängten, war ihm plötzlich, dass die ganze Welt ihm gehöre, und eine freudige Erregung bemächtigte sich seiner. Doch erst musste die Welt erobert werden, ihre Eroberung war aber nicht so leicht, wie er geglaubt hatte. Sehr bald musste er begreifen, dass er in diesem ihren Winkel, wohin ihn der alte Lingard und sein eigener schwacher Wille gestellt hatten, inmitten gewissenloser Intrigen und erbitterster Konkurrenz höchst unerwünscht war. Die Araber hatten den Fluss entdeckt, in Sambir eine Handelsniederlassung errichtet, und wo sie einmal Handel trieben, wollten sie auch die Herren sein und keinen Rivalen dulden. Von seiner ersten Expedition kehrte Lingard erfolglos zurück und zog abermals aus; sämtliche Gewinne aus dem gesetzlichen Handel steckte er in seine geheimnisvollen Reisen. Für Almayer war guter Rat teuer, und er kämpfte und mühte sich, nahezu auf sich allein gestellt, denn bis auf den Schutz, den ihm der alte Raja, Lakambas Vorgänger, Lingard zuliebe angedeihen ließ, war er ohne Freunde und Beistand. Lakamba selbst, der damals noch als Privatmann auf einer Reispflanzung sieben Meilen flussabwärts lebte, stellte sich mit seinem ganzen Einfluss hinter die Feinde des weißen Mannes; die Treffsicherheit, mit der er dabei gegen den alten Raja und Almayer intrigierte, ließ keinen Zweifel daran, dass er über ihre geheimsten Angelegenheiten genauestens Bescheid wusste. Nach außen hin gab er sich freundlich, seine wohlbeleibte Gestalt war oft auf Almayers Veranda zu sehen. Wenn Lingard aus dem Landesinnern zurückkehrte, schimmerten Lakambas grüner Turban und seine goldbestickte Jacke in der vordersten Reihe der geziemenden Schar von Malaien, die zu seiner Begrüßung erschienen waren. Von niemandem sonst wurde der alte Handelsmann mit so tiefen Verbeugungen und einem so herzlichen Händedruck willkommen geheißen wie von Lakamba. Seine winzigen Äuglein jedoch nahmen die Zeichen der Zeit wahr, und mit einem zufriedenen, ver-

stohlenen Lächeln kehrte er von solchen Begegnungen zurück, um mit seinem Freund und Verbündeten Syed Abdulla, dem Oberhaupt der arabischen Handelsniederlassung, diesem so wohlhabenden und auf den Inseln so einflussreichen Mann, lange Beratungen abzuhalten.
Im Dorf glaubte man damals allgemein, dass sich Lakambas Besuche in Almayers Haus nicht auf diese offiziellen Zusammenkünfte beschränkten. In mondhellen Nächten sahen spät heimkehrende Fischer von Sambir nicht selten, wie aus der schmalen Bucht hinter dem Haus des weißen Mannes ein kleines Kanu hervorschoss und der einsame Insasse vorsichtig im tiefen Uferschatten flussabwärts paddelte. Und diese Beobachtungen wurden getreulich berichtet und um die abendlichen Feuer bis tief in die Nacht hinein mit einem Zynismus erörtert, wie er den Malaien eigen ist. Almayer kämpfte verzweifelt, doch mit so geringer Zielstrebigkeit weiter, dass er gegen so gewissenlose, zu allem entschlossene Rivalen, wie es die Araber waren, keinerlei Aussicht auf Erfolg hatte. An den großen Speichern kam der Handel zum Erliegen, und auch die Speicher verfielen nach und nach. Der Bankier vom alten Lingard, Hudig aus Makassar, machte bankrott, und damit war das ganze verfügbare Kapital verloren. Die Gewinne aus vergangenen Jahren hatte Lingards Entdeckungsmanie verschlungen. Lingard trieb sich im Landesinnern herum - vielleicht war er auch schon tot, jedenfalls gab er keinerlei Lebenszeichen von sich. So stand Almayer allein da inmitten dieser Schicksalsschläge. Einzig aus der Gesellschaft seiner kleinen Tochter, die zwei Jahre nach seiner Heirat geboren wurde und zu der Zeit etwa sechs Jahre alt war, schöpfte er ein wenig Trost. Seine Frau hatte bald damit begonnen, ihn mit wütender Verachtung zu behandeln, die sich in mürrischem Schweigen, gelegentlich aber auch in Schimpftiraden äußerte. Er glaubte, sie hasse

ihn, und sah, wie ihre eifersüchtigen Blicke ihn und das Kind nachgerade hasserfüllt belauerten. Sie war eifersüchtig, weil das kleine Mädchen ganz offensichtlich dem Vater den Vorzug gab, und Almayer kam sich nicht mehr sicher vor mit dieser Frau im Haus. Während sie die Möbelstücke verbrannte und in ihrem blinden Hass auf diese Zeichen der Zivilisation die hübschen Vorhänge herunterriss, sann Almayer, durch diese Ausbrüche von Wildheit eingeschüchtert, in aller Stille darüber nach, wie er sich ihrer am besten entledigen könnte. In Gedanken erwog er alles; sogar Mord plante er auf unentschlossene, verzagte Weise, wagte aber nicht, das Geringste zu tun, erwartete er doch jeden Tag, dass Lingard zurückkehrte und ihm Kunde von unermesslichen Reichtümern brächte. Und Lingard kehrte tatsächlich zurück, aber alt und krank, nur noch ein Schatten seiner selbst, in seinen eingesunkenen Augen brannte das Fieber. Er war nahezu der einzige Überlebende der vielköpfigen Expedition. Aber er hatte letztlich Erfolg gehabt! Unbeschreiblicher Reichtum war zum Greifen nahe; er brauchte mehr Geld, nur noch ein klein wenig mehr Geld, um einen Traum von sagenhaftem Reichtum Wirklichkeit werden zu lassen. Und Hudig war bankrott! Almayer kratzte alles, was er irgendwie konnte, zusammen, doch der alte Mann verlangte nach mehr. Wenn Almayer es nicht beschaffen könne, würde er eben nach Singapur fahren – sogar nach Europa, aber zuerst einmal nach Singapur. Und er würde die kleine Nina mitnehmen. Das Kind müsse eine anständige Erziehung haben. Er habe in Singapur gute Freunde, die sich ihrer annehmen und dafür sorgen würden, dass sie einen ordentlichen Unterricht bekäme. Alles werde sich zum Besten, und dieses Mädchen, auf das der alte Seebär jetzt all die Zuneigung, die einst ihrer Mutter gegolten hatte, übertragen zu haben schien, würde einmal, die reichste Frau

des Ostens – ja sogar der Welt. So brüllte der alte Lingard, als er mit seinem schweren Achterdecksschritt auf der Veranda auf und ab marschierte und wild mit einem glimmenden Stumpen herumfuchtelte; zerlumpt, mit zerzaustem Haar, vor Begeisterung glühend. Und Almayer hockte in sich geduckt auf einem Stoß Matten und dachte voller Angst an die Trennung von dem einzigen menschlichen Wesen, das er liebte – und vielleicht mit noch größerer Angst an den Auftritt mit seiner Frau, dieser wilden Tigerin, der man das Junge nehmen wollte. ›Sie wird mich vergiften‹, dachte der arme Teufel, dem diese bequeme und endgültige Art der Malaien, soziale, politische oder familiäre Probleme zu lösen, sehr wohl bekannt war.
Zu seiner großen Überraschung nahm sie die Nachricht ganz ruhig auf, nur einen verstohlenen Blick warf sie ihm und Lingard zu, sagte aber kein Wort. Das hinderte sie jedoch nicht daran, tags darauf in den Fluss zu springen und dem Boott hinterherzuschwimmen, in dem Lingard das Kindermädchen samt dem schreienden Kind davonführte. Almayer musste ihr mit dem Walboot nachsetzen und sie an den Haaren aus dem Wasser ziehen, wobei sie grässlich schrie und derart fluchte, dass er glaubte, der Himmel stürze ein. Nachdem sie zwei Tage lang geklagt und gejammert hatte, kehrte sie jedoch zu ihrer früheren Lebensweise zurück und saß Betelnuss kauend den lieben langen Tag abgestumpft und untätig unter ihren Frauen. Von da an alterte sie sehr rasch und erwachte nur noch aus ihrer Stumpfheit, um mit einer schneidenden Bemerkung oder einem beleidigenden Vorwurf die gelegentliche Anwesenheit ihres Mannes zu quittieren. Er hatte ihr am Fluss auf seinem Grundstück eine Hütte gebaut, wo sie in völliger Abgeschiedenheit wohnte. Lakambas Besuche hatten aufgehört, als durch eine günstige Fügung des Schicksals der alte Herrscher

von Sambir aus dem Leben dahingeschieden war. An seiner statt regierte jetzt Lakamba, nachdem ihm seine arabischen Freunde bei den holländischen Behörden behilflich gewesen waren. Syed Abdulla war nun der große Mann und Händler am Pantai. Völlig ruiniert und hilflos zappelte Almayer im engmaschigen Netz ihrer Intrigen. Dass er überhaupt noch am Leben war, verdankte er einzig und allein ihrer Annahme, er sei in Lingards kostbares Geheimnis eingeweiht. Lingard war verschollen. Einmal hatte er aus Singapur geschrieben, dass das Kind wohlauf und in der Obhut einer Mrs. Vinck sei und dass er selbst nach Europa reisen wolle, um für das große Unternehmen Geld aufzutreiben. Er käme bald zurück. Er sähe da keine Schwierigkeiten, schrieb er. Die Leute würden ihm ihr Geld nur so aufdrängen. Offenbar war es wohl nicht an dem, denn es war nur noch ein Brief von ihm gekommen, in dem es hieß, er wäre krank und hätte von seinen Verwandten keinen mehr am Leben angetroffen; aber sonst stand weiter nichts darin. Darauf folgte gänzliches Schweigen. Europa schien den Raja-Laut verschlungen zu haben, und vergeblich erwartete Almayer aus dem Westen einen Lichtstrahl im Dunkel seiner zerschlagenen Hoffnungen. Jahre vergingen, und die spärlichen Briefe von Mrs. Vinck, später von dem Mädchen selber, waren die einzigen Lichtblicke, die ihm das Leben in der triumphierenden Wildnis des Flusses erträglich machten. Almayer lebte jetzt ganz allein, nicht einmal seine Schuldner suchte er mehr auf, die, der Unterstützung Lakambas sicher, sowieso nicht die Absicht hatten zu zahlen. Der getreue, aus Sumatra gebürtige Ali kochte ihm Reis und Kaffee, wagte Almayer doch niemandem sonst zu trauen, am allerwenigsten seiner Frau. Er schlug die Zeit damit tot, bekümmert die überwucherten Pfade rings ums Haus entlangzuspazieren oder die verfallenen Speicher aufzusuchen, wo ihn ein paar mit Grünspan überzogene Bronzekanonen und nur noch wenige zerbrochene Kisten mit verschimmelnden Baumwollstoffen an die gute alte Zeit erinnerten, da es hier nur so von Menschen und Waren gewimmelt und sich ihm, sein Töchterchen neben sich, am Ufer des Flusses ein Bild geschäftigen Treibens geboten hatte. Jetzt glitten die Kanus aus dem Landesinnern an dem kleinen morschen Landesteg von ›Lingard & Co.‹ vorbei, um den Nebenarm des Pantai hinaufzupaddeln und sich an Abdullas neuer Anlegestelle zu drängen. Nacht dass es ihnen etwa Abdulla angetan hätte, aber sie wagten es einfach nicht, mit dem Mann, dessen Stern gesunken war, Handel zu treiben. In dem Fall, das wussten sie wohl, konnten sie weder von den Arabern noch von Raja Gnade erwarten; keiner von beiden hätte ihnen dann in Notzeiten Reis auf Kredit gegeben; und Almayer könnte ihnen nicht helfen, hatte er doch bisweilen kaum genug für sich. In seiner Einsamkeit und Verzweiflung beneidete Almayer oft seinen nächsten Nachbarn, den Chinesen Jim-Eng, den er auf einem Stapel kühler Matten liegen sehen konnte, den Kopf auf einer hölzernen Unterlage, eine Opiumpfeife in den kraftlosen Fingern. Dennoch suchte er keinen Trost im Opium – vielleicht, weil es zu teuer war, vielleicht, weil der Stolz des weißen Mannes ihn vor dieser Erniedrigung bewahrte; am wahrscheinlichsten aber war es, dass der Gedanke an seine kleine Tochter im fernen Singapur ihn davon abhielt. Seitdem Abdulla einen Dampfer gekauft hatte, der nun ungefähr alle drei Monate zwischen Singapur und der Siedlung am Pantai verkehrte, hörte er öfter von ihr. Almayer fühlte sich seiner Tochter näher. Er sehnte sich danach, sie zu sehen, und plante eine Reise nach Singapur, die er aber in der Hoffnung, sein Glück möge sich wenden, von einem Jahr zum andern verschob. Er wollte ihr nicht mit leeren Händen und ohne ein Wort der Zuversicht gegenübertreten. Er konnte sie doch auch nicht in dieses unzivilisierte Leben zurückverpflanzen, zu dem er selbst verdammt war. Auch fürchtete er sich ein wenig vor ihr. Was mochte sie wohl von ihm denken? Er überschlug die Jahre. Eine erwachsene Frau. Eine zivilisierte Frau, jung und voller Hoffnung; er dagegen fühlte sich alt und bar jeglicher Hoffnung, den Wilden hier ringsum sehr ähnlich. Er fragte sich, wie wohl ihre Zukunft aussähe. Noch wusste er keine Antwort auf diese Frage, und er wagte nicht, ihr gegenüberzutreten. Und doch hatte er Sehnsucht nach ihr. So zögerte er jahrelang.

Sein Zögern fand dadurch ein Ende, dass Nina völlig unerwartet in Sambir auftauchte. Sie kam unter der Obhut des Kapitäns mit dem Dampfer. Almayer betrachtete sie überrascht und erstaunt. In diesen zehn Jahren war aus dem Kind eine Frau geworden, eine schwarzhaarige, olivenhäutige, hochgewachsene und schöne Frau mit großen traurigen Augen; in den allen Malaiinnen eigenen Ausdruck des Staunens mischte sich eine Spur Nachdenklichkeit, ein Erbteil ihrer europäischen Vorfahren. Voller Grauen dachte Almayer an die Begegnung von Frau und Tochter: Was würde wohl dieses ernste, europäisch gekleidete Mädchen von ihrer Betelnuss kauenden Mutter halten, die unordentlich, halbnackt und mürrisch in einer dunklen Hütte hockte? Auch befürchtete er einen Zornesausbruch dieses lästigen Weibes, das einigermaßen still zu halten ihm bisher gelungen war, wodurch er die schäbigen Reste des klapprigen Mobiliars hatte retten können. Und da stand er nun draußen vor der geschlossenen Tür der Hütte im glühenden Sonnenschein, lauschte dem Stimmengemurmel und hätte gern gewusst, was in dem Haus vor sich ging, aus dem gleich zu Anfang der Unterredung alle Dienerinnen verbannt worden waren, die sich nun, die Gesichter halb verdeckt am Zaun drängten und neugierig geschwätzige Mutmaßungen anstellten. Almayer war ganz darein vertieft, durch die Bambuswände hin und wieder ein Wort aufzuschnappen, als der Kapitän des Dampfers, der das Mädchen begleitet hatte, einen Hitzschlag befürchtend, ihn am Arm packte und in den Schatten der Veranda führte, wo bereits Ninas Reisekoffer stand, den man vom Dampfer heraufgebracht hatte. Kaum hatte Kapitän Ford ein Glas vor sich und die Zigarre in Brand gesteckt, als Almayer um eine Erklärung für das unerwartete Auftauchen seiner Tochter bat. Ford wollte nicht so recht mit der Sprache heraus. Er erging sich lediglich in sehr allgemeinen Redensarten, in denen er sich unklar, aber heftig, über die Torheit der Frauen im Allgemeinen und die von Mrs. Vinck im Besonderen ausließ.

»Du weißt ja, Kaspar«, sagte er abschließend zu dem erregten Almayer, »es ist schon verteufelt peinlich, ein Halbblutmädchen im Hause zu haben. Es gibt ja so viele Dummköpfe. Da war dieser junge Bankmensch, der kam zu jeder Tageszeit zu den Vincks. Und die Alte dachte, er hätte es auf ihre Emma abgesehen. Als sie dahinterkam, was er wirklich wollte, da hat sie ganz schönen Krach geschlagen, das kann ich dir sagen. Sie wollte Nina auf der Stelle aus dem Haus werfen. Tatsache ist, mir ist die Sache zu Ohren gekommen, und ich hab das Mädchen zu meiner Frau gebracht. Meine Frau ist in Ordnung, wie Frauen eben so sind, und, mein Wort drauf, wir hätten das Mädel dir zuliebe bei uns behalten, bloß, sie wollte partout nicht bleiben. Nun ja! Reg dich doch nicht auf, Kaspar. So bleib doch ruhig sitzen. Was kannst du denn da schon machen? Es ist besser so. Behalt sie hier. Froh ist sie da drüben sowieso nie gewesen. Die beiden Mädels der Vincks sind weiter nichts als angeputzte Affen. Sie haben Nina über die Schulter angesehen. Du kannst nun mal keine Weiße aus ihr machen. Da kannst du mich noch so beschimpfen. Das geht nicht. Trotzdem ist sie ein gutes Mädchen, aber sie wollte meiner Frau einfach nichts erzählen. Wenn du etwas wissen willst, musst du sie schon selber fragen. Aber ich an deiner Stelle würde sie in Ruhe lassen. Das Geld für die Überfahrt ist dir selbstverständlich erlassen, alter Knabe, wenn du jetzt knapp bei Kasse bist.« Damit warf der Kapitän seine Zigarre weg und machte sich auf, um »den Kerls an Bord Beine zu machen«, wie er sich ausdrückte.

Vergeblich wartete Almayer darauf, aus dem Munde seiner Tochter zu erfahren, warum sie zurückgekehrt war. Weder an diesem noch an einem andern Tag erwähnte sie ihr Leben in Singapur auch nur mit einem Wort. Und er wollte sie nicht danach fragen. Die stille Unbewegtheit ihres Gesichts, der Blick ihrer ernsten Augen, der an ihm vorbei auf die weiten, stillen Wälder gerichtet war, die das leise Rauschen des breiten Stromes in einen Schlaf majestätischer Ruhe gewiegt hatte, hielten ihn davon ab. Er schickte sich darein und war schon glücklich über die zärtliche, fürsorgliche Zuneigung, welche das Mädchen ihm, recht launenhaft freilich nur, bezeigte, denn sie hatte ihre schlimmen Tage (wie er es nannte), an denen sie ihre Mutter aufsuchte und stundenlang in der Hütte am Fluss blieb. Kam sie dann wieder heraus, war sie genauso unergründlich wie immer, und wenn er etwas sagte, erntete er nur einen verächtlichen Blick und eine brüske Antwort. Sogar daran gewöhnte er sich, und an solchen Tagen übte er sich in Stillschweigen, sosehr ihn der Einfluss seiner Frau auf das Mädchen auch beunruhigte. Im Übrigen schickte sich Nina geradezu bewundernswert in die Verhältnisse eines halb barbarischen und elenden Lebens. Wie selbstverständlich und ohne jedwedes Anzeichen von Widerwillen fand sie sich mit der Verwahrlosung, der Verkommenheit, der Ärmlichkeit des Haushalts, dem Mangel an Möbeln und mit dem Umstand ab, dass fast nur Reis auf den Tisch des Hauses kam. Sie wohnte zusammen mit Almayer in dem (jetzt arg baufälligen) kleinen Haus, welches Lingard ursprünglich für das junge Paar errichtet hatte. Ihre Ankunft lieferte den Malaien ausgiebigen Gesprächsstoff. Anfangs stellten sich des Morgens scharenweise Malaiinnen mit ihren Kindern ein, um von der jungen ›Mem Putih‹ für alle möglichen Krankheiten ›Ubat‹ zu erlangen. In der abendlichen Kühle wandelten ernste Araber in langen weißen Gewändern und gelben ärmellosen Jacken gemächlich den staubigen Uferpfad zu Almayers Tor daher und statteten unter fadenscheinigen Vorwänden geschäftlicher Art diesem Ungläubigen einen Besuch ab, um auf höchst schickliche Weise wenigstens einen flüchtigen Blick auf das junge Mädchen werfen zu können. Sogar Lakamba verließ im feierlichen Gepränge von Kriegskanus und roten Schirmen seine pfählerne Befestigung und ging an dem morschen kleinen Steg von ›Lingard & Co.‹ an Land. Er käme, sagte er, um zwei Bronzekanonen als Geschenk für seinen Freund, den Häuptling der Dajak von Sambir, zu kaufen. Und während sich Almayer misstrauisch, aber willfährig daran machte, die alten Kanonen in den Speichern zutage zu fördern, saß der Raja inmitten seines ehrerbietigen Gefolges in seinem Sessel auf der Veranda, um vergeblich auf Ninas Erscheinen zu warten. Sie hatte einen ihrer schlimmen Tage und hielt sich in der Hütte ihrer Mutter auf, von wo aus sie beide das feierliche Schauspiel auf der Veranda verfolgten. Enttäuscht, aber höflich brach der Raja auf. Und schon bald begannen sich die besseren Beziehungen zu dem Herrscher für Almayer vorteilhaft auszuwirken, und zwar dergestalt, dass ihm unter vielen Entschuldigungen und tiefen Verbeugungen Außenstände von Schuldnern zurückgezahlt wurden, welche bis dahin für hoffnungslos zahlungsunfähig gegolten hatten. Unter solcherart verbesserten Umständen fasste Almayer wieder etwas Mut. Vielleicht war doch noch nicht alles verloren. Diese Araber und Malaien begriffen wohl zu guter Letzt doch noch, so glaubte er, dass er ein tüchtiger Mann sei. Und, wie es so seine Art war, er fing an, Großes zu planen, für sich und Nina von gewaltigen Reichtümern zu träumen. Ganz besonders für Nina! Unter solcherart wiedererwachtem Ansporn bat er Kapitän Ford, sich brieflich bei seinen Freunden in England nach Lingard zu erkundigen. Lebte er noch, oder war er tot? Hatte er im Falle seines Todes Papiere, Dokumente oder Hinweise und Andeutungen irgendwelcher Art auf sein großes Vorhaben hinterlassen? Unterdessen hatte er unter dem ganzen Plunder in einem der leeren Zimmer ein Notizbuch gefunden, das dem alten Abenteurer gehört hatte. Er vertiefte sich in die mit krakliger Schrift bedeckten Seiten und grübelte oft darüber nach. Auch andere Dinge rissen ihn aus seiner Teilnahmslosigkeit. Die Unruhe, welche die gesamte Insel seit der Gründung der Britischen Borneo-Gesellschaft ergriffen hatte, zeitigte sogar ihre Wirkungen auf das träge dahinfließende Leben am Pantai. Man erwartete umwälzende Veränderungen; von Annexion war die Rede; die Araber wurden auf einmal zuvorkommend. Almayer ging daran, sein neues Haus zu bauen, das den in Zukunft zu erwartenden Ingenieuren, Handelsbeauftragten oder Siedlern der neuen Gesellschaft dienen sollte. Voller Zuversicht verwandte er jeden nur verfügbaren Gulden darauf. Nur ein Umstand trübte sein Glück: Seine Frau gab ihre Zurückgezogenheit auf und drang mit ihrer grünen Jacke, den kurzen Sarongs, ihrer schrillen Stimme und hexenhaften Erscheinung in sein ruhiges Leben in dem kleinen Bungalow ein. Und seine Tochter schien diesen grausamen Einbruch in ihrer beider Alltagswelt mit großartigem Gleichmut hinzunehmen. Sosehr es ihm missfiel, wagte er doch nicht, sich dagegen zu verwahren.

# 3

Verhandlungen, die in London geführt werden, sind von großer Tragweite. Und so kam es, dass die Entscheidung, die aus den nebelverhüllten Büros der Borneo-Gesellschaft bekannt wurde, für Almayer die strahlende Tropensonne verdunkelte und in seinen Kelch der Enttäuschungen abermals einen Tropfen Bitterkeit fallen ließ. Die Ansprüche auf diesen Teil der Ostküste wurden aufgegeben, sodass der Pantai unter der nominellen Herrschaft Hollands verblieb. In Sambia war die Freude groß. Eilends wurden die Sklaven in Wald und Dschungel vor aller Augen verborgen, und auf den hohen Masten im Hofe des Raja hisste man in Erwartung des Besuchs von Booten eines holländischen Kriegsschiffes die Flaggen.

Die Fregatte ankerte vor der Flussmündung, und die Boote wurden von der Dampfbarkasse stromaufwärts geschleppt und bahnten sich behutsam ihren Weg durch die unzähligen Kanus voller bunt gekleideter Malaien. Der Kommandant hörte sich würdevoll die Loyalitätserklärungen Lakambas an, erwiderte die Verbeugungen Abdullas und versicherte diese Herren in gewähltem Malaiisch der Freundschaft und des Wohlwollens des großen Raja in Batavia, die dieser dem Herrscher und den Bewohnern des vorbildlichen Staatswesens Sambir entgegenbringe.

Von seiner Veranda aus beobachtete Almayer die festlichen Vorgänge am anderen Ufer, hörte die Salutschüsse der Bronzekanonen zu Ehren der neuen Flagge, die Lakamba überreicht wurde, und vernahm das Stimmengewirr der Zuschauermenge, die hinter dem Palisadenzaun hin und her wogte. Der Pulverdampf zog in weißen Schwaden vor dem grünen Hintergrund der Wälder dahin, und Almayer sah unwillkürlich in dem sich rasch verflüchtigenden Qualm ein Bild seiner eigenen entschwindenden Hoffnungen. Das Ereignis versetzte ihn durchaus nicht in patriotische Hochstimmung, dennoch musste er sich liebenswürdig zeigen, als nach Abschluss des offiziellen Empfangs die Marineoffiziere der Kommission den Fluss überquerten, um dem einzigen hier lebenden Weißen von dem sie schon gehört hatten, einen Besuch abzustatten, zweifellos auch von dem Wunsch beseelt, Almayers Tochter zu Gesicht zu bekommen. Darin wurden sie freilich enttäuscht, da Nina nicht geruhte, sich sehen zu lassen. Sie schienen sich jedoch sehr leicht mit dem Gin und den Zigarren zu trösten, die ihnen der gastfreundliche Almayer vorsetzte. Und während draußen der mächtige Strom in der Sonnenglut förmlich kochte, rekelten sie sich im Schatten der Veranda auf den wackligen Sesseln und erfüllten den kleinen Bungalow mit den ungewohnten Lauten europäischer Worte und mit dröhnendem Gelächter über die Witzeleien der Seeleute auf Kosten des fetten Lakamba, den sie noch am Morgen so mit Ehren überschüttet hatten. In einer Anwandlung von Menschenfreundlichkeit brachten die jüngeren Männer ihren Gastgeber zum Erzählen, und vom Anblick europäischer Gesichter, vom Klang europäischer Stimmen begeistert, schüttete Almayer den verständnisvollen Fremden sein Herz aus, ohne zu merken, wie sehr die Schilderung seiner zahlreichen Missgeschicke diese Admirale der Zukunft erheiterte. Sie tranken auf sein Wohl, wünschten ihm viele große Diamanten und einen Berg von Gold, ja, sie erklärten sogar, ihn ob der großen Dinge zu beneiden, die das Schicksal für ihn noch bereithalte. Von so viel Freundlichkeit ermutigt, forderte der grauhaarige, törichte Träumer seine Gäste auf, sein neues Haus zu besichtigen. In einer langen Reihe zogen sie durch das hohe Gras dorthin, während ihre Boote für die Rückfahrt, die sie in der abendlichen Kühle wieder flussabwärts führen sollte, bereitgemacht wurden. Und in den großen öden Zimmern, durch deren leere Fensterhöhlen der laue Wind hereinwehte und die dürren Blätter und den Staub wochenlanger Vernachlässigung sacht aufwirbelte, stampfte Almayer in seiner weißen Jacke und dem geblümten Sarong mit dem Fuß auf, um dem Kreis glitzernder Uniformen zu beweisen, wie fest doch die säuberlich gelegten Fußböden wären; dazu verbreitete er sich über die Schönheiten und Annehmlichkeiten des Hauses. Sie hörten zu und pflichteten ihm bei, erstaunt über die wunderbare Einfalt und die törichten Hoffnungen des Mannes, bis Almayer, von seiner Erregung hingerissen, kein Hehl aus seinem Bedauern darüber machte, dass die Engländer nicht gekommen wären, »die sich darauf verstehen, ein reiches Land zu erschließen«, wie er sich ausdrückte. Diese unverblümte Erklärung löste bei den holländischen Offizieren allgemeines Gelächter aus, und man brach zu den Booten auf. Aber als Almayer vorsichtig über die morschen Planken des Lingardschen Landungssteges an den Chef der Kommission herantrat und ihm in zaghaften Andeutungen von dem Schutz zu sprechen suchte, dessen der holländische Bürger gegenüber den ränkevollen Arabern bedürfe, bedeutete ihm dieser Salzwasserdiplomat unmissverständlich, dass die Araber bessere Untertanen wären als die Holländer, die mit den Malaien einen illegalen Handel mit Schießpulver betrieben. Da erkannte der arglose Almayer sogleich Abdullas ölige Zunge und Lakambas würdevolle Überredungskünste, aber ehe er noch Zeit gefunden hatte, sich entrüstet dagegen zu verwahren, glitt die Dampfbarkasse mit der Kette von Booten im Schlepptau rasch den Fluss hinunter und ließ ihn offenen Mundes vor Zorn und Verblüffung auf dem Landungssteg zurück. Von Sambir bis zu den Inseln, die, Kleinoden gleich, vor der Flussmündung lagen, wo die Fregatte auf die Rückkehr der Boote wartete, waren es dreißig Meilen flussabwärts. Längst ehe die Boote die Hälfte der Strecke zurückgelegt hatten, ging der Mond auf, und der in seinem kalten Licht friedlich schlummernde schwarze Wald erwachte in jener Nacht vom schallenden Gelächter aus der kleinen Flottille, einem Gelächter, das durch die Erinnerung an Almayers beklagenswerte Geschichten losbrach. Von Boot zu Boot schwirrten die Späße der Seeleute über diesen armen Menschen; das Fernbleiben seiner Tochter wurde streng missbilligt; und durch einstimmigen Beschluss der übermütigen Seeleute erhielt in dieser fröhlichen Nacht das zum Empfang der Engländer gebaute halb fertige Haus den Namen ›Almayers Wahn‹.

Viele Wochen nach diesem Besuch floss das Leben in Sambir wieder gleichmäßig und ereignislos dahin. Tagtäglich beleuchtete die Sonne, sowie sie frühmorgens ihre Strahlen über die Baumwipfel schickte, das gleiche Bild alltäglichen Treibens. Wenn Nina den Weg dahinging, der die einzige Straße durch die Ansiedlung darstellte, bot sich stets ein und derselbe Anblick: Männer rekelten sich im Schatten der Häuser auf den hohen Vorbauten; Frauen waren eifrig dabei, den Reis für den Tag zu schälen; nackte braune Kinder tummelten sich auf den engen, schattigen Pfaden, die zu den Rodungen führten. Jim-Eng, der vor seinem Haus auf und ab ging, grüßte Nina mit freundlichem Nicken, ehe er wieder zu seiner vielgeliebten Opiumpfeife zurückkehrte. Die älteren Kinder, durch lange Bekanntschaft kecker geworden, umringten sie, zerrten mit ihren dunklen Fingern am Rock ihres weißen Gewandes und zeigten in Erwartung eines Glasperlenregens ihre strahlend weißen Zähne. Sie begrüßte sie mit einem stillen Lächeln, fand aber immer ein paar freundliche Worte für ein siamesisches Mädchen, eine Sklavin Bulangis, dessen zahlreichen Frauen eine heftige Gemütsart nachgesagt wurde. Auch wollte man genau wissen, dass die häuslichen Streitigkeiten dieses rührigen Reisbauern im Allgemeinen in einem geeinten Angriff all seiner Frauen auf die siamesische Sklavin endeten. Das Mädchen selbst beklagte sich nie – vielleicht aus Vorsicht, vielmehr aber aufgrund der den halbwilden Frauen eigenen, merkwürdigen gleichgültigen Ergebenheit. Vom frühen Morgen an war sie auf den Pfaden zwischen den Häusern, am Ufer des Flusses oder auf den Bootsstegen zu sehen, das Tablett mit dem feinen Gebäck, das zu verkaufen ihre Aufgabe war, geschickt auf dem Kopf balancierend. Während der heißesten Stunden des Tages suchte sie gewöhnlich Schutz in Almayers Kampong, wo sie sich oft, von Nina dazu aufgefordert, in einen schattigen Winkel der Veranda hockte, vor sich das Tablett. Für die ›Mem Putih‹ hatte sie immer ein Lächeln, aber die Anwesenheit von Mrs. Almayer, ja, der bloße Klang ihrer schrillen Stimme war das Signal für einen hastigen Aufbruch.

Mit diesem Mädchen sprach Nina oft. Die anderen Bewohner Sambirs dagegen hörten selten oder nie den Klang ihrer Stimme. Sie gewöhnten sich an die schweigsame Gestalt, die in weißem Kleid still unter ihnen einherging, ein ihnen unverständliches Wesen aus einer anderen Welt. Doch trotz Ninas äußerlicher Gelassenheit, trotz all ihres zur Schau getragenen Gleichmuts gegenüber den Menschen und Dingen ihrer Umgebung verlief ihr Leben durchaus nicht ruhig, war doch Mrs. Almayer viel zu unermüdlich in ihrer Tatkraft, als dass der Haushalt in glücklichen, ja wenigstens ungefährdeten Bahnen hätte ablaufen können. Mrs. Almayer hatte nämlich den Verkehr mit Lakamba wieder aufgenommen, zwar nicht persönlich (denn die Würde dieses Herrschers gebot ihm, in seiner Befestigung zu bleiben), sondern durch die Vermittlung seines Premierministers, Hafenmeisters, Finanzberaters und allgemeinen Faktotums. Dieser Herr aus dem Stamme der Sulu verfügte zweifellos über staatsmännische Gaben, wenngleich es ihm völlig an persönlichen Reizen gebrach. Um der Wahrheit die Ehre zu geben: Er sah ganz und gar abstoßend aus, besaß er doch nur ein Auge in seinem pockennarbigen Gesicht, dazu hatten die Blattern Mund und Nase grässlich entstellt. Dieses so gar nicht anziehende Individuum schlenderte oft in nichtamtlicher Tracht, bestehend aus einem Lendentuch von rosarotem Kattun, in Almayers Garten umher. Dort kauerte er dann hinter dem Haus auf verstreuter Asche dicht bei dem großen eisernen Kessel, in dem die Frauen unter Mrs. Almayers Aufsicht täglich den Reis für die Familie kochten, und hier führte der verschlagene Unterhändler lange Gespräche mit Almayers Frau in der Sprache der Sulu. Worum es bei diesen Unterhaltungen ging, darauf hätte man leicht aus den ihnen folgenden Auseinandersetzungen an Almayers Herd schließen können.

Neuerdings hatte sich Almayer angewöhnt, Ausflüge den Fluss hinauf zu unternehmen. Mit zwei Paddlern und dem getreuen Ali als Steuermann war er dann in einem kleinen Kanu gewöhnlich gleich für ein paar Tage verschwunden. Zweifellos wurden alle seine Bewegungen von Lakamba und Abdulla genauestens beobachtet, wähnte man doch den Mann, der einst das Vertrauen des Raja-Laut genossen hatte, im Besitz wertvoller Geheimnisse. Die Küstenbewohner von Borneo glauben nämlich felsenfest daran, dass es im Landesinnern Diamanten von märchenhaftem Wert und ungeheuer ergiebige Goldvorkommen gibt. Und all diese fantastischen Vorstellungen werden noch dadurch bekräftigt, dass es so schwierig ist, weit ins Landesinnere vorzudringen, besonders an der Nordostküste, wo die Malaien und die Flussstämme der Dajak oder Kopfjäger einander unablässig befehden. Allerdings stimmt es, dass durch die Hände der Dajak allerhand Gold an die Küste gelangt, wenn sie während der kurzen Zeiten des Waffenstillstands in ihren verworrenen Stammeskämpfen die Küstensiedlungen der Malaien aufsuchen. Und so wuchsen und gediehen denn die wildesten Übertreibungen auf dem Boden dieser geringfügigen Tatsache.

Als Weißer hatte Almayer - wie Lingard vor ihm - etwas bessere Beziehungen zu den flussaufwärts lebenden Stämmen. Doch auch seine Ausflüge waren nicht ungefährlich, und sehnlich erwartete der ungeduldige Lakamba jedes Mal seine Rückkehr. Aber immer wieder wurde der Raja enttäuscht. Umsonst waren die Zusammenkünfte seines Faktotums Babalatchi mit der Frau des weißen Mannes am Reistopf. Der weiße Mann selbst blieb unzugänglich - weder Überredung, Schmeichelei, Beschimpfungen richteten bei ihm etwas aus noch sanfte Worte oder keifende Schmähreden, weder verzweifeltes Flehen noch Morddrohungen. Denn in dem brennenden Wunsch, ihren Mann zu einem Bündnis mit Lakamba zu überreden, zog Mrs. Almayer sämtliche Register der Leidenschaften. Das schüttere graue Haar fiel ihr strähnig bis über die vorstehenden Backenknochen, als sie in unterwürfiger Haltung, das schmutzige Gewand unter den Achseln straff um den schlaffen Busen gewickelt, mit schriller Geschwätzigkeit die Vorteile darlegte, die sich aus einer engen Verbindung mit einem so guten, in seinen Handlungen so gerechten Mann ergäben.

»Warum gehst du nicht zum Raja?«, zeterte sie. »Warum fährst du bloß wieder zu diesen Dajak im großen Wald? Man müsste sie töten. Du kannst sie nicht töten, du nicht; aber die Männer von unserem Raja sind tapfer! Du sagst dem Raja, wo der Schatz des alten weißen Mannes versteckt ist. Unser Raja ist ja so gut! Er ist uns ein wahrhafter Großvater. Er wird diese abscheulichen Dajak töten, und die Hälfte des Schatzes wird dir gehören. Oh, Kaspar,

sag doch, wo der Schatz ist. Sag mir's doch! Sag mir, was in dem Surat des alten Mannes steht, worin du so oft des Nachts liest.«
Während solcher Auftritte saß Almayer da, die fülligen Schultern unter dem Ansturm dieses häuslichen Unwetters gebeugt, lediglich die Pausen im Wortschwall seiner Frau, der auf ihn niederprasselte, markierte er durch ein zornig Gebrummtes: »Es gibt keinen Schatz! Mach, dass du fortkommst, Frau!« Durch den Anblick seines geduldig gekrümmten Rückens ergrimmt, ging sie dann schließlich um den Tisch herum, sodass sie ihm ins Gesicht sehen konnte, raffte mit einer Hand ihr Gewand und streckte den anderen mageren Arm mit den krallenähnlichen Fingern aus, um in einer Aufwallung von Zorn und Verachtung die bissigen Reden und bösen Verwünschungen zu unterstreichen, mit denen sie das Haupt des Mannes überschüttete, der die Gesellschaft tapferer malaiischer Häuptlinge gar nicht wert sei. Für gewöhnlich endete es damit, dass sich Almayer, einen Ausdruck inneren Schmerzes auf dem Gesicht, die lange Pfeife in der Hand, langsam erhob und stumm davonging. Er stieg die Stufen hinab und versank beinahe in dem hohen Gras, als er den Weg in die Einsamkeit seines neuen Hauses einschlug; völlig am Ende seiner Kräfte, schleppte er sich nur mühsam dahin, so peinigten ihn Abscheu und Furcht vor dieser Furie. Sie folgte ihm dann bis auf den oberen Treppenabsatz und feuerte auf die fliehende Gestalt wahllose Beschimpfungen ab. Und jeder dieser Auftritte endete in einem durchdringenden Gekreisch, das ihn noch in großer Entfernung erreichte. »Hör mal, Kaspar, ich bin schließlich deine Frau! Deine christliche Ehefrau nach deinem Blanda-Gesetz!« Denn sie wusste wohl, dass dies das Allerbitterste für ihn war, das, was diesen Mann in seinem Leben am meisten reute.

Alle diese Auftritte sah Nina ungerührt an. Sie ließ nicht das Geringste verlauten, als wäre sie taub, stumm und ohne jedes Gefühl. Doch oft, wenn sich ihr Vater in die großen staubigen Zimmer von ›Almayers Wahn‹ geflüchtet hatte und ihre Mutter, von den rhetorischen Anstrengungen erschöpft, müde dahockte, den Rücken ans Tischbein gelehnt, trat Nina neugierig zu ihr, wobei sie ihren Rock vor dem Betelsaft auf dem Fußboden in Acht nahm, und blickte auf sie herab, wie man nach einem verheerenden Ausbruch in den nun wieder ruhigen Krater eines Vulkans hinabsehen mag. Nach derartigen Auftritten überließ sich Mrs. Almayer gewöhnlich Kindheitserinnerungen, die sie in einer Art monotonen Sprechgesangs vortrug - etwas zusammenhanglos zwar, aber im Großen und Ganzen ging es um die Herrlichkeit des Sultans von Sulu, um seine große Pracht, seine Macht, seine große Tapferkeit, die Furcht, welche die Herzen der weißen Männer angesichts seiner schnellen Piratenprau lähmte. Und in diese vor sich hin gemurmelten Schilderungen von der Macht ihres Großvaters mischten sich spätere Erinnerungsfetzen, in denen der große Kampf mit der Brigg des ›weißen Teufels‹ und ihr Leben im Konvent von Samarang die Hauptrolle spielten. An dieser Stelle verlor sie gewöhnlich den Faden ihrer Erzählung, zog das kleine Messingkreuz hervor, das sie immer um den Hals trug, und betrachtete es mit abergläubischer Ehrfurcht. Diese abergläubische Furcht vor einer unbestimmten Zauberkraft des Stückchens Metall und die noch unbestimmtere, aber grässliche Vorstellung von bösen Geistern und entsetzlichen Höllenqualen, die, so glaubte sie, die gute Mutter Oberin sich zu ihrer speziellen Bestrafung ausgedacht hatte für den Fall, dass der nämliche Zauber verloren ginge, bildeten Mrs. Almayers einziges theologisches Rüstzeug für den stürmischen Lebensweg. Wenigstens hatte Mrs. Almayer etwas

Greifbares, an das sie sich halten konnte, wogegen Nina, die unter den protestantischen Fittichen der ehrbaren Mrs. Vinck aufgewachsen war, nicht einmal ein kleines Stückchen Messing besaß, das sie an früher erhaltene Lehren hätte erinnern können. Und wie sie den Schilderungen dieser wilden Herrlichkeit, dieser barbarischen Kämpfe und wüsten Feste lauschte, von kühnen, wenn auch blutrünstigen Taten vernahm, bei denen Männer der Rasse ihrer Mutter sich den Orang Blanda weit überlegen zeigten, fühlte sie sich davon unwiderstehlich angezogen und bemerkte mit undeutlichem Staunen, wie der dünne Mantel zivilisierter Moral, in den wohlmeinende Leute ihre junge Seele gehüllt hatten, abfiel und sie fröstelnd und hilflos, gleichsam am Rande eines tiefen, unbekannten Abgrundes zurückließ. Das Allermerkwürdigste dabei war, dass dieser Abgrund ihr nicht Bange machte, solange sie unter dem Einfluss des hexenhaften Wesens stand, das sie Mutter nannte. Es schien, als habe sie in zivilisierter Umgebung das Leben vergessen, wie es gewesen war, ehe Lingard sie, sozusagen, aus Sambir entführt hatte. Seitdem war sie in Christenlehre unterwiesen worden, hatte eine Erziehung genossen und einen guten Einblick ins zivilisierte Leben erhalten. Leider hatten ihre Lehrer kein Verständnis für ihre Wesensart, und ihre Erziehung endete in einem demütigenden Auftritt, in einem Ausbruch des Abscheus der Weißen vor ihrem gemischten Blut. Und nun lebte sie schon drei Jahre hier am Fluss, mit einer unzivilisierten Mutter und einem Vater, der, den Kopf in den Wolken, zwischen lauter Fallgruben einherstolperte, schwach, unentschlossen und unglücklich. In elenden häuslichen Umständen, ohne die geringsten Annehmlichkeiten der Zivilisation fristete sie ihr Dasein. Eine Atmosphäre gemeiner Machenschaften des Profits willen atmete sie, eine nicht minder abscheuliche von Intrigen und Verbrechen der Lust oder des Geldes wegen. Und solche Dinge waren außer dem häuslichen Zank das Einzige, was sich in ihrem dreijährigen Dasein hier ereignet hatte. Dennoch war sie in dem ersten Monat nicht, wie sie erwartet und beinahe gehofft hatte, an Ekel und Verzweiflung gestorben im Gegenteil, nach einem halben Jahr schon war es ihr vorgekommen, als habe sie nie ein anderes Leben gekannt. Ihr junges Gemüt, dem man ungeschickterwcise einen flüchtigen Blick auf bessere Daseinsweisen gewährt hatte, um es dann wieder in den hoffnungslosen Morast der Barbarei, voller starker und unkontrollierter Leidenschaften, zurückzustoßen, hatte jegliches Unterscheidungsvermögen verloren. Es schien Nina, als gäbe es keinerlei Veränderung und keinerlei Unterschied. Ob man nun in ziegelgemauerten Speichern Handel trieb oder am schlammigen Flussufer; ob man nach Mehr oder Weniger strebte; ob man im Schatten der großen Bäume oder im Schatten der Kathedrale auf der Promenade in Singapur in Liebe verging; ob man seinen eigenen Vorteil im Schutze des Gesetzes und nach den Regeln christlicher Lebensführung zu erreichen trachtete oder ob man die Befriedigung seiner Wünsche mit der barbarischen Verschlagenheit und dem hemmungslosen Ungestüm von Naturen suchte, die ebenso wenig von Kultur wussten wie ihre ungeheuren, dunklen Wälder - Nina sah nur dieselben Bekundungen von Liebe und Hass und der schmutzigen Gier auf der Jagd nach dem ungewissen Dollar in all den vielfältigen und flüchtigen Gestalten. Ihrer entschiedenen Natur wollte es jedoch nach all diesen Jahren scheinen, dass die wilde und kompromisslose Zielstrebigkeit ihrer malaiischen Verwandten der glatten Heuchelei, der höflichen Verstellung, der tugendhaften Maske jener Weißen vorzuziehen sei, die kennenzulernen sie das Missgeschick gehabt hatte. Schließlich war es ihr Leben; es sollte ihr Leben werden, und dieser Gedanke trieb sie immer mehr unter den Einfluss der Mutter. Da es sie in ihrer Unwissenheit nach einem besseren Leben als diesem verlangte, lauschte sie begierig der alten Frau, wenn sie von der entschwundenen Herrlichkeit der Rajas erzählte, deren Geschlecht sie entstammte, und allmählich wuchs ihre Gleichgültigkeit, ihre Geringschätzung gegenüber der weißen Seite ihrer Herkunft, die ein schwächlicher und traditionsloser Vater vertrat.

Almayers Schwierigkeiten wurden durch die Anwesenheit des Mädchens in Sambir keineswegs geringer. Zwar hatte sich die Aufregung, die ihre Ankunft ausgelöst hatte, gelegt, und Lakamba hatte seine Besuche nicht wiederholt, doch etwa ein Jahr nach Abfahrt der Boote des Kriegsschiffes kehrte Abdullas Neffe Syed Reshid von seiner Pilgerfahrt nach Mekka zurück und erfreute sich neben einer grünen Jacke des stolzen Titels eines Hadschi. An Bord des Dampfers, der ihn brachte, wurde ein großes Feuerwerk abgebrannt, die ganze Nacht hindurch dröhnten in Abdullas Hof die Trommeln, und die Willkommensfeier währte bis weit in die frühen Morgenstunden. Reshid war Abdullas Lieblingsneffe und Erbe. Und als dieser liebreiche Onkel eines Tages Almayer am Fluss traf, blieb er höflich stehen, um Artigkeiten auszutauschen und in aller Förmlichkeit um eine Unterredung zu bitten. Almayer witterte einen Betrugsversuch oder jedenfalls etwas Unangenehmes, willigte jedoch selbstverständlich mit dem Anschein großer Freude ein. Und so erschien am Abend darauf nach Sonnenuntergang Abdulla, von mehreren anderen Graubärten und seinem Neffen begleitet. Dieser junge Mann – von sehr verlebtem und wüstem Äußeren – tat, als ginge ihn das Ganze nichts an. Als sich die Fackelträger am Fuße der Treppe aufgestellt und die Besucher auf diversen wackligen Stühlen Platz genommen hatten, blieb Reshid abseits im Schatten stehen, wobei er mit großer Aufmerksamkeit seine aristokratisch geformten schmalen Hände betrachtete. Von der außerordentlichen Feierlichkeit seiner Besucher überrascht, setzte sich Almayer mit einem für ihn bezeichnenden Mangel an Würde auf die Tischkante, was sogleich von den Arabern mit tiefer Missbilligung zur Kenntnis genommen wurde. Doch dann ergriff Abdulla das Wort, wobei er den Blick an Almayer vorbei geradeaus auf den roten Vorhang gerichtet hielt, der die Türöffnung verschloss und durch ein leichtes Schwanken die Anwesenheit von Frauen dahinter verriet. Zunächst sagte er Almayer einige Artigkeiten über die langen Jahre, die sie gute Nachbarschaft miteinander gehalten hätten, und ersuchte Allah, Almayer noch viele Jahre zu schenken, damit er die Augen seiner Freunde mit seiner geschätzten Anwesenheit erfreuen könne. Höflich spielte er auf die große Wertschätzung an, welche die holländische ›Commissie‹ ihm, Almayer, bezeigt habe, und leitete daraus den schmeichelhaften Schluss ab, dass Almayer bei seinem eigenen Volk als ein bedeutender Mann gelten müsse. Er – Abdulla – sei nun seinerseits eine bedeutende Persönlichkeit unter den Arabern, und sein Neffe Reshid würde einmal diese soziale Stellung sowie große Reichtümer erben. Jetzt sei Reshid ein Hadschi. Er besitze mehrere malaiische Frauen, fuhr Abdulla fort, doch wäre es nun an der Zeit, dass er sich eine Lieblingsfrau nähme, die Erste der vier Frauen, die der Prophet gestatte. Und er setzte seine Worte mit wohlerzogener Höflichkeit, als er dem sprachlosen Almayer dann weiter darlegte, dass seine Tochter, falls er sich mit einer Verbindung zwischen ihr und diesem rechtgläubigen und tugendhaften Mann Reshid einverstanden erkläre, die Herrscherin über all die Pracht von Reshids Haus, die erste Frau des ersten Arabers im Archipel sein werde, wenn er – Abdulla – von dem allbarmherzigen Allah dereinst zu den Freuden des Paradieses gerufen werde. »Du weißt, Tuan«, sagte er abschließend, »die anderen Frauen werden ihre Sklavinnen sein, und Reshids Haus ist groß. Aus Bombay hat er breite Ruhebetten und kostbare Teppiche und europäische Möbel mitgebracht. Außerdem gibt es einen großen Spiegel in einem Rahmen, der wie Gold glänzt. Was kann sich ein Mädchen Besseres wünschen?« Und während Almayer ihn in stummem Entsetzen ansah, schlug Abdulla einen vertraulicheren Ton an, bedeutete seinem Gefolge mit einem Wink, sich zu entfernen, und beendete seine Rede damit, dass er die materiellen Vorteile einer solchen Verbindung darlegte und Almayer das Angebot machte, ihm als Zeichen herzlicher Freundschaft und als Preis für die Braut dreitausend Dollar auszusetzen.

Den armen Almayer rührte beinahe der Schlag. Wenngleich er am liebsten Abdulla bei der Gurgel gepackt hätte, brauchte er nur daran zu denken, wie schutzlos er diesen Gaunern preisgegeben war, um die Notwendigkeit diplomatischer Versöhnlichkeit einzusehen. Er beherrschte sein Verlangen und sagte höflich und kühl, das Mädchen sei noch zu jung, außerdem sei sie sein Augapfel. Tuan Reshid, ein Rechtgläubiger und Hadschi, könne doch nicht eine ungläubige in seinen Harem aufnehmen wollen, und als er das skeptische Lächeln sah, das dieser letzte Einwand Abdulla entlockte, sagte er nichts mehr, verließ ihn der Mut zu weiteren Worten, scheute er sich doch ebenso sehr vor einer unumwundenen Ablehnung wie davor, etwas zu sagen, das ihn verpflichten könnte. Abdulla begriff die Bedeutung dieses Schweigens und erhob sich, um sich mit einem gemessenen ›Salam‹ zu verabschieden. Er wünschte seinem Freund Almayer »noch tausend Jahre« und begab sich die Treppe hinunter, wobei Reshid achtungsvoll behilflich war. Die

Fackelträger schwenkten die Fackeln, dass ein Funkenregen in den Fluss stob, und der Zug setzte sich in Bewegung. Almayer blieb aufgeregt, aber doch sehr erleichtert durch ihren Aufbruch zurück. Er ließ sich in einen Sessel fallen und sah den flackernden Lichtern hinterher, die sich zwischen den Bäumen entfernten, bis sie seinen Blicken entschwunden waren und auf das Stapfen der Füße und das Gemurmel von Stimmen nun völlige Stille einkehrte. Er rührte sich nicht, bis der Vorhang raschelte, Nina auf die Veranda heraustrat und sich in den Schaukelstuhl setzte, in dem sie viele Stunden des Tages zu verbringen pflegte. Sie schaukelte leicht hin und her, lehnte sich mit halb geschlossenen Augen zurück, wobei ihr Haar das rußende Licht der Tischlampe von ihrem Gesicht fernhielt. Almayer warf ihr einen verstohlenen Blick zu, doch wie stets verriet ihr Gesicht keinerlei Gefühlsregung. Sie wandte den Kopf ein wenig ihrem Vater zu und fragte zu seiner großen Überraschung auf Englisch: »War dieser Abdulla hier?«

»Ja«, antwortete Almayer, »er ist gerade weggegangen.«

»Und was wollte er, Vater?«

»Er wollte dich für Reshid kaufen«, erwiderte Almayer brutal, denn Ärger übermannte ihn, dabei blickte er zu dem Mädchen hin, als erwarte er einen Gefühlsausbruch. Doch Nina blieb anscheinend ungerührt und blickte träumerisch in die schwarze Nacht hinaus.

»Sieh dich vor, Nina«, sagte Almayer nach kurzem Schweigen und erhob sich von seinem Stuhl, »wenn du im Kanu allein in den Flussengen umherpaddelst. Dieser Reshid ist ein gewalttätiger Schurke, und man kann nicht wissen, wozu er imstande ist. Hörst du?«

Sie war jetzt aufgestanden, im Begriff, ins Haus zu gehen, eine Hand hielt den Vorhang in der Türöffnung. Sie drehte sich um und warf mit einem plötzlichen Ruck das volle Haar zurück.

»Glaubst du, dass er es wagen würde?«, fragte sie schnell und setzte dann wieder zum Gehen gewandt, leise hinzu: »Er würde es nicht wagen. Alle Araber sind Feiglinge.«
Erstaunt sah Almayer ihr nach. Er begab sich nicht zur Ruhe in seine Hängematte. Zerstreut ging er auf und ab, bisweilen blieb er, in Gedanken versunken, am Geländer stehen. Die Lampe erlosch. Der erste Schein der Dämmerung brach über dem Wald hervor; Almayer fröstelte in der feuchten Luft. »Ich geb's auf«, murmelte er vor sich hin, als er sich erschöpft hinlegte. »Zum Teufel mit diesen Weibern! Das soll nun einer verstehen! Sah mir das Mädel doch genauso aus, als wünschte sie entführt zu werden!«
Und er spürte, wie sich eine namenlose Furcht in sein Herz stahl und ihn erneut schaudern ließ.

## 4

In diesem Jahr drangen gegen Ende des Südwestmonsuns beunruhigende Gerüchte nach Sambir. Als Kapitän Ford auf eine abendliche Plauderstunde Almayer besuchte, brachte er die neuesten Ausgaben der ›Straits Times‹ mit, die Nachrichten über den Krieg in Atjeh und die erfolglose holländische Expedition enthielten. Die Nakhodas der wenigen Handelspraus, die flussaufwärts fuhren, statteten Lakamba Besuche ab, um mit diesem Herrscher die unsichere Lage der Dinge zu erörtern. Und ernstes Kopfschütteln begleitete die Berichte von der Strenge, der Härte und überhaupt, der Tyrannei der Orang Blanda; beispielsweise sei der gesamte Handel mit Schießpulver zum Erliegen gekommen und alle verdächtigen Handelsboote würden in der Straße von Makassar strengstens kontrolliert. Sogar Lakambas loyales

Gemüt befand sich in Aufruhr, als man ihm seine Lizenz für Schießpulver entzog und als das Kanonenboot ›Prinzessin Amelia‹ kurzerhand einhundertfünfzig Pulverfässer beschlagnahmte, die nach abenteuerlicher Reise schon fast bis zur Flussmündung gekommen waren. Diese unangenehme Nachricht wurde ihm von Reshid überbracht, der sich nach dem Scheitern seiner Heiratspläne auf eine lange Handelsfahrt durch den Archipel begeben hatte; er hatte für seinen Freund das Schießpulver gekauft und war auf der Rückkehr gerade dann durchsucht und um seine Fracht erleichtert worden, als er sich schon zu seinen Schlauheit beglückwünscht hatte, mit der es ihm gelungen war, unentdeckt zu bleiben. Reshids Zorn richtete sich hauptsächlich gegen Almayer, den er in Verdacht hatte, die holländischen Behörden von den planlosen kriegerischen Verwicklungen der Araber und des Raja mit den flussaufwärts lebenden Stämmen der Dajak unterrichtet zu haben.
Zu Reshids großer Überraschung nahm der Raja seine Beschwerden sehr kühl auf und zeigte keinerlei Anzeichen, dass er auf Rache an dem Weißen sinne. In Wirklichkeit wusste Lakamba sehr wohl, dass sich Almayer keine Einmischung in Staatsangelegenheiten hatte zuschulden kommen lassen. Und außerdem hatte sich seine Einstellung zu diesem vielgeplagten Menschen von Grund auf geändert, seitdem Almayers neuer Freund Dain Maroola eine Versöhnung zwischen ihm und seinem alten Widersacher zustande gebracht hatte.
Ja, Almayer besaß jetzt einen Freund. Bald nachdem Reshid zu seiner Geschäftsreise aufgebrochen war, hörte Nina, als sie von einem ihrer einsamen Ausflüge zurückkehrte und ihr Kanu gemächlich in der Strömung treiben ließ, in einem der kleinen Nebenarme ein Geräusch, wie wenn schwere Taue platschend ins Wasser fielen, dazu den gedehnten Gesang, den malaiische Seeleute

anstimmen, wenn sie schwer zu ziehen haben. Durch das dichte Gebüsch, das die Mündung des Seitenarmes verbarg, erblickte sie die hohen Masten eines europäisch getakelten Segelschiffes, welche über die Nipapalmen ragten. Aus dem schmalen Seitenarm wurde eine Brigg in den Hauptstrom herausgeschleppt. Die Sonne war untergegangen, und in der flüchtigen Dämmerung sah Nina die Brigg, die mithilfe gesetzten Focksegels, Abendbrise und steigender Flut auf Sambir zuhielt. Das Mädchen steuerte das Kanu aus dem Hauptarm in einen der zahlreichen schmalen Wasserläufe zwischen den bewaldeten Inselchen und paddelte mit kräftigen Schlägen über die dunklen, verschlafenen Nebengewässer nach Sambir. Ihr Kanu streifte Wasserpalmen, glitt an kurzen, schlammigen Uferbänken vorbei, von wo regungslose Alligatoren sie träge, gleichgültig anstarrten, und gerade als die Dunkelheit hereinbrach, schoss ihr Kanu in den breiten Zusammenfluss der beiden Hauptarme des Pantai, wo die Brigg bereits vor Anker lag. Die Segel waren festgemacht, die Rahen ins Kreuz gebrasst und die Decks offenbar von allen menschlichen Wesen verlassen. Um ihr Haus auf der flachen Landzunge zwischen den beiden Armen des Pantai zu erreichen, musste Nina den Fluss überqueren und ziemlich dicht an der Brigg vorbeifahren. An beiden Armen des Flusses blinkten in den Häusern am Ufer und über dem Fluss bereits die Lichter und spiegelten sich im stillen Wasser. Über die weite Wasserfläche drangen Stimmengewirr, dann und wann das Schreien eines Kindes, hastiges und plötzlich abbrechendes Wirbeln einer hölzernen Trommel zusammen mit undeutlichen Zurufen der in der Dunkelheit heimkehrenden Fischer zu ihr her. Sie zögerte ein wenig, ehe sie den Fluss überquerte, denn der Anblick eines so ungewöhnlichen Gegenstandes wie ein europäisch getakeltes Schiff bereitete ihr ein gewisses Unbehagen, aber in dem weiten Dunkel des Flusses würde ihr kleines Kanu schon ungesehen bleiben. Als sie das kleine Boot mit raschen Paddelschlägen vorwärtstrieb, kniete sie auf dem Boden des Kanus und neigte sich weit vor, um jedes verdächtige Geräusch aufzufangen, während sie auf den kleinen Landungssteg von ›Lingard & Co.‹ zuhielt. Der helle Lichtschein der Paraffinlampe, der über die weiß getünchte Veranda von Almayers Bungalow fiel, diente ihr als Wegweiser. Der Steg selbst, der im Schatten des von herabhängenden Büschen überwucherten Ufers lag, war in der Dunkelheit verborgen. Noch ehe sie ihn erspähen konnte, vernahm sie den dumpfen Stoß, mit dem ein großes Boot gegen die morschen Pfosten stieß, dazu drang das Gemurmel flüsternder Stimmen aus dem Boot zu ihr herüber, dessen weißer Anstrich und dessen Größe, die sie beim Näherkommen nur undeutlich wahrnehmen konnte, sie zu Recht vermuten ließen, dass es zu der Brigg gehöre, die da eben vor Anker gegangen war. Mit einem schnellen Paddelschlag verhielt sie ihr Kanu, und mit einem zweiten, ebenso raschen Schlag drehte sie vom Steg ab und hielt auf einen kleinen Bach zu, durch den sie zum Hinterhof des Hauses gelangen konnte. Sie legte am schlammigen Ufer des Baches an und ging über das niedergetretene Gras des Hofes zum Haus. Zur Linken, von der Kochhütte her, fiel ein roter Schein durch die Bananenpflanzung, an deren Rand sie entlangging, und durch die Abendstille drang das Gelächter von Frauen zu ihr her. Daraus schloss sie ganz richtig, dass ihre Mutter nicht da war, denn Lachen und Mrs. Almayer passten so gar nicht zueinander. ›Sie muss demnach im Haus sein‹, überlegte Nina weiter, als sie leichtfüßig die schräg liegenden, wackligen Planken hinauflief, die zur Hintertür am Ende des schmalen Korridors führten, welcher das Haus teilte. Vor dieser Tür stand im Schatten der getreue Ali.

»Wer ist da?«, fragte Nina.

»Ein großer Malaie ist angekommen«, erwiderte Ali im Ton unterdrückter Erregung. »Ein reicher Mann. Sechs Lanzenträger sind dabei. Ein richtiger Krieger, und er ist sehr prächtig gekleidet. Ich habe seine Kleidung gesehen. Sie glänzt richtig. Was für Edelsteine! Geh nicht rein, Mem Nina. Tuan hat es verboten. Aber die alte Mem ist trotzdem reingegangen. Tuan wird böse sein. Barmherziger Allah! Was für Edelsteine der Mann hat!«

Nina glitt an der ausgestreckten Hand des Sklaven vorbei in den dunklen Gang, wo sie am andern Ende im rötlichen Schein, der durch den Vorhang fiel, eine kleine dunkle Gestalt sehen konnte, die sich dicht an der Wand zusammenkauerte: ihre Mutter labte Augen und Ohren an dem, was auf der Veranda vor sich ging. Nina trat zu ihr, um auch ihr Teil von dem seltenen Vergnügen einer Abwechslung abzubekommen. Sie traf auf den ausgestreckten Arm ihrer Mutter, dazu die geflüsterte Ermahnung, ja ganz leise zu sein.

»Hast du sie gesehn, Mutter?«, fragte Nina, atemlos flüsternd.

Mrs. Almayer wandte dem Mädchen das Gesicht zu, und in dem rötlichen Halbdunkel des Korridors lag ein seltsamer Glanz in ihren eingesunkenen Augen.

»Ich hab ihn gesehn«, flüsterte sie beinahe unhörbar, dabei pressten ihre knöchernen Finger die Hand ihrer Tochter. »Ein großer Raja ist nach Sambir gekommen – ein Sohn des Himmels«, murmelte die alte Frau vor sich hin. »Geh weg, Mädchen!«

Die beiden Frauen standen dicht am Vorhang. Nina wollte an einen Riss im Stoff herankommen, während ihre Mutter verbissen und hartnäckig ihre Stellung verteidigte. Auf der andern Seite stockte jetzt das Gespräch, doch konnte man während der kurzen Pause das leichte Klirren von Schmuck, von metallenen Dolchscheiden und von ehernen Sirigefäßen hören, die von Hand zu Hand gingen. Stumm rangen die beiden Frauen miteinander, als schlurfende Schritte zu vernehmen waren und der Schatten von Almayers vierschrötiger Gestalt auf den Vorhang fiel.

Die Frauen hörten auf zu ringen und verhielten regungslos. Almayer hatte sich erhoben, um seinem Gast zu antworten. Er stand mit dem Rücken zum Vorhang und merkte nicht, was sich dahinter abspielte. Er sprach in bedauerndem, gereiztem Ton.

»Du bist an die falsche Adresse geraten, Tuan Maroola, wenn du Handel treiben willst, wie du sagst. Was immer du auch in Makassar über mich gehört haben magst: ich war mal Händler, bin aber keiner mehr. Und wenn du etwas möchtest, hier wirst du es nicht finden. Von mir kannst du nichts kriegen, und ich selbst brauche nichts. Du solltest zum hiesigen Raja gehen. Bei Tage kannst du seine Häuser auf dem andern Flussufer sehen, da, wo jetzt die Feuer am Ufer brennen. Er wird dir helfen und mit dir Handel treiben. Oder, noch besser, du gehst zu den Arabern da drüben«, fuhr er bitter fort, wobei er mit der Hand auf die Häuser von Sambir wies. »Abdulla ist der rechte Mann für dich. Es gibt nichts, was er nicht kauft oder verkauft. Das kannst du mir schon glauben, ich kenne ihn gut.«

Eine Weile wartete er auf Antwort, dann setzte er hinzu: »Es ist so, wie ich gesagt habe, mehr gibt's nicht zu sagen.«

Nina, die von ihrer Mutter zurückgehalten wurde, hörte eine weiche Stimme in jenem gleichmäßigen, glatten Tonfall antworten, wie er den Malaien der gehobeneren Schichten eigen ist: »Wer wollte an den Worten eines weißen Tuans zweifeln? Ein Mann sucht sich seine Freunde da, wo es ihm das Herz befiehlt. Ist das nicht ebenso wahr? Wenn es auch schon spät ist, so bin ich doch gekommen, weil ich etwas zu sagen habe, das zu hören dich vielleicht glücklich macht. Morgen werde ich zum Sultan gehen. Ein Handelsmann bedarf der Freundschaft trefflicher Männer. Dann werde ich wieder hierherkommen, um ernsthaft mit dem Tuan zu reden, wenn ich darf. Zu den Arabern werde ich nicht gehen, ihre Lügen sind groß. Was sind sie schon? Chelakka!«

Als Almayer antwortete, klang seine Stimme schon etwas liebenswürdiger: »Nun, wie du willst. Ich kann dich morgen jederzeit anhören, wenn du etwas zu sagen hast. Pah! Wenn du beim Sultan Lakamba gewesen bist, wirst du bestimmt nicht noch einmal hierherkommen wollen, Inchi Dain. Du wirst schon sehen. Nur denke daran, mit Lakamba will ich nichts zu schaffen haben. Das kannst du ihm ruhig sagen. Was kannst du schließlich schon von mir wollen?«

»Darüber reden wir morgen, Tuan, nun, da ich dich kenne«, antwortete der Malaie. »Ich spreche ein wenig Englisch, wir können also reden, ohne dass uns jemand versteht, und dann …«

Mit einem Mal brach er ab, um erstaunt zu fragen: »Was ist das für ein Lärm, Tuan?«

Auch Almayer hatte das immer lauter werdende Handgemenge vernommen, das hinter dem Vorhang von den Frauen wieder aufgenommen worden war. Offensichtlich war Ninas heftige Neugier im Begriff, über Mrs. Almayers ausgeprägten Sinn für Anstand und Schicklichkeit den Sieg davonzutragen. Ganz deutlich hörte man Keuchen, und der Vorhang geriet in Bewegung während der Auseinandersetzung, die hauptsächlich eine körperliche war, obgleich sich Mrs. Almayers Stimme mit dem üblichen Mangel an Logik, dafür aber mit dem bekannten Reichtum an Schimpfworten, vernehmlich in ärgerlichen Vorhaltungen erging.

»Du schamloses Weib! Bist du denn eine Sklavin?«, keifte die erzürnte Matrone. »Trag einen Schleier vorm Gesicht, du gemeines Ding! Du weiße Schlange, ich lass dich nicht ...«

Ärger überzog Almayers Gesicht, ebenso wie Zweifel, ob es ratsam wäre, in die Auseinandersetzung zwischen Mutter und Tochter einzugreifen. Er warf einen Blick auf seinen malaiischen Besucher, der schweigend das Ende des Aufruhrs abwartete und ebenso amüsiert wie erwartungsvoll aussah, dann murmelte er mit einer verächtlichen Handbewegung: »Es ist nichts. Frauen.«

Der Malaie nickte würdevoll mit dem Kopf und setzte eine gelassene, gleichgültige Miene auf, wie es die Höflichkeit nach einer solchen Erklärung erforderte. Hinter dem Vorhang war der Kampf zu Ende, und offenbar hatte sich der Wille der Jüngeren durchgesetzt, denn das eilige Schlurfen und Klappern von Mrs. Almayers hochhackigen Sandalen verlor sich in der Ferne. Der wieder beruhigte Hausherr wollte sich gerade anschicken, das Gespräch von Neuem aufzunehmen, als ihn eine plötzliche Veränderung im Gesichtsausdruck seines Gastes stutzen ließ. Er wandte den Kopf und sah Nina in der Türöffnung stehen.

Nachdem Mrs. Almayer das Schlachtfeld geräumt, hatte Nina, mit dem verächtlichen Ausruf: »Es ist ja nur ein Händler!«, den eroberten Vorhang hochgehoben und stand nun im vollen Lichtschein da, umrahmt vom dunklen Hintergrund des Korridors, den Mund leicht geöffnet, das Haar nach der Anstrengung zerzaust, ihre wundervollen strahlenden Augen noch immer sprühend vor Zorn. Mit einem Blick erfasste sie die Gruppe weiß gekleideter Lanzenträger, die reglos im Schatten am andern Ende der Veranda standen, und neugierig ließ sie den Blick auf dem Gebieter dieses beeindruckenden Gefolges ruhen. Er stand ihr beinahe gegenüber, ein wenig zur Seite gekehrt, und hatte sich, von der Schönheit der unerwarteten Erscheinung überwältigt, tief verneigt und die gefalteten Hände hoch über den Kopf erhoben in einer Ehrerweisung, wie sie Malaien nur den Großen dieser Erde bezeigen. Das grelle Lieht der Lampe leuchtete auf der Goldstickerei einer schwarz seidenen Jacke, zerbarst in tausend glitzernde Strahlen auf dem juwelenbesetzten Griff seines Krises, der aus dem reichen Faltenwurf des roten Sarongs hervorsah, den eine Schärpe um die Taille zusammenhielt, und spielte auf den kostbaren Edelsteinen, welche die vielen Ringe an seinen dunklen Fingern schmückten. Rasch richtete er sich aus seiner tiefen Verbeugung auf und legte mit natürlicher Anmut die Hand an den Griff seines schweren, mit prächtig gefärbten Pferdehaaren verzierten Kurzschwertes. Nina, die auf der Schwelle zögerte, sah eine hoch aufgerichtete, geschmeidige, mittelgroße Gestalt, deren breite Schultern auf große Körperkraft deuteten. Unter den Falten eines blauen Turbans, dessen Enden in Fransen anmutig über die linke Schulter fielen, zeigte das Gesicht Entschlossenheit und heitere Sorglosigkeit, doch mangelte es ihm auch nicht an einer gewissen Würde. Das eckige Kinn, der volle rote Mund, die vibrierenden Nasenflügel und die stolze Kopfhaltung vermittelten den Eindruck eines halbwilden, ungezähmten, vielleicht grausamen Wesens und strafte so die milde Sanftmut der beinahe unmännlichen Augen Lügen, dieses allgemeinen Kennzeichens seiner Rasse. Nun, da die erste Überraschung gewichen war, sah Nina diese Augen mit einem Ausdruck so grenzenloser Bewunderung und inbrünstigen Verlangens auf sich gerichtet, dass sie spürte, wie eine ihr bis dahin unbekannte Scheu, vermischt mit Angst und Wonne, sie ergriff und ihr ganzes Wesen durchdrang. Von diesen ungewohnten Empfindungen verwirrt, blieb sie in der Türöffnung stehen und zog unwillkürlich den unteren Teil

des Vorhangs vor das Gesicht, dass nur eine Hälfte ihrer runden Wange, eine verirrte Haarsträhne und ein Auge frei blieben, mit dem sie nun die prachtvolle, kühne Gestalt musterte, die mit den seltenen Exemplaren von Handelsleuten, welche sie zuvor auf ebendieser Veranda zu Gesicht bekommen hatte, so gar nichts gemein hatte.
Von der unerwarteten Erscheinung geblendet, vergaß Dain Maroola den verwirrten Almayer, vergaß seine Brigg, seine Gefolgsleute, die vor Bewunderung Mund und Nase aufsperrten, den Zweck seines Besuches und alles Übrige in dem überwältigenden Verlangen, den Anblick von so viel Lieblichkeit länger genießen zu können, der ihm unverhofft an einem, wie er glaubte, so unwahrscheinlichen Ort widerfahren war.
»Das ist meine Tochter«, sagte Almayer verlegen. »Es hat nichts zu bedeuten. Weiße Frauen haben so ihre Gepflogenheiten, wie du wohl weißt, Tuan, da du so viel auf Reisen gewesen bist, wie du sagst. Doch es ist spät geworden; wir wollen das Gespräch morgen beenden.«
Dain verneigte sich tief und versuchte in einem letzten Blick dem Mädchen seine grenzenlose Bewunderung zu bekennen. Gleich darauf schüttelte er höflich und würdevoll Almayer die Hand, seine gleichgültige Miene erschien völlig unbeeindruckt von der Anwesenheit eines weiblichen Wesens. Die Gefolgsleute setzten sich im Gänsemarsch in Bewegung, und er eilte ihnen nach, ihm auf dem Fuße folgte ein robuster, wild aussehender Sumatrese, den er zuvor als den Kommandanten seiner Brigg vorgestellt hatte. Nina trat an das Geländer der Veranda und sah den Glanz des Mondlichts auf den stählernen Speerspitzen und hörte das rhythmische Klirren der Messingfußspangen, als die Männer hintereinander zum Steg gingen. Bald darauf legte das Boot ab, es wirkte unheimlich groß im hellen Mondschein, eine dunkle, unförmige Masse im feinen Dunstschleier, der über dem

Wasser hing. Nina bildete sich ein, sie sähe die anmutige Gestalt des Händlers hoch aufgerichtet im Heck stehen, aber nicht lange, und die Umrisse verschwammen, verwischten sich, um sich alsbald in den weißen Nebelschwaden zu verlieren, die die Flussmitte einhüllten.
Almayer war zu seiner Tochter getreten, stützte beide Arme auf das Geländer und sah verstimmt auf den Schutthaufen vor der Veranda hinab.
»Was sollte denn der Lärm eben?«, brummte er verdrossen, ohne aufzusehen. »Zum Teufel mit dir und deiner Mutter! Was wollte sie? Wozu bist du herausgekommen?«
»Sie wollte mich nicht auf die Veranda lassen«, antwortete Nina. »Sie ist wütend. Sie sagt, der Mann, der eben weggegangen ist, sei ein Raja. Jetzt denke ich auch, dass sie recht hat.«
»Ich glaube, ihr Weiber seid alle nicht bei Trost«, knurrte Almayer. »Was geht das dich, sie oder überhaupt jemanden an? Der Mann möchte auf den Inseln Trepang und Vogelnester sammeln. Das hat er mir gesagt, dein Raja. Morgen kommt er wieder. Ich möchte, dass ihr beide euch nicht im Hause blicken lasst und ich in Ruhe meinen Geschäften nachgehen kann.«
Tags darauf kam Dain Maroola und hatte mit Almayer eine lange Unterredung. Das war der Beginn eines engen freundschaftlichen Einvernehmens, über das zuerst in Sambir viel geredet wurde, bis sich die Leute daran gewöhnt hatten, in Almayers Kampong des Öfteren viele Feuer brennen zu sehen, an denen sich in den kalten Nächten des Nordostmonsuns Maroolas Männer wärmten, während ihr Herr lange Zusammenkünfte mit dem Tuan Putih hatte, wie sie Almayer unter sich nannten. Gar zu gern hätte man in Sambir Genaueres über die Angelegenheiten des neuen Händlers gewusst. War er beim Sultan gewesen? Was hatte der Sultan gesagt? Hatte er Geschenke ausgeteilt? Was wollte er verkaufen? Was wollte

er kaufen? Derartige Fragen wurden eifrig von den Bewohnern der über den Fluss hinausgebauten Bambushütten gestellt. Auch in den stattlicheren Häusern, so im Hause Abdullas, in den Wohnsitzen der größten Händler, Araber, Chinesen und Bugis, schlugen die Wogen der Erregung hoch, und das viele Tage lang! Von Natur aus misstrauisch, wollten sie die einfachen Erklärungen, die der junge Händler stets bereitwillig zu seiner Person gab, nicht glauben. Und doch erweckte alles den Anschein der Wahrheit. Er sagte, er wäre ein Händler und verkaufe Reis. Guttapercha oder Bienenwachs wolle er nicht kaufen, da er die Absicht hätte, seine zahlreiche Besatzung auf den Korallenriffen vor der Flussmündung Trepang und auf dem Festland Vogelnester sammeln zu lassen. Gern, so erklärte er, wolle er diese beiden Artikel kaufen, wenn er sie so bekommen könne. Er sagte, er komme aus Bali und sei ein Brahmane, wobei er letztere Behauptung dadurch bewies, dass er bei seinen häufigen Besuchen bei Lakamba und Almayer jegliche Nahrung ablehnte. Lakamba suchte er gewöhnlich abends auf und erhielt lange Audienzen. Babalatchi, der bei diesen Zusammenkünften von Herrscher und Händler immer als Dritter zugegen war, verstand es vortrefflich, alle Versuche seitens der Neugierigen, den Gegenstand so vieler langer Gespräche zu erkunden, abzuwehren. Wenn der würdige Abdulla ihn mit umständlicher Höflichkeit aushorchen wollte, flüchtete er sich in ein ausdrucksloses Starren seines einzigen Auges und trug größte Einfalt zur Schau. »Ich bin nur der Sklave meines Herrn«, murmelte Babalatchi dann zögernd. Daraufhin, als hätte er sich plötzlich dazu entschlossen, ein streng gehütetes Geheimnis preiszugeben, berichtete er Abdulla von irgendeinem Reisgeschäft, wobei er in geheimnisvollem, eindringlichem Ton immer wieder die Worte wiederholte: »Hundert große Säcke hat der Sultan gekauft, hundert,

Tuan!« Obgleich Abdulla felsenfest davon überzeugt war, dass viel gewichtigere Geschäfte im Gange waren, empfing er die Mitteilung mit allen Zeichen respektvollen Erstaunens. Und wenn die beiden danach auseinandergingen, verfluchte der Araber innerlich den verschlagenen Fuchs, während Babalatchi, wie er auf dem staubigen Pfad dahinwankte, das Kinn mit den spärlichen grauen Haaren vorgestreckt, einem neugierigen Ziegenbock glich, der auf Abwegen wandelte. Aufmerksame Augen folgten allen seinen Bewegungen. Jim-Eng, der Babalatchi schon von Weitem erspäht hatte, schüttelte dann die Benommenheit des gewohnheitsmäßigen Opiumrauchers ab und torkelte auf die Straße hinaus, wo er das Herannahen dieser wichtigen Persönlichkeit erwartete, eine gastliche Einladung auf den Lippen. Doch Babalatchis Verschwiegenheit hielt sogar den Angriffen von Kameradschaftlichkeit im Verein mit starkem Gin stand, der ihre reichlich von dem freigebigen Chinesen ausgeschenkt wurde. Jim-Eng musste sich geschlagen bekennen; ohne etwas erfahren zu haben, blieb er mit der leeren Flasche zurück und schaute traurig der dahinschwindenden Gestalt des Staatsmannes von Sambir nach, der dann schwankend und auf Umwegen gewöhnlich bei Almayer einkehrte. Seitdem Dain Maroola zwischen seinem weißen Freund und dem Raja eine Versöhnung zustande gebracht hatte, war der einäugige Diplomat wieder häufiger Gast im Hause des Holländers. Zu Almayers großem Entsetzen konnte man ihn jederzeit da sehen, wie er ganz in sich versunken auf der Veranda auf und ab spazierte, auf den Gängen umherschlich oder auf einmal hinter sonst welchen Ecken auftauchte, immer bereit, Mrs. Almayer in ein vertrauliches Gespräch zu ziehen. Dem Herrn des Hauses ging er lieber aus dem Weg, als argwöhnte er, dass sich die aufgestauten Ressentiments des weißen Mannes ihm gegenüber in einem plötzlichen Tritt Luft machen könnten. Am liebsten hielt er sich in der Kochhütte auf, und so wurde er denn dort ein ständiger Gast; stundenlang hockte er zwischen den geschäftigen Frauen, das Kinn auf den Knien, die mageren Arme um die Beine geschlungen, und ließ sein Auge rastlos hin und her schweifen – der Inbegriff lauernder Hässlichkeit.

Mehr als einmal wollte sich Almayer bei Lakamba über die Aufdringlichkeit seines Ersten Ministers beschweren, aber Dain riet ihm davon ab.

»Wir können hier kein einziges Wort reden, das er nicht hört«, knurrte Almayer.

»Dann reden wir eben an Bord der Brigg«, erwiderte Dain mit stillem Lächeln. »Es ist gut, den Mann hierherkommen zu lassen. Lakamba glaubt, er wisse viel. Vielleicht denkt der Sultan, ich will auf und davon gehen. Lass das einäugige Krokodil sich nur ruhig in deinem Kampong sonnen, Tuan.«

Und Almayer gab unwillig nach, knurrte vage Drohungen von persönlichen Tätlichkeiten und musterte feindselig den betagten Staatsmann, der mit ruhiger Halsstarrigkeit an seinem häuslichen Reistopf hockte.

## 5

Schließlich hatte sich die Aufregung in Sambir wieder gelegt. Die Bewohner gewöhnten sich an das Kommen und Gehen zwischen Almayers Haus und dem Schiff, das jetzt am andern Ufer festgemacht hatte. Und die Frauen der Siedlung ließen sich von der ordnungsgemäßen Erledigung ihrer häuslichen Pflichten nicht mehr durch Spekulationen darüber abhalten, was wohl die emsige Tätigkeit zu bedeuten habe, mit der Almayers

Bootsleute die alten Kanus wieder instand setzten. Selbst der genasführte Jim-Eng gab es auf, sich das umnebelte Gehirn über Geschäftsgeheimnisse zu zerbrechen; mit Hilfe seiner Opiumpfeife fiel er wieder in einen Zustand seliger Betäubung zurück und ließ Babalatchi, anscheinend unbemerkt und ohne ihn hineinzubitten, an seinem Haus vorübergehen.

So konnte auch an jenem warmen Nachmittag, als der verlassene Fluss im Licht der hoch am Himmel stehenden Sonne glitzerte, der Staatsmann von Sambir, ohne von freundlichen Fragestellern behelligt zu werden, sein kleines Kanu unter dem Gebüsch hervorziehen, wo er es gewöhnlich verbarg, wenn er Almayers Hof einen Besuch abstattete. Langsam und träge paddelte Babalatchi dahin; er duckte sich förmlich ins Boot und machte sich so klein wie möglich unter dem riesigen Sonnenhut, um der sengenden Hitze zu entgehen, die vom Wasser zurückgeworfen wurde. Er hatte es nicht eilig; sein Herr, Lakamba, pflegte gewiss um diese Tageszeit der Ruhe. Er hatte ausreichend Zeit, um den Fluss zu überqueren und ihm beim Erwachen mit wichtigen Neuigkeiten aufzuwarten. Würden sie Lakamba verdrießlich stimmen? Würde er zornig mit dem Ebenholzstab auf den Fußboden pochen und ihn durch heftige, zusammenhanglose Ausrufe in Angst und Schrecken versetzen? Oder würde er sich lächelnd und guter Laune hinhocken, sich behäbig mit den Händen über den Bauch streichen, dieser so vertrauten Geste, ausgiebig in die Sirischale aus Messing spucken und ein leises beifälliges Murmeln hören lassen? Solcherart waren Babalatchis Gedanken, als er geschickt das Paddel handhabte, um zum Kampong des Raja auf dem anderen Ufer überzusetzen, dessen Palisadenzaun, direkt gegenüber von Almayers Bungalow, hinter dem Blätterdickicht des jenseitigen Ufers hervorsah.

Er hatte tatsächlich etwas zu berichten. Schließlich war ihm Gewissheit geworden: Der täglich geäußerte Verdacht, die täglichen Andeutungen von Vertraulichkeiten zwischen Dain Maroola und Almayers Tochter, von verstohlenen Blicken, die er gesehen, kurzen, feurigen Worten, die er gehört hatte, waren nun bestätigt worden. Bislang hatte sich Lakamba das alles ruhig und mit offenkundigem Misstrauen angehört; jetzt müsste er sich überzeugen lassen, denn Babalatchi besaß jetzt den Beweis, hatte ihn am nämlichen Morgen erhalten, als er bei Tagesanbruch in dem Flüsschen gefischt hatte, über dem sich Bulangis Haus erhob. Da hatte er von seinem Boot aus Ninas langes Kanu vorübergleiten sehen: Das Mädchen saß im Heck und beugte sich über Dain, der auf dem Boden des Kanus ausgestreckt lag, sein Kopf ruhte auf den Knien des Mädchens. Das also hatte Babalatchi gesehen. Er war ihnen gefolgt, aber kurz darauf hatten sie zu den Paddeln gegriffen und waren seinem wachsamen Auge entschwunden. Wenige Minuten später hatte er Bulangis Sklavin in einem kleinen Einbaum zum Ort paddeln sehen, um dort Gebäck feilzubieten. Auch sie hatte die beiden in der grauen Morgendämmerung gesehen. Und Babalatchi grinste verstohlen vor sich hin, als er an die verstörte Miene der Sklavin dachte, an den harten Blick in ihren Augen, die zitternde Stimme, mit der sie auf seine Fragen geantwortet hatte. Ganz offensichtlich verehrte die kleine Taminah Dain Maroola. Nicht schlecht! Und Babalatchi lachte laut auf bei der Vorstellung. Dann wurde er plötzlich wieder ernst und verfiel durch eine merkwürdige Gedankenverbindung in Mutmaßungen darüber, für welchen Preis Bulangi möglicherweise das Mädchen verkaufen würde. Traurig schüttelte er den Kopf, als er daran dachte, was für ein harter Mann Bulangi war und dass er erst vor wenigen Wochen hundert Dollar für dieselbe Taminah ausgeschlagen hatte. Nun wurde er mit einem Male gewahr, dass das Kanu während seiner Grübeleien zu weit flussabwärts getrieben war. Er schüttelte die Verzagtheit ab, die ihn angesichts der Geldgier Bulangis überkommen hatte, griff zum Paddel und näherte sich mit wenigen Schlägen dem Wassertor zum Hause des Raja.

An jenem Nachmittag ging Almayer, wie so häufig in letzter Zeit, am Flussufer auf und ab, um die Instandsetzungsarbeiten an seinen Booten zu überwachen. Endlich hatte er einen Entschluss gefasst. Anhand der bruchstückhaften Angaben aus dem Tagebuch des alten Lingard wollte er sich auf die Suche nach dem reichen Goldvorkommen machen, nach jener Stelle, wo er sich nur zu bücken brauchte, um unermessliche Reichtümer aufzusammeln und seinen Jugendtraum zu verwirklichen. Um sich der nötigen Hilfe zu versichern, hatte er Dain Maroola in sein Wissen eingeweiht und einer Versöhnung mit Lakamba zugestimmt, der das Unternehmen gegen Gewinnbeteiligung zu unterstützen versprach; angesichts des ungeheuren Wagnisses dieses Unterfangens hatte er, geblendet vom Übermaß des Erfolges, den dieses ebenso verabscheuungswürdige wie notwendige Bündnis zeitigen sollte, seinen Stolz, seine Ehre und seine Loyalität geopfert. Groß waren die Gefahren, doch Maroola war tapfer; seine Leute schienen ihrem Herrn an Verwegenheit nicht nachzustehen, und mit Lakambas Hilfe sollte der Erfolg wohl sicher sein.

Die letzten beiden Wochen hatten die Vorbereitungen Almayer vollständig in Anspruch genommen. Er ging zwischen den Arbeitern und Sklaven in einer Art Trancezustand umher, in dem sich praktische Einzelheiten, die Ausrüstung der Boote betreffend, mit lebhaften Träumen von unsäglichem Reichtum vermischten, in dem sein derzeitiges Elend unter der brennenden Sonne, am schlammigen, stinkenden Flussufer einer strahlenden

Vision von einer glänzenden Zukunft für Nina und sich selbst wich. In diesen letzten Tagen hatte er Nina kaum gesehen, obgleich die geliebte Tochter in seinen Gedanken allgegenwärtig war. Er hatte auch Dain kaum bemerkt, dessen ständige Anwesenheit in seinem Haus für ihn zu einer Selbstverständlichkeit geworden war, seitdem sie gemeinsame Interessen verbanden. Wenn er den jungen Herrscher traf, grüßte er ihn zerstreut und ging weiter; ganz offenbar wollte er ihm aus dem Weg gehen, wünschte er, die abscheuliche Gegenwart zu vergessen, indem er sich in seine Arbeit vertiefte oder ansonsten seine Fantasie hoch über den Baumwipfeln mit den großen weißen Wolken nach Westen schweifen ließ, dahin, wo das Paradies Europa den zukünftigen Millionär aus dem Osten erwartete. Und nun, da sie handelseinig geworden waren und es keine geschäftlichen Angelegenheiten mehr zu besprechen gab, drängte sich Maroola offensichtlich auch nicht nach der Gesellschaft des weißen Mannes. Doch hielt sich Dain ständig in der Nähe des Hauses auf, blieb aber selten lange am Flussufer. Bei seinen täglichen Besuchen im Hause des weißen Mannes zog es der malaiische Fürst vor, sich leise durch den mittleren Korridore zu stehlen, um in den Garten hinter dem Haus zu gelangen, wo in der Kochhütte das Feuer brannte und über der Glut unter Mrs. Almayers gestrenger Aufsicht der Reistopf hing. Um diese Hütte mit dem schwarzen Rauch und dem Gezwitscher weicher Frauenstimmen schlug Dain dann einen Bogen und wandte sich nach links. Am Rande der Bananenpflanzung bildete eine Gruppe Palmen und Mangobäume ein schattiges Gehölz, dem ein paar vereinzelte Sträucher eine gewisse Abgeschiedenheit verliehen, in die nur das Geschwätz der Dienerinnen oder eine gelegentliche Lachsalve drangen. War Dain einmal dort, konnten ihn keine Blicke mehr erreichen; und in diesem Ver-

steck lehnte er sich an den glatten Stamm einer hohen Palme und wartete mit leuchtenden Augen und einem zuversichtlichen Lächeln auf das leise Rascheln von verdorrtem Gras unter Ninas leichten Tritten.
Vom allerersten Augenblick an, als er dieses - wie ihm schien - Wunder an Schönheit erblickt hatte, spürte er in der Tiefe seines Herzens, dass sie die Seine werden würde. Er spürte die innere Verwandtschaft ihrer beider ungezähmter Naturen, und es bedurfte nicht des ermunternden Lächelns von Mrs. Almayer, damit er jede Gelegenheit, sich dem Mädchen zu nähern, nützte. Und immer, wenn er zu ihr sprach, immer, wenn er ihr in die Augen sah, war es Nina, obgleich sie das Gesicht abwandte, als sei dieser kühn blickende Mann, der da flammende Worte in ihr williges Ohr sprach, die Verkörperung ihres Schicksals, der Mann ihrer Träume - verwegen, wild, stets bereit, den Feind mit blitzendem Kris, die Liebste aber mit leidenschaftlicher Umarmung zur empfangen -, der ideale Malaienfürst von ihrer Mutter Stamm.
Mit einem Schauder wohliger Angst erkannte sie, dass sie auf geheimnisvolle Weise eins war mit diesem Geschöpf. Wenn sie seinen Worten lauschte, schien es ihr, dass sie eben erst zu neuem Dascin geboren wäre, dass ihr Leben nur in seiner Nähe ausgefüllt sei, und sie überließ sich ganz einem träumerischen Glücksgefühl, während sie schweigend und mit halb verschleiertem Gesicht, wie es sich für ein malaiisches Mädchen ziemte, den Worten lauschte, in denen ihr Dain den ganzen Schatz seiner Liebe und Leidenschaft darbot, deren er fähig war, mit all der schwärmerischen Raserei eines Mannes, der keinerlei zivilisierte Selbstbeherrschung kennt.
Und so verbrachten sie manch köstliche, allzu flüchtige Stunde unter den Mangobäumen im trauten Schutz der Büsche, bis Mrs. Almayers schrille Stimme das Zeichen für die verhasste Trennung gab. Mrs. Almayer hatte die

leichte Aufgabe übernommen, ein Auge auf ihren Mann zu werfen, damit er nicht den ungehinderten Verlauf der töchterlichen Liebesaffäre störte, an der sie großen und wohlwollenden Anteil nahm. Es machte sie glücklich und stolz, Dains Verliebtheit zu sehen, hielt sie ihn doch für einen großen und mächtigen Fürst. Auch erfreute sich ihre habgierige Seele an Dains freigebiger Großmut. Am Vorabend des Tages, an dem Babalatchis Verdacht durch den Augenschein bestätigt wurde, waren Dain und Nina länger als gewöhnlich in ihrem schattigen Schlupfwinkel geblieben. Erst Almayers schwere Schritte auf der Veranda und sein mürrischer Ruf nach Essen bewogen Mrs. Almayer, den Warnruf auszustoßen. Behände sprang Maroola über den niedrigen Bambuszaun und begab sich durch die Bananenpflanzung zum schlammigen Ufer des Baches, der hinter dem Haus vorüberfloss, während Nina langsam zum Haus ging, um wie jeden Abend für die Wünsche ihres Vaters da zu sein. An diesem Abend fühlte sich Almayer richtig glücklich; die Vorbereitungen waren nahezu abgeschlossen; morgen würde er die Boote ins Wasser lassen. Vor seinem inneren Auge sah er schon den großen Schatz in seinem Besitz; und den Blechlöffel in der Hand, vergaß er den Teller Reis der vor ihm stand, war er im Geiste doch damit beschäftigt, ein großartiges Bankett zu arrangieren, das anlässlich seiner Ankunft in Amsterdam stattfinden sollte. Im Liegestuhl ausgestreckt, hörte Nina abwesend auf die wenigen zusammenhanglosen Worte aus dem Mund ihres Vaters. Expedition! Gold! Was kümmerte, sie das alles? Aber als der Vater Maroolas Namen erwähnte, war sie ganz gespannte Aufmerksamkeit. Morgen würde Dain mit seiner Brigg flussabwärts fahren und ein paar Tage wegbleiben, sagte Almayer. Sehr ärgerlich, diese Verzögerung. Sogleich nach Dains Rückkehr müsste man dann aufbrechen, man dürfte keine Zeit mehr verlieren da der Fluss ständig steige. Hochwasser stünde zu erwarten. Und ungeduldig schob er den Teller weg und stand vom Tisch auf. Aber jetzt hörte ihn Nina nicht mehr. Dain fuhr fort! Darum also hatte er ihre mit dieser ruhigen, gebieterischen Art, der sie nur zu gern gehorchte, befohlen, ihn bei Tagesanbruch auf Bulangis Flüsschen, zu treffen. War eigentlich ein Paddel in ihrem Kanu? Sie überlegte im Stillen. War alles bereit? Sie müsste beizeiten aufbrechen – vier Uhr morgens, in wenigen Stunden schon.

Sie stand auf, denn sie wollte sich noch ausruhen vor der langen Fahrt in der Frühe. Die Lampe brannte trübe, und ihr Vater lag schon, müde von seinem Tagewerk, in der Hängematte. Nina löschte das Licht und begab sich in das große Zimmer links vom Korridor, das sie mit ihrer Mutter teilte. Als sie eintrat, sah sie, dass sich Mrs. Almayer von dem Stoß Matten erhoben hatte, der ihr in einer Ecke des Zimmers als Lager diente, und sich jetzt über den geöffneten Deckel ihrer großen Holztruhe beugte. Eine mit Öl gefüllte Kokosnusshälfte, in der ein Stückchen Baumwolle als Docht schwamm, stand auf dem Fußboden und tauchte sie in einen rötlichen Lichtschein, der durch denn schwarzen, übel riechenden Qualm schimmelte. Mrs. Almayers Rücken war gebeugt, Kopf und Schultern steckten tief in der Truhe. Mit den Händen wühlte sie darin herum. Leises Klirren wie von Silbergeld war zu hören. Zunächst merkte sie gar nicht, dass ihre Tochter näher getreten war, und Nina, die nun still neben ihr stand, blickte auf viele kleine Leinwandsäckchen hinab, die auf dem Grund der Truhe aufgereiht waren und aus denen sich die Mutter die Hände mit schimmernden Gulden und mexikanischen Dollars füllte; langsam ließ sie diese durch die krallenartigen Finger wieder zurückgleiten. Der Klang klirrenden Silbers schien sie zu entzücken, und ihre Augen funkelten im Widerschein der prägefrischen Münzen. Sie murmelte vor sich hin: »Und das, und das, und noch das! Bald wird er noch mehr geben - so viel ich haben will. Er ist ein großer Raja - ein Sohn des Himmels! Und sie wird eine Rani werden, eine Fürstin - das alles hat er für sie bezahlt. Wer hat jemals etwas für mich bezahlt? Ich bin eine Sklavin! Oder? Ich bin die Mutter einer großen Rani!« Plötzlich bemerkte sie die Anwesenheit der Tochter, hörte mit ihrem Gebrabbel auf und knallte den Deckel zu. Ohne sich aus der gebückten Haltung aufzurichten, sah sie dann zu dem Mädchen auf, das, ein leichtes Lächeln auf dem verträumten Gesicht, neben ihr stand.

»Du hast es gesehn. Nicht wahr?«, gellte sie. »Das ist alles meins und für dich. Es ist nicht genug! Er muss mir noch mehr geben, bevor er dich auf die Insel im Süden mitnimmt, wo sein Vater König ist. Hörst du mich? Du bist mehr wert, du Enkelin von Rajas! Mehr! Mehr!«

Von der Veranda her gebot Almayers schläfrige Stimme Ruhe. Mrs. Almayer löschte das Licht und verkroch sich in ihre Ecke des Zimmers. Nina legte sich auf einen Stoß weicher Matten, verschränkte die Hände unterm Kopf und schaute durch die unverkleidete Öffnung, die als Fenster diente, zu den Sternen hinauf, die am schwarzen Himmel blinkten. Sie wartete darauf, dass es für sie Zeit würde, zu dem vereinbarten Ort ihres Stelldicheins aufzubrechen. Still und glücklich dachte sie an die Zusammenkunft im großen Wald, fernab von menschlichen Blicken und Lauten. Ihre Seele glitt wieder zurück in die Wildheit, die der Geist der Zivilisation in Gestalt der tatkräftigen Mrs. Vinck nie hatte auslöschen können. Stolz und leichte Besorgnis erfüllten sie angesichts des hohen Werts, den die weltkluge Mutter ihrer Person zugemessen hatte. Aber sie dachte auch an die eindringlichen Blicke und Beteuerungen Dains und schloss in einem Schauder wohliger Ahnung beruhigt die Augen.

Es gibt Situationen, da sich der wilde und der sogenannte zivilisierte Mensch auf der gleichen Ebene begegnen. Man darf wohl annehmen, dass Dain Maroola von seiner zukünftigen Schwiegermutter nicht besonders entzückt war und dass der Appetit, den diese ehrenwerte Dame auf blanke Dollars an den Tag legte, nicht gerade seinen Beifall fand. Doch an diesem nebelverhangenen Morgen, als Babalatchi die Staatsgeschäfte beiseitelegte, um in Bulangis Flüsschen nach seinen Reusen zu sehen, war Maroola mit sich und der Welt zufrieden; er empfand nichts als Ungeduld und Sehnsucht, als er zur Ostseite der Insel paddelte, welche das bewusste stille Gewässer umschloss. Er versteckte das Kanu im Gebüsch und ging mit raschen Schritten quer über die kleine Insel, wobei er ungeduldig durch das Geäst des dichten Unterholzes brach, das ihm den Weg versperrte. Aus Gründen der Vorsicht brachte er sein Kanu nicht wie Nina mit zum Treffpunkt. Er hatte es im Hauptarm des Flusses gelassen, bis er von der anderen Seite der Insel dahin zurückkehren würde. Rasch schloss sich der dichte, warme Nebel um ihn, doch vermochte er flüchtig einen Lichtschein zu erhaschen, der weither zu seiner Linken aus Bulangis Haus schimmerte. Dann konnte er in dem immer dichter werdenden Nebel nichts mehr erkennen, und nur noch instinktiv hielt er sich auf dem Pfad, der ihn auch ganz genau an die Stelle am anderen Ufer brachte, zu der er wollte. Dort hatte es im rechten Winkel zum Ufer einen großen Baumstamm angeschwemmt, der nun eine Art Bootssteg bildete, an dem sich der eilig dahinströmende Fluss laut plätschernd brach. Schnell, aber sicher setzte er den Fuß darauf und hatte mit zwei Schritten das andere Ende erreicht, und zu seinen Füßen wirbelte und schäumte das tosende Wasser.

Wie er so allein dastand, als wäre er abgeschnitten von der Welt, von Himmel und Erde, in dem dichten Schleier

des Frühnebels, der selbst das tosende Wasser unter ihm verschluckt hatte, hauchte er Ninas Namen in die scheinbar endlose Weite, gewiss, dass er gehört werde, instinktiv der Nähe dieses entzückenden Geschöpfes gewiss; desgleichen überzeugt davon, dass sie seine nahe Gegenwart ebenso spüre wie er die ihre.
Neben dem Baumstamm tauchte jetzt der Bug von Ninas Kanu auf, da sie im Heck saß, ragte er hoch aus dem Wasser. Maroola legte die Hand auf den Steven und sprang leichtfüßig ins Boot, wobei er es kräftig abstieß. Das leichte Boot gehorchte dem neuen Antrieb und glitt um Haaresbreite an dem Baumstamm vorbei und als wolle er gehorsam das Seine dazutun, trieb der Fluss das Kanu mit der Breitseite zur Strömung und trug es lautlos und schnell zwischen den unsichtbaren Ufern dahin. Und abermals vergaß Dain zu Füßen Ninas die Welt, fühlte sich hilflos von einer gewaltigen Gefühlswoge fortgetragen, von einer tosenden Flut von Freude, Stolz und Verlangen; und wieder empfand er mit überwältigender Gewissheit, dass kein Leben denkbar sei ohne jenes Wesen, das er mit leidenschaftlicher Kraft in einer langen Umarmung an sich presste.
Mit leisem Lachen machte sich Nina sanft von ihm los.
»Du wirst das Boot noch umwerfen, Dain«, flüsterte sie.
Er sah ihr einen Augenblick land sehnsüchtig in die Augen und gab sie mit einem Seufzer frei. Dann streckte er sich auf dem Boden des Kanus aus, legte den Kopf auf ihre Knie, und den Blick nach oben gewandt, fasste er mit den Armen nach hinten, bis die Hände die Taille des Mädchens umschlossen. Sie beugte sich über ihn, schüttelte den Kopf, und die lose herabfallenden, langen schwarzen Haare umrahmten ihre beiden Gesichter.
Und so trieben sie dahin; er sprach mit der elementaren Beredsamkeit des Wilden, der sich rückhaltlos einer

überwältigenden Leidenschaft hingibt, während sie sich tief herabneigte, um die geflüsterten Worte zu verstehen, die für sie süßer waren als das Leben selbst. In solchen Augenblicken gab es für diese beiden jenseits der Wände des schmalen, zerbrechlichen Bootes nichts. Es war ihre Welt, erfüllt von ihrer inbrünstigen, alles verzehrenden Liebe. Sie achteten weder des dichter werdenden Nebels noch der Brise, die sich vor Sonnenaufgang legte; sie vergaßen die großen Wälder um sie her, die ganze tropische Natur, die in feierlicher, eindrucksvoller Stille das Erscheinen der Sonne erwartete.

Über dem tiefhängenden Flussnebel, der das Boot mit seiner Fracht jungen leidenschaftlichen Lebens und alles vergessender Glückseligkeit verbarg, verblassten die Sterne, und von Osten her zog über den Himmel ein silbergrauer Schimmer herauf. Kein Lüftchen regte sich, kein Blatt raschelte, kein Platschen eines springenden Fisches störte die friedliche Stille, die alles Leben an den Ufern des großen Flusses umfing. Erde, Fluss und Himmel waren in tiefen Schlaf gehüllt, und es war, als würden sie nie daraus erwachen. Das ganze überschäumende Leben und Treiben der tropischen Natur schien sich in den feurigen Augen, in den stürmisch schlagenden Herzen der beiden Wesen gesammelt zu haben, die unter dem weißen Nebelschleier im Kanu auf der glatten Wasserfläche dahintrieben.

Plötzlich schoss eine große Garbe gelber Strahlen hinter der schwarzen Wand von Bäumen empor, die die Ufer des Pantai säumten. Die Sterne erloschen, die kleinen schwarzen Wölkchen hoch droben leuchteten einen Augenblick glutrot auf, und der dichte Nebel, von der sanften Brise, diesem Seufzer der erwachenden Natur, aufgerührt, wirbelte umher und zerriss zu fantastischen Fetzen, zwischen denen das gekräuselte Wasser des Flusses im hellen Tageslicht glitzerte. Große Scharen weißer

Vögel kreisten kreischend über den schwankenden Wipfeln. An der Ostküste war die Sonne aufgegangen.
Dain kehrte als Erster zu den Sorgen des Alltags zurück. Er richtete sich auf und blickte hastig den Fluss hinauf und hinunter. Achtern entdeckte sein Blick Babalatchis Boot und noch einen kleinen schwarzen Fleck auf dem glitzernden Wasser, das war Taminahs Kanu. Behutsam kroch er nach vorn und ergriff kniend ein Paddel. Nina im Heck nahm ihres zur Hand. Vornübergebeugt paddelten sie los und wirbelten mit jedem Schlag das Wasser auf. Rasch glitt das kleine Fahrzeug dahin und ließ ein schmales Kielwasser hinter sich, das weißer, glänzender Schaum wie Spitzen umsäumte. Ohne den Kopf zu wenden, begann Dain zu sprechen: »Hinter uns ist jemand, Nina. Wir dürfen ihn nicht herankommen lassen. Ich denke, er ist zu weit weg, um uns zu erkennen.«
»Vor uns ist auch jemand«, keuchte Nina, ohne im Paddeln innezuhalten.
»Ich glaube, ich weiß, wer das ist«, erwiderte Dain. »Die Sonne blendet zwar, aber ich nehme an, das ist das Mädchen Taminah. Sie kommt jeden Morgen auf meine Brigg, um Gebäck zu verkaufen – manchmal bleibt sie den ganzen Tag da. Es macht nichts; steuere mehr zum Ufer hin, wir müssen unters Gebüsch. Mein Kanu ist nicht weit von hier versteckt.«
Während er sprach, schweifte sein Blick an den breitblättrigen Nipapalmen entlang, die sie auf ihrer schnellen, schweigsamen Fahrt streiften.
»Pass auf, Nina«, sagte er schließlich, »dort, wo die Wasserpalmen aufhören und unter dem schiefen Baum die Äste herabhängen. Halte auf den großen grünen Ast zu.«
Er erhob sich aufmerksam, und das Boot trieb langsam zum Ufer, von Nina mit einer leichten, geschickten Bewegung des Paddels gesteuert. Als sie nahe genug waren, ergriff Dain den großen Ast, beugte sich zurück und

stieß das Kanu unter dem niedrigen grünen Bogen aus dicht ineinander verfilzten Schlingpflanzen hindurch, der den Eingang zu einer winzigen Bucht bildete, welche das letzte große Hochwasser aus dem Ufer herausgewaschen hatte. Dort war sein Boot an einem Stein festgemacht, und er stieg hinein, wobei er Ninas Kanu festhielt. Im nächsten Augenblick glitten die beiden kleinen Nussschalen mit ihren Insassen ruhig nebeneinander dahin, spiegelten sich im dunklen Wasser in dem dämmrigen Licht, das sich nur mit Mühe durch das Gewölbe aus dichtem Blattwerk zwängte, während darüber, hoch oben in der Helle des Tages riesige flammendrote Blüten loderten und auf ihre Köpfe einen Schauer großer tauglitzernder Blütenblätter herniederrieseln ließen, die in einem unablässigen duftenden Strom langsam herabwirbelten. Und über ihnen, unter ihnen, im schlafenden Wasser, überall um sie her in einem Kreis üppiger Vegetation war unermüdlich die tropische Natur am Werke in der warmen, von starken durchdringenden Düften geschwängerten Luft: Pflanzen schossen in die Höhe, ineinander verflochten, verwoben in unentwirrbarem Knäuel, krochen brutal und wie toll übereinander in der furchtbaren Stille eines verzweifelten Ringens um das lebensspendende Sonnenlicht von oben – als hätte sie mit einem Mal Entsetzen gepackt über die brodelnde Fäulnis da unten, über Tod und Verwesung, woraus sie entsprangen.

»Wir müssen uns jetzt trennen«, sagte Dain nach langem Schweigen. »Du musst sofort wieder umkehren, Nina. Ich warte, bis die Brigg hier vorbeikommt, und gehe dann an Bord.«

»Und wirst du lange fortbleiben, Dain?«, fragte Nina leise.

»Lange!«, rief Dain. »Bleibt denn ein Mann freiwillig lange dort, wo es dunkel ist? Wenn ich nicht bei dir bin, Nina,

komme ich mir wie ein Blinder vor. Was ist das Leben für mich ohne Licht?«
Nina beugte sich hinüber, nahm mit stolzem, glücklichem Lächeln Dains Gesicht in die Hände und sah ihm zärtlich und doch forschend in die Augen. Offenbar hatte sie dort die eben geäußerten Worte bestätigt gefunden, denn ein Gefühl dankbarer Sicherheit erleichterte ihr die Last des Kummers in dieser Abschiedsstunde. Sie glaubte ihm, dass er, der Spross vieler großer Rajas, der Sohn eines großen Fürsten, der Herr über Leben und Tod, den Sonnenschein des Lebens nur in ihrer Gegenwart erfuhr. Eine gewaltige Woge von Dankbarkeit und Liebe wallte ihm aus ihrem Herzen entgegen. Wie konnte sie nur all dem sichtbaren Ausdruck verleihen, was sie für den Mann empfand, der ihr Herz mit so viel Freude und so viel Stolz erfüllte? Und in dem großen Aufruhr der Leidenschaft überkam sie blitzartig die Erinnerung an jene verachtete und beinahe vergessene Zivilisation, die sie in Tagen voller Zwang, Kummer und Zorn nur flüchtig kennengelernt hatte. Unter der kalten Asche dieser verhassten und unglücklichen Vergangenheit fand sie das Zeichen der Liebe, den passenden Ausdruck für die grenzenlose Glückseligkeit der Gegenwart, Bürgschaft einer hellen, strahlenden Zukunft. Sie warf Dain die Arme um den Hals und presste in einem langen, brennenden Kuss ihre Lippen auf die seinen. Überrascht und erschreckt von dem Sturm, den diese seltsame und ihm bis dahin unbekannte Berührung in seiner Brust entfesselte, schloss er die Augen, und noch lange, nachdem Nina ihr Kanu in den Fluss hinausgestoßen hatte, verweilte er reglos, wagte nicht einmal, die Augen zu öffnen, aus Angst, diese berauschende Seligkeit, die er zum ersten Mal gekostet hatte, zu verlieren.
Nun, dachte er, fehlte ihm nur noch die Unsterblichkeit, um den Göttern zu gleichen. Das Wesen, das so die Tore

zum Paradies öffnen konnte, musste sein werden – würde bald schon für immer die Seine sein!
Er öffnete gerade rechtzeitig die Augen und sah durch den Bogen von Schlingpflanzen den Bug seiner Brigg langsam ins Blickfeld kommen, als das Schiff auf dem Weg stromab an ihm vorüberglitt. Er dachte, dass er jetzt an Bord gehen müsste. Aber er verspürte keine Lust, den Ort zu verlassen, an dem er erfahren hatte, was Glückseligkeit bedeutet. »Es ist noch Zeit, mögen sie nur fahren«, murmelte er vor sich hin; und wieder schloss er unter dem roten Schauer aus duftenden Blütenblättern die Augen und versuchte sich die Szene mit all ihrem Entzücken und all ihrer Angst zurückzurufen.
Er musste aber schließlich noch rechtzeitig auf seine Brigg gekommen und draußen sehr beschäftigt gewesen sein, denn vergebens hielt Almayer Ausschau ob sein Freund nicht recht bald zurückkehrte. Der Unterlauf des Flusses, wohin er so oft und so ungeduldig die Blicke richtete, blieb bis auf ein paar eilig vorüberhuschende Fischerboote leer. Aber vom Oberlauf her kamen dunkle Wolken gezogen, und heftige Schauer kündigten an, dass die Regenzeit nun endgültig eingesetzt hatte, deren Gewitter und Hochwasserfluten den Fluss für Eingeborenenkanus aufwärts so gut wie unpassierbar machten.
Wenn Almayer das schlammige Ufer zwischen seinen Häusern entlangspazierte, verfolgte er besorgt, wie der Fluss Zentimeter um Zentimeter stieg, sich allmählich näher an die Boote heranschob, die nun, mit triefenden Kajangmatten zugedeckt, in einer Reihe bereitlagen. Fortuna schien sich seinem Zugriff wieder entwinden zu wollen, und auf seinen zermürbenden Wanderungen hin und her im unablässig vom tief hängenden Himmel rinnenden Regen ergriff so etwas wie verzweiflungsvolle Gleichgültigkeit von ihm Besitz. Was machte das schon? Er war eben vom Pech verfolgt! Diese beiden teuflischen

Wilden, Lakamba und Dain, hatten ihn durch ihre Versprechungen von Beistand dazu verleitet, seinen letzten Dollar für die Ausrüstung von Booten auszugeben, und nun war der eine von ihnen irgendwohin verschwunden, und der andere hatte sich hinter dem Palisadenzaun verschanzt und gab keinerlei Lebenszeichen von sich. Nein, nicht einmal der hundsföttische Babalatchi, so sinnierte Almayer, ließ sich mehr in seiner Nähe blicken, nun, da sie ihm alles Notwendige für seine Expedition verkauft hatten, Reis, Messinggongs, Stoffe. Sie besaßen seinen letzten Heller, und es war ihnen vollkommen gleichgültig, ob er aufbrach oder blieb. Und in einer Haltung äußerster Mutlosigkeit stieg Almayer langsam zur Veranda seines neuen Hauses hinauf, um vor dem Regen Schutz zu suchen; auf das vordere Geländer gestützt, den Kopf tief zwischen die Schultern gezogen, überließ er sich einer Flut bitterster Gedanken; die Zeit verging, Hunger peinigte ihn, er merkte nichts davon, auch war er taub gegenüber den schrillen Rufen seiner Frau, die ihn zum Abendessen rief. Wenn ihn dann das erste Grollen des abendlichen Gewitters aus seinem düsteren Sinnen schreckte und er langsam auf den Lichtschein zustolperte, der aus seinem alten Haus schimmerte, machte die halb erloschene Hoffnung seine Ohren auf geradezu übernatürliche Weise hellhörig für jedes Geräusch, das vom Fluss heraufdrang. Mehrere Nächte hintereinander hatte er das Klatschen von Paddeln vernommen und die verschwommenen Umrisse eines Bootes gesehen, aber jedes Mal, wenn er die schemenhaften Erscheinungen angerufen hatte, das Herz zum Zerspringen in der jäh aufflackernden Hoffnung, Dains Stimme zu hören, war er von der mürrischen Antwort enttäuscht worden, die ihm meldete, dass da Araber auf dem Floß waren, um Lakamba, der seine Palisadenfestung nie verließ, einen Besuch abzustatten. Das bereitete ihm viele schlaflose

Nächte, die er mit Grübeleien darüber zubrachte, was für eine Gemeinheit diese ehrenwerten Männer nun wohl aushecken mochten. Schließlich, als alle Hoffnung erloschen war, freute er sich über die Maßen, Dains Stimme zu vernehmen; aber Dain schien es kaum erwarten zu können, mit Lakamba zu sprechen, und Almayer war beunruhigt, hegte er doch ein unausrottbares, tief verwurzeltes Misstrauen, was die Absichten dieses Herrschers hinsichtlich seiner Person betraf. Immerhin war Dain zu guter Letzt doch noch zurückgekehrt. Augenscheinlich war es seine Absicht, die Abmachung einzuhalten. Almayers Hoffnung lebte wieder auf, und in jener Nacht schlief er tief und fest, während Nina auf den wütenden Fluss hinausschaute, der unter den Peitschenhieben des Gewitters dem Meer zu jagte.

## 6

Für Dain gab es kein Säumen, als er, nachdem er Almayer verlassen hatte, den Fluss überquerte. Er legte am Wassertor in dem Palisadenzaun an, der die Häusergruppe umschloss, welche die Residenz des Raja von Sambir vorstellte. Offenbar wurde hier jemand erwartet, denn das Tor war geöffnet und Fackelträger standen bereit, um dem Besucher auf den schrägen Planken voranzugehen, die zum größten Gebäude führten, dem eigentlichen Wohnsitz Lakambas, in dem auch ständig alle Staatsgeschäfte abgewickelt wurden. Die anderen Gebäude innerhalb des Palisadenzauns dienten lediglich dazu, die zahlreiche Gefolgschaft und die Frauen des Herrschers zu beherbergen. Lakambas eigenes Haus war ein fester Bau aus starken Bohlen. Es stand auf hohen Pfählen und war ringsum von einer Veranda aus gespaltenem Bambusrohr umgeben.

Das Ganze überdeckte ein ungeheuer steiles Dach aus Palmblättern, das auf einem vom Qualm unzähliger Fackeln geschwärzten Gebälk ruhte. Das Haus stand parallel zum Fluss, und eine seiner Längsseiten blickte auf das Wassertor der Palisadenumzäunung. In der stromaufwärts gelegenen Stirnseite befand sich eine Tür, und unmittelbar vom Wassertor zu dieser Tür führte der schräge Plankenweg. Beim ungewissen Licht qualmender Fackeln bemerkte Dain die schemenhaften Umrisse einer Schar bewaffneter Männer in den tiefen Schatten zu seiner Rechten. Aus dieser Gruppe löste sich Babalatchi, um die Tür zu öffnen, und Dain betrat das Empfangszimmer in der Residenz des Raja. Diesem Zweck diente etwa ein Drittel des Hauses, das man mit schweren Vorhängen europäischen Fabrikats abgeteilt hatte. Nicht weit vom Vorhang stand ein mächtiger Lehnsessel aus dunklem Holz, reich geschnitzt, davor ein roh gezimmerter Tisch. Im Übrigen war der Raum nur mit unzähligen Matten ausgestattet. Links vom Eingang befand sich ein primitiver Gewehrständer, in dem drei Gewehre mit aufgepflanztem Bajonett lehnten. Im Schatten an der Wand schlief die Leibwache Lakambas – lauter Freunde und Verwandte –, ein wirres Durcheinander von braunen Armen, Beinen und bunten Gewändern, aus dem ab und zu ein Schnarchen oder unterdrücktes Stöhnen eines unruhigen Schläfers drang. Eine europäische Lampe mit grünem Schirm stand auf dem Tisch und ließ Dain all das undeutlich erkennen.

»Wir heißen dich willkommen, wenn du dein Nachtlager hier aufschlagen willst«, sagte Babalatchi, wobei er Dain fragend ansah.

»Ich muss sofort mit dem Raja sprechen«, antwortete Dain. Babalatchi machte eine zustimmende Geste und trat zu dem Messinggong, der am Gewehrständer hing, um zweimal kräftig dagegen zu schlagen.

Das ohrenbetäubende Getöse weckte die Leibwache. Das Schnarchen verstummte, lang ausgestreckte Beine wurden angezogen, der ganze Haufen geriet in Bewegung und löste sich nach und nach unter viel Gähnen und Augenreiben zu einzelnen Gestalten auf. Hinter dem Vorhang erklang das Geschwätz von Frauen. Dann ließ sich Lakambas Bassstimme vernehmen: »Ist der arabische Händler da?«
»Nein, Tuan«, antwortete Babalatchi. »Dain ist endlich zurückgekehrt. Er ist hier zu einer wichtigen Unterredung, bitcharra – wenn du gütigst geruhen wollest.«
Augenscheinlich geruhte Lakamba, denn nach kurzer Zeit kam er hinter dem Vorhang heraus. Aber sein gütigster Wille ging nicht so weit, dass er sich zu ausführlicher Toilette bemüßigt gefühlt hätte. Ein kurzer roter Sarong, den er sich in aller Eile um die Hüften geschlungen hatte, stellte sein einziges Kleidungsstück dar. Der allergütigste Herrscher von Sambir blickte verschlafen und recht mürrisch drein. Die Knie gespreizt, die Ellbogen auf den Lehnen, das Kinn auf der Brust – so saß er in seinem Sessel, schnaufte laut und wartete voller Grimm darauf, dass Dain die wichtige Unterredung eröffne.
Aber Dain schien es damit gar nicht eilig zu haben. Er richtete den Blick auf Babalatchi, der bequem zu Füßen seines Herrn hockte, und verharrte schweigend mit leicht gesenktem Kopf, als warte er gespannt auf Worte der Weisheit.
Babalatchi hüstelte diskret und beugte sich vor, um Dain ein paar Matten hinzuschieben, damit er darauf Platz nehme, dann hob er seine Fistelstimme und versicherte eifrig und redegewandt, dass jedermann über Dains lang ersehnte Rückkehr höchst erfreut sei. Sein Herz habe nach Dains Anblick gelechzt, und seine Ohren seien langsam verdorrt, so habe ihnen der erfrischende Klang seiner Stimme gefehlt. Aller Herzen und Ohren wären,

so Babalatchis Worte, in dem gleichen traurigen Zustand. Dabei deutete er mit umfassender Geste auf das andere Ufer des Flusses, wo die Siedlung in friedlichem Schlummer lag, völlig ahnungslos, welch große Freude sie am Morgen erwartete, wenn Dains Anwesenheit unter ihnen bekannt würde. »Denn«, fuhr Babalatchi fort, »woran sollte sich ein armer Mensch denn freuen, wenn nicht an der offenen Hand eines hochherzigen Händlers oder eines großen ...«

Hier hielt er unvermittelt und mit wohlberechneter Verlegenheit inne und schlug sein rastlos schweifendes Auge zu Boden, während einen Augenblick lang ein zerknirschtes Lächeln seinen unförmigen Mund umspielte. Während dieser Eröffnungsrede war ein paar Mal ein belustigter Ausdruck über Dains Gesicht gehuscht, hatte jedoch sehr bald ernster Besorgnis Platz gemacht. Auf Lakambas Stirn hatten sich tiefe Falten der Missbilligung eingegraben, und ärgerlich hatte er die Lippen bewegt, als er dem Redeschwall seines Ersten Ministers lauschte. In die Stille, die ins Zimmer einzog, als Babalatchi verstummte, erhob sich ein Chor gemischter Schnarchtöne aus der Ecke, wo die Leibwache den unterbrochenen Schlaf fortsetzte, doch das ferne Donnergrollen, das Ninas Herz um die Sicherheit des geliebten Mannes bangen ließ, beachtete keiner der drei Männer, von denen jeder auf Leben und Tod auf seine eigenen Ziele bedacht war.

Nach kurzem Schweigen ergriff Babalatchi wieder das Wort. Diesmal verzichtete er auf blumige, höfliche Beredsamkeit und sprach in kurzen, hastigen Sätzen und mit gedämpfter Stimme. Sie hätten sich große Sorgen gemacht. Warum sei Dain nur so lange weggeblieben? Die Leute, die am Unterlauf des Flusses wohnten, hätten die Schüsse großer Kanonen gehört und ein holländisches Brandschiff zwischen den Inseln in der Mündung gesehen. So sei

man in großer Sorge. Vor ein paar Tagen wären Gerüchte über eine Katastrophe zu Abdulla gedrungen, und seither hätte man mit der Vorahnung eines Unglücks auf Dains Rückkehr gewartet. Seit Tagen schon hätte man sich voller Angst schlafen gelegt und wäre erschreckt aufgewacht und zitternd umhergegangen, wie Männer vor einem Feind. Und alles nur wegen Dain. Wolle er nicht ihre Angst um seine Sicherheit beschwichtigen? Für sich selbst fürchteten sie nichts. Sie wären ja friedlich und ehrlich und dem großen Raja in Batavia treu ergeben – möge das Schicksal ihn stets zum Siege führen zu Nutz und Frommen der Untertanen! »Und«, fuhr Babalatchi fort, »Lakamba hier, mein Herr und Gebieter, ist regelrecht abgemagert, so hat er sich um den Händler gesorgt, den er in seine Obhut genommen hatte; und Abdulla genauso, denn was würden böse Leute nicht alles sagen, wenn zufällig …«
»Schweig, du Narr!«, grollte Lakamba zornig.
Zufrieden lächelnd, versank Babalatchi in Schweigen, während sich Dain, der ihn wie gebannt beobachtet hatte, mit einem Seufzer der Erleichterung an den Herrscher von Sambir wandte. Lakamba rührte sich nicht, und ohne den Kopf zu heben, blickte er unter gerunzelten Brauen hervor Dain an, voller Unwillen verzog er den Mund und schnaufte hörbar.
»So sprich! O Dain!«, sagte er schließlich. »Uns sind viele Gerüchte zu Ohren gekommen. Abend für Abend ist mein Freund Reshid mit schlechten Nachrichten hierhergekommen. Neuigkeiten verbreiten sich rasch entlang der Küste. Aber sie müssen nicht wahr sein. Heutzutage sind in den Mündern der Menschen viel mehr Lügen als in meiner Jugend, und doch täuscht man mich heute nicht leichter als damals.«
»Alle meine Worte sind wahr«, erwiderte Dain gleichmütig. »Wenn du wissen möchtest, was meiner Brigg zuge-

stoßen ist, so vernimm, dass sie sich in den Händen der Holländer befindet. Glaube mir, Raja«, fuhr er plötzlich lebhafter fort, »die Orang Blanda haben in Sambir gute Freunde, woher hätten sie sonst gewusst, dass ich von da kam?«

Lakamba streifte Dain mit einem feindseligen Blick. Babalatchi erhob sich ruhig, ging zum Gewehrständer und schlug heftig den Gong.

Draußen hörte man das Schlurfen bloßer Füße; drinnen erwachte die Wache, setzte sich auf und stierte verschlafen und überrascht vor sich hin.

»Ja, du getreuer Freund des weißen Raja«, fuhr Dain verächtlich fort, an Babalatchi gewandt, der an seinen Platz zurückgekehrt war, »ich bin entkommen, und nun bin ich hier, dein Herz zu erfreuen. Als ich das holländische Schiff bemerkte, habe ich die Brigg zwischen die Riffe gesteuert und sie auf Grund gesetzt. Sie wagten es nicht, mit dem Schiff zu folgen, so haben sie uns die Boote nachgeschickt. Wir sind in unsre Boote gegangen und haben versucht zu entkommen, aber das Schiff hat Feuerkugeln auf uns gespien und viele meiner Männer getötet. Aber ich bin noch am Leben, o Babalatchi! Die Holländer sind auf dem Weg hierher. Sie suchen mich. Sie kommen her, um sich bei ihrem getreuen Freund Lakamba und seinem Sklaven Babalatchi zu erkundigen. Freut euch!«

Aber keiner seiner Zuhörer schien in freudiger Stimmung zu sein. Lakamba hatte die Beine übereinandergeschlagen und kratzte sich in einem fort nachdenklich am Knie, während Babalatchi, wie er so mit gekreuzten Beinen dasaß und ausdruckslos vor sich hinstarrte, auf einmal zu schrumpfen und in sich zusammenzusinken schien. Die Wachen bekundeten ein gewisses Interesse an dem Geschehen, sie streckten sich in voller Länge auf den Matten aus, um dem Sprecher näher zu sein.

Einer von ihnen war sogar aufgestanden und lehnte nun am Gewehrständer, wobei er gedankenverloren mit den Troddeln am Heft seines Schwertes spielte.
Dain wartete, bis sich das Krachen des Donners in fernem Grollen verlor, ehe er weitersprach.
»Bist du taub, o Herrscher von Sambir, oder ist der Sohn eines großen Raja deiner Aufmerksamkeit nicht wert? Ich bin hierhergekommen, um Zuflucht zu suchen und dich zu warnen, und ich möchte gern wissen, was du zu tun gedenkst.«
»Du bist wegen der Tochter des weißen Mannes hergekommen«, erwiderte Lakamba rasch. »Deine Zuflucht wäre bei deinem Vater, dem Raja von Bali, dem Sohn des Himmels, dem ›Anak Agong‹ selbst. Wer bin ich denn, dass ich große Prinzen beschützen könnte? Gestern noch habe ich auf einer abgebrannten Rodung Reis angebaut; und heute sagst du dein Leben läge in meiner Hand.«
Babalatchi schaute seinen Herrn an. »Keiner kann seinem Schicksal entgehen«, murmelte er ergeben. Wenn die Liebe in das Herz eines Mannes einzieht, ist er wie ein Kind – ohne jeden Verstand. Sei gnädig, Lakamba«, fügte er hinzu, dabei zupfte er den Raja warnend an einem Zipfel seines Sarongs.
Ärgerlich riss Lakamba den Saum des Sarongs an sich. Als ihm langsam dämmerte, welch unerträglich peinliche Lage durch Dains Rückkehr entstanden war, begann er auch noch den letzten Rest an Haltung zu verlieren, den er bis dahin hatte wahren können. Und nun erhob er die Stimme laut über das Pfeifen des Windes und das Prasseln des Regens auf dem Dach, in der heftigen Bö, die über das Haus fegte.
»Zuerst bist du als Händler hierhergekommen mit süßen Worten und großartigen Versprechungen und hast mich gebeten, wegzusehen, während du dir den weißen Mann da drüben gefügig machen wolltest. Und ich habe

das auch getan. Was begehrst du jetzt? Als ich jung war, habe ich gekämpft. Jetzt bin ich alt und brauche Frieden. Es ist leichter für mich, dich töten zu lassen, als es mit den Holländern aufzunehmen. Es ist auch besser für mich.«

Die Bö war jetzt vorübergezogen, und in der kurzen Stille nach dem Abflauen des Sturmes wiederholte Lakamba leise, als spräche er zu sich: »Viel leichter. Und viel besser«.

Die Drohung des Raja schien Dain nicht weiter zu beunruhigen. Während Lakamba sprach, hatte er einmal einen raschen Blick über die Schulter geworfen, nur um sich zu vergewissern, dass da keiner hinter ihm wäre, und in der Hinsicht beruhigt, hatte er aus den Falten seines Lendentuches eine Siridose gezogen und wickelte nun sorgsam etwas Betelnuss und eine kleine Prise Kalk in das grüne Blatt, das ihm der aufmerksame Babalatchi höflich gereicht hatte. Er nahm es als ein Friedensangebot von dem schweigenden Staatsmann – als eine Art stummen Protests gegen die undiplomatische Heftigkeit seines Herrn und als ein Omen dafür, dass man sich noch werde einigen können. Dain machte sich im Übrigen keine Sorgen. Wenngleich er die Berechtigung von Lakambas Verdacht, er sei nur wegen der Tochter des weißen Mannes nach Sambir zurückgekehrt, anerkennen musste, wollte er doch nichts davon wissen, dass sein Verstand gelitten habe und kindisch geworden sei, wie Babalatchi angedeutet hatte. Tatsächlich wusste Dain sehr wohl, dass Lakamba zu tief im Schmuggel mit Schießpulver steckte, als dass er ein Interesse an einer Untersuchung dieser Angelegenheit durch die holländischen Behörden haben könnte. Dain war zu der Zeit von seinem Vater, dem unabhängigen Raja von Bali, ausgesandt worden, als die Feindseligkeiten zwischen den Holländern und Malaien von Sumatra auf den ganzen

Archipel überzugreifen drohten, und seine vorsichtigen Vorschläge waren bei all den großen Händlern nur auf taube Ohren gestoßen; auch von den hohen Preisen, die er für Schießpulver zu bieten bereit war, ließ sich keiner verlocken. Sambir, wohin er gekommen war, nachdem er in Makassar von dem dort ansässigen Weißen und von der regelmäßigen Dampferverbindung von Singapur aus gehört hatte, war sein letzter und nahezu aussichtsloser Versuch; nicht minder hatte ihn der Umstand gelockt, dass es am Pantai keinen holländischen Residenten gab, was die ganze Sache zweifellos erleichtern würde. Seine Hoffnungen waren zwar schon beinahe an der hartnäckigen Loyalität Lakambas gescheitert, die dessen wohlverstandenem Eigeninteresse entsprang; zu guter Letzt hatten aber die Großzügigkeit des jungen Mannes, seine leidenschaftliche Beredsamkeit und das Ansehen des großen Namens seines Vaters über die weise Zurückhaltung des Herrschers von Sambir den Sieg davongetragen. Selbst wollte Lakamba mit illegalen Geschäften nichts zu tun haben. Er war auch dagegen, die Araber in diese Sache hineinzuziehen, dafür schlug er Almayer vor, nannte ihn einen schwachen, leicht zu überredenden Mann, dessen Freund, der englische Kapitän des Dampfers, sich dabei als sehr nützlich erweisen könnte – höchstwahrscheinlich würde er sich sogar an dem Geschäft beteiligen und das Schießpulver, ohne dass Abdulla davon etwa erführe, in dem Dampfer schmuggeln. Doch auch bei Almayer stieß Dain auf unerwarteten Widerstand. Lakamba musste Babalatchi mit dem feierlichen Versprechen herüberschicken, dass seine Augen gegenüber dem Tun des weißen Mannes freundschaftlich verschlossen wären, und das Versprechen wie die Freundschaft bezahlte Dain mit guten Silbergulden der verhassten Orang Blanda. Almayer willigte schließlich ein, das Schießpulver, sagte er, könne beschafft werden, Dain müsse ihm aber die Dollars vorstrecken, die als Bezahlung nach Singapur zu schicken waren. Er würde Ford dazu überreden, das Pulver zu kaufen und im Dampfer zur Brigg zu schmuggeln. Für sich selbst wolle er nichts an dem Handel verdienen, aber, nachdem die Brigg weggefahren wäre, müsse Dain ihm bei seinem großen Unternehmen behilflich sein. Almayer hatte Dain erklärt, dass er in dieser Angelegenheit Lakamba allein nicht trauen könne; er hätte Angst, durch die Habgier des Raja seinen Schatz ebenso wie sein Leben zu verlieren. Doch müsste man den Raja einweihen, und dieser bestand darauf, an dem Unternehmen beteiligt zu werden, andernfalls würde er seine Augen nicht mehr zudrücken. Damit musste sich Almayer abfinden. Hätte Dain nicht Nina gesehen, hätte er es wahrscheinlich abgelehnt, selbst mit seinen Leuten an der geplanten Expedition zum Guong Mas, dem Goldenen Berg, teilzunehmen. So, wie die Dinge lagen, wollte er mit der Hälfte seiner Besatzung zurückkehren, sobald die Brigg die Riffe passiert hätte. Aber die hartnäckige Jagd, mit der die holländische Fregatte ihn verfolgte, hatte ihn gezwungen, nach Süden zu segeln und schließlich sein Schiff auf Grund laufen zu lassen und zu zerstören, um die Freiheit oder gar das Leben zu retten. Ja, er war Ninas wegen nach Sambir zurückgekommen, obwohl ihm klar war, dass die Holländer ihn da suchen würden, aber er hatte auch sehr genau bedacht, wie es in Lakambas Händen um seine Sicherheit bestellt wäre. Trotz des ganzen wilden Geredes würde ihn der huldvolle Herrscher nicht töten, war er doch schon seit langem in der Vorstellung befangen, dass Dain das Geheimnis um den Schatz des weißen Mannes kenne. Ebenso wenig würde er ihn den Holländern ausliefern, da er die fatale Enthüllung seiner Mitwisserschaft bei dem verräterischen Handel fürchten musste. Daher fühlte sich Dain ziemlich sicher, als er so dasaß und in aller Ruhe darüber nachdachte, was er dem Raja auf seine blutrünstige Rede erwidern sollte. Ja, er würde ihm vor Augen führen, in welche Lage er käme, sollte er – Dain – in die Hände der Holländer fallen und ihnen die Wahrheit sagen. Schließlich hätte er dann nichts mehr zu verlieren und würde die Wahrheit sagen. Und wenn er nun durch seine Rückkehr nach Sambir Lakambas Seelenfrieden gestört hatte, was war schon dabei? Er war gekommen, sich um sein Eigentum zu kümmern. Hatte er nicht einen wahren Strom von Silber in Mrs. Almayers geldgierigen Schoß geschüttet? Er hatte für das Mädchen einen Preis gezahlt, der eines großen Prinzen würdig war, wenn auch nicht würdig jenes entzückenden, betörenden Geschöpfes, nach dem sich seine ungezähmte Seele mit einem leidenschaftlichen Verlangen sehnte, das quälender war als der schneidendste Schmerz. Er wollte sein Glück. Er hatte ein Recht darauf, in Sambir zu sein.

Er erhob sich, trat zum Tisch und stützte beide Ellbogen darauf, woraufhin Lakamba seinen Sessel ein wenig näher heranrückte und Babalatchi aufstand und erwartungsvoll den Kopf zwischen die Köpfe der beiden andern steckte. Im Flüsterton tauschten sie hastig ihre Gedanken aus, die Gesichter waren jetzt eng zusammengerückt. Dain machte Vorschläge, Lakamba widersprach, und Babalatchi, der die bevorstehenden Schwierigkeiten lebhaft voraussah, legte sich tunlichst ins Mittel. Er sprach am meisten, flüsterte eindringlich und wandte dabei den Kopf langsam von einem zum andern, um sein Auge abwechselnd auf die beiden Gesprächspartner richten zu können. Warum sollte man sich denn streiten? fragte er. Möge sich doch Tuan Dain, dem er fast ebenso zugetan wäre wie seinem Herrn, voller Vertrauen verstecken. Dafür gäbe es genügend Orte. Bulangis Hütte auf der entlegenen Rodung eigne sich am besten. Auf Bulangi könne man sich verlassen. In dem Netz der verschlungenen

Wasserläufe könne sich kein Weißer« zurechtfinden. Die Weißen wären stark, aber große Narren. Es sei nicht wünschenswert, gegen sie zu kämpfen, doch könne man sie leicht täuschen. Sie wären wie alberne Weiber - sie wüssten nicht ihren Verstand zu gebrauchen, und er sei jedem Einzelnen von ihnen gewachsen, fuhr Babalatchi mit dem ganzen Vertrauen mangelnder Erfahrung fort. Wahrscheinlich würden die Holländer Almayer aufsuchen. Vielleicht würden sie ihren Landsmann mit fortnehmen, wenn sie ihn im Verdacht hätten. Das wäre nur gut. Wenn die Holländer wieder weg wären, könnten Lakamba und Dain ganz mühelos den Schatz heben, und man hätte dann mit einer Person weniger zu teilen. Spreche er nicht weise? Wolle sich Tuan Dain nicht zu Bulangis Haus begeben, bis die Gefahr vorüber sei? Sofort?

Dain akzeptierte den Vorschlag, sich zu verbergen, in dem gewissen Gefühl, Lakamba und dem besorgten Staatsmann einen Gefallen zu erweisen; dem Ansinnen, das Versteck sofort aufzusuchen, begegnete er jedoch mit einem entschiedenen Nein, wobei er Babalatchi vielsagend anblickte. Der Staatsmann seufzte wie ein Mann, der sich ins Unvermeidliche schickt, und deutete schweigend zum anderen Flussufer hinüber. Langsam nickte Dain mit dem Kopf.

»Ja, ich will hinüber«, sagte er.

»Noch vor Tagesanbruch?«, fragte Babalatchi.

»Jetzt gleich«, antwortete Dain entschieden.

»Vor morgen Abend werden die Orang Blanda vermutlich nicht hier sein, und ich muss Almayer über unsere Abmachungen unterrichten.«

»Nein, Tuan. Nein, sag nichts davon«, widersprach Babalatchi. »Ich fahre selbst bei Sonnenaufgang hinüber und sage ihm Bescheid.«

»Wir werden sehen«, erwiderte Dain und traf Anstalten zum Aufbruch.

Draußen begann das Gewitter von Neuem, die schweren Wolken hingen jetzt tief am Himmel. Das unaufhörliche dumpfe Grollen in der Ferne unterbrachen nahe, krachende Donnerschläge, und in dem unablässigen Spiel der blauen Blitze zeigten sich hin und wieder die Wälder und der Fluss mit all der flüchtigen Deutlichkeit der Einzelheiten, wie sie solch ein Schauspiel kennzeichnet. Gleichsam benommen und überwältigt von der Heftigkeit des Gewitters standen Dain und Babalatchi vor der Haustür des Raja auf der schwankenden Veranda. Sie standen da inmitten der kauernden Gestalten der Sklaven und Gefolgsleute des Raja, die vor dem Regen Schutz suchten. Dain rief laut seine Bootsbesatzung, und die Männer antworteten mit einem einstimmigen »Ada! Tuan!«, während sie beklommen zum Fluss blickten.
»Es ist starkes Hochwasser«, schrie Babalatchi Dain ins Ohr. »Der Fluss ist sehr zornig. Sieh doch! Sieh doch nur die treibenden Stämme! Kannst du da fahren?«
Zweifelnd schaute Dain auf die bleigraue, brodelnde Wasserfläche, die weit drüben am anderen Ufer von dem schmalen schwarzen Strich der Wälder begrenzt wurde. Plötzlich sprang in einem leuchtend weißen Blitz die flache Landzunge mit den sich im Sturm krümmenden Bäumen und Almayers Haus ins Blickfeld, flackerte und verschwand. Dain stieß Babalatchi beiseite und rannte, von den fröstelnden Bootsleuten gefolgt, zum Wassertor.
Babalatchi zog sich langsam zurück und schloss die Tür, dann wandte er sich um und blickte schweigend Lakamba an. Der Raja saß still da und starrte steinern vor sich auf den Tisch, und Babalatchi betrachtete neugierig die Bestürzung des Mannes, dem er so viele Jahre lang in guten wie in schlechten Zeiten gedient hatte. Ohne Zweifel empfand der einäugige Staatsmann in seiner unzivilisierten und gleisnerischen Seele ungewohnte Anteilnahme, vielleicht sogar Mitleid für den Mann, den er

seinen Herrn nannte. Von seiner sicheren Position als vertraulicher Berater blickte er die Reihe vergangener Jahre zurück und konnte sich sehen, wie er – der gelegentliche Halsabschneider – auf der bescheidenen Reispflanzung der ersten Anfänge unter dem Dach dieses Mannes Schutz gesucht hatte. Darauf folgte eine lange Zeit ungetrübter Erfolge, weiser Ratschläge und geheimer Intrigen, die der furchtlose Lakamba entschlossen in die Tat umsetzte, bis die ganze Ostküste von Poulo Laut bis Tanjong Batu auf Babalatchis Weisheit hörte, wie sie aus dem Mund des Herrschers von Sambir sprach. Wie vielen Gefahren war man nicht in diesen langen Jahren entkommen, wie vielen Feinden hatte man nicht mutig getrotzt, wie viele Weiße nicht erfolgreich überlistet! Und nun sah er das Ergebnis so vieler Jahre voller Mühe und Geduld vor sich: der furchtlose Lakamba, eingeschüchtert durch den Schatten drohenden Ungemachs. Der Herrscher wurde eben alt, und Babalatchi, der ein unbehagliches Gefühl im Magen empfand, legte beide Hände auf den Bauch, begriff er doch plötzlich lebhaft und betrübt die Tatsache, dass auch er selbst alt wurde; dass die Zeit verwegenen Wagemuts für sie beide vorüber war; und dass sie ihr Heil nun in Besonnenheit und Arglist suchen mussten. Sie brauchten Frieden; sie waren zur Einkehr bereit; sie wären sogar bereit, sich einzuschränken, um die Mittel zu gewinnen, sich von schlimmen Tagen freizukaufen, wenn man sich davon überhaupt freikaufen konnte. Zum zweiten Mal in dieser Nacht seufzte Babalatchi tief auf, als er sich wieder zu Füßen seines Herrn niederhockte und ihm in stummem Mitgefühl die Betelnussdose reichte. Und da saßen sie denn in der engen, doch schweigsamen Gemeinsamkeit von Betelnusskauern, mahlten bedächtig mit den Kiefern, spien geziemend in die weite Öffnung des Messinggefäßes, das sie einander reichten, und lausch-

ten dem furchtbaren Toben der draußen entfesselten Elemente.
»Wir haben sehr starkes Hochwasser«, sagte Babalatchi bekümmert.
»Ja«, entgegnete Lakamba. »Ist Dain fort?«
»Ja, Tuan. Er ist zum Fluss hinuntergerannt, als wäre er vom Schaitan besessen.«
Wieder schwiegen sie lange.
»Vielleicht ertrinkt er«, mutmaßte Lakamba, jetzt lebhafter.
»Im Fluss treiben viele Baumstämme«, entgegnete Babalatchi, »aber er ist ein guter Schwimmer«, setzte er träge hinzu.
»Er sollte am Leben bleiben«, sagte Lakamba, »er weiß, wo der Schatz ist.«
Babalatchi stimmte mit einem verdrießlichen Grunzen zu. Dass es ihm nicht gelungen war, das Geheimnis des Weißen zu ergründen, nämlich herauszukriegen, wo sich das Gold befand, war der wunde Punkt des Staatsmannes von Sambir, lag hierin doch der einzige deutliche Misserfolg einer im Übrigen glänzenden Laufbahn.
Nach dem Aufruhr des Gewitters war jetzt tiefe Stille eingekehrt. Nur kleine Wolken, Nachzügler, die dahineilten, um den Haupttrupp einzuholen, der in der Ferne wetterleuchtete, entsandten noch kurze Schauer, die leise und beruhigend auf das Dach aus Palmblättern rauschten.
Lakamba riss sich aus seiner Teilnahmslosigkeit. Er sah aus, als habe er die Lage endlich erfasst.
»Babalatchi!«, rief er lebhaft und versetzte diesem einen leichten Tritt.
»Ada Tuan! Ich höre.«
»Wenn die Orang Blanda hierherkommen, Babalatchi, und Almayer nach Batavia mitnehmen, um ihn für den Schmuggel mit Schießpulver zu bestrafen, was glaubst du, wird er da tun?«
»Ich weiß nicht, Tuan.«

»Du bist ein Idiot«, frohlockte Lakamba, »er wird ihnen verraten, wo der Schatz ist, um Gnade zu finden. Ja, genau.«

Babalatchi sah zu seinem Herrn auf und nickte, eher überrascht als erfreut. Daran hatte er nicht gedacht. Das ergäbe eine weitere Komplikation.

»Almayer muss sterben«, erklärte Lakamba mit Bestimmtheit, »damit das Geheimnis gewahrt bleibt. Er muss in aller Stille sterben, Babalatchi. Das musst du erledigen.«

Babalatchi stimmte zu und erhob sich müde. »Morgen?«, fragte er.

»Ja, ehe die Holländer kommen. Er trinkt viel Kaffee«, antwortete Lakamba wie von ungefähr.

Babalatchi gähnte und reckte sich, indes Lakamba, im schmeichelhaften Bewusstsein, ein schwieriges Problem ohne fremde Hilfe durch eigene Geisteskraft gelöst zu haben, mit einem Mal hellwach wurde.

»Babalatchi«, gebot er dem erschöpften Staatsmann, »hol den Musikkasten, den mir der weiße Kapitän geschenkt hat. Ich kann nicht schlafen.«

Tiefe Melancholie überschattete Babalatchis Züge bei diesem Befehl. Widerstrebend ging er hinter den Vorhang, um gleich darauf mit einer kleinen Drehorgel auf dem Arm wieder zu erscheinen. Mit dem Ausdruck größter Niedergeschlagenheit stellte er sie auf den Tisch, Lakamba machte es sich in seinem Sessel bequem.

»Dreh, Babalatchi, so dreh«, murmelte er mit geschlossenen Augen.

Mit der Kraft der Verzweiflung umklammerte Babalatchis Hand die Kurbel, und während er leierte, wich die Düsterkeit seiner Miene hoffnungsloser Resignation. Durch den geöffneten Fensterladen strömten die Klänge Verdischer Musik hinaus in das tiefe Schweigen über Fluss und Wald. Mit geschlossenen Augen lauschte Lakamba, selig lächelnd; und Babalatchi drehte die Kurbel, hin und wieder nickte er ein und fiel beinahe vornüber, dann raffte er sich zutiefst erschrocken wieder auf und leierte umso schneller. Die Natur lag nach dem leidenschaftlichen Aufruhr wie erschöpft in tiefem Schlaf, während unter der unsteten Hand des Staatsmannes von Sambir der Troubadour abwechselnd schluchzte und klagte und sich wieder und wieder in einem traurigen Kreislauf tränenreicher, endloser Wiederholungen von seiner Leonore verabschiedete.

## 7

Nach dem nächtlichen Unwetter zog ein klarer, nebelfreier Morgen herauf, und strahlender Sonnenschein überflutete den Hauptweg der Siedlung, der vom flachen Ufer des Flussarmes Pantai zum Tor von Abdullas Gehöft führte. An diesem Morgen lag der Pfad verlassen da. Seine dunkelgelbe Oberfläche, von vielen nackten Füßen festgetreten, wand sich zwischen Gruppen von Palmen dahin, deren hohe Stämme in unregelmäßigen Abständen schwarze Schattengitter auf den Weg zeichneten; die soeben aufgegangene Sonne warf die Schatten der Blätterwipfel weit über die Dächer der Pfahlbauten, die den Fluss säumten, ja sogar über den Fluss hin, der still an den verlassenen Häusern vorübereilte. Denn auch die Häuser waren verlassen. Auf dem schmalen Streifen niedergetretenen Grases zwischen den offenen Türen und dem Weg schwelten unbeaufsichtigt die Morgenfeuer, dünne Rauchsäulen kräuselten sich in der kühlen Luft und breiteten einen hauchzarten Schleier geheimnisvollen Blaus über die sonnenbeschienene Einsamkeit der Siedlung. Almayer war eben erst aus seiner Hängematte aufgestanden und starrte schlaftrunken auf das ungewohnte Bild von Sambir, leicht verwirrt darüber, wie ausgestorben es dalag. Auch in seinem Haus herrschte völlige Stille. Er konnte weder die Stimme seiner Frau hören noch Ninas Schritte in dem großen Zimmer, das auf die Veranda hinausging und das er, wann immer er in der Gesellschaft Weißer seine Ansprüche an die normalen Annehmlichkeiten der Zivilisation geltend machen wollte, sein Wohnzimmer nannte. Niemand wohnte oder saß je dort; da war nichts Wohnliches, nichts, worauf man hätte sitzen können, denn Mrs. Almayer hatte, wenn die Erinnerungen an die Piratenära ihres Lebens sie überwältigten, in Anfällen wilder Raserei die Vorhänge heruntergerissen, um daraus für die Sklavinnen Sarongs zu machen, und sie hatte die Möbel, diese Renommierstücke, nach und nach verbrannt, um den Reis für die Familie zu kochen. Aber Almayers Gedanken weilten jetzt nicht bei einem Mobiliar. Er dachte an Dains Rückkehr, an Dains nächtliche Unterredung mit Lakamba und daran, wie sich diese womöglich auf seine seit langem ausgearbeiteten Pläne auswirken mochte, die sich nun dem Stadium der Verwirklichung näherten. Auch war er in Unruhe, weil Dain nicht erschien, obwohl er ihm doch einen frühen Besuch in Aussicht gestellt hatte. ›Der Kerl hat genügend Zeit gehabt, um überzusetzen‹, grübelte er, ›und dabei gäbe es heute so viel zu tun. Der Aufbruch morgen früh muss noch in Einzelheiten festgelegt werden; die Boote müssen ins Wasser gelassen werden; tausenderlei letzte Handgriffe. Denn ehe man zu einer solchen Expedition aufbricht, möchte alles fix und fertig sein; nichts darf vergessen werden, nichts.‹

Das Gefühl ungewohnter Einsamkeit wurde plötzlich in ihm übermächtig, und er ertappte sich dabei, wie er sich in der außergewöhnlichen Ruhe sogar nach dem sonst so unwillkommenen Klang der Stimme seiner Frau sehnte, um die beklemmende Stille zu brechen, die, so schien es seiner geängsteten Fantasie, das Herannahen neuen Unheils ankündigte. »Was ist nur passiert?«, murmelte er halblaut vor sich hin, als er in Hausschuhen, die er nur halb angezogen hatte, zum Geländer der Veranda schlurfte. »Schlafen die denn alle noch, oder sind sie tot?«

Die Siedlung war jedoch äußerst lebendig und hellwach. Ihre Bewohner waren schon seit dem Morgengrauen auf den Beinen, als Mahmat Banjer in einer Anwandlung noch nie da gewesenen Tatendrangs aufgestanden war, sein Beil ergriffen hatte, über die schlafenden Gestalten seiner beiden Frauen gestiegen war und sich fröstelnd ans Ufer begeben hatte, um nachzusehen, ob das neue Haus, dass er hier baute, nicht etwa in der Nacht weggeschwemmt worden sei.

Der tatkräftige Mahmat baute das Haus auf einem großen Floß, das er zur Sicherheit gleich auf der schlammigen Landzunge im Zusammenfluss der beiden Arme des Pantai festgemacht hatte, damit ihm treibende Baumstämme nichts anhaben konnten, die es ohne Zweifel bei Hochwasser an die Landspitze anschwemmen würde. Mahmat ging durch das nasse Gras, schüttelte sich und fluchte leise vor sich hin über das harte Muss des tätigen Lebens, das ihn vom warmen Lager in die Morgenkühle getrieben hatte. Ein flüchtiger Blick zeigte ihm, dass das Haus noch da war, und er beglückwünschte sich zu der Voraussicht, mit der er es beizeiten in Sicherheit gebracht hatte, denn das heller werdende Licht enthüllte ihm ein wüstes Durcheinander von Treibholz, das angeschwemmt im seichten Uferschlamm lag. In denn Strudel, der im Zusammenfluss der beiden Flussarme entstand, wurden die Stämme, durch die Äste zu einem unförmigen Floß verkeilt, hin und her geschleudert, dass sie krachend aneinander stießen. Eben in dem Augenblick, als Mahmat dicht ans Wasser trat, um die Verankerungen aus Rotang, die das Haus hielten, zu prüfen, stieg die Sonne über die Wipfel des jenseitigen Uferwaldes empor. Wie er sich über die Halterungen beugte, warf er noch einmal einen flüchtigen Blick auf das Gewirr von auf- und abwogenden Baumstämmen, und da sah er etwas, das ihn veranlasste, das Beil fallen zu lassen, sich aufzurichten und mit der Hand die Augen vor den Strahlen der aufgehenden Sonne zu schützen. Da war etwas Rotes, und die Stämme schoben sich darüber, sodass es zuweilen davon eingeschlossen, zuweilen darunter versteckt war. Zuerst hielt er es für einen roten Stofffetzen. Im nächsten Augenblick erkannte er jedoch, was es war, und erhob ein großes Geschrei.

»Ah ya! Da!«, brüllte Mahmat. »Da liegt ein Mann zwischen den Stämmen!« Er wölbte die Hände vor den Mund und schrie zur Siedlung hin, wobei er deutlich die Worte formte: »Im Fluss liegt eine Leiche! Kommt her und seht! Ein Toter – ein Fremder!«

Die Frauen aus dem nächstgelegenen Haus waren bereits draußen, zündeten Feuer an und schälten den Morgenreis. Schrill kreischend griffen sie den Ruf auf, und so pflanzte sich das Geschrei von Haus zu Haus fort, um in der Ferne zu verklingen. Aufgeregt, aber schweigend stürzten die Männer aus den Hütten und liefen zu der schlammigen Landzunge, wo mit der verbohrten Hartnäckigkeit unbeseelter Dinge die leblosen Baumstämme hin und her geworfen wurden und unter Stoßen und Schieben über den fremden Leichnam hinwegrollten. Die Frauen folgten hinterdrein, ließen ihre häuslichen Pflichten im Stich, ohne zu bedenken, dass es deswegen zu Hause Verdruss geben könnte. Den Schluss bildeten Scharen von Kindern, die fröhlich jubelten, so freuten sie sich über die unerwartete Aufregung.

Almayer rief laut nach Frau und Tochter, da er aber keine Antwort erhielt, stand er gespannt lauschend da. Das Gemurmel der Menge, das undeutlich zu ihm drang, bestätigte ihm, dass etwas Außergewöhnliches vor sich ging. Er schaute zum Floß hin und wollte schon die Veranda verlassen, als er beim Anblick eines kleinen Kanus jedoch stehen blieb, das vom Anlegeplatz des Raja herüberkam. Der einzige Insasse (in dem Almayer sogleich Babalatchi erkannte) beendete die Überfahrt ein wenig unterhalb des Hauses und paddelte im toten Wasser dicht am Ufer bis zum Lingardschen Bootsteg. Langsam kletterte Babalatchi heraus und machte sich mit übertriebener Sorgfalt daran, das Kanu zu vertäuen, als hätte er es gar nicht eilig damit, Almayer zu begegnen, den er von der Veranda zu sich herschauen sah. Dieser Aufschub ließ Almayer Zeit, Babalatchis offizielle Aufmachung zur Kenntnis zu nehmen und gebührend zu bestaunen. Der Staatsmann von Sambir trug ein Kostüm, wie es seinem hohen Rang angemessen war. Die Taille umhüllte ein auffällig karierter Sarong, aus dessen Faltenwurf das silberne Heft des Krises hervorschimmerte, der nur bei großen Festlichkeiten oder offiziellen Anlässen getragen wurde. Von der linken Schulter schräg über die ansonsten nackte Brust des greisen Diplomaten glänzte ein Riemen aus Lackleder, und daran prangte eine Messingtafel, die unter der Inschrift ›Sultan von Sambir‹ das Wappen der Niederlande trug. Babalatchis Kopf bedeckte ein roter Turban, dessen Fransenenden ihm links über Gesicht und Schulter herabhingen und seinem alten Gesicht einen lächerlichen Ausdruck fröhlicher Unbekümmertheit verliehen. Als das Kanu endlich zu seiner Zufriedenheit vertäut war, richtete er sich auf, schüttelte die Falten des Sarongs zurecht und begab sich mit weit ausholenden Schritten zu Almayers Haus, dazu schwang er gleichmäßig den langen Ebenholzstab dessen mit Edelsteinen verzierter goldener Knauf in der Morgensonne blinkte. Almayer deutete mit der Hand nach rechts zur Landzunge hin, die

für ihn unsichtbar, vom Landesteg aus aber gut zu sehen war.
»Oh, Babalatchi! Oh!«, rief er, »was ist dort los? Kannst du's sehen?«
Babalatchi blieb stehen und spähte angespannt zu der Menschenmenge am Flussufer hinüber, und alsbald sah der verblüffte Almayer, wie er den Pfad verließ, den Sarong mit einer Hand raffte und im Laufschritt durchs Gras zu der morastigen Landzunge eilte. Almayer, nun sehr neugierig, rannte die Verandatreppe hinunter. Das Gemurmel von Männerstimmen und das Kreischen von Frauen drang jetzt ganz deutlich zu ihm, und sowie er um die Hausecke bog, sah er auf der flachen Landzunge eine bewegte Menschenmenge, die sich um etwas drängte. Undeutlich vernahm er Babalatchis Stimme, dann teilte sich die Menge vor dem greisen Staatsmann, um sich mit erregtem Stimmengewirr, das in einem lauten Aufschrei endete, wieder hinter ihm zu schließen.
Als sich Almayer der Menschenansammlung näherte, stürzte ein Mann daraus hervor und raste an ihm vorbei zur Siedlung, taub gegenüber Almayer, der ihn anrief, doch stehenzubleiben und zu erklären, was diese ganze Aufregung zu bedeuten habe. Am Rand der Menge aber gab es kein Vorwärtskommen mehr, undurchdringliche Menschenmassen versperrten Almayer den Weg und wollten weder weichen noch wanken, mochte er noch so flehentlich bitten, ihn durchzulassen, mochte er noch so viele Püffe verteilen, um sich seinen weg ans Ufer zu bahnen.
Während er behutsam und allmählich vorrückte, meinte er plötzlich, er hätte aus dem dichtesten Gewühl die Stimme seiner Frau gehört. Mrs. Almayers schrille Stimme war weiß Gott nicht zu verkennen, auch wenn er die Worte nicht deutlich genug vernahm, um sie zu verstehen. Er ließ die Bemühungen, sich durchzudrängen, sein

und wollte von den Umstehenden etwas erfahren, als ein langer, durchdringender Schrei die Luft zerriss und das Gemurmel der Menge ebenso wie die Stimmen der Auskunftgebenden verstummen ließ. Einen Augenblick verharrte Almayer, wie versteinert vor Schreck und Entsetzen, denn er war sich jetzt sicher, dass er das Klagegeschrei gehört hatte, mit dem seine Frau um Tote jammerte. Ihm fiel Ninas ungewöhnliche Abwesenheit ein, und wie von Sinnen vor Angst, ihr könne etwas zugestoßen sein, stürzte er blindlings und ungestüm los, dass die Menge unter Ausrufen von Überraschung und Schmerz vor seinem rasenden Ansturm zurückwich.

Auf der Landzunge lag auf einem kleinen freien Platz der Leichnam eines Fremden, den man eben unter den Baumstämmen hervorgezerrt hatte. Daneben stand Babalatchi, das Kinn auf den Knauf des Stocks gestützt; sein einäugiger Blick hing unverwandt an der unförmigen Masse gebrochener Gliedmaßen, zerfetzten Fleisches und blutgetränkter Kleiderreste. Als Almayer den Kreis entsetzter Zuschauer durchbrach, warf Mrs. Almayer ihren Schleier über das aufwärts gekehrte Gesicht des Ertrunkenen, hockte sich daneben und stieß erneut ein solches Klagegeheul aus, dass es die jetzt schweigende Menge schaudernd durchfuhr. Mahmat, triefend vor Nässe, wandte sich Almayer zu, um ihm eifrig seine Geschichte zu erzählen.

Als die tödliche Angst von Almayer wich, schien im ersten Moment das Sonnenlicht vor seinen Augen zu flimmern, und er lauschte den Worten, die um ihn her gesprochen wurden, ohne sie zu begreifen. Als er durch Aufgebot aller Willenskräfte wieder seiner Sinne mächtig wurde, sagte Mahmat gerade:

»So war's, Tuan. Sein Sarong hatte sich in dem abgebrochenen Ast verfangen, und er hing kopfüber im Wasser. Als ich sah, was es war, mochte ich es nicht hierbehalten. Ich wollte, dass es loskommt und woandershin treibt. Warum sollen wir mitten zwischen unseren Häusern einen Fremden begraben, damit sein Geist dann unsere Frauen und Kinder ängstigt? Haben wir hier nicht sowieso schon genug Geister?«

Hier unterbrach ihn beifälliges Gemurmel. Vorwurfsvoll schaute Mahmat Babalatchi an.

»Aber Tuan Babalatchi hat mir befohlen, die Leiche an Land zu ziehen«, fuhr er fort und blickte dabei in die Runde seiner Zuhörer, obgleich seine Worte nur Almayer galten, »und ich habe sie an den Füßen herausgezogen, durch den Schlamm habe ich den Toten dann an Land gezerrt, obwohl mein Herz gewünscht hätte, ihn flussabwärts treiben zu sehen, vielleicht wäre er bei Bulangis Rodung an Land geschwemmt worden – möge das Grab seines Vaters geschändet werden!«

Diese Worte lösten unterdrücktes Gelächter aus, denn die Feindschaft zwischen Mahmat und Bulangi war allgemein bekannt und für die Bewohner von Sambir von nie versiegendem Interesse. Mitten in diese Heiterkeit hinein stimmte Mrs. Almayer plötzlich wieder ihr Klagegeschrei an.

»Allah! Was hat denn diese Frau!«, stieß Mahmat zornig hervor. »Hier, ich habe diese Leiche berührt, die von wer weiß woher kommt, und, so viel steht wohl fest, ich bin nun unrein geworden, noch ehe ich Reis gegessen habe. Auf Befehl von Tuan Babalatchi habe ich das getan, um es dem weißen Mann recht zu machen. Ist dir's recht, o Tuan. Almayer? Und was wird mein Lohn sein? Tuan Babalatchi hat gesagt, ich kriege eine Belohnung, und zwar von dir. Nun sieh! Ich bin unrein geworden, und wenn nicht unrein, so doch vielleicht behext. Sieh dir die Fußringe an! Wer hat je davon gehört, dass es mitten in der Nacht eine Leiche zwischen Baumstämmen anschwemmt und noch dazu mit goldenen Fußspangen?

Da ist Hexerei im Spiel. Trotzdem«, setzte Mahmat nach einer Denkpause hinzu, »ich möchte den Fußring gern haben, wenn ich darf, denn ich besitze einen Zauber gegen Geister und fürchte mich nicht vor ihnen. Gott ist groß!«

Ein erneuter Ausbruch von Mrs. Almayers lautstarken Schmerzbekundungen dämmte Mahmats Redefluss ein. Verstört schaute Almayer abwechselnd seine Frau, Mahmat und Babalatchi an und ließ schließlich den Blick wie gebannt auf dem Leichnam ruhen, der, das Gesicht zugedeckt, in unnatürlicher, geradezu grotesker Verrenkung verstümmelter und gebrochener Gliedmaßen auf dem Schlamm lag; ein Arm, völlig verdreht und zerrissen, weiße Knochen spießten hier und da durch das zerfetzte Fleisch, war so lang gestreckt, dass die Hand mit den gespreizten Fingern beinahe den Fuß, berührte.

»Weißt du, wer das ist?«, fragte er leise Babalatchi.

Babalatchi starrte vor sich hin und bewegte kaum die Lippen, während Mrs. Almayers beharrliches Wehklagen seine geflüsterte Erwiderung übertönte, die nur für Almayers Ohren bestimmt war.

»Es war Schicksal. Sieh nach unten, weißer Mann. Ich sehe an diesen zerfetzten Fingern einen Ring, den ich nur zu gut kenne.«

Bei diesen Worten trat Babalatchi gleichmütig vor; setzte den Fuß wie zufällig auf die Hand der Leiche und drückte sie in den weichen Schlamm. Drohend schwang er seinen Stab gegen die Menge, die ein wenig zurückwich.

»Fort mit euch!«, befahl er streng, »und schickt eure Frauen an die Feuer zurück, von denen sie wegen eines toten Fremden nicht hätten fortlaufen sollen. Das hier ist Männersache. Im Namen des Raja! Ich konfisziere die Leiche. Keiner soll hier bleiben außer Tuan Almayers Sklaven. Verschwindet jetzt!«

Widerstrebend begann sich die Menge zu zerstreuen. Die Frauen gingen zuerst und zogen die Kinder davon, die sich mit ihrem ganzen Gewicht gegen die mütterliche Hand sträubten. Die Männer schlenderten gemächlich in ständig wechselnden Gruppen hinterdrein, die sich nach und nach auflösten, sowie sie sich der Siedlung näherten und jedermann mit schnelleren Schritten in hungriger Erwartung des Morgenreises seinem Haus zueilte. Nur auf der niedrigen Anhöhe, von der das Land zur schlammigen Landzunge abfiel, blieben ein paar Männer, Freunde oder Feinde von Mahmat, zurück, um noch geraume Zeit neugierig zu der kleinen Schar hinzuschauen, die am Ufer um die Leiche herumstand.

»Ich weiß nicht, was du meinst, Babalatchi«, sagte Almayer. »Was ist das für ein Ring, von dem du da redest. Wer immer das auch sein mag, du hast die Hand von dem armen Kerl direkt in den Schlamm getreten. Deck das Gesicht auf«, fuhr er, an Mrs. Almayer gewandt, fort, die neben dem Kopf der Leiche hockte, sich hin- und herwiegte, bisweilen ihre wirren grauen Haare schüttelte und vor sich hin wimmerte.

»Hai!«, rief Mahmat, der noch in der Nähe geblieben war. »Sieh mal, Tuan, die Baumstämme sind so aneinandergestoßen«, und dabei rieb er die Handflächen gegeneinander, »und dazwischen muss der Kopf gewesen sein, und da gibt's jetzt kein Gesicht mehr, das man sich anschauen könnte. Da sind zwar Fleisch und Knochen, Nase und Mund und vielleicht auch Augen, aber niemand könnte sagen, was was ist. So war es geschrieben am Tage seiner Geburt, dass niemand ihn sollte im Tode anschauen und sagen können: ›Das ist das Gesicht meines Freundes.‹«

»Schweig, Mahmat! Es ist genug!«, sagte Babalatchi. »Und hör auf, den Fußreif anzustarren, Schweinefleischfresser,

der du bist. Tuan Almayer«, fuhr er leiser fort, »hast du Dain heute Morgen gesehen?«
Almayer riss die Augen auf und blickte erschrocken drein. »Nein«, versetzte er rasch, »hast du ihn denn nicht gesehn? Ist er denn nicht beim Raja? Ich warte auf ihn; warum kommt er nur nicht?«
Traurig nickte Babalatchi mit dem Kopf. »Er ist ja gekommen, Tuan. Vergangene Nacht, als das Gewitter tobte und der Fluss sich zornig zeigte, ist er losgefahren. Die Nacht war tiefschwarz, aber in seinem Innern leuchtete ein Licht, das ihm den Weg zu deinem Haus glatt wie ein schmales ruhendes Gewässer erscheinen ließ und die vielen Baumstämme nicht größer als getrocknete Grashalme. Darum ist er aufgebrochen; und nun liegt er hier.« Und Babalatchi wies mit dem Kopf auf den Toten.
»Woran kannst du das erkennen?«, fragte Almayer erregt und schob seine Frau beiseite. Er riss den Schleier weg und schaute auf die unförmige Masse von Fleisch, Haar und trocknendem Schlamm an der Stelle, wo das Gesicht des Ertrunkenen hätte sein sollen. »Das kann keiner wissen«, setzte er hinzu, als er sich schaudernd abwandte.
Babalatchi hatte sich hingekniet und rieb den Schlamm von den steifen Fingern der ausgestreckten Hand. Er stand wieder auf, und vor Almayers Augen blitzte ein goldener Ring, in den ein großer grüner Stein gefasst war.
»Den kennst du wohl recht gut«, sagte er. »Er steckte immer an Dains Finger. Ich musste jetzt das Fleisch abreißen, um ihn loszukriegen. Glaubst du mir nun?«
Almayer hob die Hände zum Kopf und ließ sie, von äußerster Verzweiflung überwältigt, schlaff herabsinken. Babalatchi, der ihn neugierig betrachtete, sah verwundert, dass er lächelte. Eine seltsame Vorstellung hatte sich in Almayers Hirn festgesetzt, das durch dieses erneute Unglück in Verwirrung geraten war. Ihm schien,

als wäre er jahrelang in einen tiefen Abgrund gestürzt, Tag um Tag, Monat um Monat, Jahr um Jahr, immer tiefer und tiefer und tiefer, in ein glattes, rundes, schwarzes Loch, und die schwarzen Wände waren in schwindelerregendem Flug an ihm vorbei in die Höhe gerast, gebraust, getost – er vermeinte es immer noch zu hören; und nun war er in einem fürchterlichen Aufprall auf dem Grund gelandet, und siehe da! Er war heil, er lebte, Dain aber war tot, die Knochen samt und sonders gebrochen. Das kam ihm komisch vor. Ein toter Malaie; er hatte schon viele tote Malaien gesehen, ohne das Geringste zu empfinden; und jetzt hätte er am liebsten geweint, und zwar über das Schicksal eines ihm bekannten weißen Mannes; eines Mannes, der in einen tiefen Abgrund gefallen und nicht gestorben war. Irgendwie kam es ihm vor, als stünde er neben sich, ein wenig abseits, und sähe einem gewissen Almayer zu, der in arger Bedrängnis war. Armer, armer Kerl! Warum bloß schneidet er sich nicht die Kehle durch? Er wollte ihn dazu ermutigen; er wünschte nichts sehnlicher, als ihn da tot über der anderen Leiche liegen zu sehen. Warum stirbt er denn nicht und macht allem Leiden ein Ende? Unwillkürlich stöhnte er laut auf und fuhr, erschreckt über den Klang der eigenen Stimme, zusammen. War er etwa dabei, den Verstand zu verlieren? Dieser Gedanke jagte ihm einen solchen Schrecken ein, dass er sich abwandte und auf sein Haus zulief, wobei er sich immer und immer wieder vorsagte: »Ich verliere nicht den Verstand, nein, natürlich bin ich nicht verrückt, nein, nein, nein!« Er versuchte den Gedanken festzuhalten: »Nicht verrückt, nicht verrückt.« Er stolperte, als er blindlings die Treppe hinaufstürzte, schnell und immer schneller stieß er in einem fort diese Worte hervor, in denen sein Heil zu ruhen schien. Er sah Nina dastehen und hätte ihr gern etwas gesagt, konnte sich aber nicht darauf besinnen, was er ihr gern sagen wollte, so war er davon besessen, nicht zu vergessen, dass er nicht dabei war, den Verstand zu verlieren, was er sich immer noch im Geiste aufsagte, als er um den Tisch rannte, bis er gegen einen der Sessel stolperte und sich erschöpft hineinfallen ließ. Da saß er denn und starrte Nina wild an, versicherte sich im Geiste immer wieder, dass sein Verstand in Ordnung sei, und wunderte sich, warum das Mädchen, die Augen vor Entsetzen weit aufgerissen, vor ihm zurückwich. Was war nur mit ihr los? Das war doch zu albern. Heftig schlug er mit der Faust auf den Tisch und schrie heiser: »Hol mir Gin! Dalli!« Sobald Nina losgelaufen war, saß er sehr still und ruhig im Sessel, erstaunt über den Lärm, den er geschlagen hatte.

Als Nina mit einem Wasserglas halb voll Gin zurückkehrte, stierte ihr Vater wie abwesend vor sich hin. Almayer war jetzt sehr müde, als hätte er eine weite Reise hinter sich. Ihm war zumute, als wäre er diesen Morgen viele, viele Meilen weit gelaufen, und er hatte nur noch das Verlangen, sich auszuruhen. Mit zitternder Hand griff er nach dem Glas, und als er trank, schlugen die Zähne gegen den Rand. Er leerte das Glas und setzte es unsanft auf den Tisch. Langsam richtete er den Blick auf Nina, die neben ihm stand, und sagte mit fester Stimme: »Jetzt ist alles aus, Nina. Er ist tot, und ich kann die Boote genauso gut alle verbrennen.«

Er war sehr stolz darauf, dass er so gefasst sprechen konnte. Er wurde nicht verrückt, ausgeschlossen. Diese Gewissheit war sehr tröstlich. So berichtete er weiter darüber, wie man die Leiche gefunden hatte, und zufrieden lauschte er dabei der eigenen Stimme.

Nina stand still, mit unbewegter Miene da, eine Hand ruhte leicht auf der Schulter des Vaters, aber jeder ihrer Züge, die Haltung des ganzen Körpers drückten gespannte, angstvolle Aufmerksamkeit aus.

»Und so ist Dain also tot«, sagte sie kalt, als der Vater seine Rede endete.
Sogleich schlug Almayers mühsame Ruhe in einen Ausbruch heftiger Empörung um.
»Du stehst da, als wärst du halb tot, und redest mit mir, als ob das eine völlig belanglose Sache wäre«, tobte er los. »Ja, er ist tot! Verstehst du das? Tot! Was kümmert's dich? Dir ist alles ganz egal. Dir hat es nicht das Geringste ausgemacht, zuzusehen, wie ich gekämpft und gearbeitet und mich abgerackert habe. Und wie ich dabei gelitten habe, hast du auch nicht gemerkt. Nein, nie. Du hast kein Herz und keine Seele, sonst hättest du begreifen müssen, dass ich mich nur für dich, für dein Glück abgerackert habe. Ich wollte reich werden, ich wollte von hier weg. Ich wollte sehen, wie sich weiße Männer tief vor der Macht deiner Schönheit und deines Reichtums verneigen. So alt ich bin, habe ich doch in ein fremdes Land ziehen wollen, in eine Zivilisation, die mir fremd ist, um in der Betrachtung deines großen Reichtums, deiner Triumphe, deines Glücks ein neues Leben zu finden. Dafür habe ich geduldig die ganze Last von Arbeit, Enttäuschung, Erniedrigung unter den Wilden hier ertragen, und es war alles schon zum Greifen nahe.«
Er sah der Tochter in das aufmerksame Gesicht und sprang auf, wobei er den Stuhl umstieß.
»Hörst du? Es war alles schon ganz nahe; so: ich konnte schon danach greifen.«
Er hielt inne, mühte sich, die aufsteigende Wut zu unterdrücken, aber vergebens.
»Hast du denn gar kein Empfinden?«, fuhr er fort. »Lebst du denn ohne Hoffnung?« Ninas Schweigen reizte ihn; er hob die Stimme, versuchte aber, seine Erregung zu beherrschen.
»Bist du denn damit zufrieden, in dem Elend hier zu leben und in dem erbärmlichen Loch zu sterben? Sag

doch etwas, Nina. Hast du denn gar kein Mitgefühl! Weißt du gar kein Wort des Trostes für mich? Für mich, der ich dich so liebe.«

Eine Weile wartete er auf eine Antwort, und als keine kam, schüttelte er die Faust vor dem Gesicht seiner Tochter. »Du bist wohl schwachsinnig!«, schrie er gellend.

Er sah sich nach dem Stuhl um, hob ihn auf und setzte sich steif darauf. Der Zorn war in ihm erloschen, und er schämte sich des Ausbruchs, fühlte sich jedoch beim Gedanken daran, dass er nun seiner Tochter den eigentlichen Sinn seines Lebens klar gemacht hatte, erleichtert. So dachte er, in vollkommen gutem Glauben, getäuscht durch die gefühlsmäßige Einschätzung seiner Motive, unfähig zu durchschauen, wie unlauter seine Methoden, wie wirklichkeitsfremd seine Ziele und wie vergeblich seine Reue war. Und jetzt war sein Herz einzig von großer Zärtlichkeit und Liebe zu der Tochter erfüllt. Er wünschte, sie wäre auch unglücklich, und er könnte mit ihr seine Verzweiflung teilen. Aber er wünschte es nur, wie sich alle schwachen Naturen im Unglück nach der Gesellschaft von Menschen sehnen, die keine Schuld an der Ursache dieses Unglücks tragen. Wenn sie selbst litte, würde sie ihn verstehen, und er täte ihr leid; jetzt aber wollte oder konnte sie nicht ein Wort des Trostes oder der Liebe für ihn in seiner entsetzlichen Not finden. Das Bewusstsein seiner völligen Einsamkeit traf sein Herz mit einer Gewalt, die ihn erzittern ließ. Er schwankte und fiel mit dem Gesicht vornüber auf den Tisch, die Arme starr und weit von sich gestreckt. Nina trat rasch auf den Vater zu und sah auf den grauen Kopf und die breiten Schultern hinab, die von der Heftigkeit der Empfindungen geschüttelt wurden, die nun endlich in Schluchzen und Tränen Erleichterung fanden.

Nina seufzte tief auf und trat vom Tisch weg. Ihre Züge verloren den Ausdruck steinerner Gleichgültigkeit, der

den Vater zu dem Ausbruch von Zorn und Kummer getrieben hatte. Der Ausdruck ihres Gesichts, dass der Vater jetzt nicht sehen konnte, änderte sich zusehends. Anscheinend gleichgültig hatte sie sich Almayers Flehen um Mitgefühl, um ein Wort des Trostes angehört, doch ihr Herz war von widerstreitenden Regungen zerrissen worden, die plötzlich durch Ereignisse, die sie nicht oder zumindest nicht so bald vorhergesehen hatte, in ihr entbrannt waren. Während der Anblick von Almayers Elend sie im tiefsten Herzen gerührt hatte und es sie, wohl wissend, dass es in ihrer Macht läge, diesen Jammer mit einem Wort zu enden, danach drängte, in dieses kummervolle Herz Frieden einkehren zu lassen, hatte sie voller Entsetzen die Stimme ihrer übermächtigen Liebe vernommen, die sie schweigen hieß. Und nach kurzem, heftigem Kampf ihres alten Ich mit dem neuen Prinzip ihres Lebens hatte sie sich unterworfen, sich in vollkommenes Schweigen gehüllt, den einzigen Schutz vor einem verhängnisvollen Bekenntnis. Sie hatte es einfach nicht gewagt, ein Zeichen zu geben, ein Wort zu flüstern, aus Angst, zu viel zu verraten. Und gerade der Aufruhr der Gefühle, welcher die tiefsten Tiefen ihrer Seele aufgewühlt hatte, schien sie zu Stein verwandelt zu haben. Die geblähten Nasenflügel und die blitzenden Augen waren die einzigen Zeichen des Sturms gewesen, der in ihr getobt hatte und diese Zeichen der Gefühle seiner Tochter hatte Almayer, den Blick von Selbstmitleid, Zorn und Verzweiflung getrübt, nicht wahrgenommen.
Hätte Almayer seine Tochter angeschaut, die sich über das Geländer der Veranda lehnte, hätte er sehen können, wie der gleichgültige Ausdruck dem Schmerz wich, der seinerseits wieder verging, und auf dem strahlendschönen Antlitz tiefe Falten wachsamer Besorgnis zurückblieben. Vor ihren Augen stand das hohe Gras in dem vernachlässigten Hof kerzengerade in der Mittagshitze.

Vom Ufer herauf erklangen Stimmen, und der schleppende Tritt nackter Füße näherte sich dem Haus. Man konnte hören, wie Babalatchi Almayers Männern Anweisungen erteilte, und vernahm Mrs. Almayers gedämpftes Wehklagen, als der kleine Zug mit der Leiche des Ertrunkenen, die klagende Alte voran, um die Ecke des Hauses bog. Babalatchi hatte den zerbrochenen Reif vom Fuße des Toten gezogen und trug ihn nun in der Hand, als er neben den Trägern herschritt, während Mahmat, in der Hoffnung auf die versprochene Belohnung, zaghaft hinterdrein schlenderte.

»Legt ihn dahin«, befahl Babalatchi Almayers Leuten und wies auf einen Stapel trockener Bretter vor der Veranda. »Legt ihn da nieder. Er war ein Kaffir und der Sohn eines Hundes, und er war der Freund des weißen Mannes. Er hat das starke Wasser des Weißen getrunken«, fügte er mit gespieltem Entsetzen hinzu. »Das habe ich selbst gesehen.«

Die Männer streckten die gebrochenen Gliedmaßen auf zwei Brettern aus, die sie nebeneinandergelegt hatten, und Mrs. Almayer deckte den Leichnam mit einem weißen Baumwolltuch zu, worauf sie sich, nachdem sie eine Weile mit Babalatchi geflüstert hatte, zu ihren häuslichen Pflichten zurückzog. Sobald Almayers Männer die Last niedergelegt hatten, zerstreuten sie sich, auf der Suche nach schattigen Fleckchen, wo sie durch den Tag dösen wollten. Babalatchi blieb allein bei der Leiche zurück, die im hellen Sonnenschein starr unter dem weißen Tuch lag.

Nina kam die Stufen herunter und gesellte sich zu Babalatchi, der die Hand an die Stirn hob und sich ehrerbietig hinhockte.

»Du hast da eine Spange«, sagte Nina und blickte Babalatchi, der das Gesicht zu ihr aufhob, ins Auge.

»Ja, Mem Putih«, erwiderte der höfliche Staatsmann. Dann winkte er Mahmat herbei und rief: »Komm her!«

Zögernd kam Mahmat näher. Er vermied es, Nina anzusehen, stattdessen heftete er den Blick auf Babalatchi.
»Nun hör mir mal zu«, sagte Babalatchi mit Nachdruck, »du hast ja den Ring und den Fußreif gesehen, und du weißt, sie haben keinem andern als dem Händler Dain gehört. Dain ist gestern Abend in einem Kanu zurückgekommen. Er hat mit dem Raja gesprochen und ist mitten in der Nacht aufgebrochen, um zum Haus des weißen Mannes hinüberzufahren. Es war starkes Hochwasser, und heute Morgen hast du ihn dann im Fluss gefunden.«
»An den Füßen habe ich ihn herausgezogen«, flüsterte Mahmat. »Tuan Babalatchi, ich bekomme noch eine Belohnung!«, stieß er laut hervor.
Babalatchi hielt Mahmat die goldene Spange vor Augen. »Was ich dir gesagt habe, Mahmat, ist für aller Ohren. Was ich dir jetzt gebe, ist nur für deine Augen bestimmt. Da, nimm!«
Begierig ergriff Mahmat die Fußspange und verbarg sie in den Falten seines Lendentuches. »Ich werde doch nicht so dumm sein und das da in einem Haus sehen lassen, wo drei Frauen wohnen!«, brummte er. »Aber ich werde ihnen von dem Händler Dain erzählen, und da wird es genug Gerede geben.«
Er wandte sich ab und ging davon. Sobald er Almayers Hof hinter sich gelassen hatte, beschleunigte er den Schritt.
Babalatchi sah ihm nach, bis er hinter dem Gebüsch verschwunden war. »Habe ich's gut gemacht, Mem Putih?«, fragte er, Nina demütig zugewandt.
»Ja«, antwortete Nina. »Den Ring kannst du selber behalten.«
Babalatchi berührte Mund und Stirn und stand auf. Er sah Nina an, als erwarte er, dass sie noch etwas sage, aber Nina wandte sich zum Haus und stieg die Treppe hinauf, mit einer Handbewegung bedeutete sie ihm, wegzugehen.

Babalatchi hob seinen Stab auf und schickte sich an zu gehen. Es war sehr warm, und er verspürte keine Lust, jetzt die lange Strecke zum Hause des Raja zu paddeln. Aber es half nichts, er musste dem Raja Bericht erstatten – ihm von den Ereignissen berichten, von der Änderung seiner Pläne, von dem ganzen Verdacht. Er ging zum Landesteg und machte sich daran, die Rotangleine seines Kanus zu lösen.

Vor seinem Blick lag der breite Abschnitt des Unterlaufs, dessen schimmernde Wasserfläche von den schwarzen Flecken der Fischerkanus gesprenkelt war. Die Fischer schienen um die Wette zu fahren. Babalatchi hielt inne und sah ihnen plötzlich interessiert zu. Der Mann im vordersten Kanu war jetzt in Rufweite zu den ersten Häusern von Sambir, er legte das Paddel beiseite, stand auf und schrie: »Die Boote! Die Boote! Die Boote des Kriegsschiffs kommen! Sie sind schon da!«

Sogleich wurde es wieder lebendig im Dorf, die Leute rannten zum Ufer. Die Männer machten die Boote los, die Frauen standen in Grüppchen beisammen und schauten zur Flussbiegung hinunter. Über den Bäumen, die die Ufer säumten, erschien wie ein schwarzer Fleck auf dem strahlenden Blau des wolkenlosen Himmels eine kleine Rauchwolke.

Verwirrt stand Bablatchi da, die Fangleine in der Hand. Er schaute flussabwärts, dann wieder hinauf zu Almayers Haus und wieder zum Fluss hin, als könne er sich nicht entschließen was er tun solle. Schließlich vertäute er in aller Eile wieder das Kanu und lief zum Haus und die Verandatreppe hinauf.

»Tuan! Tuan!«, rief er ungeduldig. »Die Boote kommen. Die Boote vom Kriegsschiff. Mach dich lieber bereit! Die Offiziere werden ganz bestimmt hierherkommen.«

Langsam hob Almayer den Kopf vom Tisch und sah ihn benommen an.

»Mem Putih!«, rief Babalatchi Nina zu, »kümmre dich um ihn. Er hört nicht. Du musst aufpassen«, setzte er vielsagend hinzu.
Unsicher lächelnd, nickte Nina ihm zu und wollte etwas sagen, als ein donnernder Schuss aus der Bugkanone der Dampfbarkasse, die gerade in Sicht kam, sie verstummen ließ. Das Lächeln erstarb, an seine Stelle trat der alte Ausdruck gespannter Aufmerksamkeit. Von fernen Bergen hörte man den Widerhall wie einen lang gezogenen, traurigen Seufzer, als antworte das Land damit auf die Stimme seiner Herren.

## 8

Wie ein Lauffeuer verbreitete es sich im Dorf, wer der Leichnam war, der jetzt in Almayers Hof lag. Während des Vormittags standen die meisten Bewohner auf der langen Straße und beredeten die geheimnisvolle Rückkehr und den unerwarteten Tod des Mannes, der ihnen als der Händler bekannt geworden war. Seine Ankunft während des Nordostmonsuns, sein langer Aufenthalt bei ihnen, seine plötzliche Abfahrt in der Brigg und vor allem das geheimnisvolle Auftauchen der Leiche zwischen dem Treibholz, die die seine sein sollte, boten Stoff, den zu bestaunen und zu bereden man nicht müde wurde. Mahmat zog von Haus zu Haus und von Gruppe zu Gruppe, immer bereit, seine Geschichte wieder und wieder zu erzählen: Wie er die Leiche gesehen habe, deren Sarong sich in der Astgabel verfangen hatte; wie Mrs. Almayer, die auf sein Geschrei hin als eine der Ersten herbeigeeilt sei, die Leiche schon erkannt hatte, noch bevor er sie an Land zog; wie Babalatchi ihm befohlen habe, die Leiche aus dem Wasser zu ziehen. »An den Füßen habe ich ihn ans Ufer gezerrt, und da war kein Kopf«, ereiferte sich Mahmat, »und woher konnte denn die Frau des weißen Mannes wissen, wer das war? Sie ist eine Hexe, jedermann weiß das. Und habt ihr gesehn, wie der weiße Mann selber beim Anblick der Leiche davongerannt ist? Wie ein Hirsch ist er losgerannt.« Und an dieser Stelle ahmte Mahmat zum Ergötzen der Zuschauer Almayers lange Schritte nach. Und für die ganze Mühe habe er nichts bekommen. Den Ring mit dem grünen Stein habe Tuan Babalatchi behalten. »Nichts! Nichts!« Angewidert spuckte er vor sich auf den Boden und kehrte dieser Gruppe den Rücken, um sich woanders ein neues Publikum zu suchen.

Als sich die Neuigkeit bis in die entlegensten Winkel der Siedlung herumsprach, stieß sie auf Abdulla, der in der kühlen Abgeschiedenheit seines Lagerhauses saß, wo er die arabischen Schreiber und die Männer beaufsichtigte, die die Kanus aus dem Landesinnern be- und entluden. Reshid, der am Landungssteg beschäftigt war, wurde vor den Onkel gerufen und traf ihn wie gewöhnlich sehr gelassen und sogar heiter an, doch äußerst überrascht. Das Gerücht, dass Dains Brigg aufgebracht und zerstört worden sei, war den Arabern schon vor drei Tagen zu Ohren gekommen, Seefischer und die Leute vom unterlauf des Flusses hatten es erzählt. Von Nachbar zu Nachbar war die Kunde stromaufwärts gewandert, bis Bulangi, dessen Rodung dem Dorf am nächsten lag, selbst die Neuigkeit Abdulla hinterbracht hatte, um dessen Gunst er sich bemühte. Aber es war auch von einem Kampf gemunkelt worden, und es hatte geheißen, Dain wäre an Bord seines Schiffes umgekommen. Und nun redete das ganze Dorf von Dains Besuch beim Raja und dass er den Tod gefunden habe, als er im Dunkeln über den Fluss zu Almayer hatte fahren wollen. Das war nicht zu begreifen. Reshid fand das sehr merkwürdig. Er erspürte Unbehagen und Argwohn. Abdulla indessen zeigte, nachdem die erste Überraschung vorüber war, mit der dem Alter eigenen Abneigung gegenüber Rätseln und deren Lösung eine ihm gut zu Gesicht stehende Resignation. Er stellte fest, dass der Mann nun auf jeden Fall tot und folglich nicht mehr gefährlich sei. Wozu sich über des Geschickes Mächte den Kopf zerbrechen, zumal wenn sie den Rechtgläubigen zum Vorteil gereichten? Und mit einer frommen Anrufung Allahs, des Barmherzigen, des Erbarmers, schien Abdulla die Angelegenheit erst einmal für erledigt zu halten.

Nicht so Reshid. Er blieb noch bei seinem Onkel und zupfte nachdenklich den sorgsam gestutzten Bart.

»Es wird so viel gelogen«, murmelte er. »Er ist schon einmal gestorben und ins Leben zurückgekehrt, um jetzt erneut zu sterben. Sehr bald werden die Holländer hier sein und den Mann von uns fordern. Soll ich nicht lieber meinen Augen trauen als den Zungen der Weiber und müßigen Männer?«

»Wie es heißt, ist die Leiche in Almayers Hof gebracht worden«, sagte Abdulla. »Wenn du hingehen willst, musst du es tun, ehe die Holländer kommen. Geh erst im Dunkeln. Man soll nicht sagen können, dass wir in letzter Zeit im Hof jenes Mannes zu sehen waren.«

Reshid gab zu, dass die letzte Bemerkung etwas für sich habe, und verließ den Onkel. An den Türbalken gelehnt, blickte er müßig über den Hof durchs offene Tor auf die Straße der Siedlung hinaus. Verlassen, gerade und gelb lag sie da im gleißenden Licht. In der Mittagshitze, die von der dampfenden Erde zurückgestrahlt wurde, schienen die glatten Stämme der Palmen die Umrisse der Häuser und das Dach von Almayers Haus, das ganz am anderen Ende der Straße vor dem dunklen Hintergrund des Waldes über das Gebüsch ragte, zu flimmern. Schwärme gelber Schmetterlinge flogen auf, ließen sich nieder, um sich erneut zu kurzem Flug vor Reshids halb geschlossenen Augen zu erheben. Zu seinen Füßen summten dumpf die Insekten im hohen Gras des Hofes. Schläfrig schaute er zu.

Von einem der Seitenpfade zwischen den Häusern trat eine Frau auf die Straße, eine schmächtige, mädchenhafte Gestalt, die im Schatten des großen Tabletts daherkam, das sie auf dem Kopf balancierte. Die Wahrnehmung, dass sich da etwas bewegte, ließ Reshids halb eingeschlafene Sinne wieder ein wenig munterer werden. Er erkannte Taminah, die Sklavin Bulangis, mit dem Tablett, auf dem sie Gebäck feilbot, eine täglich wiederkehrende Erscheinung ohne jegliche Bedeutung. Ihr Weg führte sie zu Almayers Haus. ›Sie könnte einem gute Dienste leisten.‹ Er raffte sich auf, lief zum Tor und rief: »Taminah! Oh!« Das Mädchen blieb stehen, zögerte und kehrte langsam um. Reshid wartete, ungeduldig winkte er ihr zu, doch näherzukommen.

Mit niedergeschlagenen Augen blieb Taminah vor Reshid stehen. Er sah sie eine Weile an, ehe er fragte: »Gehst du jetzt zu Almayer? In der Siedlung geht die Rede, dass der Händler Dain den man heute Früh ertrunken aufgefunden hat, im Kampong des weißen Mannes liegt.«

»Das habe ich auch gehört«, flüsterte Taminah, »und heute Früh habe ich die Leiche am Fluss gesehen. Wo sie jetzt ist, weiß ich nicht.«

»So hast du sie also gesehen?«, fragte Reshid eifrig. »Ist es Dain? Du hast ihn doch oft gesehn. Du würdest ihn sicher erkennen.«

Um den Mund des Mädchens zuckte es, ihr Atem ging hastig, und eine Weile schwieg sie.

»Es ist noch gar nicht lange her, dass ich ihn gesehen habe«, sagte sie schließlich. »Das Gerede ist wahr; er ist tot. Was willst du von mir, Tuan? Ich muss weiter.«

Im selben Augenblick unterbrach das Donnern der Kanone an Bord der Dampfbarkasse Reshids Antwort. Er ließ

das Mädchen stehen und rannte zum Haus, wo er im Hof auf Abdulla stieß, der ans Tor kam.
»Die Orang Blanda sind da«, sagte Reshid, »und jetzt bekommen wir unseren Lohn.«
Zweifelnd schüttelte Abdulla den Kopf: »Mit dem Lohn der Weißen hat es gute Weile«, sagte er. »Im Zorn sind die Weißen schnell, im Dank aber langsam. Wir werden ja sehen.«
Er stand am Tor, strich sich den grauen Bart und hörte auf die fernen Begrüßungsrufe vom andern Ende der Siedlung. Als sich Taminah zum Gehen wandte, rief er sie zurück.
»Hör zu, Mädchen«, sagte er, »bei Almayer werden viele weiße Männer sein. Du wirst dort deine Kuchen an die Männer der See verkaufen. Du solltest mir berichten, was du dort hörst und siehst. Komm vor Sonnenuntergang wieder hierher, und du bekommst ein blaues Tuch mit roten Tupfen. Nun geh, vergiss aber nicht wiederzukommen.«
Wie sie sich auf den Weg machte, versetzte er ihr mit dem Ende seines langen Stocks einen Stoß, dass sie stolperte.
»Diese Sklavin ist nicht die schnellste«, bemerkte er zu seinem Neffen. Der Blick, den er ihr nachschickte, drückte großes Missfallen aus.
Das Tablett auf dem Kopf, die Augen auf den Boden geheftet, ging Taminah dahin. Wie sie an den offenen Haustüren vorüberkam, rief man sie freundlich hinein, da man etwas kaufen wollte, aber sie achtete nicht darauf, vernachlässigte das Geschäft, so sehr war sie in tiefes Sinnen versunken. Seit der Morgen dämmerte, hatte sie viel gesehen und gehört, was ihr Herz mit Freude erfüllte, einer Freude, die nicht frei war von Angst und Leid. Vorm Morgengrauen, noch ehe sie Bulangis Haus verlassen hatte, um nach Sambir zu paddeln, hatte sie

vor dem Haus Stimmen gehört, als alle außer ihr noch schliefen. Und nun, da sie wusste, was in der Dunkelheit gesprochen worden war, hielt sie ein Leben in der Hand, und im Herzen trug sie schwer an Kummer. Doch wie sie dahinging, hoch aufgerichtet, mit federnden Schritten, das Gesicht unter ihrer Alltagsmiene stumpfer Gleichgültigkeit wie unter einem Schleier verborgen, wäre keiner auf den Gedanken gekommen, dass sie unter der sichtbaren Last des Tabletts, voll beladen mit dem Gebäck, das unter den fleißigen Händen von Bulangis Frauen entstanden war, eine zweite Bürde trug. In dieser biegsamen Gestalt, die kerzengerade und so anmutig und frei dahinschritt, hinter diesen sanften Augen, aus denen nichts als unbewusste Entsagung sprach, schlummerten alle Gefühle und alle Leidenschaften, alle Hoffnungen und alle Ängste, des Lebens Fluch und des Todes Trost. Und sie wusste nichts von alledem. Sie lebte wie die hohen Palmen, an denen sie jetzt vorüberging, auf der Suche nach Licht, im Verlangen nach Sonnenschein, in der Furcht vor dem Sturm, ohne sich dessen bewusst zu sein. Die Sklavin kannte keine Hoffnung und wusste nichts von Veränderung. Sie kannte keinen anderen Himmel, kein anderes Wasser, keinen anderen Wald, keine andere Welt, kein anderes Leben. Sie hatte keinen Wunsch, keine Hoffnung, keine Liebe, fürchtete nichts außer Schlägen und verspürte kein lebhaftes Empfinden außer gelegentlichem Hunger, und auch den nur selten, denn Bulangi war reich, und in dem einsamen Haus auf der Rodung im Wald gab es Reis im Überfluss. Im Fehlen von Schmerz und Hunger bestand ihr Glück, und wenn sie unglücklich war, dann einfach deshalb, weil sie nach des Tages Arbeit erschöpfter als gewöhnlich war. In den heißen Nächten des Südwestmonsuns schlief sie dann traumlos unter den glänzenden Sternen auf der Plattform, die vor dem Haus über den Fluss hinausgebaut war. Auch

drinnen schlief man: neben der Tür Bulangi, weiter hinten seine Frauen, die Kinder bei ihren Müttern. Ihr Atmen, Bulangis schläfrige Stimme, das heftige Weinen eines Kindes und gleich darauf die zärtlichen Worte, mit denen es beruhigt wurde, all das drang zu ihr hinaus. Und wenn sie die Augen schloss, rauschte unter ihr das Wasser, säuselte über ihr der warme Wind; sie wusste nichts vom nie versiegenden Leben dieser tropischen Natur, die vergeblich mit tausend leisen Stimmen aus dem nahen Wald zu ihr sprach, mit dem lauen Windhauch, den schweren Düften, die ihr um den Kopf spielten, den weißen Schleiern aus Frühnebel, die in der feierlichen Stille der ganzen Schöpfung über ihr hingen, ehe der Morgen heraufdämmerte.
So war ihr Dasein, bevor die Brigg mit den Fremden gekommen war. Sie konnte sich noch gut daran erinnern, an den Aufruhr in der Siedlung, das Staunen, das kein Ende nehmen wollte, an die von Erregung und Reden erfüllten Tage und Nächte. Sie dachte daran, wie schüchtern sie gegenüber diesen Fremden gewesen war, bis die am Ufer vertäute Brigg gewissermaßen Teil der Siedlung geworden war und sich die Angst in der Vertrautheit ständigen Umgangs verloren hatte. Der Gang an Bord gehörte dann zu ihrer täglichen Runde. Unter den anspornenden Rufen und mehr oder weniger anständigen Witzen der Männer, die müßig über die Reling lehnten, schritt sie zögernd die schrägen Laufplanken hinauf. Sie verkaufte ihr Gebäck an die Männer, die so lärmten und sich so ungehemmt bewegten. Da wimmelte es nur so, und ständig kam oder ging jemand; Rufe flogen hin und her, Befehle wurden erteilt und mit Geschrei ausgeführt; Blöcke rasselten, aufgerollte Taue wurden umhergeworfen. Sie saß abseits im Schatten des Sonnensegels, vor sich das Tablett, den Schleier übers Gesicht gezogen, sie fühlte sich eingeschüchtert inmitten so vieler Männer. Für alle

Käufer hatte sie ein Lächeln, sprach aber mit keinem. Völlig unbewegt, ließ sie die Späße über sich ergehen. Rings um sich her hörte sie viele Geschichten von fernen Ländern, merkwürdigen Bräuchen, noch merkwürdigeren Begebenheiten. Diese Männer waren kühn, aber auch die Furchtlosesten unter ihnen sprachen von ihrem Anführer mit Furcht. Oft ging der Mann, den sie ihren Herrn nannten, an ihr vorüber, aufrecht und gleichmütig schritt er dahin im Hochgefühl seiner Jugend, in schimmernden kostbaren Gewändern, an denen goldener Schmuck klirrte, während jedermann beiseitetrat und unverwandt die Bewegungen seiner Lippen verfolgte, bereit, zu tun, wie er befahl. Dann schien das ganze Leben in ihre Augen zu strömen, und hinter ihrem Schleier blickte sie ihn wie gebannt an, doch voller Angst, Aufmerksamkeit zu erregen. Eines Tages bemerkte er sie und fragte: »Wer ist dieses Mädchen?« »Eine Sklavin, Tuan! Sie verkauft Backwaren«, antworteten ein Dutzend Stimmen im Chor. Erschrocken fuhr sie auf, um von Bord zu rennen, aber er rief sie zurück; und als sie zitternd, mit gesenktem Kopf vor ihm stand, sprach er freundliche Worte, wobei er ihr die Hand unters Kinn schob und ihr lächelnd in die Augen sah. »Hab keine Angst«, sagte er. Nie wieder sprach er mit ihr. Jemand rief vom Ufer herüber, er wandte sich ab und vergaß ihr Vorhandensein. Am Ufer sah Taminah Almayer stehen, Nina am Arm. Sie hörte Ninas Stimme fröhlich herüberrufen und sah, wie Dains Gesicht vor Freude strahlte, als er an Land sprang. Seitdem hasste sie den Klang dieser Stimme.

Von diesem Tage an stellte sie ihre Besuche auf Almayers Hof ein und verbrachte die Mittagsstunden auf der Brigg im Schatten des Sonnensegels. Mit Herzklopfen wartete sie auf ihn, und wenn er näher kam, schlug ihr das Herz immer schneller in einem wilden Taumel frisch geweckten Empfindungen von Freude, Hoffnung und

Furcht, der sich legte, wenn Dains Gestalt ihren Blicken entschwand. Völlig erschöpft wie nach einem Kampf blieb sie dann lange Zeit in wohlig müden Träumen sitzen. Nachmittags paddelte sie langsam nach Hause, oft ließ sie an Flussstellen, wo das Wasser ruhig war, das Kanu mit der trägen Strömung treiben. Das Paddel hing unbeachtet ins Wasser, dieweil sie im Heck saß und, das Kinn in die Hand gestützt, die Augen weit geöffnet, aufmerksam dem Flüstern ihres Herzens lauschte, das schließlich zu einer überaus lieblichen Weise anzuschwellen schien. Während sie zu Hause den Reis schälte, lauschte sie dieser Weise; dann hörte sie nicht das Gezänk und Gekeif von Bulangis Frauen, die heftigen Scheltworte, die ihr galten. Und wenn Taminah, ehe die Sonne am Horizont versank, zur Badestelle ging, vernahm sie die Weise, während ihr Gewand am Boden lag und sie am flachen Ufer im weichen Gras stand und im glasklaren Wasser des Flüsschens ihr Spiegelbild betrachtete. Die Weise tönte ihr im Ohr, wenn sie langsam zurückging und das nasse Haar ihr auf die Schultern hing. Unter den hellen Sternen legte sie sich dann zur Ruhe und schloss die Augen, unter ihr rauschte das Wasser, über ihr säuselte der laue Wind, leise wisperte und raunte aus dem großen Wald die Stimme der Natur, und ihr Herz war voller Musik.

Sie hörte alles, ohne es zu verstehen, und genoss die traumhafte Freude ihres neuen Daseins, ohne weiter darüber nachzudenken, was es bedeute und wozu es führen würde, bis Schmerz und Zorn sie zum vollen Bewusstsein des Lebens brachten. Und sie litt entsetzlich, als sie das erste Mal Ninas langes Kanu, das die beiden Liebenden in die weißen Flussnebel davontrug, still an Bulangis schlafendem Haus vorübergleiten sah. Eifersucht und Zorn packten sie derart, dass sie sich in einem Anfall körperlicher Schmerzen wand, woraufhin sie keuchend am Ufer liegen blieb, in der wortlosen Pein eines verwundeten Tieres. Dennoch bewegte sie sich weiterhin geduldig im Bannkreis ihres Sklavenlebens, ging Tag für Tag ihrer Arbeit nach und verschloss die ganze Gewalt des Kummers, den sie nicht einmal vor sich selbst beim Namen zu nennen vermochte, in ihrer Brust. Sie wich vor Nina zurück, wie sie vor der scharfen Klinge eines Messers zurückgewichen wäre, das ihr ins Fleisch schnitt, aber die Brigg besuchte sie weiterhin, um die stumme, unwissende Seele an ihrer eigenen Verzweifelung zu laben. Sie sah Dain viele Male. Nie sprach er mit ihr, nie schaute er sie an. Konnten seine Augen nur das Bild einer einzigen Frau sehen? Konnten seine Ohren nur die Stimme einer einzigen Frau hören? Er bemerkte sie niemals, nicht ein einziges Mal.

Und dann war er fortgegangen. Zum letzten Mal hatte sie ihn und Nina an dem Morgen gesehen, als Babalatchi, dieweil er nach seinen Reusen sah, den Verdacht, die Tochter des weißen Mannes habe eine Liebesaffäre mit Dain, über allen Zweifel bestätigt fand. Dain verschwand, und Taminahs Herz, in dem die Saat aller Liebe und allen Hasses, die Möglichkeit aller Leidenschaften und aller Opfer unfruchtbar und brachlag, vergaß Freud und Leid, sobald ihm die Sinne nicht mehr zu Hilfe kamen. Ihre halb geformte, unzivilisierte Seele, ihrem Körper hörig wie – ihr Körper einem anderen Willen hörig war – vergaß das undeutliche, verschwommene Bild des Ideals, das dem körperlichen Verlangen ihrer wilden Natur entsprungen war. Sie versank wieder in der Stumpfheit ihres früheren Lebens und fand Trost, ja sogar eine Art Glücksgefühl bei dem Gedanken, dass Nina und Dain jetzt getrennt waren, vermutlich für immer. Er würde sie vergessen. Diese Vorstellung linderte die letzten Qualen erlöschender Eifersucht, die nun keine Nahrung mehr fand, und Taminah fand Frieden. Es war wie die öde Ruhe

einer Wüste, in der Frieden herrscht, nur weil kein Leben darin ist.
Und nun war er zurückgekehrt. Sie hatte seine Stimme erkannt, die in der Nacht laut nach Bulangi gerufen hatte. Sie war ihrem Herrn nachgeschlichen, um diesen berauschenden Klang aus der Nähe zu hören. Dain war da, in einem Boot, und er sprach mit Bulangi. Taminah, die mit angehaltenem Atem lauschte, vernahm noch eine Stimme. Die verwirrende Freude, die sie noch eben in ihrem wild klopfenden Herzen nicht mehr bezähmen zu können geglaubt hatte, erstarb, und sie wand sich von Neuem in den körperlichen Qualen, wie sie sie schon einmal beim Anblick Dains und Ninas durchlitten hatte. Nun sprach Nina, befahl und flehte abwechselnd, und Bulangi wollte nichts davon wissen, erhob Einwände, willigte zu guter Letzt ein. Er ging ins Haus, um von dem Stapel hinter der Tür ein Paddel zu holen. Draußen murmelten die zwei Stimmen weiter, und ab und zu fing sie ein Wort auf. Sie begriff, dass er auf der Flucht vor den Weißen, auf der Suche nach einem Versteck, dass er in Gefahr war. Aber sie hörte auch Worte, die die rasende Eifersucht weckten, die so viele Tage in ihrem Busen geschlummert hatte. Wie sie so in der schwarzen Finsternis zwischen den Pfählen im Schlamm kauerte, vernahm sie aus dem Boot jenes Geflüster, das nicht nach Mühe, Entbehrung, Gefahr, ja nicht nach dem Leben selbst fragte, wenn es dafür nur einen flüchtigen Augenblick lang eine innige Umarmung, einen Blick, einen Atemhauch, die Berührung weicher Lippen einzutauschen gab. So sprach Dain, als er im Kanu saß und Nina bei den Händen hielt, während er auf Bulangis Rückkehr wartete. Und Taminah, die sich an den schlüpfrigen Pfahl lehnte, war es, als ob eine schwere Last sie niederdrücke, tief in das schwarze, ölige Wasser zu ihren Füßen. Sie wollte schreien, wollte sich auf die beiden stürzen und

ihre undeutlichen Schatten auseinanderreißen; wollte Nina in das glatte Wasser stoßen, sie mit festem Griff umklammern und auf den Grund tauchen, wo dieser Mann sie nicht finden könnte. Sie konnte nicht schreien, sie konnte sich nicht rühren. Dann erklangen auf der Bambusplattform über ihr Schritte. Sie sah, wie Bulangi in sein kleinstes Kanu stieg und vorauspaddelte, in dem andern Boot folgten Dain und Nina. Mit leisem Platschen der Paddel, die verstohlen ins Wasser eintauchten, glitten die schemenhaften Gestalten vor ihren schmerzenden Augen dahin und verschwanden im Dunkel des Nebenarmes.

Sie verharrte in Nässe und Kälte, vermochte sich nicht zu rühren, das Atmen fiel ihr schwer unter dem zermalmenden Gewicht, das die unerforschliche Hand des Schicksals so plötzlich auf ihre schmalen Schultern gelegt hatte; sie fröstelte, und doch spürte sie im Innern ein Feuer brennen, das ihre Lebenskraft zu verzehren schien. Als der anbrechende Tag die schwarze Silhouette der Wälder blassgolden umsäumte, machte sie sich, einzig und allein von der Macht der Gewohnheit getrieben, an ihr Tagewerk, sie nahm ihr Tablett und brach zur Siedlung auf. Wie sie sich Sambir näherte, gewahrte sie die Aufregung und hörte, für einen Augenblick erstaunt, dass man Dians Leiche gefunden habe. Das stimmte natürlich nicht, wie sie wohl wusste. Sie bedauerte, dass er nicht tot war. Sie hätte es lieber gesehen, wenn Dain tot gewesen wäre, damit wäre er für immer dieser Frau – allen Frauen – entrissen. Am liebsten hätte sie Nina aufgesucht, ohne jedoch recht zu wissen, warum. Sie hasste Nina und fürchtete sie, und doch zog es sie unwiderstehlich zu Almayers Haus, um das Gesicht der weißen Frau zu sehen, aus der Nähe in diese Augen zu schauen, noch einmal diese Stimme zu hören, für deren Klang Dain bereit war, die Freiheit, ja sogar das Leben aufs Spiel zu setzen. Sie hatte Nina oft gesehen, hatte monatelang jeden Tag ihre Stimme vernommen. Was hatte sie nur Besonderes an sich? Was hatte dieses Wesen nur an sich, dass ein Mann sprach, wie Dain gesprochen hatte, dass es ihn blind gegen alle anderen Gesichter, taub gegen alle anderen Stimmen machte?

Sie kehrte der Menge am Ufer den Rücken, wanderte ziellos zwischen den leeren Häusern umher und widerstand der Versuchung, die sie zu Almayers Kampong drängte, um dort in Ninas Augen das Geheimnis ihres eigenen Jammers zu entdecken. Die Sonne stieg höher, verkürzte die Schatten und goss eine Flut von Licht und drückender Hitze über sie aus, als sie, auf zielloser Flucht vor dem eigenen Herzeleid, zwischen den Häusern, den Büschen und hohen Bäumen aus dem Schatten ins Licht und aus dem Licht in den Schatten irrte. In ihrer grenzenlosen Not konnte sie nicht die Worte finden, um Trost zu erflehen, sie wusste keinen Himmel, an den sie ihr Gebet hätte richten können, und so irrte sie weiter umher, auf müden Füßen, sprachlos vor Bestürzung und Entsetzen über die Ungerechtigkeit des Leidens, das grundlos und ohne Aussicht auf Linderung über sie verhängt worden war.

Das kurze Gespräch mit Reshid, der Auftrag Abdullas richteten sie ein wenig auf und lenkten ihre Gedanken in andere Bahnen. Dain war in Gefahr. Er verbarg sich vor den Weißen. So viel hatte sie letzte Nacht erlauscht. Alle wähnten ihn tot. Sie wusste, er lebte, und sie kannte sein Versteck. Was wollten die Araber über die Weißen in Erfahrung bringen? Was wollten die Weißen von Dain? Wollten sie ihn töten? Sie könnte ihnen alles sagen – nein, sie würde nichts verraten, und in der Nacht würde sie zu ihm gehen und ihm für ein Wort, ein Lächeln, ja für eine Geste ihr Leben verkaufen, und weit weg von Nina, in fernen Ländern würde sie seine Sklavin wer-

den. Aber da lauerten Gefahren. Der einäugige Babalatchi, der alles wusste; die Frau des weißen Mannes! War sie doch eine Hexe. Vielleicht würden sie reden. Und dann Nina. Sie durfte keine Zeit verlieren.
In ihrer Ungeduld bog sie vom Pfad ab und lief zwischen den Palmen durch das Unterholz zu Almayers Haus. Sie kam hinter dem Haus heraus, wo ein schmaler Graben voll stehenden Wassers, das aus dem Fluss überlief, Almayers Kampong von der übrigen Siedlung trennte. Dichtes Ufergebüsch verbarg den geräumigen Hof mit der Kochhütte vor ihren Blicken. Darüber stiegen mehrere dünne Rauchsäulen auf, und an den fremden Stimmen, die von weiter hinten an ihr Ohr drangen, erkannte Taminah dass die Männer des Meeres, die zum Kriegsschiff gehörten, bereits an Land gegangen waren und zwischen Gräben und Haus lagerten. Linker Hand kam eine von Almayers Sklavinnen an den Wassergraben, sie bückte sich über das schimmernde Wasser, um einen Kessel auszuwaschen. Rechter Hand ragten die Spitzen von Bananenstauden über das Gebüsch, die unter der Berührung unsichtbarer pflückender Hände hin und her schwankten. An einem mächtigen Pflock vertäut, drängten sich auf dem stillen Wasser einige Kanus und bildeten dort, wo Taminah stand, beinahe eine Brücke. Bisweilen schwollen die Stimmen im Hof zu lärmenden Rufen, Antworten und Gelächter an, verstummten wieder, um die Stille alsbald von Neuem durch Lärm und Geschrei zu unterbrechen. Ab und zu wurde der dünne, blaue Rauch zu dickem, schwarzem Qualm, der in stinkenden Schwaden über den Tümpel dahintrieb und sie für Augenblicke einhüllte, dass sie meinte, ersticken zu müssen. Sowie das frische Holz dann hell brannte, verzog sich der Qualm im hellen Sonnenschein, und von den knisternden Feuerstellen wehte es nur noch würzigen Holzgeruch herüber.

Taminah setzte das Tablett auf einem Baumstumpf ab, dann stand sie da und blickte zu Almayers Haus hinüber, von dem sie das Dach und ein Stück der geweißten Wand über den Büschen sehen konnte. Die Sklavin beendete ihre Arbeit, und nachdem sie Taminah eine Weile neugierig gemustert hatte, zwängte sie sich durchs Dickicht in den Hof zurück. Taminah war jetzt ganz allein. Sie warf sich zu Boden und verbarg das Gesicht in den Händen. Nun, da sie so nahe war, fehlte ihr der Mut, Nina aufzusuchen. Jedes Mal, wenn vom Hof lärmende Stimmen herüberklangen, zitterte sie vor Angst, Ninas Stimme zu hören. Sie war jetzt entschlossen, da, wo sie war, die Dunkelheit abzuwarten, um dann geradewegs zu Dains Versteck zu fahren. Von ihrem Platz aus würde sie das Tun und Lassen der weißen Männer, Ninas, aller Freunde und Feinde Dains beobachten. Beide waren ihr gleichermaßen verhasst, denn beide würden ihn ihr wegnehmen. Sie duckte sich ins hohe Gras und fieberte dem Sonnenuntergang entgegen, und bis dahin schien es noch so lange zu dauern.

Hinter dem Gebüsch auf der anderen Seite des Grabens lagerten die Seeleute der Fregatte auf Almayers gastliche Einladung an hellen Feuerstellen. Almayer, den Ninas inständiges Bitten und Flehen aus seiner Apathie aufgerüttelt hatte, war es gelungen, sich noch rechtzeitig am Bootssteg einzufinden, um die Offiziere bei ihrer Landung zu begrüßen. Der befehlshabende Leutnant nahm die Einladung ins Haus mit der Bemerkung an, dass sie sowieso mit Almayer zu reden hätten – »und nicht unbedingt Angenehmes«, fügte er hinzu. Almayer hörte ihn kaum. Gedankenverloren tauschte er Händedrücke und ging voran zum Haus. Er war sich kaum der höflichen Worte bewusst, mit denen er die Fremden willkommen hieß und die er auch danach noch mehrmals wiederholte, im Bemühen, unbefangen zu erscheinen. Den Augen des Offiziers entging die Erregung des Gastgebers jedoch nicht, und leise vertraute der Vorgesetzte seinem Untergebenen an, dass er an Almayers Nüchternheit zweifle. Der junge Fähnrich lachte und flüsterte zurück, der Weiße sei hoffentlich nicht so betrunken, dass er es versäume, ihnen ein paar Erfrischungen anzubieten. »Sehr gefährlich scheint er nicht zu sein«, setzte er hinzu, als sie hinter Almayer die Treppe zur Veranda hinaufgingen. »Nein, er scheint eher ein Narr denn ein Spitzbube zu sein. Ich habe schon von ihm gehört«, erwiderte sein Vorgesetzter. Man setzte sich um den Tisch. Mit zitternden Händen mischte Almayer Gincocktails, die er der Runde anbot, trank auch selbst und fühlte sich mit jedem Schluck stärker, ruhiger und besser imstande, es mit all den Schwierigkeiten seiner Lage aufzunehmen. Da er vom Schicksal der Brigg nichts wusste, ahnte er nichts von dem eigentlichen Zweck, der die Offiziere hergeführt hatte. Er hatte das dunkle Gefühl, dass irgendetwas von dem Schießpulverhandel durchgesickert sein müsse, rechnete aber höchstens mit vorübergehenden Unannehmlichkeiten. Als er sein Glas geleert hatte, begann er unbefangen zu plaudern, wobei er sich im Sessel zurücklehnte und lässig ein Bein über die Lehne hängen ließ. Der Leutnant saß rittlings auf dem Stuhl, eine glimmende Zigarre im Mundwinkel, und hörte verstohlen lächelnd hinter den dicken Rauchschwaden zu, die aus seinem zusammengekniffenen Mund hervorquollen. Der junge Fähnrich hatte beide Ellenbogen auf den Tisch gelehnt, den Kopf in die Hände gestützt, und starrte schläfrig vor sich hin, benommen von Müdigkeit und Gin. Almayer redete in einem fort … »Es ist mir ein außerordentliches Vergnügen, weiße Gesichter zu sehen. Ich lebe hier schon viele Jahre in tiefer Einsamkeit. Die Malaien sind, wie Sie wohl wissen, keine passende Gesellschaft für einen Weißen; außerdem sind sie unfreundlich; sie verstehen un-

sere Gewohnheiten nicht. Sie sind ein ausgemachtes Halunkenpack. Ich glaube, ich bin wohl der einzige Weiße an der ganzen Ostküste, der ständig hier wohnt. Manchmal kommen Besucher aus Makassar oder Singapur – Händler, Agenten oder Forschungsreisende, aber selten. Vor ungefähr einem Jahr war ein wissenschaftlicher Forscher hier. Er hat bei mir gewohnt und von früh bis spät getrunken. So hat er sich's ein paar Monate lang gut sein lassen, und als sein mitgebrachter Schnaps alle war, ist er mit einem Bericht über die Bodenschätze im Landesinnern nach Batavia zurückgekehrt. Hahaha! Gut, was?«
Unvermittelt brach er ab und starrte seine Gäste ausdruckslos an. Während sie lachten, sagte er sich die alte Geschichte her: ›Dain tot, alle meine Pläne zuschanden. Das ist nun das Ende aller Hoffnung, das Ende von allem.‹ Niedergeschlagenheit ergriff ihn. Ihm wurde sterbenselend.
»Sehr gut, ausgezeichnet!«, riefen die beiden Offiziere.
Almayers Verzweiflung folgte abermals ein Redeschwall: »Also, was machen wir denn nun mit dem Essen? Sie haben wohl einen Koch mit. Das ist gut. Im hinteren Hof ist eine Kochhütte. Sie können eine Gans haben. Sehen Sie sich nur mal meine Gänse an – die einzigen Gänse an der ganzen Ostküste – vielleicht sogar auf der ganzen Insel. Ist das Ihr Koch? Sehr schön. Hier, Ali, zeig dem Chinesen die Küche und sag Mem Almayer, sie soll ihm dort Platz machen. Meine Frau wird sich nicht sehen lassen, meine Herren, vielleicht aber meine Tochter. Inzwischen sollten Sie vielleicht noch einen Schluck trinken. Es ist ein heißer Tag.«
Der Leutnant nahm die Zigarre aus dem Mund, begutachtete kritisch die Asche, streifte sie ab und wandte sich dann Almayer zu: »Wir haben eine ziemlich unangenehme Sache mit Ihnen zu besprechen«, sagte er.
»Tut mir leid«, entgegnete Almayer. »So schlimm kann's sicher nicht sein.«

»Wenn Sie den Versuch, mindestens vierzig Mann in die Luft zu jagen, als nicht so schlimm bezeichnen, dürften Sie mit Ihrer Meinung ziemlich allein dastehen«, versetzte der Offizier scharf.
»In die Luft jagen? Was? Davon weiß ich nichts«, rief Almayer. »Wer hat das getan oder versucht?«
»Ein Mann mit dem Sie allerhand zu tun hatten«, antwortete der Leutnant. »Er war hier unter dem Namen Dain Maroola bekannt. Sie haben ihm das Schießpulver verkauft, das sich auf der Brigg befand, die wir aufgebracht haben.«
»Wie haben Sie denn von der Brigg erfahren?«, fragte Almayer. »Mir ist nichts bekannt, dass er Schießpulver gehabt haben soll.«
»Vor ein paar Monaten hat ein hiesiger arabischer Händler Batavia über die Vorgänge hier unterrichtet«, erwiderte der Offizier. »Wir haben draußen auf die Brigg gewartet, aber sie ist uns in der Flussmündung entwischt, und wir mussten den Burschen nach Süden verfolgen. Als er uns sichtete, fuhr er zwischen die Riffe und setzte die Brigg auf Grund. Ehe wir uns der Brigg bemächtigen konnten, war die Besatzung in den Booten entkommen. Als sich unsere Boote dem Schiff näherten, flog es in einer gewaltigen Explosion in die Luft. Eins der Boote, das zu nahe herangekommen war, ist untergegangen. Zwei Männer sind ertrunken – das ist nun das Ergebnis Ihrer Spekulation, Mr. Almayer. Jetzt suchen wir diesen Dain. Wir haben guten Grund zu der Annahme, dass er sich in Sambir versteckt hält. Wissen Sie, wo er ist? Sie sollten wirklich zusehen, Ihr Ansehen bei den Behörden wieder aufzubessern, indem Sie mir die Wahrheit sagen und nichts verheimlichen. Wo ist dieser Dain?«
Almayer erhob sich und trat an das Geländer der Veranda. Es schien, als ginge ihm nicht die Frage des Offiziers durch den Kopf. Er sah auf die Leiche hinab, die steif und starr unter dem weißen Tuch lag, auf das die Sonne, die sich

hinter den Wolken westwärts neigte, einen blassroten Schimmer warf. Der Leutnant wartete auf die Antwort und zog hastig an der halb erloschenen Zigarre. Hinter ihnen glitt Ali geräuschlos hin und her: er deckte den Tisch; feierlich verteilte er bunt zusammengewürfeltes, billiges Geschirr, Blechlöffel, Gabeln mit abgebrochenen Zinken, Messer mit sägeähnlichen Klingen und wackligen Griffen. Wie man den Tisch für Weiße deckte, hatte er schon beinahe vergessen. Es betrübte ihn, dass Mem Nina ihm dabei nicht helfen wollte. Er trat einen Schritt zurück, um einen bewundernden Blick auf sein Werk zu werfen, er war sehr stolz darauf. So müsste es richtig sein; und wenn der Herr nachher zürnen und mit ihm schelten sollte, umso schlimmer für Mem Nina. Warum half sie ihm auch nicht? Er verließ die Veranda, um das Essen aufzutragen.

»Nun. Mr. Almayer, wollen Sie meine Frage genauso offen beantworten, wie ich sie Ihnen gestellt habe?«, fragte der Leutnant nach längerem Schweigen.

Almayer wandte sich um und schaute den Fragenden fest an: »Was wollen Sie mit diesem Dain machen, wenn Sie ihn zu fassen kriegen?«, fragte er.

Der Offizier wurde rot im Gesicht. »Das ist keine Antwort«, erwiderte er verärgert.

»Und was wollen Sie mit mir machen?«, fragte Almayer weiter, ohne auf den Einwurf zu achten.

»Sie wollen doch nicht etwa feilschen?«, knurrte der andere. »Da wären Sie schlecht beraten, das kann ich Ihnen versichern. Was Sie betrifft, so habe ich zurzeit keine Anweisungen, wir haben jedoch damit gerechnet, dass Sie uns bei der Suche nach diesem Malaien behilflich sein würden.«

»Ah!«, unterbrach ihn Almayer, »wohl so: Ohne mich können Sie nichts machen, und da ich den Mann gut kenne, soll ich Ihnen dabei helfen, ihn zu finden.«

»Genau das erwarten wir von Ihnen«, stimmte der Offizier zu. »Sie haben gegen das Gesetz verstoßen, Mr. Almayer, und Sie sollten an Wiedergutmachung denken.«
»Um mich zu retten?«
»Nun ja, gewissermaßen. Ihr Kopf ist nicht in Gefahr«, entgegnete der Leutnant auflachend.
»Also gut«, sagte Almayer entschlossen, »ich werde Ihnen den Mann ausliefern.«
Die beiden Offiziere sprangen auf und sahen sich nach den Degen um, die sie abgelegt hatten. Almayer stieß ein raues Lachen aus.
»Immer mit der Ruhe, meine Herren!«, rief er. »Wann und wie, das müssen Sie schon mir überlassen. Nach dem Essen sollen Sie ihn kriegen, meine Herren.«
»Das ist ja lächerlich«, drängte der Leutnant, »Mr. Almayer, das ist wirklich nicht zum Lachen. Dieser Mann ist ein Verbrecher. Er hat den Strick verdient. Während wir hier beim Essen sitzen, kann er uns entkommen. Die Kunde von unserer Ankunft …«
Almayer trat an den Tisch. »Meine Herren, ich gebe Ihnen mein Ehrenwort darauf, dass er nicht entkommen wird. Ich habe ihn in Nummer sicher.«
»Die Festnahme sollte vorm Dunkelwerden erfolgen«, bemerkte der junge Fähnrich.
»Sie tragen die Verantwortung, wenn etwas schiefgeht. Wir sind jetzt bereit, können aber ohne Sie nichts tun«, setzte der Ranghöhere mit unverhohlenem Ärger hinzu.
Almayer zeigte sich einverstanden. »Auf mein Ehrenwort«, wiederholte er unbestimmt. »Und jetzt wollen wir essen«, setzte er lebhaft hinzu.
Nina kam durch die Türöffnung und blieb einen Augenblick stehen, um Ali und der alten Malaiin, die die Schüsseln trugen, den Vorhang aufzuhalten. Dann trat sie zu den drei Männern am Tisch.

»Gestatten Sie«, sagte Almayer großspurig, »das ist meine Tochter. Nina, die Herren hier, Offiziere der Fregatte, die vor der Mündung liegt, haben mir die Ehre erwiesen, meine Gäste zu sein.«

Nina erwiderte die tiefen Verbeugungen der beiden Offiziere mit einem leichten Neigen des Kopfes und nahm ihrem Vater gegenüber am Tisch Platz. Man setzte sich. Der Steuermann der Dampfbarkasse erschien mit einigen Flaschen Wein.

»Sie erlauben doch, dass ich das auf den Tisch stellen lasse?«, wandte sich der Leutnant an Almayer.

»Was! Wein! Sie sind zu aufmerksam. Gewiss doch. Ich habe selber keinen. Es sind harte Zeiten.«

Bei den letzten Worten seiner Erwiderung stockte Almayer die Stimme. Wieder hatte er deutlich vor Augen, dass Dain tot war, und ihm war, als drücke ihm eine unsichtbare Hand die Kehle ab. Während man die Weinflaschen entkorkte, langte er nach dem Gin und nahm einen großen Schluck. Der Leutnant, der sich mit Nina unterhielt, warf ihm einen raschen Blick zu. Der junge Fähnrich begann sich langsam von dem Erstaunen und der Verwirrung zu erholen, in die ihn Ninas unverhofftes Erscheinen und ihre große Schönheit versetzt hatten. ›Sehr schön und eindrucksvoll‹, ging es ihm durch den Sinn, ›aber trotz allem nur ein Halbblut‹. Bei diesem Gedanken schöpfte er Mut und schaute Nina von der Seite an. Nina antwortete gerade mit gelassener Miene und leiser, monotoner Stimme auf die höflichen Fragen des älteren Offiziers nach Land und Leuten und ihrer Lebensweise. Almayer schob den Teller von sich weg und trank in düsterem Schweigen den Wein der Gäste.

# 9

»Ist das denn zu glauben, was du mir da erzählst? Das klingt ja wie eine Geschichte, wie man sie nur Männern erzählt, die im Halbschlaf am Lagerfeuer zuhören, eine Geschichte, die von einer Weiberzunge geflossen ist.«

»Wen sollte ich hier denn täuschen wollen, o Raja?«, entgegnete Babalatchi. »Ohne dich bin ich nichts. Alles, was ich dir berichtet habe, halte ich für wahr. Schon viele Jahre lang bin ich sicher im Schutze deiner Hand. Jetzt ist nicht die Zeit, Argwohn zu hegen. Die Gefahr ist sehr groß. Wir sollten unverzüglich zu Rat und Tat schreiten, noch ehe die Sonne untergeht.«

»Ganz recht. Ganz recht«, murmelte Lakamba nachdenklich.

Im Empfangszimmer im Hause des Raja saßen sie schon eine Stunde lang beisammen, denn sobald Babalatchi mit eigenen Augen die Landung der holländischen Offiziere beobachtet hatte, war er über den Fluss gepaddelt, um seinem Herrn über die Ereignisse des Morgens Bericht zu erstatten und darüber zu beraten, wie sie sich nun angesichts der geänderten Sachlage verhalten sollten. Sie waren beide verwirrt und erschrocken über die unverhoffte Wendung, die alles genommen hatte. Der Raja saß mit übereinandergeschlagenen Beinen auf seinem Stuhl und blickte unverwandt zu Boden. Babalatchi hockte in niedergeschlagener Haltung daneben.

»Und wo, hast du gesagt, hält er sich jetzt versteckt?« fragte Lakamba schließlich und brach damit das von düsteren Vorahnungen erfüllte Schweigen, worin sie beide schon geraume Zeit versunken waren.

»Auf Bulangis Rodung – der, die vom Haus am weitesten weg liegt. Noch in der gleichen Nacht sind sie dorthin gefahren. Die Tochter des weißen Mannes hat ihn hingebracht. Das hat sie mir selber ganz offen erzählt, ist sie doch eine halbe Weiße und kennt keine Scham. Sie sagte, sie habe auf ihn gewartet, als er bei uns war; viel später wäre er dann aus der Dunkelheit aufgetaucht und ihr erschöpft zu Füßen gefallen. Wie tot hätte er dagelegen, aber in ihren Armen hätte sie ihn wieder zum Leben erweckt und durch ihren Atem habe sie ihn wieder zum Atmen gebracht. Das hat sie mir ins Gesicht gesagt, so, wie ich es jetzt dir sage, Raja. Sie ist wie eine Weiße und kennt keine Scham.«

Zutiefst empört hielt er inne. Lakamba nickte mit dem Kopf: »Nun, und dann?«, fragte er.

»Sie haben die alte Frau gerufen«, fuhr Babalatchi fort, »und er hat ihnen alles erzählt – von der Brigg und wie er versucht habe, viele Männer zu töten. Er wusste, die Orang Blanda waren ganz in der Nähe, obwohl er uns nichts davon gesagt hatte. Er hat genau gewusst, in welch großer Gefahr er sich befand. Er glaubte, Viele getötet zu haben, aber es waren nur zwei, wie ich von den Männern der See erfahren habe, die in den Booten des Kriegsschiffes gekommen sind.«

»Und der andere, den man im Fluss gefunden hat?«, unterbrach ihn Lakamba.

»Das war einer seiner Bootsleute. Als sein Kanu wegen des Treibholzes kenterte, sind die beiden zusammen geschwommen, aber der andere muss wohl verletzt gewesen sein. Dain ist geschwommen und hat ihn über Wasser gehalten. Als er dann zum Haus ging, hat er ihn im Gebüsch zurückgelassen. Wie sie alle zusammen zurückkamen, hatte sein Herz aufgehört zu schlagen. Dann sprach die alte Frau; Dain hielt ihren Vorschlag für gut. Er streift also seine Fußspange ab, zerbricht sie und schiebt sie dann dem Mann über den Fuß. An die Hand des Sklaven steckt er seinen Ring. Er zieht den Sarong aus und bekleidet damit dieses Wesen, das keine Kleidung mehr braucht, die beiden Frauen halten den Toten so lange aufgerichtet. So war das. Sie wollten so alle Augen täuschen und die Gedanken der Leute von Sambir in die falsche Richtung lenken, sodass sie einen Tatbestand beschwören konnten, der gar nicht vorlag, und niemand etwas verraten konnte, wenn die Weißen kämen. Dann sind Dain und die weiße Frau losgefahren, um Bulangi zu wecken und ein Versteck zu suchen. Die alte Frau ist bei der Leiche geblieben«

»Hai!«, rief Lakamba. »Sie ist weise.«

»Ja, sie verfügt über einen eigenen Teufel, der ihr Ratschläge ins Ohr flüstert«, pflichtete Babalatchi bei. »Mit großer Mühe hat sie dann die Leiche bis zu der Spitze geschleppt, wo es viele Baumstämme angeschwemmt hatte. Das alles ging in der Dunkelheit vor sich, nachdem sich das Gewitter verzogen hatte. Dann wartete sie. Als sich der Tag ankündigte, hat sie mit einem schweren Stein das Gesicht des Toten zerschmettert und ihn zwischen die Baumstämme gestoßen. Sie blieb in der Nähe auf der Lauer. Bei Sonnenaufgang kam Mahmat Banjer und entdeckte die Leiche. Und sie haben es alle geglaubt; ich selbst habe mich täuschen lassen, aber nicht für lange. Der weiße Mann hat es auch geglaubt und ist verzweifelt ins Haus geflohen. Als wir dann allein waren, habe ich mit der Frau gesprochen, da ich Verdacht geschöpft hatte, und aus Furcht vor meinem Zorn und deiner Macht hat sie mir alles erzählt und gebeten, Dain retten zu helfen.«

»Den Orang Blanda darf er nicht in die Hände fallen«, sagte Lakamba, »aber lass ihn sterben, wenn das möglich ist, ohne Aufsehen zu erregen.«

»Das geht nicht, Tuan! Vergiss nicht, da ist diese Frau, die halb weiß und daher unberechenbar ist und ein großes Geschrei erheben würde. Außerdem sind die Offiziere hier. Sie sind sowieso schon reichlich aufgebracht.

Dain muss fliehen, er muss fort. Um unserer eigenen Sicherheit willen müssen wir ihm jetzt helfen.«
»Sind die Offiziere sehr zornig?«, erkundigte sich Lakamba interessiert.
»O ja. Der große Häuptling gebrauchte starke Worte, als er mit mir sprach – mit mir, der ich ihn in deinem Namen begrüßt habe. Ich glaube nicht«, setzte Babalatchi nach kurzer Pause mit sorgenvoller Miene hinzu, »ich glaube nicht, dass ich schon jemals einen weißen Häuptling so zornig erlebt habe. Er behauptete, wir wären nachlässig oder gar noch schlimmeres. Er sagte mir, er wolle mit dem Raja sprechen, ich sei für ihn völlig belanglos.«
»Mit dem Raja sprechen!«, wiederholte Lakamba gedankenvoll. »Hör zu, Babalatchi: Ich bin krank und muss mich zurückziehen. Du fährst hinüber und sagst das den weißen Männern.«
»Ja«, erwiderte Babalatchi, »ich fahre gleich hinüber. Und was ist mit Dain?«
»Bring ihn fort, so gut es geht. Diese Sache lastet mir schwer auf dem Herzen«, seufzte Lakamba.
Babalatchi erhob sich, trat dicht an seinen Herrn heran und redete ernsthaft auf ihn ein: »In der südlichen Flussmündung liegt eine unserer Praus. Weiter nördlich liegt das holländische Kriegsschiff, um die Haupteinfahrt zu kontrollieren. Heute Nacht werde ich Dain auf verborgenen Wasserwegen in einem Kanu an Bord der Prau schicken. Sein Vater ist ein großer Fürst, er wird von unserem Großmut hören. Die Prau soll ihn nach Ampanam bringen. Groß wird dein Ruhm sein und einflussreiche Freundschaft dein Lohn. Den Offizieren wird Almayer ohne Zweifel den Toten als Dain ausliefern, und die weißen Dummköpfe werden sagen: ›Ausgezeichnet, so soll denn Frieden herrschen‹, und dein Herz wird frei von Kummer sein, Raja.«

»Wie wahr! Wie wahr!«, rief Lakamba.

»Und da das alles von mir, deinem Sklaven, bewirkt wird, wird deine großzügige Hand nicht mit Belohnung geizen. Das weiß ich! Der weiße Mann grämt sich um den verlorenen Schatz, wie es die Weißen in ihrer Gier nach Dollars tun. Vielleicht können wir uns den Schatz von dem weißen Mann verschaffen, wenn alles Übrige wieder in Ordnung ist. Dain muss entkommen, und Almayer muss am Leben bleiben.«

»Geh jetzt, Babalatchi, geh!«, sagte Lakamba und erhob sich aus seinem Sessel. »Ich fühle mir gar nicht wohl und brauche Medizin. Sag das dem weißen Häuptling.«

So schnell war Babalatchi jedoch nicht loszuwerden. Er wusste wohl, dass nach Art der Großen sein Herr die Last der Mühsal und Gefahr gern auf die Schultern seiner Diener abwälzte, doch in der argen Verlegenheit, in der sie sich augenblicklich befanden, musste der Raja das Seine beitragen. Solange er nur die Ausführung wenigstens eines Teils des von Babalatchi so sorgsam ausgetüftelten Plans übernahm, mochte er für die Weißen, ja, für die ganze Welt, wenn es ihm gefiel, den Schwerkranken mimen. Babalatchi wollte, dass nach Einbruch der Dunkelheit ein großes Kanu mit zwölf Mann Besatzung zu Bulangis Rodung entsandt werde. Vielleicht müsse man Dain mit Gewalt zwingen. Man könne von einem verliebten Mann nicht erwarten, dass er den Weg in die Sicherheit klar erkenne, wenn dieser ihn vom Gegenstand seiner Neigung fortführt, setzte Babalatchi auseinander, und in dem Falle müsse man Gewalt anwenden, damit er gehe. Ob der Raja dafür sorgen wolle, dass das Kanu mit vertrauenswürdigen Leuten bemannt werde? Das müsse ganz im Geheimen geschehen. Vielleicht würde der Raja sogar selbst mitkommen, um das ganze Gewicht seiner Autorität geltend zu machen, falls sich Dain störrisch zeige und sich weigern sollte, sein

Versteck zu verlassen? Der Raja wollte keine verbindliche Zusage geben und beschwor Babalatchi, doch zu gehen, so groß war seine Angst, die Weißen würden ihn mit ihrem Besuch überraschen. Der greise Staatsmann empfahl sich nur widerstrebend und begab sich auf den Hof.

Bevor Babalatchi zum Boot hinunterging, verweilte er etwas auf dem großen freien Platz, auf den die dichtbelaubten Bäume schwarze Schattenkleckse warfen, die auf einer Flut gleichmäßigen, hellen Lichts zu treiben schienen, die sich über Häuser, Palisadenzaun und Fluss ergoss, wo sie zerbarst und in Tausenden glitzernden winzigen Wellen funkelte, wie ein aus Azur und Gold gewebtes Band, vom strahlenden Grün der Wälder gesäumt, die wie Wächter auf beiden Ufern des Pantai standen. In der vollkommenen Stille, ehe die Nachmittagsbrise aufkam, stand die ungleichmäßig gezackte Silhouette der Wipfel regungslos, wie von unsicherer Hand auf das klare Blau des hitzeflimmernden Himmels gezeichnet. Auf dem Platz, der von den hohen Palisaden geschützt war, roch es nach welkenden Blüten aus dem nahen Wald, nach trocknendem Fisch und zuweilen auch von den Kochstellen nach beißendem Qualm, der sich unter den dicht belaubten Zweigen kräuselte und träge über das verbrannte Gras hinstrich.

Als Babalatchi zum Fahnenmast emporsah, der mitten im Hof über einer Gruppe niedriger Bäume aufragte, flatterte die dreifarbige Flagge der Niederlande ein wenig zum ersten Mal, seit sie diesen Morgen bei der Ankunft der Boote des Kriegsschiffes gehisst worden war. Leise rauschten die Bäume, als sich die Brise in leichten Stößen herabsenkte und eine Weile launisch mit diesem Symbol von Lakambas Macht wie Unfreiheit gleichermaßen spielte. Dann frischte die Brise zu einer heftigen Windbö auf, und die Fahne wehte nun, zu voller Größe entfaltet, stetig über den Bäumen. Ein dunkler Schatten glitt über den Fluss, breitete einen Schleier über das glitzernde Licht der untergehenden Sonne. Eine große weiße Wolke segelte langsam über den dunkler werdenden Himmel und blieb im Westen stehen, als wolle sie darauf warten, dass sich die Sonne zu ihr geselle. Menschen und Dinge schüttelten die Trägheit des heißen Nachmittags ab und erwachten unter dem ersten Hauch des Windes, der vom Meer herwehte, wieder zum Leben.

Babalatchi eilte zum Wassertor hinab; doch ehe er hindurchging, blieb er stehen, um seinen Blick über den Hof schweifen zu lassen, mit seinem Licht und Schatten, mit seinen munteren Feuern, den hie und da verstreuten Gruppen von Lakambas Kriegern und Gefolgsleuten. Unter den Häusern auf dem Hof befand sich auch seines, und beklommenen Herzens fragte sich der Staatsmann von Sambir, wann und wie es ihm wohl vergönnt sein würde, dahin zurückzukehren. Denn er hatte es jetzt mit einem Mann zu tun, der gefährlicher war als jedes ihm bekannte wilde Tier: ein stolzer Mann, ein Mann mit dem Eigensinn der Fürsten, ein Verliebter. Und zu diesem Mann sollte er nun kühle und weltkluge Worte sprechen. Konnte es etwas Schrecklicheres geben? Wie, wenn dieser Mann nun plötzlich Amok lief, weil er sich einbildete, in seiner Ehre gekränkt oder in seinen Gefühlen verletzt worden zu sein? Das erste Opfer wäre zweifellos der kluge Ratgeber, und Tod wäre sein Lohn. Heraufbeschworen wurde diese entsetzliche Lage nicht zuletzt durch die Gefahr seitens der weißen Narren, die ihre Nase überall hineinstecken mussten. Im Geist sah sich Babalatchi schon in trostloser Verbannung im weit entfernten Madura. Wäre das nicht noch schlimmer als der Tod? Und dann diese Halbweiße mit den Augen, die nichts Gutes verhießen. Wie konnte er voraussehen, was ein derart unbegreifliches Geschöpf tun oder nicht tun würde? Sie wusste zu viel, als dass es möglich gewesen wäre, Dain zu töten. So viel war sicher. ›Und doch ist der spitze Kris mit der scharfen Klinge ein guter, verschwiegener Freund‹, dachte Babalatchi, als er den seinen liebevoll in Augenschein nahm und dann wieder, wehmütig seufzend, in die Scheide steckte, ehe er das Kanu losband. Als er die Fangleine losmachte, vom Ufer abstieß und das Paddel ergriff, wurde ihm mit aller Deutlichkeit klar, wie lästig es doch war, wenn Frauen in Staatsangelegenheiten verwickelt waren. Junge Frauen, versteht sich. Für Mrs. Almayers reife Weisheit und spielerische Gabe der Intrige, wie sie der weibliche Verstand mit den Jahren erlangt, empfand er die allergrößte Hochachtung.

Er paddelte gemächlich und ließ das Kanu stromab treiben, während er den Fluss zur Landzunge hin überquerte. Die Sonne stand noch hoch am Himmel, und Eile war nicht vonnöten. Erst bei Einbruch der Dunkelheit konnte er ans Werk gehen. Er wich Lingards Bootssteg aus, beschrieb einen Bogen um die Landzunge und paddelte den Wasserlauf hinter Almayers Haus hinauf. Bug an Bug lagen da viele Kanus, alle waren an ein und demselben Pflock vertäut. Babalatchi schob sein kleines Boot dazwischen und ging an Land. Auf der anderen Seite des Grabens regte sich etwas im Gras.

»Wer versteckt sich da?«, rief Babalatchi hinüber. »Komm heraus und sprich!«

Niemand antwortete. Babalatchi stieg von Boot zu Boot und erreichte so das andere Ufer, wo er mit seinem Stock heftig an der verdächtigen Stelle herumstocherte. Mit einem Schrei sprang Taminah auf.

»Was machst du hier?«, fragte er überrascht. »Um ein Haar wäre ich auf dein Tablett getreten. Bin ich denn ein Dajak, dass du dich bei meinem Anblick verstecken musst?«

»Ich war müde und – ich habe geschlafen«, flüsterte Taminah verwirrt.

»Geschlafen! Du hast heute ja überhaupt nichts verkauft, da wird's Schläge geben, wenn du nach Hause kommst«, sagte Babalatchi. In verlegenem Schweigen stand Taminah vor ihm. Babalatchi musterte sie wohlgefällig. Bulangi, diesem Diebskerl, wollte er ganz gewiss fünfzig Dollar mehr bieten. Das Mädchen gefiel ihm.

»Du gehst jetzt nach Hause. Es ist schon spät«, sagte er streng. »Sag Bulangi, dass ich, noch ehe die Nacht halb um ist, bei seinem Haus sein werde und dass er alles für eine weite Reise vorbereiten soll. Klar? Eine weite Reise nach Süden. Sag ihm das, noch ehe die Sonne untergeht, und vergiss nicht, was ich gesagt habe.«

Taminah nickte zustimmend und sah zu, wie Babalatchi den Graben wieder überquerte und durch das Gebüsch, das Almayers Hof umgab, verschwand. Sie trat ein paar Schritte weiter vom Graben zurück und ließ sich wieder ins Gras sinken, mit dem Gesicht nach unten lag sie da und zitterte in tränenlosem Jammer.

Auf der Suche nach Mrs. Almayer begab sich Babalatchi geradewegs zur Kochhütte. Der Hof war in großem Aufruhr. Ein fremder Chinese herrschte am Küchenfeuer und verlangte gerade lautstark noch eine Kasserolle. Mit Beschimpfungen im Kantoner Dialekt und schlechtem Malaiisch fiel er über eine Gruppe von Sklavinnen her, die, von seiner Heftigkeit halb erschreckt, halb belustigt, ein wenig abseits standen. Von den Lagerfeuern, um die die Seeleute von der Fregatte saßen klangen muntere Reden, Gelächter und Spott herüber. Mitten in dem lärmenden Durcheinander stieß Babalatchi auf Ali, der eine leere Schüssel in der Hand trug.

»Wo sind die Weißen?«, fragte Babalatchi.

»Sie essen auf der vorderen Veranda«, antwortete Ali. »Halte mich nicht auf, Tuan. Ich bringe den weißen Männern das Essen und habe zu tun.«

»Wo ist Mem Almayer?«

»Im Korridor. Sie horcht.«

Ali grinste und ging weiter. Babalatchi stieg den Bohlenweg zur hinteren Veranda hinan, winkte Mrs. Almayer heraus, und bald waren sie in ein eifriges Gespräch vertieft. Mitunter konnten sie durch den langen Korridor, den am anderen Ende der rote Vorhang abschloss, hören, wie sich Almayers Stimme unvermittelt und lautstark in die Unterhaltung mischte, woraufhin Mrs. Almayer Babalatchi vielsagend ansah.

»So hör doch«, sagte sie. »Er hat viel getrunken.«

»Ja«, flüsterte Babalatchi. »Heute Nacht wird er fest schlafen.«

Mrs. Almayer blickte zweifelnd drein.

»Manchmal hält ihn der Teufel des starken Gins wach, und dann läuft er die ganze Nacht, vor sich hin fluchend, auf der Veranda auf und ab. Dann gehen wir ihm aus dem Weg«, erklärte Mrs. Almayer, schließlich konnte sie aus dem reicheren Erfahrungsschatz einer über zwanzigjährigen Ehe schöpfen. »Aber dann hört er nichts, begreift er nichts, und seine Hand hat natürlich keine Kraft. Wir wollen nicht, dass er heute Nacht etwas hört.«

»Nein«, stimmte Mrs. Almayer nachdrücklich, aber in vorsichtig gedämpftem Ton zu. »Wenn er etwas hört, wird er töten.«

Babalatchi blickte ungläubig drein.

»Hai, Tuan, du kannst mir ruhig glauben. Lebe ich nicht schon viele Jahre bei diesem Mann? Habe ich nicht mehr als einmal in den Augen dieses Mannes den Tod gesehen, als ich noch jünger war und er so manches ahnte. Wäre er ein Mann meines eigenen Volkes gewesen, hätte ich einen solchen Blick kein zweites Mal erlebt, aber er…«

Mit einer geringschätzigen Handbewegung schien sie auf Almayers Scheu vor unbesonnenem Blutvergießen, diese Charakterschwäche, unaussprechliche Verachtung zu schleudern.

»Wenn er den Wunsch, nicht aber die Kraft dazu hat, was haben wir dann zu fürchten?«, fragte Babalatchi nach kurzem Schweigen, während dem beide Almayers lärmenden Reden zugehört hatten, bis diese im Gemurmel der übrigen Unterhaltung untergingen.

»Was haben wir zu fürchten?«, wiederholte Babalatchi noch einmal.

»Um die Tochter zu behalten, die er liebt, würde er, ohne zu zögern, dir und mir das Herz durchbohren«, sagte Mrs. Almayer. Wenn das Mädchen fort ist, wird er sich wie ein losgelassener Teufel aufführen. Du und ich, wir sollten dann auf der Hut sein.«

»Ich bin ein alter Mann und fürchte den Tod nicht«, antwortete Babalatchi mit gespielter Gleichgültigkeit.

»Aber was wirst du tun?«

»Ich bin eine alte Frau und möchte am Leben bleiben«, versetzte Mrs. Almayer. »Sie ist auch meine Tochter. Ich werde zu Füßen unseres Raja Schutz suchen, ich werde ihn im Namen der Vergangenheit darum bitten, da wir beide jung waren und er …«

Babalatchi hob die Hand.

»Genug. Du wirst Schutz erhalten«, beschwichtigte er.

Wieder war Almayers Stimme zu hören, und wieder unterbrachen sie ihr Gespräch, um der konfusen, doch lautstarken Rede zu lauschen, die an- und abschwoll; unvermittelte Pausen wechselten mit lärmenden Wiederholungen, sodass aus dem wirren, lärmenden Spektakel, das Almayer durch Faustschläge auf den Tisch nachdrücklich unterstrich, einzelne Wörter und Sätze klar und deutlich an ihr Ohr drangen. In den kurzen Redepausen hallte der hohe, klagende Ton der Gläser nach, die dicht beieinanderstanden und durch die Erschütterung vibrierten, wurde leiser, bis er wieder zu heftigem Geklirr erstarkte, wenn ein neuer Einfall einen neuen Wortschwall auslöste und die schwere Hand abermals auf den Tisch

niederfuhr. Zu guter Letzt blieb das kampflustige Geschrei aus, und das leise Klagen aufgestörten Glases verstummte allmählich, es wurde still.
Vorgeneigt, die Ohren dem Korridor zugewandt, hatten Babalatchi und Mrs. Almayer neugierig gehorcht. Jedes Mal, wenn Almayer losbrüllte, nickten sie einander mit einer lächerlichen Pose entrüsteter Wohlanständigkeit zu. Auch als es ruhig geworden war, verharrten sie noch eine Weile in der gleichen Haltung.
»Das ist der Gin-Teufel«, flüsterte Mrs. Almayer. »Ja, manchmal redet er auch so, wenn ihm gar keiner zuhört.«
»Was sagt er denn?«, fragte Babalatchi eifrig. »Du müsstest das doch verstehen.«
»Ich habe ihre Sprache vergessen. Ich habe nur wenig verstanden. Er hat ohne allen Respekt von dem weißen Herrscher in Batavia gesprochen und etwas von Beschützen, und er hat gesagt, man habe ihm unrecht getan. Das hat er mehrmals wiederholt. Mehr habe ich nicht verstanden. Horch! Jetzt spricht er wieder!«
»Tse! tse! tse!«, zischelte Babalatchi, bemüht, entrüstet zu erscheinen, aber mit lustigem Augenzwinkern. »Zwischen diesen weißen Männern wird es großen Ärger geben. Ich gehe jetzt mal, um selber zu sehen, was los ist. Und du sagst deiner Tochter, dass ihr eine unvorhergesehene lange Reise bevorsteht, an deren Ziel Ruhm und Glanz ihrer harren. Und sag ihr, dass Dain fort muss, wenn nicht, muss er sterben, und dass er allein nicht gehen wird.«
»Nein, allein wird er nicht gehen«, wiederholte Mrs. Almayer langsam und nachdenklich, als sie sich in den Korridor schlich, nachdem sie Babalatchi um die Hausecke hatte verschwinden sehen.
Von lebhafter Neugier getrieben, eilte Babalatchi zur Vorderseite des Hauses, wo er sich dann langsam und vorsichtig Stufe um Stufe die Verandatreppe hinaufschlich. Lautlos ließ er sich auf der obersten Stufe nieder, die

Füße auf den Stufen darunter, zur Flucht bereit, sollte seine Anwesenheit unerwünscht sein. So fühlte er sich recht sicher. Der Tisch stand mit dem Ende zu ihm, und er sah Almayers Rücken. Nina schaute er voll ins Gesicht, während er die beiden Offiziere von der Seite sah. Von den vier Personen am Tisch bemerkten aber nur Nina und der jüngere Offizier sein lautloses Kommen. Ein flüchtiges Senken der Augenlider verriet, dass Nina Babalatchi gesehen hatte. Sogleich richtete sie dann das Wort an den jungen Offizier, der sich ihr aufmerksam und beflissen zuwandte, den Blick aber hielt sie unverwandt auf das Gesicht des Vaters gerichtet, indes Almayer laut lärmend redete.

»... illoyal und gewissenlos! Was haben Sie je getan, meine Loyalität zu gewinnen? Sie haben das Land hier überhaupt nicht in der Gewalt. Ich musste selber sehen, wie ich zurechtkam, und als ich um Schutz bat, habe ich nichts als Drohungen und Geringschätzung geerntet, dazu hat man mir das verleumderische Geschwätz der Araber ins Gesicht geschleudert. Mir! Einem Weißen!«

»Nun zügeln Sie sich aber mal, Almayer«, ermahnte ihn der Leutnant, »das habe ich alles schon gehört.«

»Warum reden Sie dann zu mir von Gewissen? Ich habe Geld gebraucht und Schießpulver dafür gegeben. Woher sollte ich denn ahnen, dass es ein paar von euren elenden Leuten erwischen würde? Gewissen! Pah!«

Unsicher tastete er zwischen den Flaschen umher, probierte, die ganze Zeit vor sich hin brummelnd, eine nach der andern. »Alles alle«, knurrte er verdrossen.

»Sie haben genug getrunken, Almayer«, sagte der Leutnant, dieweil er sich eine Zigarre anzündete. »Wäre es jetzt nicht an der Zeit, uns Ihren Gefangenen auszuliefern? Ich habe Sie so verstanden, dass Sie diesen Dain Maroola irgendwo in sicherem Gewahrsam haben. Trotzdem sollten wir diese Angelegenheit lieber hinter uns

bringen, und dann können wir weitertrinken. Kommen Sie schon! Sehen Sie mich nicht so an!«
Mit steinernem Blick starrte Almayer ihn an, mit zitternden Fingern griff er sich an die Kehle.
»Gold«, stieß er mühsam hervor. »Hm! Eine Hand am Hals, wissen Sie. Sie werden sicher entschuldigen. Was ich sagen wollte - ein bisschen Gold für ein bisschen Schießpulver. Was ist da schon dabei?«
»Ich weiß, ich weiß«, sagte der Leutnant beschwichtigend.
»Nein! Nichts wissen Sie. Keiner von Ihnen weiß etwas!«, brüllte Almayer. »In der Regierung sitzen doch lauter Idioten, das kann ich Ihnen sagen. Haufenweise Gold. Ich bin der Mann, der das weiß; ich und noch einer. Aber der redet nicht, der ist ...«
Mit dem Anflug eines Lächelns brach er ab und versuchte, wenngleich vergeblich, dem Offizier auf die Schulter zu klopfen, wobei er ein paar Flaschen umstieß.
»Als Mensch sind Sie gar nicht übel«, sagte er sehr deutlich und gönnerhaft. Sein Kopf sank schläfrig herab, wie er so dasaß und vor sich hin murmelte.
Die beiden Offiziere sahen sich hilflos an.
»So geht das nicht«, wandte sich der Leutnant an seinen Untergebenen. »Lassen Sie die Leute hier im Hof antreten. Er muss wieder zur Vernunft kommen. He! Almayer! Wachen Sie auf, Mann! Halten Sie Ihr Wort. Sie haben Ihr Wort gegeben. Sie haben Ihr Ehrenwort gegeben, jawohl.«
Ungeduldig schüttelte Almayer die Hand des Offiziers ab, doch seine Verstimmung war sogleich verflogen, er sah auf und rieb sich mit dem Zeigefinger die Nase.
»Sie sind noch sehr jung. Alles zu seiner Zeit«, sagte er und tat sehr weise.
Der Leutnant wandte sich an Nina, die, im Sessel zurückgelehnt, unverwandt ihren Vater ansah.
»Das alles betrübt mich Ihretwegen wirklich außerordentlich!« rief er. »Ich weiß nicht«, fuhr er mit einiger Verle-

genheit fort, »ob ich überhaupt das Recht dazu habe Sie, um etwas zu bitten, außer vielleicht darum, sich von dieser peinlichen Szene zurückzuziehen, aber ich glaube, ich muss – um Ihres Vaters willen – vorschlagen, dass Sie, … ich meine, wenn Sie Einfluss auf ihn haben, dann sollten Sie ihn jetzt geltend machen. Sie sollten ihn dazu bringen, das Versprechen einzulösen, das er mir gegeben hat, ehe er… ehe er in diesen Zustand geraten ist.«
Enttäuscht sah er, dass sie seinen Worten gar kein Gehör zu schenken schien, still saß sie mit halb geschlossenen Augen da.
»Ich hoffe …«, begann er von Neuem.
»Was ist das für ein Versprechen, von dem Sie da reden?«, fragte Nina brüsk. Sie stand auf und trat zu ihrem Vater.
»Nichts, was nicht recht und billig wäre. Er hat versprochen, uns einen Mann auszuliefern, der in Zeiten tiefsten Friedens unschuldige Menschen getötet hat, um sich der Strafe zu entziehen, die er verdiente, da er das Gesetz gebrochen hatte. Er hatte eine groß angelegte Schandtat geplant. Es ist nicht seine Schuld, dass sie teilweise fehlgeschlagen ist. Selbstverständlich haben Sie von Dain Maroola gehört. Wenn ich recht verstanden habe, hält Ihr Vater ihn an einem sicheren Ort fest. Wir wissen, er ist stromaufwärts geflohen. Vielleicht, dass Sie …«
»Und er hat weiße Männer getötet!«, unterbrach ihn Nina.
»Ich bedaure, sagen zu müssen, dass es Weiße waren. Ja, durch das Bubenstück dieses Schurken sind zwei weiße Männer ums Leben gekommen.«
»Nur zwei!«, rief Nina.
Erstaunt sah der Offizier sie an.
»Aber! Wieso? Sie …«, stammelte er verwirrt.
»Es hätten ja mehr sein können«, fiel ihm Nina ins Wort. »Und wenn Sie diesen – diesen Schurken erwischen, dann gehen Sie wieder Ihrer Wege?«

Noch immer sprachlos, nickte der Leutnant bejahend.
»Dann würde ich ihn für Sie herbeischaffen, und wenn ich ihn aus den Flammen holen müsste«, brach es ungestüm aus ihr hervor. »Ich hasse den Anblick eurer weißen Gesichter. Ich hasse den Klang eurer sanften Stimmen. Das ist eure Art, mit Frauen zu reden, jedem hübschen Gesicht schmeichelt ihr mit schönen Worten. Oh, ich kenne eure Stimmen von früher. Ich hatte gehofft, hier leben zu können, ohne ein anderes weißes Gesicht als dieses hier sehen zu müssen«, fügte sie weicher hinzu und streichelte ihrem Vater leicht das Gesicht.
Almayer hörte auf, vor sich hin zu brummen und öffnete die Augen. Er hielt Ninas Hand fest und presste sein Gesicht dagegen, während ihm Nina mit der anderen Hand das zerzauste Haar glattstrich. Trotzig blickte sie über den Kopf des Vaters hinweg den Offizier an, der nun seine Fassung wiedererlangt hatte und ihren Augen mit kühlem, festem Blick begegnete. Unten vor der Veranda hörte man die Tritte der Seeleute, die, wie befohlen, dort antraten. Der Fähnrich kam die Treppe herauf; Babalatchi erhob sich beunruhigt, legte einen Finger auf den Mund und versuchte, Ninas Aufmerksamkeit auf sich zu ziehen.
»Du bist ein gutes Mädchen«, flüsterte Almayer gedankenabwesend und ließ die Hand der Tochter los.
»Vater! Vater!«, flehte sie und beugte sich leidenschaftlich bittend über ihn. »Sieh doch nur, wie diese beiden Männer uns anschauen. Schick sie fort! Ich kann das nicht mehr ertragen. Schick sie doch nur fort! Tu, was sie wollen und lass sie gehen.«
Ihr Blick fiel auf Babalatchi, und unvermittelt brach sie ab, doch in einem Anfall nervöser Unruhe klopfte sie unablässig und schnell mit dem Fuß auf den Boden. Die beiden Offiziere standen dicht nebeneinander und sahen neugierig zu.

»Was ist denn passiert? Was ist bloß los?«, flüsterte der Jüngere.
»Keine Ahnung«, erwiderte der andere, mit verhaltener Stimme. »Sie gebärdet sich wie eine Wilde, und er ist betrunken. Aber wiederum auch nicht so betrunken. Ist schon merkwürdig. Sehen Sie mal!«
Almayer war aufgestanden, er stützte sich auf den Arm der Tochter. Einen Augenblick zögerte er, dann ließ er los und torkelte über die halbe Veranda. Er riss sich zusammen, richtete sich stramm auf, atmete schwer und starrte wütend in die Runde.
»Sind die Männer bereit?«, fragte der Leutnant.
»Alle bereit, Sir.«
»Nun, Mr. Almayer, gehen Sie voran«, forderte der Leutnant ihn auf.
Almayer ließ den Blick auf ihm ruhen, als sähe er ihn zum ersten Mal.
»Zwei Männer«, lallte er. Die Anstrengung, die ihn das Sprechen kostete, schien sein Gleichgewicht zu stören. Er tat rasch einen Schritt, um nicht hinzufallen, und blieb dann schwankend stehen. »Zwei Männer«, begann er wieder mit Mühe, »zwei weiße Männer … Männer in Uniform … ehrenwerte Männer. Ich meine … Ehrenmänner. Nicht wahr?«
»Ich bitte Sie! Genug davon!«, sagte der Offizier ungeduldig. »Holen wir doch nun endlich diesen Freund von Ihnen.«
»Wofür halten Sie mich eigentlich?«, erboste sich Almayer.
»Sie sind betrunken, aber nicht so betrunken, dass Sie nicht wüssten, was Sie tun. Schluss mit dem Unsinn«, versetzte der Offizier scharf, »sonst muss ich Sie in Ihrem eigenen Haus noch festnehmen lassen«.
»Hahaha! Festnehmen! Seit zwanzig Jahren versuche ich, aus dieser Hölle hier wegzukommen, aber ich kann's nicht. Hören Sie, Mann! Ich kann's nicht und werde es nie können! Niemals!«

Seine Worte endeten in Aufschluchzen, und er wankte die Treppe hinab. Im Hof trat der Leutnant zu ihm und nahm ihn beim Arm. Der Fähnrich und Babalatchi folgten dicht dahinter.

»So ist's besser, Almayer«, sagte der Offizier aufmunternd. »Wo gehen Sie denn hin? Da sind doch nur Bretter. He!«, fuhr er fort und schüttelte Almayer ein wenig, »brauchen wir die Boote?«

»Nein«, erwiderte Almayer ingrimmig. »Sie brauchen ein Grab.«

»Was? Fangen Sie schon wieder an? Nun seien Sie aber mal vernünftig!«

»Ein Grab!«, brüllte Almayer und versuchte sich loszureißen. »Ein Loch in der Erde. Verstehen Sie das denn nicht? Sie sind wohl betrunken. Lassen Sie mich los! So lassen Sie doch gefälligst los!«

Er riss sich von dem Offizier los und taumelte auf den Bretterstapel zu, wo der Leichnam unter seiner weißen Hülle lag; dann schnellte er herum und musterte den Halbkreis interessierter Mienen. Die Sonne versank nun rasch, sie warf lange Schatten vom Haus und von den Bäumen über den Hof, doch über dem Fluss war es noch hell, und die in seiner Mitte dahintreibenden Baumstämme hoben sich sehr deutlich und sehr schwarz von dem blassroten Schimmer ab. Die Stämme der Bäume im Wald am östlichen Ufer waren in Dunkelheit getaucht, wogegen die Wipfel leicht im scheidenden Sonnenlicht schwankten. Die Luft war schwer und kalt in der Brise, die in leichten Stößen über dem Wasser erlosch.

Almayer schauderte, als er zu sprechen versuchte, und wieder schien er, unsicher tastend, seine Kehle aus dem Würgegriff einer unsichtbaren Hand befreien zu wollen. Seine blutunterlaufenen Augen irrten von einem Gesicht zum andern.

»Da!«, sagte er schließlich. »Sind alle da? Er ist ein gefährlicher Mann.«
Ungestüm, heftig zerrte er an dem Tuch; steif rollte der Leichnam von den Brettern und fiel ihm starr und hilflos vor die Füße.
»Kalt, ganz und gar kalt«, sagte Almayer mit einem unbarmherzigen Lächeln und schaute in die Runde. »Tut mir leid, etwas Besseres kann ich nicht bieten. Und Sie können ihn auch nicht hängen. Wie Sie feststellen dürften, meine Herren«, setzte er ernst hinzu. »Ist gar kein Kopf da und kaum Hals.«
Der letzte Sonnenstrahl verschwand hinter den Baumwipfeln, der Fluss wurde sogleich dunkel, und in der tiefen Stille schien das Rauschen des dahinströmenden Wassers den grauen Schatten in seiner unermesslichen Weite zu erfüllen, der sich auf das Land herabsenkte.
»Das ist Dain«, fuhr Almayer fort, an die schweigende Gruppe der Umstehenden gewandt. »Und ich habe Wort gehalten. Erst die eine Hoffnung, dann noch eine, und das war meine letzte. Jetzt ist nichts mehr übrig. Sie glauben wohl, hier gibt es nur *einen* toten Mann? Da sind Sie gewaltig im Irrtum. Ich bin viel toter. Warum hängen Sie nicht mich?«, schlug er plötzlich ganz freundlich vor, an den Leutnant gewandt. »Sie ... Sie können versichert sein, das wäre nur eine r-reine Fo-Formsache.«
Die letzten Worte murmelte er nur noch vor sich hin, dann torkelte er zum Haus. »Mach, dass du fortkommst«, brüllte er Ali an, der ihm schüchtern zu Hilfe eilen wollte. Aus der Ferne verfolgten Gruppen erschrockener Männer und Frauen seinen Zickzackweg. Am Geländer zog er sich die Treppe hinauf und schleppte sich zu einem Stuhl, auf den er sich schwer fallen ließ. Eine Weile saß er da, vor Zorn und Anstrengung keuchend, und sah sich unwillkürlich nach Nina um. Dann drohte

er zum Hof hinüber, wo er Babalatchis Stimme vernommen hatte, und stieß mit dem Fuß den Tisch um, dass das Geschirr krachend in Scherben ging. Er murmelte noch Drohreden vor sich hin, dann sank ihm der Kopf auf die Brust, die Augen fielen ihm zu, und tief aufseufzend schlief er ein.

In dieser Nacht sah das friedliche, blühende Gemeinwesen Sambir zum ersten Mal in seiner Geschichte schimmernde Lichter in ›Almayers Wahn‹. Es waren die Bootslaternen, die die Seeleute in der Veranda aufgehängt hatten, wo die beiden Offiziere eine amtliche Untersuchung anberaumt hatten, um festzustellen, ob die Geschichte, die Babalatchi ihnen erzählt hatte, wahr sei. Babalatchi hatte seine ganze Wichtigkeit wiedererlangt. Er bot sämtliche Überredungskünste auf, rief Himmel und Erde an, um die Wahrheit seiner Aussagen zu bezeugen. Es gab auch andere Zeugen. Mahmat Banjer und viele andere wurden strengen Verhören unterworfen, die sich bis in die Nachtstunden hinzogen. Man sandte einen Boten zu Abdulla, der sich mit seinem ehrwürdigen Alter entschuldigte, dafür aber Reshid schickte. Mahmat musste die Fußspange vorzeigen und zornig und tiefgekränkt zusehen, wie der Leutnant sie als eins der Beweisstücke für Dains Tod in die Tasche steckte, um sie zusammen mit dem offiziellen Bericht der Kommission einzusenden. Zum gleichen Zweck wurde auch Babalatchis Ring in Verwahrung genommen, doch der erfahrene Staatsmann hätte sich von Anfang an mit diesem Verlast abgefunden. Er hatte nichts dagegen, solange er sicher sein durfte, dass die weißen Männer ihm Glauben schenkten. Ernsthaft legte er sich diese Frage vor, als er nach Abschluss der Untersuchung als einer der Letzten ging. Er war nicht überzeugt davon. Immerhin, wenn sie nur eine Nacht lang daran glaubten, würde er Dain aus ihrer Reichweite schaffen, und dann würde er sich selbst sicher fühlen. Eilig ging er davon. Ab und zu schaute er sich um, er hatte Angst, man würde ihm folgen, aber er sah und hörte nichts.

»Zehn Uhr«, sagte der Leutnant, als er gähnend einen Blick auf die Uhr warf. »Wenn wir zurückkommen, werde ich mir wohl vom Kapitän ein paar seiner schmeichelhaften Bemerkungen anhören müssen. Eine elende Sache, das hier.«

»Glauben Sie, dass das alles wahr ist?«, fragte der Jüngere.

»Wahr! Ist schon möglich. Aber wenn es nicht stimmt, was können wir machen? Wenn wir ein Dutzend Boote hätten, könnten wir die Seitenarme des Flusses abfahren, aber das brächte auch nicht viel. Dieser verrückte Betrunkene hatte schon recht, wir haben die Küste hier nicht fest genug in der Gewalt. Die machen doch hier, was sie wollen. Sind unsere Hängematten bereit?«

»Ja, ich habe es dem Steuermann gesagt. Ein merkwürdiges Pärchen da drüben«, sagte der Fähnrich und wies auf Almayers Haus.

»Hm! Wirklich komisch. Was haben Sie denn mit ihr geredet? Ich habe mich ja die meiste Zeit mit dem Vater befasst.«

»Ich versichere Ihnen, ich war vollkommen höflich zu ihr«, verwahrte sich der andere energisch.

»Schon gut. Sie brauchen sich nicht gleich aufzuregen. Wenn ich recht verstehe, hat sie dann aber etwas gegen Höflichkeit. Ich dachte schon, Sie wären ihr vielleicht auf die süße Tour gekommen. Sie sind schließlich im Dienst.«

»Gewiss doch. Das vergesse ich nie. Streng höflich. Nichts weiter.«

Beide lachten leicht, und da sie nicht müde waren, begannen sie, nebeneinander auf der Veranda auf und ab zu marschieren. Verstohlen ging der Mond über den Bäumen auf, und der Fluss wurde plötzlich zu einem Strom aus gleißendem Silber. Der Wald trat aus der schwarzen Leere hervor und erhob sich düster und schwermütig über dem glitzernden Wasser. Die Brise erlosch zu atemloser Stille.

Nach Art der Seeleute und ohne ein Wort zu wechseln marschierten die beiden Seeleute gemessenen Schritts auf und ab. Aufdringlich krächzend knarrten die losen Dielenbretter im Rhythmus ihrer Schritte in der lautlosen Stille der Nacht. Als sie wieder einmal kehrtmachten, blieb der Jüngere aufmerksam stehen.

»Haben Sie das gehört?«, fragte er.

»Nein!«, erwiderte der andere. »Was denn?«

»Ich dachte, ich hätte einen Schrei gehört. Ganz schwach. Klang wie eine Frauenstimme. In dem Haus da drüben. Ah! Wieder! Hören Sie's?«

»Nein«, sagte der Leutnant, nachdem er eine Weile gelauscht hatte. »Ihr Jungs hört immerzu Frauenstimmen. Wenn Sie träumen wollen, dann legen Sie sich lieber in Ihre Hängematte. Gute Nacht!«

Der Mond stieg höher, und als wollten sie sein kaltes, grausames Licht fliehen, wurden die warmen Schatten kleiner und verschwanden.

## 10

»Endlich ist sie untergegangen«, sagte Nina zu ihrer Mutter und zeigte auf die Berge, hinter denen die Sonne versunken war. »Hör zu, Mutter, ich fahre jetzt zu Bulangis Flüsschen, und wenn ich nicht wiederkommen sollte ...«

Sie hielt inne, und etwas wie Zweifel überschattete einen Augenblick die Glut schwelender Erregung, die in ihren Augen glomm und diesen ganzen aufregenden Tag lang die gelassenen, unbeweglichen Züge mit einem Funken unbändigen Lebens erhellt hatte – diesen Tag voller Freude und Bangen, voller Hoffnung und Angst, voll von dunklem Gram und unbestimmter Wonne. Solange die Sonne mit diesem blendenden Licht schien, in dem ihre Liebe geboren war und sich entfaltet hatte, bis sie ihr ganzes Wesen durchdrang, wurde sie in ihrem unerschütterlichen Entschluss durch geheimnisvolles Raunen des Verlangens bestärkt, eines Verlangens, das ihr Herz mit ungeduldiger Sehnsucht nach der Dunkelheit erfüllte; bedeutete diese doch das Ende von Gefahr und Kampf und den Anfang des Glücks, der Erfüllung ihrer Liebe, der Vollkommenheit des Lebens überhaupt. Endlich war sie untergegangen! Ehe sie noch erleichtert aufatmen konnte, war die kurze tropische Dämmerung vorüber; und nun schien die plötzlich hereinbrechende Dunkelheit mit drohenden Stimmen erfüllt zu sein, die ihr zuriefen, sich kopfüber ins Unbekannte zu stürzen, dem eigenen Drängen zu gehorchen, sich der Leidenschaft zu ergeben, die sie geweckt hatte und teilte. Er wartete! In der Einsamkeit der entlegenen Lichtung, im tiefen Schweigen des Waldes wartete er ganz allein, ein Flüchtiger, der um sein Leben bangte. Ungeachtet aller Gefahr wartete er da auf sie. Nur ihretwegen war er gekommen; und nun, da die Zeit nahte, dass ihm sein Lohn zuteilwerden sollte, fragte sie sich schreckerfüllt, was wohl dieser frostige Zweifel am eigenen Willen und Begehren bedeuten mochte. Mit Mühe schüttelte sie die Furcht vor der flüchtigen Schwäche ab. Er sollte seinen Lohn erhalten. Ihre Frauenliebe und ihre Frauenehre überwanden das wankelmütige Misstrauen gegenüber der unbekannten Zukunft, die in der Dunkelheit des Flusses ihrer harrte.

»Nein, du wirst nicht wiederkommen«, murmelte Mrs. Almayer prophetisch. »Ohne dich geht er nicht fort, und wenn er hier bleibt, …«, Ihre Hand zeigte auf die Lichter

von ›Almayers Wahn‹ hinüber, und der unvollendete Satz klang in drohendem Murren aus.
Die beiden Frauen hatten sich hinter dem Haus getroffen und gingen nun langsam miteinander zum Wassergraben, wo alle Kanus vertäut lagen. Am Rand des Gebüschs angelangt, blieben sie wie auf Verabredung stehen, Mrs. Almayer legte der Tochter die Hand auf den Arm und versuchte vergeblich, dem Mädchen prüfend ins abgewandte Gesicht zu sehen. Als sie zu sprechen ansetzte, gingen ihre ersten Worte in unterdrücktem Schluchzen unter, was sich bei einer Frau, die von allen menschlichen Leidenschaften nur Zorn und Hass zu kennen schien, recht seltsam anhörte.
»Du gehst nun weg, um eine große Rani zu werden«, sagte sie schließlich, mit jetzt wieder fester Stimme, »und wenn du klug bist, wirst du zu großer, lang dauernder Macht gelangen, die dir sogar bis ins hohe Alter erhalten bleiben wird. Was bin ich gewesen? Mein Leben lang eine Sklavin. Ich habe für einen Mann Reis gekocht, der weder Mut noch Weisheit besaß. Hai! Ich, ja ich wurde sogar von einem Häuptling und Krieger einem Mann gegeben, der nichts von beidem war. Hai! Hai!«
Leise wimmerte sie vor sich hin und beklagte die verpassten Gelegenheiten zu Mord und Untat, wie sie ihr das Schicksal beschieden hätte, wäre sie die Gefährtin eines gleichgesinnten Geistes geworden. Nina beugte sich über Mrs. Almayers schmächtige Gestalt, und im Licht der Sterne, die am schwarzen Himmel aufgeblitzt waren und nun kalt und still über diesem seltsamen Abschied funkelten, betrachtete sie aufmerksam die welken Züge ihrer Mutter und sah prüfend in die eingesunkenen Augen, die im Licht langer, schmerzlicher Erfahrung in ihre, Ninas, dunkle Zukunft sehen konnten. Wie eh und je war sie auch jetzt wieder von der leidenschaftlichen Erregung der Mutter und der orakelhaften Be-

stimmtheit ihrer Ausdrucksweise gefesselt, die zusammen mit ihren gewalttätigen Anfällen nicht wenig dazu beigetragen hatten, dass sie in der Siedlung im Ruf einer Hexe stand.

»Ich war eine Sklavin, aber du sollst eine Königin sein«, fuhr Mrs. Almayer fort, den Blick geradeaus gerichtet, »vergiss aber nicht die Stärke und die Schwäche der Männer. Zittere vor seinem Zorn, sodass er im Licht des Tages deine Furcht erkennen kann; im Herzen aber magst du lachen, denn nach Sonnenuntergang ist er dein Sklave.«

»Ein Sklave! Er! Der Herr des Lebens! Du kennst ihn nicht, Mutter.«

Mrs. Almayer ließ sich zu einem geringschätzigen Lachen herab.

»Du sprichst so töricht wie eine Weiße«, rief sie. »Was weißt denn du schon vom Zorn und der Liebe der Männer? Hast du den Schlaf von Männern bewacht, die vom Töten müde sind? Hast du um dich den starken Arm gespürt, der einen Kris tief ins zuckende Herz stoßen kann? Puh! Du bist eben eine Weiße und solltest zu einem Weibergott beten!«

»Warum sagst du so etwas? Ich habe so lange auf deine Reden gehört, dass ich mein altes Leben vergessen habe. Wenn ich weiß wäre, stünde ich dann hier, bereit, fortzugehen? Mutter, ich gehe noch einmal ins Haus, um ein letztes Mal das Gesicht meines Vaters zu sehen.«

»Nein!«, rief Mrs. Almayer heftig. »Nein, er schläft jetzt den Schlaf des Gins. Und wenn du zurückgehst, wacht er vielleicht auf und sieht dich. Nein, er soll dich nie wiedersehen. Als der schreckliche alte Mann dich mir weggenommen hat, als du noch klein warst, weißt du noch ...«

»Es ist so lange her«, murmelte Nina.

»Ich weiß es noch genau«, fuhr Mrs. Almayer grimmig fort. »Ich wollte noch einmal dein Gesicht sehen. Er sagte nein! Ich hab dich weinen gehört und bin in den Fluss

gesprungen. Damals warst du seine Tochter. Jetzt bist du meine Tochter. Nie wieder sollst du in dieses Haus zurückkehren; nie wieder sollst du deinen Fuß auf diesen Hof setzen. Nein! Nein!«
Sie schrie beinahe. Auf der anderen Seite des Grabens raschelte etwas im hohen Gras. Die beiden Frauen hatten es vernommen und lauschten nun eine Weile in erschrockenem Schweigen.
»Ich gehe jetzt«, flüsterte Nina vorsichtig, aber eindringlich. Was geht mich dein Hass oder deine Rachsucht an?«
Wie sie sich zum Haus wendete, klammerte sich Mrs. Almayer an sie und versuchte sie zurückzuhalten.
»Halt! Du sollst nicht dahin gehen!«, keuchte sie.
Ungeduldig stieß Nina die Mutter beiseite und raffte den Rock hoch, um richtig rennen zu können, aber Mrs. Almayer schnellte vor, drehte sich um und stellte sich der Tochter mit ausgestreckten Armen in den Weg.
»Noch einen einzigen Schritt«, rief sie, hastig atmend, »und ich schreie. Siehst du die Lichter dort in dem großen Haus? Da sitzen zwei weiße Männer, die wütend sind, weil sie nicht das Blut des Mannes haben können, den du liebst. Und in diesen dunklen Häusern«, fuhr sie ruhiger fort, während sie zur Siedlung hinüberwies, »könnte meine Stimme Männer aufwecken, die die Orang-Blanda-Soldaten zu dem hinführen, der auf dich wartet.«
Sie konnte das Gesicht der Tochter nicht sehen, aber die weiße Gestalt stand stumm und unschlüssig vor ihr in der Dunkelheit. Mrs. Almayer nutzte ihren Vorteil.
»Gib dein altes Leben auf! Vergiss es!«, sagte sie einschmeichelnd. »Vergiss, dass du je ein weißes Gesicht gesehen hast; vergiss ihre Worte; vergiss ihre Gedanken. Sie reden Lügen. Und sie denken Lügen, weil sie uns verachten, die wir besser sind als sie, allerdings nicht so stark. Vergiss ihre Freundschaft und ihre Verachtung; vergiss ihre vielen Götter. Mädchen, warum nur willst du die Erinne-

rung an die Vergangenheit bewahren, wo doch ein Krieger und Fürst bereit ist, für ein Lächeln von dir viele Leben – ja das eigene Leben – hinzugeben?«
Während sie sprach, schob sie die Tochter sanft zu den Kanus hin. Die eigene Angst, Besorgnis und Zweifel ertränkte sie unter dem Schwall leidenschaftlicher Worte, der Nina weder Zeit zum Nachdenken noch Gelegenheit ließ, aufzubegehren, auch wenn sie gewollt hätte. Jetzt wollte sie aber gar nicht. Dem flüchtigen Verlangen, noch einmal das Gesicht des Vaters zu sehen, lag keine starke Zuneigung zugrunde. Sie empfand weder Gewissensbisse noch Reue dabei, so urplötzlich den Mann zu verlassen, dessen Gefühle ihr gegenüber sie nicht verstehen, ja nicht einmal erkennen konnte. Sie klammerte sich nur ganz instinktiv an das alte Leben, die alten Gewohnheiten, die altvertrauten Gesichter; und sie verspürte die Angst vor dem Endgültigen, die in der Brust eines jeden Menschen schlummert und so viele Heldentaten und so viele Verbrechen verhindert. Jahrelang hatte sie zwischen Vater und Mutter gestanden, sie so stark in ihrer Schwäche, er so schwach, wo er hätte stark sein können. Da stand Nina nun mit stummem Herzen zwischen diesen beiden so unterschiedlichen, so gegensätzlichen Wesen und war erstaunt und zornig über die Tatsache ihrer eigenen Existenz. Es erschien so unsinnig, so erniedrigend, in die Siedlung dort geworfen zu sein und die Tage in die Vergangenheit vorübereilen zu sehen, ohne auch nur eine Hoffnung, ein Verlangen oder ein Ziel, welches das Leben gerechtfertigt hätte, das zu ertragen ihr immer schwerer wurde. Sie hatte wenig Vertrauen und schon gar kein Verständnis für die Träume ihres Vaters; aber die zügellose Raserei der Mutter brachte irgendwo tief in ihrem verzweiflungsvollen Herzen eine empfängliche Seite zum Klingen; und mit der nimmermüden Hingabe eines Gefangenen, der in den Mauern seiner Zelle an die Frei-

heit denkt, träumte sie eigene Träume. Mit Dains Ankunft tat sich ihr der Weg zur Freiheit auf, indem sie der Stimme der neuerlich erwachten Triebe gehorchte, und freudig überrascht glaubte sie, in seinen Augen die Antwort auf alle Fragen ihres Herzens lesen zu können. Jetzt verstand sie Sinn und Zweck des Lebens. Und im Jubel über die Entschleierung dieses Geheimnisses warf sie verächtlich die Vergangenheit mit den traurigen Gedanken, den bitteren Gefühlen und zaghaften Neigungen fort, die nun in der Berührung mit ihrer unbändigen Leidenschaft verwelkt und gestorben waren.

Mrs. Almayer machte Ninas Kanu los, richtete sich dann mühsam auf und blickte, die Leine in der Hand, die Tochter an.

»Schnell«, sagte sie, »fahr los, ehe der Mond aufgeht, solange der Fluss noch dunkel ist. Ich habe Angst vor Abdullas Sklaven. Dieses Gesindel treibt sich oft nachts herum, sie könnten dich sehen und dir folgen. Im Kanu sind zwei Paddel.«

Nina trat zu ihrer Mutter und drückte ihr einen leisen Kuss auf die zerfurchte Stirn. Mit verächtlichem Schnauben protestierte Mrs. Almayer gegen diese Zärtlichkeit, die, so fürchtete sie nichtsdestoweniger, ansteckend sein könnte.

»Werde ich dich jemals wiedersehen, Mutter?«, murmelte Nina.

»Nein«, antwortete Mrs. Almayer nach kurzem Schweigen. »Warum solltest du hierher zurückkommen, wo es mir vom Schicksal bestimmt ist, zu sterben? Du wirst weit weg von hier in Pracht und Herrlichkeit leben. Wenn ich höre, dass die Weißen von den Inseln vertrieben sind, dann werde ich wissen, dass du lebst und dass du meine Worte beherzigt hast.«

»Ich werde immer daran denken«, erwiderte Nina ernst, »doch wo liegt meine Macht, und was kann ich tun?«

»Lass ihn nicht zu lange in deine Augen blicken oder den Kopf auf deine Knie legen, ohne ihn daran zu erinnern, dass Männer kämpfen sollten, ehe sie ruhen. Und wenn er zögert, dann gib ihm selbst den Kris und heiße ihn gehen, wie es der Frau eines mächtigen Fürsten ansteht, wenn der Feind in der Nähe ist. Möge er die weißen Männer erschlagen, die hierherkommen, um mit uns zu handeln, Gebete auf den Lippen und in den Händen geladene Gewehre. Ah«, schloss sie mit einem Seufzer, »sie sind auf allen Meeren und an allen Küsten, und ihrer sind viele.«

Sie schob den Bug des Kanus in den Fluss, ließ es aber noch nicht los, sondern hielt nachdenklich, unentschlossen den Bootsrand fest. Nina hielt das Paddelende gegen das Ufer, bereit abzustoßen.

»Was ist denn, Mutter?«, fragte sie leise. »Hörst du etwas?«

»Nein«, sagte Mrs. Almayer abwesend. »Hör mal, Nina«, fuhr sie nach kurzer Pause unvermittelt fort, »später werden da andere Frauen sein ...«

Ein erstickter Schrei aus dem Boot unterbrach sie, und das Paddel polterte zu Boden, als es Nina aus den Händen rutschte, die sie abwehrend erhoben hatte. Mrs. Almayer ließ sich am Ufer auf die Knie fallen und beugte sich über den Bootsrand, sodass ihr Gesicht dem der Tochter ganz nahe war.

»Es wird andere Frauen geben«, wiederholte sie mit Bestimmtheit. »Ich sage dir das, weil du zur Hälfte weiß bist und vielleicht nicht daran denkst, dass er ein großer Häuptling ist und dass es so kommen muss. Verbirg deinen Zorn und lass ihn auf deinem Gesicht ja nicht den Kummer sehen, der dein Herz verzehrt. Tritt ihm mit Freude in den Augen und Klugheit auf den Lippen entgegen, denn an dich wird er sich wenden, wenn er traurig ist oder wenn Zweifel ihn plagen. Solange sein Blick auf vielen Frauen ruht, wird deine Macht andauern;

sollte aber eine Einzige da sein, nur eine Einzige, mit der er dich zu vergessen scheint, dann …«

»Das könnte ich nicht überleben«, rief Nina und bedeckte das Gesicht mit beiden Händen. »Sprich nicht so, Mutter, das kann nicht sein.«

»… dann«, fuhr Mrs. Almayer unbeirrt fort, »dann darfst du dieser Frau kein Erbarmen zeigen, Nina.«

Sie schob das Kanu etwas weiter herum, sodass sein Bug nun in den Strom ragte, und packte es mit beiden Händen.

»Weinst du etwa?«, fragte sie streng die Tochter, die still dasaß, das Gesicht in den Händen vergraben. »Steh auf und greif zum Paddel, denn er hat wahrhaftig lange genug gewartet. Und vergiss nicht, Nina, kein Erbarmen. Und wenn du zuschlagen musst, dann schlage mit fester Hand zu.«

Sie spannte alle Kräfte an, schnellte nach vorn und stieß das leichte Boot weit hinaus in den Fluss. Während sie sich von dieser Anstrengung erholte, versuchte sie vergeblich, das Kanu noch einmal zu Gesicht zu bekommen, das sich augenblicklich in dem weißen Nebel aufgelöst zu haben schien, der über den warmen Fluten des Pantai hing. Nachdem Mrs. Almayer kniend eine Weile angespannt gelauscht hatte, erhob sie sich unter tiefem Seufzen, und zwei Tränen rollten langsam die welken Wangen hinab. Mit einer Strähne ihres grauen Haars wischte sie diese schnell fort, als schäme sie sich, aber einen erneuten lauten Seufzer konnte sie nicht unterdrücken, denn das Herz war ihr schwer und sie litt außerordentlich, waren ihr doch zärtliche Regungen ungewohnt. Diesmal kam es ihr vor, als hätte sie ein leises Geräusch gehört, wie ein Echo ihres Seufzers, und sie blieb stehen, spitzte die Ohren, um auch den leisesten Laut zu erhaschen, und spähte furchtsam zum nahen Gebüsch hinüber.

»Wer ist da?«, fragte sie mit unsicherer Stimme, während ihre Einbildungskraft das einsame Flussufer mit gespenstischen Gestalten bevölkerte. »Wer ist da?«, wiederholte sie zaghaft.

Keine Antwort; nur die hinter dem weißen Schleier traurig und eintönig murmelnde Stimme des Flusses schien einen Augenblick anzuschwellen, um dann wieder im sanften Glucksen der Wirbel zu verklingen, die ans Ufer plätscherten.

Als antworte sie auf die eigenen Gedanken, schüttelte Mrs. Almayer den Kopf und flüchtete von dem Gebüsch, wobei sie aufmerksam nach rechts und links schaute. Sie ging geradewegs zur Kochhütte, wo sie feststellte, dass die Glut heller als sonst leuchtete, als hätte jemand im Laufe des Abends noch einmal Holz aufgelegt. Als sie näherkam, erhob sich Babalatchi, der an der warmen Glut gehockt hatte, und trat ihr draußen im Schatten entgegen.

»Ist sie weg?«, fragte der besorgte Staatsmann hastig.

»Ja«, antwortete Mrs. Almayer. »Was treiben die weißen Männer jetzt? Wann bist du von ihnen weggegangen?«

»Sie werden jetzt wohl schlafen. Wenn sie doch nie wieder erwachten!«, rief Babalatchi inbrünstig. »Oh! Aber sie sind richtige Teufel, und es hat viel Gerede und Ärger um die Leiche gegeben. Zweimal hat mir der Häuptling mit der Hand gedroht und gesagt, er würde mich an einen Baum binden lassen. Mich an einen Baum binden! Mich!«, wiederholte er und schlug sich ungestüm an die Brust.

Mrs. Almayer lachte höhnisch. »Und du hast eine tiefe Verbeugung gemacht und um Gnade gefleht. Männer, die Waffen tragen, haben sich in meiner Jugend aber anders benommen.«

»Und wo sind sie denn, die Männer deiner Jugend? Du Wahnsinnige!«, versetzte Babalatchi aufgebracht. »Von den Holländern getötet. Haha! Aber ich werde leben, um sie zu täuschen. Ein Mann weiß, wann er kämpfen und wann er sich friedlicher Lügen bedienen muss. Wenn du keine Frau wärst, wüsstest du das auch.«

Aber Mrs. Almayer schien ihn nicht zu hören. Vorgeneigt, die Arme ausgestreckt, sah sie aus, als horchte sie auf etwas hinter der Kochhütte.

»Da sind so merkwürdige Geräusche«, flüsterte sie, sichtlich beunruhigt. »Ich habe in der Luft Klagelaute gehört, es war wie ein Seufzen und Weinen. Das war am Fluss. Und eben habe ich wieder ...«

»Wo?«, fragte Babalatchi mit veränderter Stimme. »Was hast du gehört?«

»Ganz in der Nähe. Wie so ein langer Atemzug. Wenn ich doch nur das Papier über der Leiche verbrannt hätte, ehe sie begraben wurde.«

»Ja«, pflichtete Babalatchi bei. »Die weißen Männer haben ihn ja sofort in ein Loch werfen lassen. Aber du weißt doch, er hat im Fluss den Tod gefunden«, setzte er frohgemut hinzu, »sein Geist ruft nun womöglich die Kanus an, das Land wird er aber in Ruhe lassen.«

Mrs. Almayer, die sich bald den Hals verrenkt hatte, um hinter die Kochhütte zu spähen, zog den Kopf wieder ein.

»Da ist niemand«, sagte sie beruhigt. »Wird es nicht Zeit, dass sich das Kriegskanu des Raja zur Lichtung auf den Weg macht?«

»Ich warte hier schon darauf, denn ich muss selber mitfahren«, erklärte Babalatchi. »Ich werde wohl hinüberfahren, um nachzusehen, was sie so lange aufhält. Wann kommst du hinüber? Der Raja gewährt dir Schutz.«

»Ich werde noch vor Tagesanbruch hinüberpaddeln. Ich kann schließlich meine Dollars nicht hier lassen«, murmelte Mrs. Almayer.

Sie trennten sich. Babalatchi begab sich über den Hof zum Wassergraben, wo sein Kanu lag, und Mrs. Almayer ging langsam zum Haus, stieg die Flanken hinauf und betrat

über die hintere Veranda den Korridor, der zur Vorderseite des Hauses führte. Aber bevor sie eintrat, drehte sie sich in der Tür um und blickte auf den leeren, stillen Hof zurück, der jetzt im hellen Schein des aufgehenden Mondes dalag. Kaum war sie jedoch verschwunden, als zwischen den Stämmen der Bananenpflanzung ein Schemen hervorhuschte, über den mondhellen Hof flitzte und am Fuße der Veranda von der Dunkelheit verschluckt wurde. Es hätte auch der Schatten einer dahinziehenden Wolke sein können, so lautlos und so geschwind war es vorbeigehuscht, wenn nicht die wogende Spur im Gras gewesen wäre, dessen Rispen noch lange im Mondlicht zitterten und schwankten, ehe sie reglos und schimmernd wie ein Muster aus Silberzweigen, auf dunklen Untergrund gestickt, zur Ruhe kämen.
Mrs. Almayer zündete die Kokosnusslampe an, hob behutsam den roten Vorhang hoch, um einen Blick auf ihren Mann zu werfen, wobei sie das Licht mit der Hand abschirmte. Almayer schlief zusammengekauert im Sessel, ein Arm hing herunter, der andere bedeckte schützend die untere Gesichthälfte, als gelte es, einen unsichtbaren Feind abzuwehren, die Beine hatte er lang ausgestreckt, so lag er in schwerem Schlaf und merkte nichts von den unfreundlichen Blicken, die ihn verächtlich musterten. Ihm zu Füßen lag der umgestoßene Tisch inmitten eines Trümmerhaufens aus Geschirr- und Flaschenscherben. Der Eindruck, hier hätte ein verzweifelter Kampf seine Spuren hinterlassen, wurde noch durch die Stühle verstärkt, die gewaltsam über die ganze Veranda geschleudert schienen und nun, wie sie so hilflos herumlagen, den jammervollen Anblick von Volltrunkenheit boten. Nur Ninas mächtiger Schaukelstuhl, der schwarz und reglos auf den hohen Kufen stand, thronte nach wie vor würdevoll und geduldig über dem Chaos aus zerschlagenem Mobiliar und wartete auf seine Last.

Nach einem letzten verächtlichen Blick auf den Schläfer glitt Mrs. Almayer hinter den Vorhang und verschwand in ihrem Zimmer. Von der Dunkelheit und der friedlichen Stimmung ermutigt, nahm ein Fledermauspärchen seine stummen, versteckten Spiele über Almayers Kopf wieder auf, und lange Zeit drangen nur die tiefen Atemzüge des schlafenden Mannes und das leise Klirren von Silber in den Händen der Frau, die sich zur Flucht rüstete, durch die lautlose Stille des Hauses. Im heller werdenden Lichtschein des Mondes, der nun aus dem nächtlichen Schleier hervorgetaucht war, traten die Gegenstände auf der Veranda in der ganzen Hässlichkeit ihres Durcheinanders deutlich als scharf umrissene schwarze Schatten hervor, und auf der schmutzigen, getünchten Wand erschien in Überlebensgröße ein Zerrbild des schlafenden Almayer, Haltung und Mienenspiel im Detail grotesk übersteigert. Verdrossen flogen die Fledermäuse davon, um sich dunklere Winkel zu suchen; mit kurzen, scheuen, Schlängelbewegungen huschte eine Eidechse herbei, erfreut über das weiße Tischtuch, verweilte sie reglos und starr darauf, man hätte meinen können, ein plötzlicher Tod habe sie ereilt, wäre nicht der melodische Ruf gewesen, den sie mit einem weniger beherzten Gefährten tauschte, der sich unter dem Holzstapel im Hof versteckt hielt. Dann knarrten im Korridor die Dielen, die Eidechse huschte davon, und Almayer wurde unruhig, regte sich ächzend: allmählich kehrte er aus dem bewusstlosen Ausgelöschtsein trunkenen Schlafs durch das Land der Träume zu wachem Bewusstsein zurück. Traumgepeinigt wälzte er den Kopf hin und her; wie ein schwerer Umhang war das Himmelsgewölbe auf ihn herabgesunken und schleifte in sternenglänzenden Falten tief unter ihm. Über ihm Sterne, Sterne um ihn herum; und von den Sternen unter seinen Füßen zog Gewisper herauf, flehentlich, tränenschwer, und durch

die Lichterbündel, die den unendlichen Raum unter ihm füllten, blitzten kummervolle Gesichter. Wie sich nur dem zudringlichen Wehgeschrei und dem Blick starrender, trauriger Augen aus den Gesichtern entziehen, die sich um ihn drängten, bis er unter dem zermalmenden Gewicht der Welten, die auf seinen schmerzenden Schultern lasteten, nach Luft ringen musste? Fliehen! Aber wie? Wenn er sich zu bewegen suchte, würde er ins Nichts treten und im tosenden Zusammenbruch dieses Universums, dessen einzige Stütze er war, untergehen. Und was sagten denn die Stimmen? Sie hießen ihn gehen! Warum? In den Untergang! Wohl kaum. Das Absurde des Ganzen erfüllte ihn mit Empörung. In heldenmütiger Entschlossenheit, seine Last bis in alle Ewigkeit zu tragen, fanden seine Füße festeren Halt, spannten sich die Muskeln. Äonen vergingen in der übermenschlichen Anstrengung, inmitten des Tumults kreisender Welten; im Wehklagen jammernder Stimmen, die ihn nötigten, davon abzulassen, ehe es zu spät wäre – bis die geheimnisvolle Macht, die ihm die gigantische Aufgabe auferlegt hatte, schließlich zu seines Vernichtung auszuholen schien. Voller Entsetzen spürte er, wie ihn eine Hand energisch an der Schulter rüttelte, während der Chor der Stimmen immer lauter zu einem peinigenden Flehen anschwoll, zu gehen, doch ja zu gehen, bevor es zu spät sei. Er spürte, wie er rutschte, das Gleichgewicht verlor, wie ihn etwas an den Beinen zog, und wie er fiel. Mit einem leisen Aufschrei glitt er aus der Pein der untergehenden Schöpfung in einen halb wachen Zustand hinüber, der noch immer im Banne seines Traums zu stehen schien.
»Wie? Was?«, murmelte er schläfrig, ohne sich zu rühren oder die Augen zu öffnen. Der Kopf war ihm noch schwer, und er hatte einfach nicht den Mut, die Lider aufzuschlagen. In den Ohren hielt das eindringliche Flüstern noch an. »Bin ich wach? – Wieso höre ich Stimmen?«, redete

er benommen mit sich selbst. »Ich kann diesen schrecklichen Albtraum noch nicht loswerden. - Ich war sehr betrunken. - Was rüttelt mich denn da immerzu? - Ich träume ja noch. - Ich muss die Augen aufmachen und damit Schluss. Ich bin ja nur halb wach, das ist klar.«
Er strengte sich an, die Benommenheit abzuschütteln, und sah ein Gesicht dicht vor dem seinen, glänzende Augäpfel starrten ihn an. Verdutzt, entsetzt schloss er wieder die Augen und richtete sich, an allen Gliedern zitternd, im Sessel auf. Was bedeutete diese Erscheinung? - Zweifellos entsprang sie nur seiner Einbildung. - Seine Nerven hatten tags zuvor viel aushalten müssen - und dann die Trinkerei! Wenn er den Mut hätte, noch einmal hinzuschauen, würde er es bestimmt nicht wieder sehen. - Gleich würde er hinsehen. - Erst mal ein bisschen ruhiger werden. - So. - Jetzt.
Er sah hin. Sein Blick fiel auf eine Frauengestalt am andern Ende der Veranda, sie stand da im stählernen Licht, die Hände flehend erhoben; und in den Raum zwischen ihm und der hartnäckigen Erscheinung ergoss sich ein Wortschwall, der zusammenhanglos, in qualvollen Sätzen an sein Ohr drang, deren Bedeutung er nicht zu erfassen vermochte, sosehr er sich auch anstrengte. Wer redete da die malaiischen Worte? Wer ist davongelaufen? Wieso zu spät - und zu spät wofür? Was bedeuteten nur die Worte von Hass und Liebe, die so wunderlich miteinander verquickt waren, die ständig wiederkehrenden Namen, die immer wieder an sein Ohr drangen - Nina, Dain; Dain, Nina? Dain war tot, und Nina schlief, sie merkte nichts von dem Schrecklichen, das ihm jetzt widerfuhr. Sollte die Pein denn nie enden, ob er nun schlafe oder wache, sollte er weder am Tage noch bei Nacht Ruhe finden? Was bedeutete das nur?
Die letzten Worte schrie er laut heraus. Die schemenhafte Frau schien zusammenzuschrumpfen und ein wenig vor

ihm zur Tür zurückzuweichen, dazu ertönte ein Schrei. In heller Wut über das unbegreifliche Wesen seiner Pein stürzte sich Almayer auf die Erscheinung, die sich seinem Zugriff entwand, und prallte schwer gegen die Wand. Blitzschnell drehte er sich um und setzte ungestüm der rätselhaften Gestalt nach, die vor ihm floh und dabei so gellend schrie, dass sein Zorn aufloderte, als gieße man Öl ins Feuer. Über die Möbel, um den umgestürzten Tisch herum, und nun hatte er die Gestalt hinter Ninas Schaukelstuhl in die Enge getrieben. Sie drehten und wendeten sich hin und her, nach rechts, nach links, der Stuhl schaukelte wie toll zwischen ihnen, und jedes Mal, wenn er sie packen wollte, schrie sie gellend auf, während er durch die fest zusammengebissenen Zähne sinnlose Flüche knurrte. Oh! Der höllische Lärm, der ihm den Kopf zu zerreißen drohte und ihm nahezu die Luft benahm. – Der Lärm würde ihn töten. – Schluss damit! Von dem irrsinnigen Verlangen getrieben, dieses kreischende Etwas zu zermalmen, warf er sich kühn zu einem verzweifelten Vorstoß über den Stuhl, und in einer Staubwolke stürzten beide zwischen zersplitterndem Holz zu Boden. Der letzte Schrei erstarb unter ihm in leisem Röcheln, und er hatte sich endlich vollkommene Stille verschafft, welche Wohltat!
Er sah auf das Gesicht der Frau unter sich. Eine leibhaftige Frau. Er kannte sie. Bei Gott! Taminah! Er schämte sich seiner Raserei, sprang auf und wischte sich verwirrt über die Stirn. Das Mädchen brachte sich mühsam in eine kniende Stellung, umklammerte seine Beine und flehte wie wahnsinnig um Gnade.
»Hab keine Angst«, sagte er und zog sie hoch. »Ich tue dir nichts. Warum kommst du mitten in der Nacht in mein Haus? Und wenn du schon kommen musst, warum gehst du dann nicht hinter den Vorhang, wo die Frauen schlafen?«

»Hinter dem Vorhang ist alles leer«, keuchte Taminah und rang zwischen den Worten nach Luft. »In deinem Haus gibt es keine Frauen mehr, Tuan. Ehe ich versucht habe, dich zu wecken, habe ich die alte Mem weggehn sehen. Ich wollte auch nicht zu deinen Frauen, ich wollte zu dir.«
»Die alte Mem!«, wiederholte Almayer. »Meinst du meine Frau?«
Sie nickte mit dem Kopf.
»Aber vor meiner Tochter fürchtest du dich doch nicht?«, sagte Almayer.
»Hast du mich denn nicht gehört?«, rief sie. »Habe ich nicht lange zu dir gesprochen, als du mit halb offenen Augen dalagst? Sie ist auch fort.«
»Ich habe geschlafen. Kannst du denn nicht sehen, ob ein Mann schläft oder munter ist?«
»Manchmal«, antwortete Taminah leise, »manchmal verweilt der Geist nahe bei einem schlafenden Körper und kann hören. Ich habe lange geredet, ehe ich dich berührt habe, und ich habe leise gesprochen, denn ich hatte Angst, er würde ausreißen, wenn es plötzlich laut wird, und du würdest für immer schlafen. Ich habe dich erst an der Schulter gerüttelt, als du anfingst, Worte zu murmeln, die ich nicht verstehen konnte. Du hast also nichts gehört und weißt gar nichts?«
»Nichts von dem, was du gesagt hast. Was ist los? Erzähl mir's noch mal, wenn du möchtest, dass ich es weiß.«
Er fasste sie bei der Schulter und führte die Widerstandslose in den vorderen Teil der Veranda, wo es heller war. Sie rang in so unverkennbarem Kummer die Hände, dass er Angst bekam.
»So sprich«, sagte er. »Du hast genug Lärm geschlagen, der Tote hätte wecken können. Und doch ist kein lebendiges Wesen erschienen«, setzte er beklommen vor sich hin flüsternd, hinzu. »Bist du stumm? So sprich doch!«, wiederholte er.

Mit einem Redeschwall, der nach kurzem Ringen ihren zitternden Lippen entströmte, erzählte sie ihm die Geschichte von Ninas Liebe und ihrer, Taminahs, Eifersucht. Mehrmals funkelte er sie zornig an und hieß sie schweigen; aber er konnte die Laute nicht aufhalten, die, wie ihm schien, in einem heißen Strom hervorbrachen, ihm um die Füße wirbelten und siedend heiß um ihn wallten, höher, immer höher stiegen, dass sein Herz darin ertrank, sie wie geschmolzenes Blei auf seinen Lippen brannten, brühheißer Dampf ihm die Sicht benahm, dass sie schließlich über ihm zusammenschlugen, unbarmherzig, tödlich. Als sie von Dains vorgetäuschtem Tod berichtete, womit man ihn erst an ebendiesem Tag hereingelegt hatte, warf er abermals einen so furchterregenden Blick auf sie, dass sie einen Augenblick stammelte, doch wandte er sich gleich wieder ab, und mit einem Mal war jeglicher Ausdruck aus seinem Gesicht gewichen, wie versteinert starrte er über den Fluss hin. Ah! Der Fluss! Sein alter Freund und sein alter Feind, der immer mit der gleichen Stimme spricht, wie er jahrein, jahraus dahinströmt, Glück oder Enttäuschung, Freude oder Leid auf der so wechselvollen und doch gleichbleibenden Wasserfläche aus blitzenden Strömungen und quirlenden Strudeln mit sich bringt. Viele Jahre lauschte er schon dem leidenschaftslosen, besänftigenden Rauschen: manchmal sang es von Hoffnung, zuweilen von Triumph, von Ermutigung; öfter aber flüsterte es Trost zu und kündete von künftigen besseren Tagen. So viele Jahre lang! So viele Jahre! Und jetzt lauschte er der Begleitung dieses Rauschens, dem langsamen, schmerzhaften Klopfen seines Herzens. Er horchte angespannt, erstaunt über die Regelmäßigkeit der Schläge. Mechanisch begann er mitzuzählen. Eins, zwei. Warum zählen? Beim nächsten Schlag musste es sowieso stehen bleiben. Kein Herz konnte so leiden und doch auf die Dauer so gleichmäßig schlagen. Diese regel-

mäßigen Schläge, die in seinen Ohren wie dumpfe Hammerschläge klangen, mussten gleich aufhören. Noch immer schlug es unaufhörlich, grausam. Das kann kein Mensch aushalten: ist das nun der letzte Schlag oder wird der nächste der letzte sein? – Wie lange noch? – O Gott! Wie lange noch? Unwillkürlich lastete seine Hand schwerer auf der Schulter des Mädchens, und sie sprach die letzten Worte ihres Berichts, zu seinen Füßen geduckt, mit Tränen des Schmerzes, der Schmach, des Zorns. Sollte ihre Rache misslingen? Dieser weiße Mann war wie ein gefühlloser Stein. Zu spät! Zu spät!
»Und du hast sie fortfahren sehen?«, Almayers Stimme klang rau über ihrem Kopf.
»Habe ich es dir nicht erzählt?«, schluchzte sie, wobei sie sich sanft seinem Griff zu entwinden suchte. »Habe ich dir nicht erzählt, dass ich gesehen habe, wie die alte Hexe das Kanu in den Fluss hinausgestoßen hat? Ich lag da im Gras versteckt und habe alles gehört, was gesprochen wurde. Sie, die wir immer die weiße Mem genannt haben, wollte umkehren, um noch einmal dein Gesicht zu sehen, aber die Hexe verbot es ihr, und …«
Sie sank noch tiefer auf den Ellbogen, drehte sich halb, unter der schweren Hand, die sie herunterdrückte, und sah gehässig zu ihm hinauf.
»Und sie gehorchte«, schrie sie, halb lachend, halb weinend vor Schmerz. »Lass mich gehen, Tuan. Warum bist du böse auf mich? Beeil dich, sonst kommst du zu spät, der heimtückischen Frau deinen Zorn zu zeigen.«
Almayer sog sie hoch auf die Füße und blickte sie forschend an, während sie sich wand und den Kopf vor seinem grimmigen Blick abwandte.
»Wer hat dich hierhergeschickt, mich zu quälen?«, fragte er heftig. »Ich glaube dir nicht. Du lügst.«
Plötzlich streckte er den Arm aus und schleuderte sie quer über die Veranda zur Türe hin, wo sie stumm und

reglos liegen blieb, als ob ihr Leben in seiner Hand zurückgeblieben wäre, ein dunkles Häuflein, stumm, reglos.

»Oh! Nina!«, flüsterte Almayer, in seiner Stimme mischten sich Vorwurf und Liebe in schmerzerfüllter Zärtlichkeit. »Oh, Nina! Ich kann's nicht glauben.«

Ein leises Lüftchen wehte vom Fluss herauf über den Hof, dass das Gras auf- und niederwogte, und als es die Veranda erreichte, fächelte sein kühler Hauch liebkosend wie in grenzenlosem Mitleid Almayer die Stirn. Der Vorhang vor der Tür zum Frauengemach bauschte sich auf, um gleich darauf wieder in erschreckender Hilflosigkeit zu erschlaffen. Er starrte auf den flatternden Stoff.

»Nina!«, rief Almayer. »Nina, wo bist du?«

Mit zitterndem Seufzen strich der Wind aus dem leeren Haus hinaus, und alles war still.

Almayer verbarg das Gesicht in den Händen, wie um sich einen verhassten Anblick zu ersparen. Als er ein leises Rascheln hörte und die Hände von den Augen nahm, war das dunkle Häuflein an der Tür verschwunden.

## 11

Inmitten eines schattenlosen Gevierts aus Mondlicht, das eine glatte, ebene Anpflanzung junger Reisschösslinge beschien, thronte eine kleine Hütte auf hohen Pfählen. Der Reisighaufen daneben und die schwelende Glut eines Feuers, an dem sich ein Mann ausgestreckt hatte, wirkten geradezu winzig, gleichsam verloren im fahlgrünen Schimmer, der vom Boden zurückgeworfen wurde. In dem trügerischen Licht schienen die mächtigen Bäume des Waldes weit entrückt, die, vielfach durch das Rankengewirr der Schlingpflanzen miteinander verflochten, an drei Seiten der Rodefläche auf das aufsprießende junge Leben zu ihren Füßen mit der entsagungsvollen Schwermut von Riesen hinabblickten, die das Vertrauen in ihre Kraft verloren hatten. Und dazwischen schlangen sich allenthalben erbarmungslose Ranken wie Tauenden um die dicken Stämme, wanden sich von Baum zu Baum, hingen in dornigen Girlanden von den tieferen Ästen, trieben schlanke Ranken in die Höhe, um auch die dünnsten Zweige zu umgarnen, und brachten in einer Orgie lautloser Vernichtung ihren Opfern den Tod.

Die vierte Seite der Rodung folgte dem gewundenen Ufer des Nebenarms des Pantai, von dem aus allein die Lichtung zu erreichen war. Dort zog sich ein schwarzer Streifen junger Bäume, Büsche und dichten, nachgewachsenen Gestrüpps hin, in dem nur an einer Stelle ein kleiner Durchschlupf herausgehauen worden war. An dieser Lücke begann der schmale Pfad, der vom Wasser zu der aus Grasbüscheln gebauten Schutzhütte führte, die die Nachtwächter benutzten, wenn die reifende Ernte vor Wildschweinen geschützt werden musste. Der Pfad endete am Fuße der Pfähle, auf denen die Hütte errichtet worden war, in einem mit Asche und verkohlten Holzstücken bedeckten Rund. Mitten in diesem Kreis am trüben Feuer lag Dain.

Mit einem Seufzer der Ungeduld drehte er sich auf die Seite, bettete den Kopf in die Armbeuge und lag ruhig da, das Gesicht dem verlöschenden Feuer zugekehrt. Die Glut verbreitete einen rötlichen runden Schein und spiegelte sich in Dains weitgeöffneten Augen. Sein Körper war von den Anstrengungen der letzten Tage erschöpft, noch größer war aber die Erschöpfung seiner Seele, die besonders schwer darunter litt, dass er allein auf sein Schicksal warten musste. Nie zuvor war er sich so hilflos vorgekommen. Er hatte den Kanonenschuss gehört, der

von der Barkasse abgefeuert worden war, und er wusste, dass sein Leben in unzuverlässigen Händen lag und seine Feinde ganz in der Nähe waren.
Während der langen Nachmittagsstunden war er am Waldrand umhergestreift oder hatte, im Gebüsch versteckt, den Flusslauf mit ruhelosen Augen auf ein Zeichen von Gefahr abgesucht. Den Tod fürchtete er nicht, doch verlangte es ihn danach, zu leben, denn das Leben bedeutete für ihn Nina. Sie hatte versprochen zu kommen, mit ihm zu gehen, die Gefahr und die Tage voller Herrlichkeit mit ihm zu teilen. Doch mit ihr an der Seite kümmerte ihn keine Gefahr, und ohne sie konnte es keine Herrlichkeit, keine Freude im Leben geben. In sein schattiges Versteck geduckt, schloss er die Augen und versuchte, das anmutige, bezaubernde Bild der weißen Gestalt heraufzubeschwören, die für ihn Anfang und Ende des Lebens bedeutete. Die Augen fest geschlossen, die Zähne zusammengebissen, mühte er sich unter Anspannung aller Willenskraft, dieses so über alle Maßen entzückende Bild festzuhalten. Doch vergebens! Das Herz wurde ihm schwer, als Ninas Gestalt verblasste und an ihre Stelle ein anderes Bild trat – bewaffnete Männer, zornige Gesichter, blitzende Waffen –, und er vermeinte, die erregten, triumphierenden Stimmen zu hören, als sie ihn in seinem Versteck aufspürten. Von der Lebendigkeit seines Fantasiegebildes erschreckt, öffnete er die Augen, sprang in den Sonnenschein hinaus und nahm seine ziellosen Wanderungen um die Lichtung wieder auf. Wie er mit müdem Schritt am Waldrand entlangging, warf er bisweilen einen Blick in das schattige Dunkel, so verlockend in seiner trügerischen Kühle, so abstoßend in seiner gleichförmigen Düsternis, wo unzählige Generationen von Bäumen begraben lagen und verfaulten und wo ihre Nachfolger mit dunkelgrünem Laubwerk wie eine Trauergemeinde dastanden, riesen-

groß, hilflos und darauf warteten, dass sie an die Reihe kämen. Nur die Parasiten schienen sich dort in ungestümen Aufwärtswindungen zu Luft und Sonnenschein durchzudrängen; sie taten sich gütlich, an Tod und Sterben gleichermaßen, und bekränzten ihre Opfer mit rosaroten und blauen Blüten, die zwischen den Ästen wie grausame Fremdlinge hervorschimmerten, ein schriller, spöttischer Misston in der hehren Harmonie der todgeweihten Bäume.

›Hier könnte sich jemand verstecken‹, dachte Dain, als er sich einer Stelle näherte, wo die Ranken bogenförmig herausgerissen und abgebrochen waren, sodass da gut und gern der Anfang eines Pfades sein konnte. Als er sich bückte, um hindurchzuschauen, hörte er wütendes Grunzen, und eine Rotte Wildschweine brach durchs Unterholz. Ein beißender Geruch nach feuchter Erde und fauligem Laub ergriff seine Kehle, und mit angstverzerrtem Gesicht wich er zurück, als hätte ihn der Hauch des Todes gestreift. Selbst die Luft schien da drinnen abgestorben zu sein – schwer und abgestanden, giftgeschwängert von der Fäulnis ungezählter Generationen. Er ging weiter, taumelte dahin, getrieben von angstvoller Rastlosigkeit, die ihn müde machte, wiewohl sie ihm den bloßen Gedanken an Stillsitzen und Ruhe verleidete. War er denn ein Wilder, der sich in den Wäldern verstecken musste, um dort vielleicht gar den Tod zu finden in der Dunkelheit, wo man keine Luft bekam? Er würde im Sonnenschein seine Feinde erwarten, wo er den Himmel sehen und den Windhauch spüren konnte. Er wusste wohl, wie ein malaiischer Häuptling zu sterben hatte. Düsteres, verzweifeltes Ungestüm, dieses eigentümliche Erbteil seiner Rasse, bemächtigte sich seiner, und finster starrte er über die Lichtung zu dem Durchschlupf im Uferdickicht. Von dort würden sie kommen. Im Geist sah er sie schon vor sich. Er sah die bärti-

gen Gesichter und die weißen Röcke der Offiziere, das Licht auf den Gewehrläufen, die auf ihn gerichtet waren. Was ist schon die Tapferkeit des kühnsten Kriegers gegen die Schusswaffe in der Hand eines Sklaven? Mit lächelnder Miene würde er auf sie zugehen, die Hände zum Zeichen der Unterwerfung erhoben, bis er ganz dicht an sie herangekommen wäre. Er würde freundliche Worte sprechen, dabei noch näher herantreten - noch näher, so nahe, dass sie ihn mit den Händen greifen könnten und sie nur auszustrecken brauchten, um ihn zu ihrem Gefangenen zu machen. Das wäre genau der rechte Zeitpunkt: mit einem Schrei und einem Satz wollte er zwischen sie springen, den Kris gezückt, würde er töten, töten, töten und sterben mit den Schreien seiner Feinde im Ohr, ihrem warmen, hervorquellenden Blut vor Augen.
Vor Erregung ganz außer sich, packte er den im Sarong verborgenen Kris, holte tief Luft und stürzte vorwärts, hieb auf die leere Luft ein und fiel aufs Gesicht. Als die Erregung abflaute, lag er wie betäubt da, und der Gedanke ließ ihn nicht los, dass, auch wenn er so ruhmreich stürbe, es doch sein müsste, ehe er Nina sah. Umso besser. Wenn er sie wiedersähe, so dünkte ihm, wäre der Tod zu schrecklich. Voller Entsetzen musste er sich, der Abkomme von Rajas und Eroberern, dem Zweifel an der eigenen Tapferkeit stellen. So sehr wünschte er zu leben, dass er sich in den entsetzlichsten Gewissensqualen wand. Er wagte nicht, sich zu rühren. Er hatte den Glauben an sich verloren, und nichts davon, was einen Mann ausmacht, war mehr in ihm. Die Qual wich nicht, denn so ist es befohlen, dass sie bis zum letzten Atemzug im menschlichen Körper wohne; dazu blieb die Angst. Er konnte die Tiefen seiner leidenschaftlichen Liebe erahnen, ihre Stärke und Schwäche erkennen, und er hatte Angst.

Langsam versank die Sonne. Von Westen her wanderte der Schatten des Waldes über die Lichtung, hüllte die brennend heißen Schultern des Mannes in seinen kühlen Umhang und zog eilends weiter, um sich mit den Schatten anderer Wälder im Osten zu verbünden. Eine Weile zögerte die Sonne im lichten Geflecht der oberen Zweige, als widerstrebe es ihrer Freundlichkeit, den auf dem grünen Reisfeld hingestreckten Körper sich selbst zu überlassen. Dann richtete sich Dain auf, dem in der kühlen Abendbrise die Lebensgeister wiedergekehrt waren, und sah sich um. Ebenda tauchte die Sonne unversehens unter, als schäme sie sich, bei einem Freundschaftsdienst ertappt worden zu sein, und die Lichtung, die tagsüber ganz hell gewesen war, lag auf einmal ganz im Dunkeln, und wie ein Auge glomm darin das Feuer. Langsam begab sich Dain zum Fluss, entledigte sich des zerrissenen Sarongs, seines einzigen Kleidungsstücks, und ging vorsichtig ins Wasser. Er hatte den ganzen Tag nichts gegessen und, solange es hell war, nicht gewagt, ans Ufer zu gehen und zu trinken. Als er nun lautlos schwamm, trank er ein paar Schluck von dem Wasser, das seinen Mund umspülte. Das tat gut, und mit mehr Vertrauen in sich und andere kehrte er zum Feuer zurück. Hätte Lakamba ihn verraten, wäre inzwischen alles vorüber. Er fachte das Feuer an und trocknete sich an den hell lodernden Flammen, dann legte er sich neben die schwelende Glut. Er konnte nicht schlafen, aber er spürte eine große Schwere in allen Gliedern. Die Rastlosigkeit war verschwunden, und er war es zufrieden, still zu liegen und die Zeit an den Sternen zu messen, die ohne Unterlass über den Wäldern heraufzogen, während die leichten Windstöße unter dem wolkenlosen Himmel ihr Blinken zu größerer Helligkeit anzufachen schienen. Verträumt versicherte er sich immer wieder, dass sie käme, bis Gewissheit in seinem Herzen einzog und ihn mit tiefer Ruhe erfüllte. Ja, wenn der nächste Tag anbrach, würden sie zusammen auf dem weiten blauen Meer sein, das wie das Leben war – fort von den Wäldern, die Tod bedeuteten. Mit zärtlichem Lächeln murmelte er Ninas Namen in die Stille hinein: der Bann des Schweigens schien damit gebrochen, und weit weg am Fluss quakte laut ein Frosch, als gebe er Antwort. Ein vielstimmiger Chor aus lautem Quaken und klagendem Knarren erhob sich aus dem Morast längs des Gebüschs. Dain musste herzhaft lachen; ohne Zweifel war das ihr Liebesgesang. Er empfand Zuneigung für die Frösche und lauschte ihrem Konzert, froh über das lärmende Treiben in der Nähe.

Als der Mond verstohlen über die Bäume lugte, spürte er, wie ihn die alte Ungeduld und Rastlosigkeit beschlich. Warum kam sie so spät? Freilich, es war ein weiter Weg für einen einzelnen Paddler. Wie geschickt und ausdauernd doch diese kleinen Hände ein schweres Paddel handhaben konnten! Es war einfach wunderbar – so kleine Hände, so zarte kleine Handflächen, die es verstanden, seine Wange noch sanfter zu streicheln als ein fächelnder Schmetterlingsflügel. Wunderbar! Zärtlich versank er in Sinnen über dieses ungeheure Geheimnis, und als er wieder zum Mond aufblickte, war dieser schon eine Handbreit über den Bäumen emporgestiegen. Ob sie käme? Er zwang sich, still zu liegen und unterdrückte den Wunsch, aufzustehen und die Lichtung zu durchstreifen. Er wälzte sich hin und her, bis er zuletzt, zitternd vor Anstrengung, auf dem Rücken lag und ihr Gesicht aus den Sternen auf sich herabschauen sah.

Mit einem Mal verstummte das Gequake der Frösche. Mit der Wachsamkeit des Gejagten setzte sich Dain auf, lauschte gespannt und hörte mehrere Male ein lautes Plätschern, als die Frösche blitzschnell kopfüber ins Was-

ser sprangen. Er wusste dass sie etwas erschreckt hatte, und stand argwöhnisch, lauernd auf. Ein leises Knirschen, darauf ein knarrendes Geräusch, wie wenn zwei Holzstücke gegeneinander schabten. Jemand war im Begriff, an Land zu gehen. Er hob einen Arm voll Reisig auf und hielt ihn, ohne den Blick vom Pfad abzuwenden, über die Glutasche. Unschlüssig wartete er und sah etwas zwischen den Büschen schimmern; dann trat eine weiße Gestalt aus dem Dunkel und schien in dem fahlen Licht förmlich auf ihn zuzuschweben. Sein Herz tat einen gewaltigen Satz, stockte, um dann wieder heftig in seinem Gehäuse zu pochen. Er ließ das Reisig ins glimmende Feuer fallen, und es war ihm, als riefe er sie beim Namen - stürzte ihr entgegen. Er stieß jedoch keinen Laut aus, rührte sich keinen Fingerbreit von der Stelle, sondern stand stumm und regungslos wie eine Statue aus Bronze da, im Mondlicht, das über seine nackten Schultern floss. Wie er so reglos dastand und um Atem rang, ganz außer sich vor unbändiger Freude, trat sie mit raschen, entschlossenen Schritten auf ihn zu, und wie jemand, der sich zum Sprung aus gefährlicher Höhe anschickt, warf sie ihm plötzlich beide Arme um den Hals. Eine kleine blaue Flamme züngelte durch das Reisig, und außer dem Knistern des wieder erwachenden Feuers war kein Laut zu hören, als sie sich anschauten in wortloser Gefühlsseligkeit dieser Begegnung; augenblicklich war das dürre Reisig angebrannt, und hellauf loderte eine Flamme, so hoch wie ihre Köpfe, und in ihrem Schein sahen sie einander in die Augen.
Keiner von beiden sprach. Ein leichter Schauer stieg in seinem starren Körper auf und verfing sich um den bebenden Mund; er kam langsam wieder zu sich. Sie beugte den Kopf zurück und ließ die Augen in einem jener langen Blicke auf ihm ruhen, welche die fürchterlichste Waffe der Frauen sind; ein Blick, betörender als

die innigste Berührung und gefährlicher als ein Stoß mit dem Dolch, peitscht er doch auch die Seele aus dem Körper, lässt diesen aber lebendig und wehrlos zurück, ein Spielball der launischen Stürme der Leidenschaft und Begierde; ein Blick, der den ganzen Körper einhüllt und in die tiefsten Tiefen des Wesens eindringt, der dem Hochgefühl vollbrachter Eroberung schreckliche Unterwerfung beimischt. Er hat dieselbe Bedeutung für den Mann der Wälder und der Meere wie für den Mann, der auf den Pfaden der gefährlicheren Wildnis der Häuser und Straßen wandelt. Männer, die in ihrer Brust die schreckliche Wonne eines solchen Blicks gespürt haben, werden zu bloßen Geschöpfen des gegenwärtigen Augenblicks, der das Paradies ist; sie vergessen das Gestern, welches Leid bedeutete; sie denken nicht an das Morgen, das vielleicht Verderben birgt. Ein für alle Mal wollen sie unter diesem Blick leben. Es ist der Blick, mit dem sich das Weib ergibt.

Er begriff, und als wäre er plötzlich unsichtbarer Fesseln ledig, fiel er ihr mit einem Freudenschrei zu Füßen, umfasste ihre Knie und verbarg den Kopf in den Falten ihres Gewandes, dazu stammelte er zusammenhanglose Worte von Dankbarkeit und Liebe. Nie zuvor hatte er sich so stolz gefühlt wie jetzt zu Füßen dieser Frau, die halb zu seinen Feinden gehörte. Ihre Finger spielten zerstreut mit seinem Haar, wie sie so, tief in Gedanken versanken, dastand. Es war geschehen. Die Mutter hatte recht. Dieser Mann war ihr Sklave. Wie sie auf die kniende Gestalt hinabblickte, empfand sie mitleidsvolle Zärtlichkeit für diesen Mann, den sie selbst in Gedanken den Herrn des Lebens zu nennen pflegte. Traurig hob sie den Blick zum südlichen Himmel, unter dem der Pfad ihres Lebens lag – der des eigenen und der des Mannes zu ihren Füßen. Hatte er nicht selbst gesagt, dass sie das Licht seines Lebens sei? Sie wollte sein Licht und seine

Weisheit sein; seine Größe und seine Stärke; doch vor den Augen aller Menschen verborgen, wollte sie vor allem seine einzige und dauernde Schwäche sein. Ganz Frau! In der hochfahrenden Eitelkeit ihres Geschlechts war sie in Gedanken schon dabei, aus dem Lehm zu ihren Füßen einen Gott zu kneten, einen Gott, den andere anbeten sollten. Sie war es zufrieden, ihn so zu sehen, wie er jetzt war, und zu spüren, dass er bei der leisesten Berührung, ihrer zarten Finger erbebte. Und während die Augen traurig zum südlichen Sternenhimmel aufblickten, schien ein leises Lächeln um ihren entschlossenen Mund zu spielen. Wer kann das schon im flackernden Schein eines Feuers so genau sehen? Das Lächeln mochte Triumph, Machtbewusstsein, zärtliches Mitleid oder vielleicht Liebe verheißen.

Sie sprach leise zu ihm, er stand auf und legte in heimlichem Besitzerstolz den Arm um sie. Sie lehnte den Kopf an seine Schulter, ihr war, als könne sie im Schutz dieses Armes der ganzen Welt trotzen. Er gehörte ihr mit all seinen Tugenden und Fehlern. Seine Stärke und sein Mut, seine Verwegenheit und seine Kühnheit, seine schlichte Klugheit und seine barbarische Durchtriebenheit – das alles gehörte ihr. Als sie zusammen aus dem roten Feuerschein in das silberne Licht traten, das auf die Rodung niederrieselte, neigte er den Kopf über ihr Gesicht, und sie sah in seinen Augen, wie die innige Nähe ihrer schlanken Gestalt, die sich an ihn schmiegte, ihn träumerisch trunken machte vor unermesslicher Wonne. Ihre Körper wiegten sich im gleichen Rhythmus, als sie durch das strahlende Licht auf die Schatten am Rande des Waldes zugingen, der feierlich, regungslos ihr Glück zu bewachen schien. Ihre Gestalten verschmolzen im Spiel von Licht und Schatten am Fuße der großen Bäume, aber über der leeren Lichtung schwebten noch ihre zärtlich geflüsterten Worte, wurden schwächer und

verklangen. Ein tiefer, kummervoller Seufzer strich über das Land, als sich die erlöschende Brise ein letztes Mal aufbäumte, und in der darauf folgenden tiefen Stille wurden Erde und Himmel stumme, düstere Zeugen menschlicher Liebe und menschlicher Blindheit.
Langsam gingen sie zum Feuer zurück. Aus dürren Zweigen bereitete er ihr einen Sitz, warf sich ihr zu Füßen und legte den Kopf in ihren Schoß, um sich der träumerischen Wonne der vergehenden Stunde zu überlassen. Zärtlich und lebhaft hoben und senkten sich ihre Stimmen, während sie von ihrer Liebe und ihrer Zukunft sprachen. Mit wenigen, von Zeit zu Zeit geschickt hingeworfenen Worten lenkte sie seine Gedanken, und er ließ seiner Seligkeit in einem Redestromm freien Lauf, der je nach der Stimmung, die sie in ihm weckte, leidenschaftlich und zärtlich, ernst oder drohend klang. Er erzählte ihr von seiner Insel, wo man keine düsteren Wälder und schlammigen Flüsse kannte. Er sprach von den terrassenförmig angelegten Feldern, vom sprudelnden Wasser klarer, murmelnder Bäche, die von den Hängen hoher Berge herabflossen, dem Lande Leben und denen, die es bestellten, Freude spendeten. Und er sprach auch von dem Berggipfel, der sich einsam über dem Baumgürtel erhob, der die Geheimnisse der vorbeiziehenden Wolken kannte und die Wohnstatt des geheimnisvollen Geistes seiner Rasse, des Schutzgeistes seines Hauses war. Von weiten Horizonten sprach er, von heftigen Stürmen, die hoch über den Gipfeln glühender Berge dahinfegten. Er sprach von seinen Vorfahren, die vor langer, langer Zeit die Insel erobert hatten, deren zukünftiger Herrscher er sei. Und als sie, aufmerksam zuhörend, ihr Gesicht dem seinen näherte und die dicken Flechten ihres langen Haares ihn streiften, regte sich in ihm plötzlich das Verlangen, ihr von der See zu sprechen, die er so sehr liebte. Und er erzählte ihr von der nie verstummenden Stimme

der See, der er als Kind gelauscht hatte, neugierig auf ihre geheime Botschaft, die noch kein Lebender enträtselt habe; vom betörenden Glanz der See; von ihrer sinnlosen launischen Wut; davon, wie sich ihr Angesicht ständig ändert und dennoch nichts von seinem Reiz einbüßt; wogegen ihre Tiefen stets die gleichen blieben, kalt und grausam, erfüllt vom Wissen um vernichtetes Leben. Er erzählte ihr, wie die See mit ihrem Zauber Männer zu lebenslänglichen Sklaven machte und sie dann, ungeachtet ihrer Hingabe, verschlang, zornig darüber, dass ihr Geheimnis ihnen Furcht einflößte, das sie ihnen nie preisgeben würde, nicht einmal denjenigen, die sie am meisten liebten. Während er sprach, war Ninas Kopf nach und nach immer tiefer herabgesunken, sodass ihr Gesicht nun beinahe das seine berührte. Ihr Haar war über seinen Augen, ihr Atem streifte seine Stirn, ihre Arme hielten ihn umfasst. Zwei Wesen konnten sich nicht näher sein, und doch erriet sie seine letzten Worte mehr, als dass sie sie begriffen hätte, die er nach kurzem Zögern leise hervorstieß, um daraufhin unmerklich in einem tiefen, bedeutungsvollen Schweigen auszuschwingen: »Die See, o Nina, ist wie das Herz einer Frau.«

Sie verschloss ihm sogleich den Mund mit einem Kuss und antwortete mit fester Stimme: »Aber den Männern die keine Furcht haben, o Herr meines Lebens, bleibt die See immer treu.«

Über ihnen verdunkelte ein Schleier dunkler, faseriger Wolken, die wie riesige Spinnweben unter den Sternen dahintrieben, den Himmel und kündigten das nahende Gewitter an. Von den unsichtbaren Bergen rollte erster, ferner Donner herüber, ein langgezogenes Grollen, das von Berg zu Berg widerhallte, um sich dann in den Wälder des Pantai zu verlieren. Dain und Nina standen auf, und Dain sah unruhig zum Himmel hinauf.

»Babalatchi müsste eigentlich schon da sein«, sagte er. »Die Nacht ist schon über die Hälfte vorbei. Unser Weg ist weit, und eine Kugel findet ihren Weg schneller als das beste Kanu.«

»Er wird hier sein, noch bevor der Mond hinter den Wolken verschwindet«, sagte Nina. »Ich habe im Wasser etwas plätschern hören«, setzte sie hinzu. »Hast du's auch gehört?«

»Ein Alligator«, antwortete Dain kurz und warf einen gleichgültigen Blick zum Flussarm hinüber. »Je dunkler die Nacht«, fuhr er fort, »desto kürzer ist unser Weg, denn dann können wir uns in der Strömung des Hauptarmes halten, aber wenn es hell ist – nicht heller als jetzt –, müssen wir durch die schmalen Rinnen fahren, in denen das Wasser steht; dann sind wir nur auf unsere Paddel angewiesen.«

»Dain«, unterbrach ihn Nina ernst, »das war kein Alligator. Ich habe es im Gebüsch beim Landeplatz rascheln hören.«

»Ja«, sagte Dain, nachdem er eine Weile gelauscht hatte. »Das kann aber nicht Babalatchi sein, der käme in einem großen Kriegskanu und auch nicht heimlich. Wer auch immer da kommt, er will möglichst leise machen. Aber du hast etwas gehört, und ich kann jetzt etwas erkennen«, fuhr er hastig fort. »Es ist nur ein Mann. Stell dich hinter mich, Nina. Wenn es ein Freund ist, soll er willkommen sein; ist es aber ein Feind, dann siehst du ihn sterben.«

Er legte die Hand auf den Kris und erwartete den unverhofften Besucher. Das Feuer war jetzt weit herabgebrannt, und kleine Wolken – Vorboten des Gewitters – jagten unablässig vor dem Mond dahin, ihre fliehenden Schatten verdunkelten die Lichtung. Er konnte nicht erkennen, wer der Mann sein könnte, doch beunruhigte ihn das stete Näherkommen der hoch gewachsenen Gestalt, die mit schwerem Tritt den Pfad daherkam, und er rief ihr zu, stehen zu bleiben. Der Mann blieb in einiger Entfernung stehen, und Dain erwartete, dass er etwas sage, aber es war nur sein tiefes Atmen zu vernehmen. Durch einen Riss in den dahinjagenden Wolken senkte sich plötzlich für einen flüchtigen Augenblick Helligkeit auf die Lichtung herab. Ehe es wieder dunkel wurde, erblickte Dain eine Hand, die einen glitzernden Gegenstand gegen ihn ausstreckte, hörte er Ninas Schrei, »Vater!«, und im nächsten Augenblick stand das Mädchen zwischen ihm und Almayers Revolver. Ninas Aufschrei weckte das Echo der schlafenden Wälder, und still standen die drei da, als wollten sie erst abwarten, dass wieder Ruhe einkehrte, ehe sie ihren verschiedenen Gefühlen Ausdruck verliehen. Bei Ninas Anblick ließ Almayer den Arm herabsinken und tat einen Schritt vorwärts. Dain stieß das Mädchen sanft beiseite.

»Bin ich ein wildes Tier, dass du versuchst, mich kurzerhand im Dunkeln zu töten, Tuan Almayer?«, fragte Dain in das gespannte Schweigen hinein. »Wirf Reisig aufs Feuer«, wandte er sich an Nina, »derweil ich meinen weißen Freund nicht aus den Augen lasse, damit dir und mir kein Leid geschieht, o du Wonne meines Herzens!«

Zähneknirschend hob Almayer wieder den Arm. Mit einem Satz war Dain bei ihm, nach kurzem Handgemenge, in dessen Verlauf ein Schuss aus dem Revolver losging, ohne Schaden anzurichten, flog die Waffe, Almayers Hand entrissen, durch die Luft und fiel ins Gebüsch. Keuchend standen die beiden Männer dicht voreinander. Das wieder angefachte Feuer warf einen flackernden Lichtkreis und beschien das erschrockene Gesicht Ninas, die mit ausgestreckten Händen die Männer ansah.

»Dain!«, rief sie warnend. »Dain!«

Beschwichtigend winkte er ihr zu, wandte sich dann an Almayer und sagte außerordentlich höflich: »Jetzt können wir reden, Tuan. Es ist leicht, den Tod auszusenden, verfügst du aber auch über die Weisheit, das Leben wiederzugeben? Ihr hätte etwas zustoßen können«, fuhr er, auf Nina deutend, fort. »Deine Hand hat sehr gezittert; um mich hatte ich keine Angst.«

»Nina!«, rief Almayer, »komm sofort her zu mir! Was soll dieser plötzliche Irrsinn? Was hat dich behext? Komm zu deinem Vater, dann wollen wir gemeinsam versuchen, diesen grässlichen Albtraum zu vergessen!«

In der Gewissheit, sie im nächsten Augenblick an die Brust drücken zu können, breitete er die Arme aus. Sie rührte sich nicht. Als ihm dämmerte, dass sie nicht gesonnen war zu gehorchen, spürte er, wie tödliche Kälte in sein Herz kroch. In stummer Verzweiflung presste er die Handflächen gegen die Schläfen und sah zu Boden. Dain fasste Nina beim Arm und führte sie zu ihrem Vater hin.

»Sprich mit ihm in der Sprache seines Volkes«, sagte er. »Er grämt sich – und wer würde sich nicht grämen, wenn er dich verlöre, meine Perle! Sag ihm die letzten Worte, die er von dieser Stimme hören soll, die ihm sehr lieb sein muss, mir bedeutet sie aber das Leben.«

Er ließ sie los, trat ein paar Schritte aus dem Lichtkreis zurück und sah ihnen aus dem Dunkeln mit ruhigem Interesse zu. Der Widerschein eines fernen Blitzes erhellte die Wolken über ihnen, und kurz darauf folgte schwaches Donnergrollen, das sich mit Almayers Stimme vermischte, als er zu sprechen anhob.

»Weißt du, was du tust? Weißt du, was dich erwartet, wenn du diesem Mann folgst? Hast du denn gar kein Selbstmitleid? Weißt du, dass du zuerst sein Spielzeug und dann eine verachtete Sklavin sein wirst, ein Arbeitstier, die Dienerin einer neuen Lieblingsfrau dieses Mannes?«

Sie hob die Hand, um ihm Einhalt zu gebieten, mit einer leichten Drehung des Kopfes fragte sie: »Hörst du das, Dain! Stimmt das?«

»Bei allen Göttern!« kam die leidenschaftliche Antwort aus dem Dunkeln, »bei Himmel und Erde, bei meinem Haupt und deinem schwöre ich: das ist die Lüge eines Weißen. Ich habe für immer meine Seele in deine Hände gegeben; ich atme mit deinem Atem, ich sehe mit deinen Augen, ich denke mit deinem Geist, und ich trage dich für immer in meinem Herzen.«

»Dieb!«, schrie Almayer aufgebracht.

Auf diesen Ausbruch folgte tiefe Stille, dann ließ sich wieder Dains Stimme hören.

»Nein, Tuan«, sagte er sanft, »auch das stimmt nicht. Das Mädchen ist aus eigenem freiem Willen gekommen. Ich habe nichts weiter getan, ich habe ihr nur wie ein Mann meine Liebe gezeigt. Sie hat den Ruf meines Herzens gehört und ist gekommen. Und das Brautgeld habe ich der gegeben, welche du deine Frau nennst.«

Almayer stöhnte vor Zorn und Schmach. Nina legte ihm leicht die Hand auf die Schulter, und die Berührung, so leicht wie die eines fallenden Blattes, schien ihn zu besänftigen. Er sprach schnell, diesmal auf Englisch.

»Sag mir, so sag mir doch, was haben sie mit dir gemacht, deine Mutter und dieser Mann? Wie kommst du dazu, dich diesem Wilden auszuliefern? Denn er ist ein Wilder. Zwischen ihm und dir ist eine Schranke, die durch nichts beseitigt werden kann. In deinen Augen kann ich den Blick derer erkennen, die sich das Leben nehmen, wenn sie den Verstand verloren haben. Du hast den Verstand verloren. Lächle nicht. Es bricht mir das Herz. Wenn ich sehen müsste, wie du vor meinen Augen ertrinkst, ohne dass ich dir helfen könnte, würde ich keine größeren Qualen leiden. Hast du denn vergessen, was du in so vielen Jahren gelernt hast?«

»Nein«, fiel sie ein, »ich erinnere mich noch genau daran. Ich weiß auch noch, wie es ausging. Hohn über Hohn, Verachtung über Verachtung, Hass über Hass. Ich bin nicht von deiner Rasse. Zwischen deinen Leuten und mir ist ebenfalls eine Schranke, die durch nichts beseitigt werden kann. Du fragst, warum ich gehen will, und ich frage dich, warum ich bleiben sollte.«

Er wankte, als habe man ihn ins Gesicht geschlagen.

Doch rasch, ohne zu zögern, packte sie ihn am Arm und stützte ihn.

»Warum du bleiben solltest!«, wiederholte er langsam, verstört, brach aber dann, verblüfft über die Vollständigkeit seines Unglücks, ab. »Gestern hast du mir gesagt«, ließ sie sich wieder hören, »dass ich deine Liebe für mich weder begreifen noch sehen könne: so ist es. Wie könnte ich auch? Es gibt keine zwei Menschen, die einander verstehen. Sie verstehen nur die eigene Stimme. Du wolltest, dass ich deine Träume träume, dass ich deine Zukunftsbilder sehe – Bilder eines Lebens zwischen diesen weißen Gesichtern, die mich mit zorniger Verachtung aus ihrer Mitte vertrieben haben. Aber während du geredet hast, habe ich der Stimme meines Innern gelauscht; dann kam dieser Mann, und alles war still. Da gab es nur noch das Flüstern seiner Liebe. Du nennst ihn einen Wilden! Wie nennst du denn meine Mutter, deine Frau?«

»Nina!«, rief Almayer, »sieh mich nicht so an!«

Sogleich senkte sie den Blick, sprach aber weiter, sie flüsterte fast.

»Mit der Zeit sprachen unser beider Stimmen, die des Mannes und meine, in einer Süßigkeit zusammen, die nur unseren Ohren verständlich war. Du hast damals von Gold geredet, aber unsere Ohren waren erfüllt vom Lied unserer Liebe, und wir haben dich nicht gehört. Dann merkte ich, dass wir, einer mit den Augen des andern, sehen konnten: dass er Dinge sah, die niemand außer ihm und mir sehen konnte. Wir haben ein Land betreten, in das uns niemand folgen konnte, am allerwenigsten du. Da habe ich zu leben begonnen.«

Sie verstummte. Almayer seufzte tief auf. Noch immer den Blick auf den Boden geheftet, begann sie von Neuem zu sprechen.

»Und ich will leben. Ich will mit ihm gehen. Die Weißen haben mich verächtlich abgewiesen, und jetzt bin ich eine Malaiin. Er hat mich in die Arme genommen, mir sein Leben zu Füßen gelegt. Er ist tapfer; er wird mächtig sein, und in meiner Hand halte ich seine Tapferkeit und seine Kraft, und durch mich wird er groß werden. An seinen Namen soll man sich noch erinnern, wenn unsere Körper schon längst zu Staub geworden sind. Ich liebe dich nicht weniger als früher, aber von ihm werde ich nie lassen, denn ohne ihn kann ich nicht leben.«

»Wenn er verstanden hat, was du gesagt hast«, erwiderte Almayer höhnisch, »muss er sich äußerst geschmeichelt, fühlen. Du brauchst ihn als Werkzeug für irgend so einen unbegreiflichen ehrgeizigen Traum von dir. Genug, Nina. Wenn du dich jetzt nicht sofort zum Wasser begibst, wo Ali in meinem Kanu wartet, dann schicke ich ihn ins Dorf zurück, um die holländischen Offiziere herzuholen. Du kannst von dieser Lichtung nicht entfliehen, denn ich habe dein Kanu losgemacht. Wenn die Holländer deinen Helden da erwischen, werden sie ihn aufknüpfen, so wahr ich hier stehe. Geh jetzt.«

Er tat einen Schritt auf die Tochter zu, packte sie an der Schulter und deutete mit der anderen Hand auf den Pfad zur Landestelle.

»Sieh dich vor!«, rief Dain. »Die Frau da gehört mir!«

Mit einem Ruck riss sich Nina los und sah Almayer gerade in das wütende Gesicht.

»Nein, ich werde nicht gehen«, sagte sie mit verzweifelter Entschlossenheit. »Wenn er stirbt, sterbe auch ich!«

»Du sterben?«, versetzte Almayer verächtlich. »Oh, nein! Du wirst ein Leben voller Lug und Trug führen, bis ein anderer Herumtreiber des Weges kommt, um dir was vorzusingen. Wie war das doch gleich? Dir das Lied der Liebe singt! Los, entscheide dich!«

Eine Weile wartete er, dann setzte er vielsagend hinzu: »Soll ich Ali rufen?«

»So ruf ihn doch«, antwortete sie auf Malaiisch, »du, der du nicht einmal deinen eigenen Landsleuten die Treue halten kannst. Noch vor wenigen Tagen hast du Schießpulver verkauft, das zu ihrer Vernichtung bestimmt war. Jetzt willst du ihnen den Mann ausliefern, den du noch gestern deinen Freund nanntest. Oh, Dain«, wandte sie sich an die reglose, aber aufmerksam lauschende Gestalt im Dunkeln, »statt Leben bringe ich dir Tod, denn er wird dich verraten, wenn ich nicht für immer von dir lasse!«

Dain trat in den Lichtkreis, zog Nina in die Arme und flüsterte ihr ins Ohr: »Ich kann ihn töten, da, wo er steht bevor noch ein Laut über seine Lippen kommt. An dir ist es zu entscheiden: ja oder nein. Babalatchi kann jetzt nicht mehr weit sein.«

Er richtete sich auf, nahm den Arm von ihrer Schulter und trat Almayer gegenüber, der sie beide mit einem Ausdruck höchster Wut ansah.

»Nein!«, schrie sie und klammerte sich an Dain, außer sich vor Angst. »Nein! Töte mich! Dann lässt er dich vielleicht gehen. Du kennst die Seele eines Weißen nicht. Er würde mich lieber tot sehen, als dass ich hier stehe, wo ich bin. Vergib deiner Sklavin, aber du darfst nicht.« Heftig schluchzend, fiel sie ihm zu Füßen und wiederholte in einem fort: »Töte mich! Töte mich!«

»Ich möchte dich lebendig«, sagte Almayer ebenfalls auf Malaiisch. Er sprach jetzt mit grimmiger Ruhe. »Entweder du gehst, oder er hängt. Wirst du gehorchen?«

Dain machte sich von Nina los, stürzte sich auf Almayer und stieß ihm mit Wucht den Griff seines Krises in die Brust, die Spitze zu sich selbst gekehrt.

»Hai, sieh doch! Es wäre mir ein Leichtes, dich mit der Spitze zu durchbohren«, sagte er gelassen. »Geh, Tuan Putih«, setzte er würdevoll hinzu. Ich gebe dir dein Leben, mein Leben und das ihre. Der Wunsch dieser Frau ist mir Befehl, und sie will es so.«

Es war jetzt kein Lichtschimmer mehr am Himmel, und die Wipfel der Bäume konnte man genauso wenig sehen wie die Stämme, sie verschwanden in der Wolkendecke, die nun tief über den Wäldern, der Rodung, dem Fluss hing. Alle Umrisse waren in der schwärzesten Finsternis ausgelöscht, die alles bis auf den Raum verschlungen zu haben schien. Nur das Feuer glomm wie ein Stern, der von dieser Vernichtung alles Sichtbaren verschont geblieben war, und nachdem Dain geendet hatte, war nichts zu hören als Ninas Schluchzen, die er, am Feuer kniend, in den Armen hielt. Almayer stand da und blickte finster und nachdenklich auf die beiden hinab. Er wollte schon den Mund auftun, um zu sprechen, als sie ein warnender Ruf vom Flussufer her aufschreckte, darauf hörte man das Plätschern vieler Paddel und den Klang von Stimmen.

»Babalatchi!«, schrie Dain und zog Nina hoch, als er auf die Füße sprang.

»Ada! Ada!«, kam die Antwort von dem keuchenden Staatsmann, der den Pfad heraufgelaufen kam und zu ihnen trat. »Lauf zum Kanu«, forderte er Dain aufgeregt auf, ohne Almayer zu beachten. »Lauf! Wir müssen fort. Dieses Weib hat ihnen alles verraten.«

»Welches Weib?«, fragte Dain. Er sah Nina an. In diesem Augenblick gab es für ihn auf der ganzen Welt nur eine einzige Frau.

»Die Hündin mit den weißen Zähnen, die siebenmal verfluchte Sklavin Bulangis. Sie hat vor Abdullas Tor einen solchen Lärm geschlagen, dass ganz Sambir wach wurde. Jetzt sind die weißen Offiziere auf dem Weg hierher, von ihr und Reshid geführt. Wenn dir dein Leben lieb ist, sieh mich nicht lange an, sondern geh!«

»Woher weißt du das?«, fragte Almayer.

»Oh, Tuan! Ist es nicht völlig egal, woher ich das weiß? Ich habe zwar nur ein Auge, aber ich habe in Abdullas Haus und auf seinem Kampong Licht gesehen, als wir vorbeigepaddelt sind. Ich habe Ohren, und während wir am Ufer lagen, habe ich gehört, dass Boten zu den weißen Männern geschickt worden sind.«

»Wirst du ohne diese Frau fahren, die meine Tochter ist?«, wandte sich Almayer an Dain, dieweil Babalatchi ungeduldig mit dem Fuß aufstampfte und brummte: »Lauf los! Lauf sofort los!«

»Nein«, versetzte Dain unerschütterlich, »ich werde nicht fahren. Diese Frau überlasse ich keinem andern Mann.«

»Dann töte mich und flieh du«, schluchzte Nina auf.

Er zog sie fest an sich, sah sie zärtlich an und flüsterte: »Wir werden uns niemals trennen, o Nina!«

»Ich werde hier nicht länger warten«, fiel Babalatchi ärgerlich ein. »Das ist sehr töricht. Keine Frau ist das Leben eines Mannes wert. Ich bin ein alter Mann, und ich weiß das.«

Er hob seinen Stab auf, und als er sich zum Gehen wandte, sah er Dain an, als biete er ihm eine letzte Gelegenheit zur Flucht. Aber Dain hatte das Gesicht in Ninas schwarzem Haar vergraben, und er sah diesen letzten drängenden Blick nicht. Babalatchi verschwand in der Dunkelheit. Kurz darauf hörten sie an dem lauten Plätschern, dass viele Paddel gleichzeitig ins Wasser tauchten und das Kriegskanu die Landestelle verließ. Beinahe im gleichen Augenblick kam Ali vom Fluss her, zwei Paddel über der Schulter.

»Unser Kanu habe ich weiter flussabwärts versteckt, Tuan Almayer«, sagte er, »in dem dichten Gebüsch, wo der Wald bis ans Wasser geht. Ich habe es dahin gebracht, weil ich von Babalatchis Ruderleuten gehört habe, dass die weißen Männern hierherkommen.«

»Warte dort auf mich«, sagte Almayer, »aber halte das Kanu versteckt.«

Er schwieg, lauschte Alis Schritten, dann wandte er sich an Nina. »Nina«, sagte er traurig, »hast du denn gar kein Mitleid mit mir?«

Keine Antwort. Sie wandte nicht einmal den Kopf nach ihm um, den sie eng an Dains Brust geschmiegt hielt.

Er wollte schon gehen, hielt dann aber inne. Im trüben Schein des niedergebrannten Feuers sah er die beiden reglosen Gestalten. Der Rücken der Frau, deren langes, schwarzes Haar über das weiße Gewand herabfiel, war ihm zugekehrt; über ihren Kopf hinweg sah ihn Dains ruhiges Gesicht an.

»Ich kann nicht«, murmelte er vor sich hin. Nach längerem Schweigen sprach er wieder mit leiser schwankender Stimme: »Die Schande wäre zu groß. Ich bin ein Weißer.« Dann verlor er völlig die Fassung und sprach unter Tränen weiter: »Ich bin ein Weißer, aus guter Familie. Sehr guter Familie«, wiederholte er, bitterlich schluchzend. »Es wäre eine Schande ... auf der ganzen Insel, ... der einzige Weiße an der Ostküste. Nein, es geht einfach nicht ... wenn Weiße meine Tochter bei diesem Malaien sähen. Meine Tochter!«, schluchzte er laut auf, Verzweiflung durchzitterte seine Stimme.

Nach einer Weile gewann er die Fassung wieder und sagte würdevoll: »Ich werde dir niemals verzeihen, Nina – niemals! Auch wenn du jetzt zu mir zurückkämst, die Erinnerung an heute Nacht würde mein ganzes Leben vergiften. Ich werde versuchen zu vergessen. Ich habe keine Tochter. Einst gab es in meinem Haus eine halb weiße Frau, aber sie geht jetzt fort. Und du, Dain, oder wie du auch heißen magst, ich selber werde dich und diese Frau zu der Insel in der Flussmündung bringen. Kommt!«

Er ging am Ufer voran bis zum Wald. Ali antwortete auf seinen Ruf, und nachdem sie sich durchs Dickicht gezwängt hatten, stiegen sie in das Kanu, das unter den überhängenden Zweigen verborgen war. Dain legte Nina auf den Boden, setzte sich hin und bettete ihren Kopf auf seine Knie. Almayer und Ali ergriffen je ein Paddel. Sie wollten schon abstoßen, als Ali warnend zischte. Alle lauschten.

In der großen Stille, die dem Ausbruch des Gewitters voranging, konnten sie das Geräusch von Riemen hören, die sich regelmäßig in den Dollen drehten. Das Geräusch kam immer näher, und als Dain durch die Zweige spähte, sah er den Umriss eines großen weißen Bootes. Eine Frauenstimme sagte leise: »Dort ist die Stelle, wo ihr an Land gehen könnt, weiße Männer, ein wenig weiter noch – dort!«

In dem schmalen Wasserlauf glitt das Boot so dicht an ihnen vorbei, dass die Blätter der langen Riemen beinahe an das Kanu stießen.

»Riemen ein! Alles klar, an Land zu gehen! Er ist allein und unbewaffnet«, befahl eine Männerstimme ruhig auf Holländisch.

Jemand anders flüsterte: »Ich glaube, ich kann einen Feuerschein durch die Büsche sehen.« Und dann glitt das Boot an ihnen vorbei und war im nächsten Augenblick in der Dunkelheit verschwunden.

»Jetzt«, flüsterte Ali eifrig, »lasst uns abstoßen und lospaddeln.«

Das kleine Kanu schwang in die Strömung hinaus, und wie es, von kräftigen Paddelschlägen getrieben, vorwärtsschnellte, vernahmen sie einen zornigen Schrei.

»Er ist nicht am Feuer. Schwärmt aus, Leute, und sucht ihn!«

Bläuliche Lichter flammten an verschiedenen Stellen der Rodung auf, und eine schrille Frauenstimme raste vor Zorn und Schmerz: »Zu spät! Oh, ihr unvernünftigen weißen Männer! Er ist geflohen!«

## 12

»Dort ist es«, sagte Dain und deutete mit dem Blatt des Paddels auf eine kleine Insel, die etwa eine Meile vor ihnen lag, »dort, so hat Babalatchi versprochen, holt mich ein Boot von der Prau ab, wenn die Sonne im Mittag steht. Dort wollen wir auf das Boot warten.«
Almayer, der steuerte, nickte schweigend und brachte mit einem leichten Schlag des Paddels den Bug des Kanus in die gewünschte Richtung.
Sie verließen eben den südlichen Mündungsarm des Pantai. In einer langen Geraden glänzten seine Wasser hinter ihnen zwischen zwei Mauern aus dichtem Grün, die nach hinten zu kleiner wurden und näher aneinander rückten, bis sie schließlich miteinander verschmolzen und gemeinsam in weiter Ferne versanken. Die Sonne, die über dem glatten Wasserspiegel der Meerenge aufging, zeichnete ihre Bahn mit einem Lichtstreifen, der über der See dahinglitt und die Weite des Flusses entlanghuschte, ein eiliger Bote, der den düsteren Küstenwäldern Kunde von Licht und Leben brachte. Und auf dieser funkelnden Sonnenbahn glitt das schwarze Kanu auf die kleine Insel zu, die in Sonnenschein gebadet dalag und, vom gelben Sand ihres Strands eingefasst wie eine goldene Mosaikscheibe auf dem glänzenden Stahlgrau der spiegelglatten See schimmere. Nach Norden und Süden zu ragten andere Inselchen auf, fröhlich erstrahlten sie in Grün und Gelb, und an der Festlandsküste endete die düstere Zeile der Mangrovenwälder nach Süden hin bei den rötlichen Klippen von Tanjong

Mirrah, die im hellen Licht des frühen Morgens steil und schattenlos ins Meer ragten.

Der Kanuboden knirschte auf dem Sand, als das kleine Fahrzeug auf Strand lief. Ali sprang an Land und hielt das Boot fest, während Dain mit Nina im Arm herauskletterte, erschöpft von alldem Geschehen und der langen Fahrt in der Nacht. Almayer verließ das Boot als Letzter. Zusammen mit Ali zog er es noch etwas höher auf den Strand hinauf. Darauf legte sich Ali, vom langen Paddeln müde, in den Schatten des Kanus, wo er sogleich einschlief. Almayer hockte sich seitlich auf den Bootsrand und blickte, die Arme über der Brust verschränkt, nach Süden hin über die See.

Nachdem Dain Nina behutsam in den Schatten der Büsche gelegt hatte, die mitten auf dem Inselchen wuchsen, warf er sich neben ihr in den Sand und beobachtete mit stummer Sorge die Tränen, die unter ihren geschlossenen Lidern hervorquollen und in den feinen Sand tropften, auf dem sie beide Gesicht an Gesicht lagen. Diese Tränen und dieser Kummer waren für ihn ein tiefes, beunruhigendes Geheimnis. Warum grämte sie sich denn so, nun, da die Gefahr vorüber war? Er zweifelte ebenso wenig an ihrer Liebe wie an der Tatsache seines eigenen Vorhandenseins, doch wie er ihr so innig ins Gesicht sah, die Tränen, den geöffneten Mund, ja selbst den Atem beobachtete, spürte er beklommen etwas in ihr, das er nicht verstand. Zweifellos besaß sie die Weisheit vollkommener Wesen. Er seufzte. Er spürte, dass etwas Unsichtbares zwischen ihnen stand, etwas, das zuließ, dass er sich ihr bis zu einem gewissen Punkt nähern konnte – aber nicht weiter. Diese dumpfe Ahnung ihrer Verschiedenheit könnten kein Verlangen, keine Sehnsucht, keine Willensanstrengung, kein noch so langes Leben auslöschen. Ehrfürchtig und stolz zugleich gelangte er zu dem Schluss, dass es ihre ureigenste un-

vergleichliche Vollkommenheit sei. Sie war die Seine und doch wie eine Frau aus einer anderen Welt. Die Seine! Die Seine! Dieser wundervolle Gedanke bereitete ihm höchste Wonne. Dennoch schmerzten ihn ihre Tränen.
Scheu, ehrfürchtig nahm er eine Haarsträhne von ihr in die Hand und versuchte in einer Anwandlung unbeholfener Zärtlichkeit, ihr damit die Tränen zu trocknen, die an ihren Wimpern zitterten. Ein flüchtiges Lächeln, das den Bruchteil einer Sekunde ihr Gesicht erhellte, belohnte ihn, gleich darauf flossen die Tränen jedoch rascher als zuvor. Er konnte es nicht mehr ertragen. Er stand auf und ging zu Almayer hinüber, der noch immer in die Betrachtung der See versunken dasaß. Es war sehr, sehr lange her, dass er das Meer gesehen hatte – das Meer, das überallhin führt, alles bringt, und so viel fortnimmt. Fast hätte er vergessen, warum er hier saß, und wie im Traum sah er sein ganzes vergangenes Leben auf der glatten, grenzenlosen Wasserfläche, die vor seinen Augen glitzerte. Dains Hand auf seiner Schulter riss ihn jäh aus einem fernen, so fernen Land. Er drehte sich um, seine Augen schienen aber statt Dain nur die Stelle zu sehen, wo dieser stand. Unter dem leeren Blick wurde Dain beklommen zumute.
»Was willst du?«, fragte Almayer.
»Sie weint«, flüsterte Dain.
»Sie weint! Warum?«, fragte Almayer gleichgültig,
»Das wollte ich dich fragen. Meine Rani lächelt, wenn sie den Mann ansieht, den sie liebt. Es ist die weiße Frau, die jetzt weint. Du müsstest doch wissen, warum.«
Almayer zuckte die Schultern und wandte sich wieder der See zu.
»Geh, Tuan Putih«, drängte Dain. »Geh zu ihr. Ihre Tränen sind mir schrecklicher als der Zorn der Götter.«
»So? Die wirst du noch öfter zu sehen bekommen. Sie hat mir gesagt, sie könne ohne dich nicht leben«, entgeg-

nete Almayer, ohne die geringste Regung im Gesicht. »So schickt es sich wohl für dich, schleunigst zu ihr zu gehen, damit sie dir unterdessen nicht gar noch wegstirbt.«
Er brach in lautes, unangenehmes Lachen aus, sodass Dain ihn besorgt ansah. Aber er erhob sich vom Bootsrand und ging langsam zu Nina hinüber. Er warf einen raschen Blick zur Sonne hinauf.
»Und ihr fahrt, wenn die Sonne am höchsten steht?«, fragte er.
»Ja, Tuan. Dann fahren wir«, antwortete Dain.
»Da habe ich nicht mehr lange zu warten«, murmelte Almayer. »Für mich ist es äußerst wichtig, dass ich euch abfahren sehe. Euch beide, außerordentlich wichtig«, wiederholte er, brach unvermittelt ab und blickte Dain starr an.
Dann setzte er wieder seinen Weg fort, und Dain hielt sich hinter ihm. Almayer trat zu seiner Tochter und sah eine Weile auf sie hinab. Sie machte die Augen nicht auf, aber als sie neben sich Schritte hörte, schluchzte sie leise: »Dain.«
Einen Augenblick zögerte Almayer, dann ließ er sich neben ihr in den Sand sinken. Da sie weder eine Antwort hörte noch eine Berührung spürte, öffnete sie die Augen – erblickte den Vater und fuhr erschrocken hoch.
»Oh, Vater!«, murmelte sie tonlos, und in dem Wort schwangen Bedauern und Furcht und aufkeimende Hoffnung.
»Ich werde dir niemals verzeihen, Nina«, sagte Almayer mit ausdrucksloser Stimme. »Du hast mir das Herz aus dem Leib gerissen, während ich nur an dein Glück dachte. Du hast mich getäuscht. Deine Augen, die mir wie die Wahrheit selbst vorkamen, haben mich mit jedem Blick belogen – wie lange schon? Das weißt du am besten. Du hast mich gestreichelt und dabei doch nur die Minuten bis zum Sonnenuntergang gezählt, der das Zeichen für dein Stelldichein mit diesem Mann da gab!«

Er verstummte, und schweigend, ohne einander anzusehen, saßen beide nebeneinander und blickten auf die unendliche Weite der See hinaus. Almayers Worte hatten Ninas Tränen getrocknet, und wie sie vor sich auf die endlose blaue Fläche starrte, die durchsichtig, glatt und ruhig leuchtete wie der Himmel selbst, wurde ihr Blick hart. Auch er schaute aufs Meer hinaus, aber aus seinen Zügen, war jeder Ausdruck gewichen, und in seinen Augen schien das Leben erloschen zu sein. Sein Gesicht war leer, ohne ein Zeichen von Empfindung, Gefühl, Verstand oder auch nur Bewusstsein seiner selbst. Leidenschaft, Bedauern, Kummer, Hoffnung, Zorn – das alles war dahin, ausgelöscht von der Hand des Schicksals, als sei nach diesem letzten Schlag alles vorüber und als müsse nun nichts mehr festgehalten werden. Die Wenigen, die Almayer in der ihm verbleibenden kurzen Zeit noch sahen, waren stets beeindruckt vom Anblick dieses Gesichts, das nichts von dem zu wissen schien, was im Innern vorging: wie eine kahle Gefängnismauer, die Sünde, Reue, Schmerz und vergeudetes Leben in der kalten Gleichgültigkeit von Mörtel und Stein einschließt.

»Was gibt es schon zu verzeihen?«, fragte Nina, nicht eigentlich an Almayer gewandt, sondern vielmehr, als rechte sie mit sich selbst. »Kann ich denn nicht mein eigenes Leben leben, wie du das deine gelebt hast? Der Weg, den ich von dir aus einschlagen sollte, ist mir nicht durch mein Verschulden versperrt worden.«

»Du hast nie darüber gesprochen«, murmelte Almayer.

»Du hast mich nie danach gefragt«, antwortete sie, »und ich habe gedacht, du bist wie die andern, und es wäre dir egal. So habe ich die Erinnerung an meine Demütigung allein getragen, und warum hätte ich dir auch erzählen sollen, dass ich das erleiden musste, nur weil ich deine Tochter bin? Ich wusste, du könntest mich nicht rächen.«

»Und doch habe ich an nichts anderes gedacht«, unterbrach sie Almayer, »und für den kurzen Tag des Leids wollte ich dir nun Jahre voller Glück schenken. Ich kannte dazu nur einen Weg.«
»Ach! Aber das war nicht mein Weg!», erwiderte sie. »Konntest du mir denn Glück ohne Leben geben? Leben!«, wiederholte sie mit plötzlichem Feuer, dass das Wort weit über die See hinhallte. »Leben, das heißt Macht und Liebe«, setzte sie leise hinzu.
»Das!«, sagte Almayer und zeigte mit dem Finger auf Dain, der ganz in der Nähe stand und sie mit neugierigem Staunen betrachtete.
»Ja, das!«, entgegnete sie, dabei schaute sie ihrem Vater voll ins Gesicht und bemerkte zum ersten Mal die unnatürliche Starre seiner Züge, Angst würgte sie leicht.
»Lieber hätte ich dich eigenhändig erdrosselt«, sagte Almayer mit einer Stimme, deren Tonlosigkeit in einem solchen Gegensatz zu der verzweifelten Bitterkeit seiner Gefühle stand, dass sogar er überrascht war. Er fragte sich, wer denn da rede, und nachdem er langsam ringsherum geblickt hatte, als hätte er erwartet, jemanden zu sehen, richtete er den Blick wieder aufs Meer hinaus.
»Das sagst du, weil du meine Worte nicht begreifst«, sagte sie traurig. »Zwischen dir und meiner Mutter hat es nie Liebe gegeben. Als ich wieder nach Sambir kam, fand ich dort kein friedliches Zuhause für mein Herz, wie ich gehofft hatte, sondern Hass und Verdruss – und gegenseitige Verachtung. Ich habe auf deine Stimme ebenso wie auf ihre Stimme gehört. Da wurde mir klar, dass du mich nicht verstehen konntest; denn war ich nicht ein Teil von dieser Frau? Von der Frau, die den Kummer und die Schmach deines Lebens ausmachte? Ich musste also wählen – ich habe gezögert. Warum warst du nur so blind? Hast du denn nicht gesehen, in welche Kämpfe ich vor deinen Augen verstrickt war? Aber

als er kam, war aller Zweifel verschwunden, da habe ich nur das Licht des blauen, wolkenlosen Himmels gesehen ...«

»Ich will dir das Übrige erzählen«, fiel ihr Almayer ins Wort; »als der Mann da erschien, war auch für mich der Himmel blau und voller Sonnenschein. Aber aus dem heiteren Himmel ist ein Blitz niedergefahren, und auf einmal ist es für immer still und dunkel um mich herum. Ich werde dir nie verzeihen, Nina; und morgen habe ich dich schon vergessen! Ich werde dir nie verzeihen«, wiederholte er mit mechanischer Beharrlichkeit indes sie dasaß, den Kopf gesenkt, als hätte sie Angst davor, ihren Vater anzusehen.

Für ihn schien es von allergrößter Wichtigkeit zu sein, dass er ihr seine Absicht, ihr nie zu verzeihen, bewies. Er war überzeugt davon, dass sein Vertrauen in sie das Fundament seiner Hoffnungen gewesen war, die Quelle seines Mutes, seiner Entschlossenheit zu leben und zu kämpfen, um ihretwillen zu siegen. Und jetzt war das Vertrauen dahin, von ihrer eigenen Hand zerstört; auf grausame, verräterische Weise im Dunkeln zerstört; genau in dem Augenblick, der Erfolg verhieß. Im entsetzlichen Schiffbruch seiner Liebe und all seiner Empfindungen, in der Wirrnis seiner Gedanken, in der unklaren Empfindung körperlichen Schmerzes, der ihn einschnürte, so schneidend, als wickele sich eine Peitschenschnur von den Schultern bis hinunter zu den Füßen um ihn herum, behauptete sich nur ein Gedanke klar und deutlich - ihr nicht zu verzeihen; nur ein brennendes Verlangen - sie zu vergessen. Und das musste ihr - und ihm selbst - durch häufige Wiederholung klargemacht werden. Das glaubte er sich selbst - seiner Rasse - seinen achtbaren Bekannten schuldig zu sein; dem ganzen Universum, das durch diese schreckliche Katastrophe in seinem Leben erschüttert und aus den Fugen geraten war.

Das sah er deutlich vor sich und hielt sich für einen starken Mann. Er hatte sich stets etwas auf seine unerschütterliche Festigkeit eingebildet. Und doch hatte er Angst. Sie war sein Ein und Alles gewesen. Wie, wenn das Andenken an seine Liebe zu ihr den Sinn für seine Würde schwächte? Sie war schließlich eine bemerkenswerte Frau; das konnte er sehen; die ganze aufgestaute Größe seines Charakters – woran er ehrlichen Herzens glaubte – war auf diese schmächtige mädchenhafte Gestalt übergegangen. Großes könnte geschehen. Wie, wenn er sie plötzlich ans Herz ziehen, Schmach, Schmerz und Wut vergessen und ihr folgen würde! Wie, wenn er, wenn schon nicht die Hautfarbe, so doch seinen Sinn änderte, damit das Leben für sie leichter wäre, zwischen zwei geliebten Menschen, die sie vor jeglichem Unheil beschützen würden? Sein Herz sehnte sich nach ihr. Wie, wenn er sagte, dass seine Liebe zu ihr größer sei als …

»Ich werde dir nie verzeihen, Nina!«, schrie er und sprang wie von Sinnen hoch, seine Träumereien hatten ihm auf einmal Angst eingejagt.

Es war das letzte Mal in seinem Leben, dass man ihn die Stimme erheben hörte. Von nun an brachte er nur noch einen gleichbleibenden Flüsterton hervor, wie ein Instrument, bei dem durch einen heftigen Schlag in einem letzten ohrenbetäubenden Klirren alle Saiten außer einer zersprungen waren.

Sie stand auf und sah ihn an. Gerade die Heftigkeit seines Aufschreis tröstete sie als ein intuitiver Beweis seiner Liebe, und mit der skrupellosen Gier der Frauen, die sich verzweifelt auch noch an die letzten kümmerlichen Überbleibsel einer Liebe klammern, jeglicher Art von Liebe, wie an etwas, das ihnen von Rechts wegen gehört und recht eigentlich ihren Lebensatem bedeutet, drückte sie die kläglichen Reste dieser Liebe an die Brust. Sie legte Almayer beide Hände auf die Schultern und sagte,

wobei sie ihn halb zärtlich, halb neckend ansah: »Du redest so, weil du mich liebst.«
Almayer schüttelte den Kopf.
»Doch«, beharrte sie sanft; dann setzte sie nach kurzem Schweigen hinzu: »Und du wirst mich nie vergessen.«
Almayer erschauderte. Etwas Grausameres hätte sie nicht sagen können.
»Da kommt jetzt das Boot«, sagte Dain. Sein ausgestreckter Arm wies auf einen schwarzen Punkt auf dem Wasser zwischen der Küste und der kleinen Insel.
Sie schauten nun alle dahin und verharrten schweigend, bis das kleine Kanu sanft auf den Strand aufsetzte, ein Mann ausstieg und auf sie zukam. In einiger Entfernung blieb er zögernd stehen.
»Was gibt es?«, fragte Dain.
»Wir haben in der Nacht den geheimen Befehl erhalten, von dieser Insel einen Mann und eine Frau abzuholen. Ich sehe die Frau. Wer von euch ist der Mann?«
»Komm, du Wonne meiner Augen«, sagte Dain zu Nina. »Jetzt gehen wir, und deine Stimme wird nur noch meinen Ohren klingen. Du hast die letzten Worte mit dem Tuan Putih, deinem Vater, gesprochen. Komm nun.«
Sie zögerte eine Weile, blickte zu Almayer hin, der den Blick unverwandt aufs Meer gerichtet hielt, drückte ihm dann einen langen Kuss auf die Stirn, und eine Träne, eine ihrer Tränen, tropfte ihm ins reglose Gesicht und rann herab.
»Leb wohl«, flüsterte sie und blieb unschlüssig stehen, bis er sie plötzlich Dain in die Arme stieß.
»Wenn du auch nur einen Funken Mitleid mit mir hast«, murmelte Almayer, als sage er einen auswendig gelernten Satz auf, »dann schaff die Frau da weg.«
Hoch aufgerichtet stand er da, die Schultern zurückgeworfen, den Kopf erhoben, und sah ihnen nach, wie sie, die Arme umeinander geschlungen, den Strand zum

Kanu hinuntergingen. Er betrachtete die Linie ihrer Fußstapfen im Sand. Er verfolgte ihre Gestalten, die im grellen Gleißen der Mittagssonne dahingingen, in jenem Licht, das die Luft so heftig durchzitterte wie triumphierendes Schmettern eherner Trompeten. Er betrachtete die braunen Schultern des Mannes, den roten Sarong um seine Hüften; die hoch gewachsene, schlanke, blendend weiße Gestalt, die er stützte. Er betrachtete das weiße Gewand, die lang herabfallende schwarze Haarfülle. Er sah zu, wie sie einstiegen, wie das Kanu dann in der Ferne immer kleiner wurde; sah das alles mit Zorn, Verzweiflung und Reue im Herzen, und auf sein Gesicht trat ein Ausdruck des Friedens, wie der auf einer gemeißelten Statue des Vergessens. Ihm war, als wäre sein Inneres in Stücke gerissen, doch Ali, der – jetzt wieder wach – neben seinem Herrn stand, sah auf dessen Zügen die Leere des Ausdrucks und die gleiche starre Hoffnungslosigkeit, wie sie nur blicklose Augen bewirken können.
Das Kanu entschwand den Blicken, und Almayer stand reglos da, die Augen auf die Spur geheftet, die es im Wasser gezogen hatte. Ali beschattete mit der Hand die Augen und suchte die Küste ab. Als die Sonne tiefer sank, frischte aus Nordwesten Seewind auf, und unter seinem Hauch kräuselte sich der gläserne Wasserspiegel.
»Dapat!«, frohlockte Ali. »Ich hab sie, Herr! Habe Prau! Nicht da! Mehr nach Tanah Mirrah hin. Aha! Dort! Siehst du, Herr? Jetzt deutlich. Siehst du?«
Eine geraume Weile folgte Almayer vergeblich mit den Augen Alis Zeigefinger. Schließlich erblickte er vor dem roten Hintergrund der Klippen von Tanjong Mirrah ein leuchtendes gelbes Dreieck. Es war das Segel der Prau, auf dem sich das Sonnenlicht fing und das sich als bunter Farbklecks vor dem dunkelroten Kap abhob. Langsam kroch das gelbe Dreieck von Klippe zu Klippe, bis es auch die letzte Landspitze hinter sich gelassen hatte und

einen flüchtigen Augenblick lang im Blau der offenen See blinkte. Dann nahm die Prau Kurs nach Süden. Das Licht schwand aus dem Segel und mit einem Mal verschwand auch das Schiff, verlor sich im Schatten des steilen Vorgebirges, das einsam und geduldig Ausschau hielt und über die verlassene See wachte.

Almayer rührte sich nicht. Rings um die kleine Insel war die Luft vom leisen Plätschern des Wassers erfüllt. Übermütig, fröhlich, mit der Leichtigkeit jungen Lebens hüpften die schaumgekrönten kleinen Wellen den Strand hinauf, um schnell, widerstandslos und anmutig in den weiten Bogen aus durchsichtigem Schaum auf dem gelben Sand zu sterben. Hoch droben segelten die weißen Wolken eilig nach Süden, als wären sie darauf aus, als Erste da zu sein. Ali wirkte unruhig.

»Herr«, sagte er schüchtern, »Zeit nach Hause. Weg weit zu paddeln. Alles bereit, Sir.«

»Warte«, flüsterte Almayer.

Nun, da sie fort war, war es seine Aufgabe, zu vergessen, und er hegte die merkwürdige Vorstellung, dass das ganz systematisch und ordnungsgemäß zu geschehen habe. Zum großen Entsetzen Alis ließ er sich auf Knie und Hände nieder, kroch auf allen vieren durch den Sand und wischte mit der Hand sorgsam alle Fußspuren Ninas aus. Er häufte kleine Sandhügel auf und ließ hinter sich eine Reihe von Miniaturgrabhügeln, bis ans Wasser hinunter. Nachdem er den letzten leichten Abdruck von Ninas Sandalen begraben hatte, stand er auf, und das Gesicht zum Kap gewandt, wo er die Prau zuletzt gesehen hatte, mühte er sich, noch einmal den festen Entschluss, nie zu verzeihen, hinauszuschreien. Ali, der ihn ängstlich beobachtete, sah nur, wie sich Almayers Lippen bewegten, aber kein Laut drang zu ihm. Dann stampfte Almayer mit dem Fuß auf. Er war ein unerschütterlicher Mann – fest und unerschütterlich wie Felsen. Mochte sie

dahinfahren. Er hatte nie eine Tochter gehabt. Er würde vergessen. Er war schon dabei, sie zu vergessen.
Ali trat wieder zu ihm und drängte zum sofortigen Aufbruch. Dieses Mal war Almayer einverstanden, und sie gingen zusammen zum Kanu, Almayer voran. Trotz seiner ganzen Unerschütterlichkeit sah er sehr niedergeschlagen und erschöpft aus, wie er so langsam den Strand entlang durch den Sand schlurfte; und neben ihm – für Ali unsichtbar – stolzierte dieser eigentümliche Plagegeist, der dazu da ist, das Gedächtnis der Menschen aufzurütteln, damit sie den Sinn des Lebens nicht vergessen. Er flüsterte Almayer lange zurückliegendes kindliches Geplapper ins Ohr. Den Kopf zur Seite geneigt, schien Almayer dem unsichtbaren Begleiter zuzuhören, sein Gesicht aber glich dem Gesicht eines Mannes, der hinterrücks erschlagen worden ist – ein Gesicht, aus dem die Hand jähen Todes unversehens alle Gefühle und jeden Ausdruck gebannt hat.

Diese Nacht verbrachten sie auf dem Fluss. Sie vertäuten das Kanu im Gebüsch und legten sich nebeneinander auf den Boden des Bootes, in der völligen Erschöpfung, in der Hunger, Durst, alle Empfindungen und alle Gedanken im übermächtigen Verlangen nach tiefem Schlaf vergehen, einem Schlaf, in dem der todmüde Körper gleichsam zeitweilig ausgelöscht ist. Am Tag darauf fuhren sie weiter und kämpften den ganzen Vormittag verbissen gegen die Strömung, bis sie gegen Mittag die Siedlung erreichten und ihr kleines Fahrzeug am Steg von ›Lingard & Co.‹ festmachten. Almayer ging geradewegs zum Haus. Ali folgte ihm, die Paddel auf der Schulter, und dachte bei sich, dass er jetzt ganz gern etwas essen würde. Als sie über den vorderen Hof gingen, fiel ihnen auf, wie verlassen alles dalag. Ali sah in die Wohnhütten der einzelnen Dienstleute: alle waren leer. Auch im hinteren Hof war alles still, nichts rührte sich. In der Kochhütte brannte kein Feuer, die schwarze Asche war kalt. Ein großer, hagerer Mann schlich sich aus der Bananenpflanzung und eilte über den offenen Hof, wobei er sich mit großen erschrockenen Augen nach ihnen umblickte. ›Irgend so ein herrenloser Vagabund‹; davon gab es viele in der Siedlung, und in Almayer sahen sie ihren Wohltäter. Sie drückten sich auf seinem Grundstück herum und klaubten dort Essbares zusammen, in der Gewissheit, dass ihnen nichts Schlimmeres drohte, als dass es Flüche hagelte, wenn sie dem weißen Mann über den Weg liefen. Sie vertrauten ihm und mochten ihn leiden und nannten ihn untereinander einen Narren. Als Almayer durch die hintere Veranda ins Haus trat, war das einzige lebendige Geschöpf, das ihm vor Augen kam, der kleine Affe, der die letzten beiden Tage sich selbst überlassen war, Hunger hatte und daher sofort zu wimmern und nach Affenart zu klagen begann, als er das vertraute Gesicht erblickte. Almayer sprach ihm gut zu und beauftragte Ali, Bananen zu holen. Während Ali tat, wie ihm geheißen, stand Almayer im Eingang zur vordern Veranda und ließ den Blick über das Durcheinander umgestürzter Möbel schweifen. Zu guter Letzt stellte er den Tisch auf und setzte sich darauf, während sich das Äffchen an seiner Kette vom Dachbalken herabließ und sich Almayer auf die Schulter hockte. Als die Bananen eintrafen, frühstückten sie gemeinsam, beide aßen mit Heißhunger und warfen die Schalen achtlos umher – alles im vertrauensvollen Schweigen wahrer Freundschaft. Ali ging brummend weg, um selbst Reis zu kochen, denn alle Frauen waren aus dem Haus verschwunden, wohin, wusste er nicht. Almayer schien es nicht zu kümmern, und nachdem er aufgegessen hatte, saß er auf dem Tisch, baumelte mit den Beinen und starrte gedankenverloren auf den Fluss hinaus. Nach einer Weile stand er auf und trat an die Tür des Zimmers auf der rechten Seite der Veranda. Das war das Kontor. Das Kontor von ›Lingard & Co.‹ Da hinein ging er nur sehr selten. Jetzt waren keine Geschäfte mehr abzuwickeln, und er brauchte kein Kontor. Die Tür war verschlossen; er stand da, biss sich auf die Unterlippe und versuchte, sich darauf zu besinnen, wo der Schlüssel sein könnte. Plötzlich fiel es ihm ein: Er hing an einem Nagel im Zimmer der Frauen. Er wandte sich dahin, wo der rote Vorhang in reglosen Falten herabhing. Einen Augenblick zögerte er, ehe er mit der Schulter den Vorhang beiseite stieß, als handle es sich um ein festes Hindernis. Ein großes Viereck aus Sonnenlicht fiel durchs Fenster auf den Fußboden. Zur Linken sah er Mrs. Almayers geräumige hölzerne Truhe, den Deckel aufgeklappt, leer; daneben funkelten die Messingnägel in den großen Initialen ›N. A.‹ auf dem Deckel von Ninas europäischem Schrankkoffer. Einige von Ninas Kleidern hingen an hölzernen Haken, wie erstarrt in einer Pose gekränkter Eitelkeit, weil man sie im Stich gelassen hatte. Er erinnerte sich daran, wie er die Haken selbst geschnitzt hatte, und fand, dass es sehr gute Haken wären. Wo war der Schlüssel? Er sah sich um und erspähte ihn neben der Tür, an der er stand. Er war mit rotem Rost überzogen. Darüber ärgerte er sich so ungemein, dass er gleich darauf darüber staunen musste. Was machte das schon aus? Bald gäbe es ja ohnehin keinen Schlüssel mehr – keine Tür – nichts! Er hielt inne, den Schlüssel in der Hand, und fragte sich, ob er sich auch völlig im Klaren wäre, was er vorhätte. Er trat wieder auf die Veranda hinaus und blieb nachdenklich am Tisch stehen. Das Äffchen schwang sich herab, und nachdem es eine Bananenschale aufgelesen hatte, war es völlig darin vertieft, diese mit Fleiß zu zerreißen.

»Vergessen!«, murmelte Almayer vor sich hin, und das Wort ließ vor ihm eine ganze Abfolge von Ereignissen

erstehen, ein detailliertes Programm all dessen, was er nun tun müsste. Er wusste sehr wohl, was jetzt zu tun wäre. Zuerst dies, dann das, und dann käme das Vergessen wie von selbst über ihn. Ganz wie von selbst. Er hatte die fixe Idee, dass ihn, wenn er nicht noch vor seinem Tode vergäße, die Erinnerung bis in alle Ewigkeit peinigen würde. Gewisse Dinge galt es aus seinem Leben auszumerzen, auf Nimmerwiedersehen zu vernichten, zu zerstören, zu vergessen. Lange stand er tief in Nachdenken versunken da und zermarterte sich den Kopf über die erschreckenden Aussichten eines unbezwinglichen Gedächtnisses, vor sich die Angst vor Tod und Ewigkeit. »Ewigkeit!«, stieß er hervor, und der Klang dieses Wortes riss ihn aus seinen Träumen. Der Affe schreckte zusammen, ließ die Bananenschale fallen und grinste ihn freundschaftlich an.
Er ging zur Kontortür, und mit Mühe gelang es ihm, sie zu öffnen. Als er eintrat, wurde unter seinem Tritt eine Staubwolke aufgewirbelt. Aufgeschlagene Bücher mit zerrissenen Seiten lagen über den Fußboden zerstreut; schmutzig, schwärzlich lagen andere Bücher umher, sie sahen aus, als wären sie nie geöffnet worden, Geschäftsbücher. Darin hatte er tagtäglich über sein wachsendes Vermögen Buch führen wollen. Das war lange her. Sehr, sehr lange. Schon viele Jahre, hatte es auf den blau, und rot linierten Seiten nichts mehr einzutragen gegeben. In der Mitte des Zimmers lag der wuchtige Schreibtisch – ein Bein war abgebrochen – schräg auf der Seite, wie der Rumpf eines auf Grund gelaufenen Schiffes; die meisten Schubladen waren herausgefallen, und daraus waren Stöße von Papier, inzwischen vor Alter und Schmutz vergilbt, hervorgequollen. Der Drehstuhl stand an seinem Platz, aber als Almayer ihn zu drehen versuchte, merkte er, dass sich der Zapfen nicht mehr bewegen ließ. Wenn schon. Er ließ davon ab, und sein Blick schweifte lang-

sam von einem Gegenstand zum andern. All diese Sachen hatten seinerzeit viel Geld gekostet; der Schreibtisch, das Papier, die zerflederten Bücher und die zerbrochenen Regale, alles lag unter einer dicken Staubschicht. Wahrhaftig, der Staub und die Gebeine eines Geschäfts, das mausetot war. Er sah all die Dinge an, alles, was noch übrig geblieben war nach so vielen Jahren voller Arbeit, Mühe, Anstrengung und Entmutigung, die er so viele Male bezwungen hatte. Und wozu das alles? In düsterem Sinnen über sein vergangenes Leben stand er da, bis er ganz deutlich zwischen all dem Schutt, den Ruinen und Trümmern eine helle Kinderstimme vernahm. Zutiefst erschrocken fuhr er auf und begann fieberhaft, die auf dem Fußboden verstreuten Papierstöße zusammenzuraffen, brach den Stuhl entzwei, schleuderte die Schubladen gegen den Schreibtisch, dass sie zersplitterten und warf das ganze Zeug in einer Ecke des Zimmers auf einen großen Haufen.

Er lief eilig aus dem Zimmer, knallte die Tür hinter sich zu, drehte den Schlüssel herum, zog ihn ab und rannte zum Geländer der Veranda; dort holte er weit aus und schleuderte den Schlüssel in hohem Bogen in den Fluss. Darauf ging er langsam wieder zum Tisch, rief das Äffchen herunter, hakte die Kette los und redete ihm gut zu, an seiner Brust, unter der Jacke, ruhig sitzen zu bleiben. Dann hockte er sich wieder auf den Tisch und starrte wie gebannt auf die Tür zu dem Zimmer, das er eben verlassen hatte. Dazu lauschte er gespannt. Und er hörte lautes Knistern und Knacken wie wenn dürres Holz bricht; darauf ein Schwirren, als breite ein Vogel plötzlich die Schwingen aus, um sich jäh in die Lüfte zu erheben, und dann sah er, wie ein dünner Rauchfaden durchs Schlüsselloch quoll. Das Äffchen zappelte unter der Jacke. Ali erschien, die Augen traten ihm bald aus dem Kopf.

»Herr! Haus brennen!«, schrie er.
Almayer stand auf und hielt sich am Tisch fest. Aus der Siedlung konnte er angstvolles, überraschtes Geschrei hören. Laut jammernd, rang Ali die Hände.
»Hör auf mit dem Lärm, du Trottel!«, sagte Almayer ruhig. »Nimm meine Hängematte und die Decken und bring sie hinüber in das andere Haus. Los, mach schon!«
Der Rauch quoll nun durch die Türritzen, und Ali, die Hängematte auf dem Arm, sprang mit einem Satz die Verandatreppe hinunter.
»Es brennt gut«, murmelte Almayer vor sich hin. »Ruhig, Jack«, setzte er hinzu, als das Äffchen mit aller Macht versuchte, seinem Gefängnis zu entkommen.
Die Tür zerbarst von oben nach unten, und Schwaden von Rauch und Flammen vertrieben Almayer vom Tisch zum Geländer. Dort harrte er aus, bis ihm ein mächtiges Prasseln von oben anzeigte, dass das Dach in Flammen stand. Dann rannte er hustend die Treppe hinunter, halb erstickt vom Qualm, der ihn verfolgte. Bläuliche Schwaden kräuselten sich um seinen Kopf.
Von der anderen Seite des Grabens, der Almayers Hof von der Siedlung trennte, starrten viele Bewohner von Sambir zu dem brennenden Haus des weißen Mannes herüber. In der reglosen Luft loderten die Flammen hoch auf, sie hatten die Farbe hellroter Ziegel, die im grellen Sonnenschein in Violett überging. Die dünne Rauchsäule stieg stetig und kerzengerade auf, bis sie sich im klaren Blau des Himmels verlor; und auf der großen, freien Fläche zwischen den beiden Häusern konnten die neugierigen Zuschauer die hoch gewachsene Gestalt des Tuan Putih sehen, der mit gesenktem Kopf dahinschlurfte, langsam das Feuer hinter sich ließ, um sich in den Schutz von ›Almayers Wahn‹ zu begeben.
Auf diese Weise bezog Almayer sein neues Heim. Er ergriff von der neuen Ruine Besitz, und in der nie versie-

genden Torheit seines Herzens machte er sich daran, in Angst und Pein auf jenes Vergessen zu warten, das sich nur zögernd einfinden wollte. Er hatte alles getan, was in seinen Kräften stand. Jede Spur von Ninas Vorhandensein war zerstört worden; und nun fragte er sich bei jedem Sonnenaufgang, ob sich das ersehnte Vergessen noch vor Sonnenuntergang einstellen werde, ob es überhaupt noch vor seinem Tode käme. Er wollte nur so lange leben, bis er vergessen hatte, und die Hartnäckigkeit seines Gedächtnisses erfüllte ihn mit Angst und Grauen vor dem Tod; denn träte dieser ein, ehe er seine Lebensaufgabe vollbracht hatte, würde die Erinnerung ihn für alle Ewigkeit heimsuchen. Er sehnte sich nach Einsamkeit. Er wollte allein sein. Doch das war er nicht. In den dämmrigen Zimmern bei geschlossenen Läden, im hellen Sonnenschein auf der Veranda, wo immer er ging, wohin er sich auch wenden mochte, stets sah er die zierliche Gestalt eines kleinen Mädchens mit hübschem olivfarbenem Gesichtchen, langem schwarzem Haar, das rosa Kleidchen war ihm von der Schulter geglitten, die großen Augen sahen mit der zärtlichen Zutraulichkeit eines verwöhnten Kindes zu ihm auf. Auch wenn Ali nichts dergleichen sah, nahm er doch die Anwesenheit eines Kindes im Hause wahr. In den langen Unterhaltungen an den abendlichen Feuern in der Siedlung pflegte er seinen Vertrauten von Almayers seltsamem Gebaren zu erzählen: sein Herr sei auf seine alten Tage noch ein Zauberer geworden. Ali berichtete, dass er den Tuan Putih oft, nachdem er sich zur Nacht zurückgezogen hatte, mit jemandem in seinem Zimmer reden hörte. Ali meinte, es wäre ein Geist in der Gestalt eines Kindes. Dass sein Herr mit einem Kind redete, entnahm er bestimmten Worten und Wendungen, die dieser gebrauchte. Manchmal rede sein Herr Malaiisch, meistens jedoch Englisch, was er, Ali, ja verstehe. Bisweilen spreche sein Herr zärtlich mit dem

Kind, dann wieder weine und lache er seinetwegen, schelte mit ihm, bitte es, doch wegzugehen, verwünsche es. Ein schlimmer und störrischer Geist. Ali glaubte, sein Herr hätte ihn unvorsichtigerweise gerufen und könne ihn nun nicht wieder loswerden. Sein Herr sei sehr tapfer. Er fürchte sich nicht, diesen Geist in seiner Gegenwart zu verwünschen, und einmal habe er sogar mit ihm gerungen. Im Zimmer wäre es sehr laut gewesen, er hätte es umherrennen und stöhnen hören. Gestöhnt habe sein Herr. Geister würden ja nicht stöhnen. Sein Herr sei mutig, aber töricht. Man könne doch einem Geist nichts tun. Ali habe erwartet, am nächsten Morgen seinen Herrn tot aufzufinden, aber dieser wäre sehr zeitig aufgestanden und hätte viel älter ausgesehen als noch am Tag zuvor, auch habe er den ganzen Tag nichts gegessen.
Soweit Alis Bericht an die Siedlung. Kapitän Ford gegenüber war er viel mitteilsamer, aus dem einfachen Grund, weil der Kapitän die Geldbörse hatte und die Anordnungen traf. Bei jedem der monatlichen Besuche Fords in Sambir musste Ali an Bord erscheinen und über den Bewohner von ›Almayers Wahn‹ Bericht erstatten. Als Ford nach Ninas Abreise das erste Mal wieder nach Sambir gekommen war, hatte er Almayers Angelegenheiten in die Hand genommen. Das war keine große Mühe. Der Schuppen, der als Warenspeicher diente, war leer, die Boote waren verschwunden; verschiedene Bürger Sambirs, die Transportmittel gut gebrauchen konnten, hatten sie sich – im Allgemeinen zu nächtlicher Stunde – angeeignet. Bei einem starken Hochwasser hatte sich der Steg von ›Lingard & Co.‹ selbstständig gemacht und war den Fluss hinuntergetrieben, vermutlich auf der Suche nach einer heitereren Umgebung; sogar die Gänseherde – »die einzigen Gänse an der ganzen Ostküste« – war irgendwohin geflüchtet, zog die unbekannten Gefahren des Dschungels der Trostlosigkeit der heimatlichen Gefilde

vor. Mit der Zeit war über die feuergeschwärzte Stelle, an der früher das alte Haus gestanden hatte, Gras gewachsen, und nichts erinnerte mehr an die Stätte, deren Dach Almayers Jugendhoffnungen seinen törichten Traum von einer glänzenden Zukunft, sein Erwachen wie seine Verzweiflung beherbergt hatte.

Ford besuchte Almayer nicht oft, denn ein Besuch bei Almayer war keine angenehme Aufgabe. Anfangs antwortete Almayer immerhin noch teilnahmslos, wenn sich der alte Seebär lautstark nach seinem Befinden erkundigte; er gab sich sogar Mühe, ein Gespräch aufkommen zu lassen, fragte nach Neuigkeiten, allerdings in einem Ton, der keinen Zweifel daran ließ, dass Nachrichten von dieser Welt für ihn völlig uninteressant waren. Nach und nach wurde er immer stiller – keineswegs mürrisch – eher so, als verlernte er es zu sprechen. Obendrein pflegte er sich in den dunkelsten Räumen des Hauses zu verstecken, wo ihn Ford dann, indem er dem vor ihm her springenden Äffchen folgte, suchen musste. Das Äffchen war immer da, um Ford zu empfangen und hineinzugeleiten. Das kleine Tier schien seinen Herrn völlig unter seine Obhut genommen zu haben, und immer, wenn es dessen Anwesenheit auf der Veranda für erwünscht hielt, zupfte es ihn so lange am Rockzipfel, bis Almayer gehorsam in den Sonnenschein herauskam, den er so sehr zu verabscheuen schien.

Eines Morgens fand Ford ihn auf dem Boden der Veranda sitzen, er lehnte an der Wand, hatte die Beine steif von sich gestreckt, die Arme baumelten kraftlos herab. Sein ausdrucksleeres Gesicht, die weit geöffneten Augen mit den starren Pupillen, dazu seine Regungslosigkeit gaben ihm das Aussehen eines riesigen Puppenmannes, den man, so kaputt, wie er war, weggeworfen hatte.

Als Ford die Treppe heraufkam, wandte Almayer langsam den Kopf.

»Ford«, flüsterte er von unten, »ich kann einfach nicht vergessen.«
»So?«, entgegnete Ford arglos und versuchte zu scherzen: »Wenn mir's nur auch so ginge. Mein Gedächtnis wird immer schlechter, vermutlich das Alter. Erst neulich hat der Maat ...«
Er brach ab, denn Almayer war aufgestanden, taumelte und stützte sich auf den Arm des Freundes.
»Hallo! Dir geht's ja heute besser. Bald bist du wieder auf dem Posten«, sagte Ford munter, aber Grauen packte ihn.
Almayer ließ seinen Arm los und stand nun sehr aufrecht da, erhobenen Hauptes, die Brust vorgereckt, blickte er gleichsam versteinert auf die Vielzahl von Sonnen, die sich in den Wellen des Flusses spiegelten. Die Jacke und die viel zu weiten Hosen schlotterten im Wind um seinen ausgemergelten Körper.
»Lass sie doch gehen!«, krächzte er. »Lass sie gehen. Morgen werde ich sie vergessen. Ich bin ein unerschütter-icher Mann, ... unerschütterlich wie ein ... Felsen, ... unerschütterlich.«
Ford sah ihm ins Gesicht – und floh. Der Kapitän war selbst ein durch fast nichts zu erschütternder Mann – wie diejenigen, die mit ihm auf See gewesen waren, bezeugen konnten –, aber Almayers Unerschütterlichkeit war denn doch mehr, als er ertragen konnte.
Als der Dampfer das nächste Mal in Sambir einlief, erschien Ali frühzeitig an Bord, um Klage zu führen. Er beschwerte sich bei Ford, dass der Chinese Jim-Eng in Almayers Haus eingedrungen sei und doch tatsächlich den letzten Monat dort gewohnt habe.
»Und beide rauchen«, setzte Ali hinzu.
»Pff! Du meinst wohl Opium?«
Ali nickte, und Ford versank in Nachdenken; dann murmelte er vor sich hin: »Der arme Teufel! Je schneller, desto besser jetzt.«

Am Nachmittag ging er zum Haus hinauf.
»Was machen Sie denn hier?«, fragte er Jim-Eng, den er antraf, wie er auf der Veranda umherschlenderte.
Jim-Eng antwortete im gleichförmigen, teilnahmslosen Ton eines Opiumrauchers im fortgeschrittenen Stadium, als er ihm in schlechtem Malaiisch erklärte, dass sein Haus alt wäre, das Dach undicht und der Fußboden morsch. Da er schon viele, viele Jahre ein alter Freund Almayers wäre, habe er eben sein Geld, Opium und zwei Pfeifen genommen und wäre hierhergekommen, um nun in diesem großen Haus zu wohnen.
»Hier gibt es genügend Platz. Er raucht, und ich wohne hier. Er wird nicht lange rauchen«, schloss er.
»Wo ist er jetzt?«, fragte Ford.
»Drin. Er schläft«, antwortete Jim-Eng träge.
Ford warf einen Blick hinein. Im dämmrigen Licht des Zimmers konnte er Almayer sehen. Er lag rücklings auf dem Fußboden, den Kopf auf einer hölzernen Unterlage, der lange weiße Bart bedeckte die Brust; Ford sah die gelbe Gesichtshaut, die halb geschlossenen Lider, die nur das Weiße der Augen erkennen ließen …
Ein Schauder überlief ihn, und er wandte sich ab. Beim Weggehen fiel ihm ein langes Band aus verblichener roter Seide mit chinesischen Schriftzeichen auf, das Jim-Eng soeben an einem der Pfosten befestigt hatte.
»Was ist das?«, fragte er.
»Das«, antwortete Jim-Eng mit seiner tonlosen Stimme, »das ist der Name des Hauses. Genau wie bei meinem Haus. Sehr guter Name.«
Eine Weile sah Ford ihn an, dann ging er. Er wusste nicht, was das wirre Gekrakel der chinesischen Aufschrift auf der roten Seide bedeutete. Hätte er Jim-Eng danach gefragt, hätte dieser geduldige Chinese ihn mit angemessenem Stolz darüber aufgeklärt, dass es ›Haus der himmlischen Wonne‹ heiße.

Am Abend desselben Tages stattete Babalatchi Kapitän Ford einen Besuch ab. Die Kapitänskajüte ging zum Deck hinaus, und Babalatchi saß rittlings auf der hohen Schwelle, während Ford drin auf dem Sofa seine Pfeife rauchte. Der Dampfer würde am andern Morgen den Anker lichten und wie gewöhnlich war der alte Staatsmann zu einem Abschiedsplausch gekommen.
»Vorigen Monat hatten wir Nachricht aus Bali«, bemerkte Babalatchi. »Dem alten Raja ist ein Enkel geboren, es herrscht große Freude.«
Ford setzte sich interessiert auf.
»Ja«, fuhr Babalatchi als Antwort auf Fords Blick fort. »Ich habe es ihm gesagt. Das war, bevor er zu rauchen angefangen hat.«
»Hm, und?«, fragte Ford.
»Ich bin gerade so mit dem Leben davongekommen«, versetzte Babalatchi mit größter Würde, »weil der weiße Mann sehr schwach ist und hinfiel, als er sich auf mich stürzen wollte.« Dann setzte er nach einer Pause hinzu: »Sie ist ganz verrückt vor Freude.«
»Mrs. Almayer, meinst du?«
»Ja, sie wohnt jetzt bei unserem Raja. Sie wird nicht sobald sterben. Solche Weiber leben lange«, sagte Babalatchi, leises Bedauern schwang in seiner Stimme. »Sie hat Dollars, und sie hat sie vergraben, wir wissen aber, wo. Wir haben wegen dieser Leute viel Ärger gehabt. Wir mussten eine Strafe zahlen und die Drohungen der weißen Männer über uns ergehen lassen, und jetzt müssen wir auf der Hut sein.« Er seufzte und versank in langes Schweigen. Darauf kraftvoll: »Es wird Krieg geben. Hier auf den Inseln liegt Krieg in der Luft. Ob ich das noch erleben werde? … Ach, Tuan!«, fuhr er wieder ruhiger fort: »Es geht doch nichts über die alten Zeiten. Auch ich bin da mit Männern der Lanun gesegelt und habe nachts schlafende Schiffe mit weißen Segeln geentert. Das war noch,

bevor in Kutsching ein englischer Raja herrschte. Damals haben wir mit unseresgleichen gekämpft und waren glücklich. Wenn wir jetzt gegen euch kämpfen, können wir nur sterben.«

Er erhob sich, um zu gehen. »Tuan«, sagte er, »erinnerst du dich noch an das Mädchen, das dem bewussten Bulangi gehörte? Die, die an dem ganzen Ärger schuld war?«

»Ja«, sagte Ford. »Was ist mit ihr?«

»Sie wurde immer dünner und konnte nicht mehr arbeiten. Dann hat sie mir Bulangi, dieser Dieb und Schweinefresser, für fünfzig Dollar verkauft. Ich habe sie zu meinen Frauen gesteckt, damit sie wieder Fleisch auf die Knochen bekäme. Ich wollte ihr Lachen hören, aber sie muss behext gewesen sein, und … vor zwei Tagen ist sie gestorben. Nicht doch, Tuan, warum sagst du so schlechte Worte? Ich bin zwar alt, aber warum sollte mir nicht der Anblick eines jungen Gesichts und der Klang einer jungen Stimme in meinem Hause gefallen?« Er hielt inne, um dann mit einem etwas wehmütigen Lachen hinzuzufügen: »Ich bin wie ein weißer Mann, ich rede zu viel von Dingen, über die Männer nicht reden sollten, wenn sie beieinander sind.«

Und mit tieftrauriger Miene ging er.

Die Menge drängte sich in einem Halbkreis vor der Treppe zu ›Almayers Wahn‹, wogte schweigend hin und her und teilte sich vor der Gruppe von Männern in weißem Gewand und Turban, die über die Wiese aufs Haus zukamen. Abdulla, gestützt von Reshid, schritt voran, ihm folgten alle Araber Sambirs. Als sie durch die Menge schritten, die ihnen ehrfürchtig Platz machte, hörte man leises Gemurmel, aus dem nur das Wort ›Mati‹ deutlich zu verstehen war. Abdulla blieb stehen und schaute sich langsam um.

»Ist er tot?«, fragte er.

»Mögest du leben!«, schrie die Menge im Chor, woraufhin atemlose Stille eintrat, Abdulla tat ein paar Schritte nach vorn und sah sich zum letzten Mal seinem alten Feind von Angesicht zu Angesicht gegenüber. Was immer er dereinst gewesen sein mochte, jetzt war er jedenfalls nicht mehr gefährlich, wie er steif und reglos im weichen Licht des frühen Tages dalag. Der einzige Weiße an der Ostküste war tot, und seine Seele, aus den Fesseln seines Erdenwahns erlöst, ruhte nun in der unendlichen Weisheit. Auf dem nach oben gekehrten Gesicht lag der heitere Ausdruck, der die plötzliche Erlösung von Schmerz und Pein begleitet, und vor dem wolkenlosen Himmel zeugte er stumm davon, dass dem Mann, der da unter dem Blick gleichgültiger Augen lag, Vergessen gewährt worden war, bevor er starb.
Traurig blickte Abdulla auf diesen Ungläubigen hinunter, den er so lange bekämpft und dem er so viele Male übel mitgespielt hatte. Solches war der Lohn der Gläubigen. Doch im Herzen des alten Arabers regte sich Bedauern, dass das nun aus seinem Leben gegangen war. Zu schnell ließ er jetzt Freundschaften und Feindschaften, Erfolge und Enttäuschungen hinter sich – alles, was ein Leben ausmacht; und vor ihm lag nur noch das Ende. Gebete würden die restlichen Tage ausfüllen, die dem Rechtgläubigen noch beschieden wären. Er ließ die Perlen der Gebetsschnur, die an seinem Gürtel hing, durch die Hand gleiten.
»So habe ich ihn heute Morgen hier gefunden«, sagte Ali leise, ehrfurchtsvoll.
Abdulla warf noch einen kalten Blick auf das friedliche Gesicht.
»Gehen wir«, sagte er, zu Reshid gewandt.
Und als sie durch die Menge schritten, die vor ihnen auseinanderwich, klickten die Perlen in Abdullas Hand, indes er feierlich und gottesfürchtig den Namen Allahs flüsterte. Des Barmherzigen! Des Erbarmers!

# Nachwort

Bücher haben ihre Schicksale. Dieses Buch wäre, zumindest in der vorliegenden Form, nicht existent, hätte nicht ein aufmerksamer Gepäckträger ausgerechnet im Berliner Bahnhof Friedrichstraße einem durchreisenden Ausländer Ende August des Jahres 1893 seine frühmorgens in der Eile des Umsteigens stehen gelassene Reisetasche nachgetragen. Sie enthielt neben Reiseutensilien, denen ironischerweise der erste Schreckensgedanke des Besitzers galt, das Manuskript von *Almayers Wahn* (*Almayer's Folly*, 1894), das bis zu den ersten Worten des neunten Kapitels gediehen war. Conrad war auf dem Weg in das Land seiner Kindheit, nach Polen, wo sein Onkel und Vormund Tadeusz Bobrowski erkrankt war und seinen Neffen ein letztes Mal sehen wollte.
Jener unbekannte Gepäckträger im kaiserlichen Berlin erwarb ahnungslos literaturgeschichtliches Verdienst an einem kritischen Punkt von Conrads Entwicklung. Es war der Punkt, an dem die beiden bisherigen Erlebnis- und Erinnerungsströme der Kindheit und frühen Jugend in Polen und – seit dem siebzehnten Lebensjahr – des Seemanns in einem dritten, gerade beginnenden Leben als Schriftsteller kunstproduktiv wurden. Einander durchdringend und bewusst oder unbewusst aufeinander bezogen, vor allem immer wieder unter dem Eindruck der neuen internationalen Wirklichkeit des Imperialismus auf ihren Sinn befragt und gewertet, wurden die Erfahrungen der ersten beiden Leben Teodor Josef Konrad Korzeniowskis, 1857 im ukrainischen Berditschew geboren, zum ästhetischen Gegenstand seines dritten Lebens. Er begann es gegenüber der Öffentlichkeit 1894 mit dem

Erscheinen von »Almayers Wahn« unter dem Pseudonym »Joseph Conrad«, mit dem er in die Geschichte der Weltliteratur einging.

Die Gründe des Namenswechsels waren weniger geheimnisvoll als oft behauptet. Es handelte sich nicht um eine Distanzierung des Wahlbriten (seit 1886) von seiner polnischen Vergangenheit und noch weniger um Verrat an der zaristisch unterdrückten polnischen Nation, dessen er erbittert bezichtigt werden sollte. Vielmehr hatte der Seemann, ebenfalls seit 1886 im Besitz eines Kapitänspatents, in der britischen Handelsmarine allzu viel Erfahrungen mit seinem für englische Ohren schwierigen Namen gesammelt, um nicht nach einem eingängigeren Pseudonym zu greifen. Sein eigener Familienname wäre in England zu einem ernsthaften Hindernis seiner neuen Existenz geworden. Für deren Beginn setzte der neue Name ein deutliches Zeichen.

»Almayers Wahn« ist Conrads erstes anerkanntes Werk. Allerdings hatte er offenbar schon 1886 für die Zeitschrift »Tit-Bits« eine Geschichte unter dem Titel »Der Schwarze Maat« (*The Black Mate*) geschrieben. Sie wurde nicht angenommen. Um die 1908 im »London Magazine« veröffentlichte Geschichte gleichen Titels rankt eine der auffällig vielen Legenden über Conrads Leben, die durch eigene widersprüchliche Angaben oder solche anderer genährt wurden. Jedenfalls behauptete Conrads Frau Jessie später zu seinem Ärger, die jüngere Geschichte sei nach einem Einfall von ihr entstanden und habe mit der früheren nichts zu tun. Worauf es hier ankommt, ist, dass Conrad selbst jene frühe, nicht gedruckte Geschichte als unwichtig abtat und *Almayer's Folly* »als meine erste ernsthafte Arbeit« bezeichnete.

Conrad würdigte den besonderen Stellenwert seines ersten Romans, indem er fast zwei Jahrzehnte später in seinen Lebenserinnerungen (*A Personal Record*, 1916) ausführlich den Tag beschrieb, da er an ihm zu arbeiten begann. Er schildert das äußerlich Normale des Tagesbeginns, die Zeichen innerer Spannung und Konzentration, wie bei einem anderen beobachtet, die unterbewusste Wahrnehmung der Geräusche im Haus und des leicht dunstigen und sonnigen, weichen Londoner Herbsttags vor dem Fenster, während er die Erinnerung an jenen Almayer heraufbeschwört, der von seiner Fantasie Besitz ergriffen hat und ihn jetzt zum Schreiben zu zwingen scheint – das Ganze ein kleines Meisterwerk impressionistischer Atmosphäreschilderung.

Das war 1889. Noch war der Berufswechsel keineswegs entschieden, vielleicht als Alternative noch nicht einmal wirklich bewusst. Auch nach dem Achtungserfolg von »Almayers Wahn« änderte sich daran zunächst nichts, obwohl Conrad unverzüglich mit »Der Verdammte der Inseln« (*An Outcast of the Islands*, 1896) den gleichen Erlebnisbereich weiter ausformte. Über die auch materiell prekäre Existenz des spätbürgerlichen Schriftstellers war er sich im Klaren, noch bevor er sich ihr endgültig aussetzte. Zu keinem Zeitpunkt fühlte er sich in einer Periode explosiver Expansion der Druckmedien von den Lockungen literarischer Tagelöhnerei oder opportuner Massenmarktproduktion versucht. Außerdem hatte ihm der Vater Apollo Nalecz Korzeniowski, Angehöriger des Landadels, der wie die ganze väterliche Familie tief in die national revolutionäre Aktivität im zerspaltenen Polen des 19. Jahrhunderts verstrickt war, als passionierter Literat und Übersetzer von Shakespeare und Victor Hugo Berufung zur Literatur vorgelebt. Conrad hatte im März 1889 das Kommando über die *Otago* abgegeben, war seit Juni in London und begann im Herbst zu schreiben, weil es ihn dazu drängte, während er weiter auf der schwierigen Suche nach einem neuen Kommando war.

Die *Otago*, die er vierzehn Monate lang befehligte, sollte sein einziges vollgültiges Salzwasserkommando gewesen sein. Auf den verbleibenden Schiffen seiner Seemannskarriere musste er unter seiner Qualifikation, als Erster oder sogar Zweiter Offizier, anheuern. Solche Probleme des Konkurrenzkampfes auf See, die nicht zuletzt seinen ererbten höchst sensiblen Stolz berührten, werden zu seinem späteren Entschluss beigetragen haben. Immerhin hatte er der Welt und vor allem sich selbst bewiesen, dass es ein Korzeniowski zum britischen Kapitän bringen konnte – eine gravierende Selbstbestätigung angesichts der notorischen Anziehungskraft für Misserfolge, die in der väterlichen Familie zu wirken schien. Grundtenor der Briefe des ständig gute Ratschläge offerierenden Vormunds Bobrowski an den Neffen ist die Sorge und, fast möchte es so scheinen, tiefinnerliche Überzeugung, auch dieser sei mit dem Familienfluch behaftet. Conrad übernahm die *Otago* in Bangkok und führte sie, von Krankheit fast der gesamten Mannschaft und Windstille verfolgt, zunächst nach Singapur. Auf diesen Erlebnissen des jungen Kapitäns beruht der sogenannte »Otago«-Zyklus: »Die Schattenlinie« (*The Shadow-Line – A Confession* 1917), »Der geheime Teilhaber« (*The Secret Sharer*, 1912) und »Falk« (*Falk. A Reminiscence*, 1903). Um aber zu den für »Almayers Wahn« entscheidenden Erlebnissen zu kommen, ist ein etwas weiterer biografischer Rückgriff notwendig.

Anfang Januar 1887 hatte Conrad auf der *Highland Forest* Heuer gefunden, erstmalig als Erster Offizier. In Amsterdam ging er an Bord und überwachte in Abwesenheit des neu ernannten Kapitäns McWhir, dem Urbild des MacWhirr in »Taifun« (*Typhoon*, 1903), das Laden des Schiffs. Für seinen Mangel an Erfahrung in diesem Geschäft hatte er prompt zu zahlen. Bei der Umschiffung des Kaps der Guten Hoffnung verletzte eine vom Sturm abgesprengte

Spiere sein Rückgrat. Er verbrachte mit dieser Verletzung, unter deren Folgen er zeitlebens zu leiden hatte, sechs Wochen im Krankenhaus von Singapur. Und es war hier, dass er im August 1887 das Angebot annahm, als Erster Offizier auf der *Vidar* anzuheuern. Es war ein Schraubendampfer, doch Conrads Liebe galt den stolzen Segelschiffen. Aber froh, überhaupt eine Chance zu bekommen, griff er zu. Die *Vidar* nun hatte den Auftrag, Handelsfahrten nach Celebes und Borneo zu unternehmen. Hauptanlaufhafen war die malaiische Siedlung Berau am gleichnamigen, damals Pantai geheißenen Fluss in Ost-Borneo. Sechsmal innerhalb von vier Monaten fuhr Conrad die Route Singapur–Berau–Singapur und verbrachte dabei insgesamt drei Wochen in dem bornesischen Dorf, das er im Laufe der Jahre zum Schauplatz der Handlung mehrerer seiner Romane machte: neben »Almayers Wahn« und »Der Verdammte der Inseln« entstanden so der Epochenroman »Lord Jim« (*Lord Jim*, 1900), »Die Rettung« (*The Rescue*, 1920), »Sieg« (*Victory*, 1915) und die Erzählungen »Karain« (*Karain*, 1898), »Die Lagune« (*The Lagoon*, 1898), »Das Ende vom Lied« (*The End of the Tether*, 1902) und »Freya von den sieben Inseln« (*Freya of the Seven Isles*,1912).

Auf diesen Reisen und vor allem in Berau, dem Sambir in »Almayers Wahn«, lernte Conrad die Landschaft, die Atmosphäre und die Personen kennen, die dann in unterschiedlicher Transformation und Abbildfunktion eine Rolle spielen sollten. William Lingard, von den Malaien Rajah Laut genannt, war ein wichtiger Händler in der Gegend, Besitzer eines Schoners, mit Geschäftsbeziehungen bis nach Singapur. Er war mit einer Schwester des historischen Urbilds Almayers verheiratet und hatte einen Neffen, Jim Lingard, den er als Teilhaber auf sein Schiff nahm und später in Berau als Händler ansässig machte. Dain Maroola, Lakamba und Babalatchi hatten alle dort

Vorbilder, und Kapitän Craig von der *Vidar* hat Conrad respektvoll als Kapitän Ford in »Almayers Wahn« hineingeschrieben. Ferner lebte bei Almayer ein Holländer namens de Veer mit einer Schwäche für Alkohol; er war eine der gescheiterten Existenzen, wie sie im Osten häufig anzutreffen waren, Produkt einer Lebenswirklichkeit, die Conrad in der Folgezeit eingehend auf ihren Sinn befragen sollte.

Vor allem aber stieß er in Berau auf das Modell seines Titelhelden. Conrad schrieb später: »Hätte ich Almayer nicht recht gut kennengelernt, so wäre mit ziemlicher Sicherheit nie eine Zeile von mir in Druck gegangen.« Erscheint Almayers Rolle hier auch etwas überschätzt, denn Conrads künstlerische Sicht und Welterfahrung hätte sicher wie später so auch am Anfang einen anderen ihm wesentlichen Gegenstand gefunden, so steht doch seine Ideen verdichtende Wirkung auf Conrad außer Frage. Sein eigentlicher Name war William Charles Olmeijer – Conrad schrieb den Namen nach Gehör – und er war 1848 in Java geboren worden, also neununddreißig, als Conrad ihm begegnete. Zu jener Zeit war er Partner in der englischen Firma Lingard & Co. Durch Heirat war Olmeijer mit William – im Roman Tom – Lingard verwandt und arbeitete für ihn auf seiner Handelsniederlassung in Macassar und später als Chef in Berau. Er handelte mit Guttapercha, spanischem Rohr und Rohgummi. Er unterhielt enge Beziehungen zu den Dyaks, Kopfjägern im Landesinnern, was ihm das Misstrauen der holländischen Behörden eintrug. Offenbar baute er tatsächlich ein großes Haus, das von den Leuten »Der Wahn« genannt wurde. Im Jahre 1900, starb er nach einer Krebsoperation.

Conrad scheint Olmeijer auch weniger persönlich als durch seine Eindrücke, Informationen, Klatsch und Hörensagen verarbeitende Fantasie kennengelernt zu haben.

Die Faszination des Künstlers Conrad verwandelte das Original: aus Olmeijer wurde Almayer. Der Olmeijer, den Conrad in Berau zum ersten Mal von der Schiffsbrücke aus sah, angetan mit einem lächerlichen großgeblümten Schlafanzug, hatte wenig gemein mit dem vom Leben besiegten, schlaffen, verbitterten alten Mann, als den er Almayer gestaltete. An Almayer geht das Leben vorüber, Olmeijer war ein vitaler, rühriger Händler, ein Waffen- und Munitionsschmuggler wie – vermutlich – der junge Conrad in seiner Zeit in Marseille, wohin er von Polen aus zunächst gegangen war. Olmeijers Frau war die Eurasierin Johanna Marie Cornelia van Lieshout, für deren Nachbildung im Roman Conrad eine Lebensgeschichte erfand, indem er sie zum Findelkind machte, das von Lingard später an Almayer verheiratet wird. Olmeijers Frau war auch keine Megäre wie die Romangestalt, und er scheint mit ihr glücklich und zufrieden gelebt zu haben. Jedenfalls hatte er mit ihr nicht eine Tochter, sondern deren sechs, und dazu fünf Söhne. Es scheint dass Frau Olmeijer bei der Geburt des elften Kindes starb.

Aufschlussreich für das Verständnis des Romans ist indessen nicht nur das geschichtlich belegbare Material, das in die Gestaltung Eingang fand, sondern auch und gerade seine schöpferischen Verwandlungen, die sich alle direkt oder vermittelt auf die Zentralfigur beziehen. Und es spricht in der Tat sehr vieles für die von dem amerikanischen Literaturwissenschaftler Frederick R. Karl in seiner 1979 erschienenen Conrad-Biographie vertretene These, dass der Künstler seine ganze bisherige Lebenserfahrung in diesem Stoff projiziert und dabei vor allem die bedrückenden Erlebnisse seiner Jugend verarbeitet habe. Almayer trägt deutlich Züge des Vaters Apollo, eines gescheiterten bürgerlich-nationalen Revolutionärs, dessen Hang zu hochfliegenden Illusionen und Mangel an Realitätssinn die mütterliche Bobrowski-

Familie immer kritisch gegenüberstand. Aus der Vater-Sohn-Beziehung wurde eine solche zwischen Vater und Tochter: der Vater steht dem Glück des Kindes im Weg. Die Figur Almayers, ja der ganze Roman wurde zu einem Geflecht mehrerer Erinnerungsstränge, zu einer Synthese ineinander projizierter Erlebnisse und Erfahrungen. Der meisterliche Romananfang reflektiert sie, halb aus der Perspektive Almayers gesehen, als Konfliktstruktur, und er birgt zugleich das Ende:

»›Kaspar! Makan!‹

Die wohlbekannte, schrille Stimme schreckte Almayer aus seinem Traum von einer glänzenden Zukunft auf und versetzte ihn wieder in die unangenehme Wirklichkeit der gegenwärtigen Stunde. Auch die Stimme war unangenehm. Er hörte sie nun schon viele Jahre, und von Jahr zu Jahr wuchs seine Abneigung. Wenn schon! Bald wäre es mit alldem ja vorbei.«

In Almayers gestörtem Verhältnis zur Umwelt, in seinen verlorenen Hoffnungen und seiner arroganten Selbstüberschätzung, in seinen Träumen vom sozial rehabilitierenden Gold werden Apollos Illusionen und dumpfe Verzweiflung spürbar, seine Fantasien vom rettenden Reichtum, das Akzeptieren eines Verfalls ohne Ende, schließlich das Warten auf den Tod – Reaktionen und Gefühlslagen, die bei Apollo in der bitteren politischen Situation des zwischen Österreich, Deutschland und dem zaristischen Russland zerrissenen Polen ins Extrem getrieben wurden.

Sind in »Almayers Wahn« auch persönliche polnische Erfahrungen und Stimmungswerte aus der Kindheit des Autors, aufgefrischt durch die Polenreise, aufgehoben, so sind im Roman doch primär Wirklichkeitsbilder und Wirklichkeitswertungen aus der erinnerten Borneozeit sowie der Zeit des Schreibens gespeichert.

In Berau erlebte Conrad eine überschaubare Gesellschaft, in der sich die Klassenkämpfe zugleich als Konflikte zwischen Arabern, Malaien verschiedenen Piratengruppierungen und Europäern abspielten. Außerdem war dieser Teil der Welt zum Spielball der Interessen europäischer Mächte im fernen Europa geworden:

»Verhandlungen, die in London geführt werden, sind von großer Tragweite. Und so kam es, dass die Entscheidung, die aus den nebelverhüllten Büros der Borneo-Gesellschaft bekannt wurde, für Almayer die strahlende Tropensonne verdunkelte und in seinen Kelch der Enttäuschungen abermals einen Tropfen Bitterkeit fallen ließ. Die Ansprüche auf diesen Teil der Ostküste wurden aufgegeben, sodass der Pantai unter der nominellen Herrschaft Hollands verblieb.«

Es sind also die historisch neuartigen kolonialen Auseinandersetzungen zwischen den imperialistischen Mächten Europas und ihre zerstörerische Wirkung auf die persönlichen Lebensbahnen der Individuen, die Conrad hier völlig klarsichtig schildert. Und da die fünf Jahre, in denen Conrad »Almayers Wahn« schrieb, eine entscheidende Zeit für die Entwicklung des Imperialismus und ihr Hervortreten im zeitgenössischen Bewusstsein waren, erhält der Roman während seiner Abfassung kontinuierlich Impulse in dieser Richtung. Entscheidend vor allem für Conrads weitere Künstlerlaufbahn wurden seine Erlebnisse im belgischen Kongo, wohin er im Mai 1890 – immer noch und bis 1898 auf der Suche nach Arbeit als Seeoffizier, möglichst als Kapitän – im Auftrag der »Société Anonyme pour le Commerce du Haut-Congo« aufbrach, um schließlich das Kommando über ein Flussschiff zu übernehmen. König Leopold hatte sich 1885 den Kongo als Privatbesitz angeeignet. Was Conrad dort an gieriger Ausplünderung des Landes und rücksichtsloser Ausrottung der Bevölkerung erlebte, verarbeitete er später in »Ein Vorposten des Fortschritts« (*An Outpost of Progress*, 1898) und vor allem in dem inzwischen zum festen Bestand der Weltliteratur gehörenden, erschütternden »Herz der Finsternis« (*Heart of Darkness*, 1902). Wie immer während der fünf Jahre Entstehungszeit führte Conrad die fertigen Manuskriptteile von »Almayers Wahn« mit sich; schon einmal wären sie um ein Haar in einer Stromschnelle des Kongo verlorengegangen. Wie immer flossen neben erinnerten hinzugewonnene Erfahrungen des Autors in die Geschichte ein: Bilder des Verfalls und des Todes deuten schon im ersten Roman an, was sich im »Herz der Finsternis« voll ausprägen sollte.

Mit der *Torrens*, einem Segler, auf dem er 1891 als Erster Offizier anheuerte, unternahm Conrad zwei Reisen - die erste von November 1891 bis Anfang September 1892. Es war die zweite Reise, die zu einem wichtigen Ereignis für den künftigen Schriftsteller werden sollte. Conrad fand zunächst seinen ersten Leser. Einem Impuls folgend, gab er W. H. Jacques, einem an Tuberkulose erkrankten Cambridge-Studenten, Kapitel I bis IX des Manuskripts, an dem er selbstverständlich auch auf dieser Fahrt weiterarbeitete, zu lesen. Der gebildete junge Mann war beeindruckt, eine erste wichtige Leserermutigung für den werdenden Autor.

Bei der Rückkehr von der zweiten Fahrt von März bis Juli 1893 befand sich unter den siebzehn Passagieren außerdem John Galsworthy (1867–1933), der nach einem Rechtsstudium vier Jahre lang die Welt bereiste. Zwischen ihm und Conrad entwickelte sich schnell Sympathie und daraus eine lebenslange Freundschaft, die auf tiefem Respekt vor den menschlichen Qualitäten des andern beruhte. Die Urteile die sie über ihre gegenseitigen Arbeiten austauschten, sind spärlich und zurückhaltend, beide waren nach literarischer Praxis und Theorie so verschieden, dass sie als Künstler wenig miteinander anfangen konnten.

Beide Männer hatten zu der Zeit einen starken Drang, ihre Welterfahrung literarisch umzusetzen, aber bislang keine Zeile veröffentlicht. Dennoch hatte Conrad, ohne es zu ahnen, mit der literarischen Bewegung seiner Zeit persönlichen Kontakt aufgenommen. Als Kind hatte er Marryat, Fenimore Cooper, Dickens später Anthony Trollope, selbstverständlich Shakespeare und Byron, wahrscheinlich Thackeray und vielleicht Thomas Hardy und George Meredith gelesen. Selbst extrem empfindlich gegenüber Kritik und wohl daher reserviert in seinem Urteil über Zeitgenossen, äußerte er doch brieflich seine Verachtung für die Erfolgsschriftsteller Marie Corelli und Hall Caine. Henry James bewunderte er von der Ferne, aber seine eigentlichen epischen Vorbilder waren nicht die englischsprachigen Autoren, sondern die Franzosen Flaubert und Maupassant. So ist von der Forschung auf starke – bewusste oder unbewusste – Parallelen zwischen »Almayers Wahn« und Flauberts »Madame Bovary« hingewiesen worden hinsichtlich der Kunstauffassung beider Autoren, der Anlage und Konstellation der Figuren der ironischen Distanz der Autoren zu ihren Gestalten und der Romanschlüsse.

In »Almayers Wahn« wird Conrads literaturgeschichtliche Zuordnung auf noch andere Weise sichtbar. Wie die Dichter William Butler Yeats (1865–1939) und Ernest Dowson (1867–1900) lernte Conrad sein literarisches Englisch in den neunziger Jahren, der Zeit der englischen literarischen Décadence, und der Sprachgestus des Fin de siècle ist seinem Erstling anzumerken. Nach Jessie Conrad, war Arthur Symons (1865–1945) – eine zentrale Figur der künstlerischen Bewegung der neunziger Jahre, die viel für das Bekanntwerden der französischen Symbolisten in England getan hatte – der einzige zeitgenössische Lyriker, den Conrad mit Vergnügen las. Es gibt Passagen im Roman, deren Bildersprache deutlich mit jener Stimmung der Verzweiflung und des Untergangs verbunden ist, etwa die Beschreibung des unter dickem Staub begrabenen Büros Almayers, ein Bild verkommener europäischer Zivilisation in exotischer Umgebung, Ausdruck von Almayers Erschöpfung, des Gefühls existenzieller Sinnleere, das Ende jeder Hoffnung. Bilder des Todes verbinden sich mit solchen brutal üppig wuchernder Treibhausvegetation:

»... Pflanzen schossen in die Höhe, ineinander verflochten, verwoben in unentwirrbarem Knäuel, krochen brutal und wie toll übereinander in der furchtbaren Stille eines verzweifelten Ringens um das lebensspendende Sonnenlicht von oben – als hätte sie mit einem Mal Entsetzen gepackt über die brodelnde Fäulnis da unten, über Tod und Verwesung, woraus sie entsprangen.«

Oder an einer anderen Stelle:

»Wie er mit müdem Schritt am Waldrand entlangging, warf er bisweilen einen Blick in das schattige Dunkel, so verlockend in seiner trügerischen Kühle, so abstoßend in seiner gleichförmigen Düsternis, wo unzählige Generationen von Bäumen begraben lagen und verfaulten und wo ihre Nachfolger mit dunkelgrünem Laubwerk wie eine Trauergemeinde dastanden, riesengroß, hilflos, und darauf warteten, dass sie an die Reihe kämen. Nur die Parasiten schienen sich dort in ungestümen Aufwärtswindungen zu Luft und Sonnenschein durchzudrängen; sie taten sich gütlich an Tod und Sterben gleichermaßen und bekränzten ihre Opfer mit rosaroten und blauen Blüten, die zwischen den Ästen wie grausame Fremdlinge hervorschimmerten, ein schriller, spöttischer Misston in der hehren Harmonie der todgeweihten Bäume.«

Sicher setzt Conrad, wie kritisch angemerkt worden ist, in dem frühen Roman seine Mittel noch nicht so komplex und gewiss noch nicht so ökonomisch wie in seinen reifsten Werken ein. Doch wurde übersehen, dass sich bei Conrad schon in »Almayers Wahn« diese Mittel nicht verselbstständigen: in den Bildgehalten mischen sich Darwinsche Vorstellungen des Überlebenskampfs mit Reflexen einer aus humanistischer Perspektive wahrgenommenen tödlichen Bedrohung durch die koloniale Wirklichkeit. »Almayers Wahn« ist der erste Roman seines Urhebers, aber nicht das Werk eines Anfängers. Wenn Almayer Ninas Spuren im Sand mit den Händen löscht und so Miniaturgrabhügel – weitere Gräber gestorbener Hoffnungen – aufhäuft, so ist das der Einfall eines Meistererzählers.

*Günter Walch*